警官高等职业教育"十三五"规划教材
编审委员会

主　任　　胡来龙　　尹树东

副主任　　周善来　　彭　晔

委　员　　刘传兰　　印　荣　　阚明旗　　姚亚辉

警官高等职业教育"十三五"规划教材

法律文书写作

FA LÜ WEN SHU XIE ZUO

主　编◎王红梅

副主编◎陈福龙

撰稿人◎王红梅　陈福龙　蒋　诚

　　　　苏　琰　李淑慧

中国政法大学出版社

2019·北京

图书在版编目（ＣＩＰ）数据

法律文书写作/王红梅主编. —北京：中国政法大学出版社, 2019.8（2021.8重印）

ISBN 978-7-5620-9130-1

Ⅰ.①法…　Ⅱ.①王…　Ⅲ.①法律文书-写作-中国-高等职业教育-教材　Ⅳ.①D926.13

中国版本图书馆CIP数据核字(2019)第171576号

出 版 者	中国政法大学出版社
地　　址	北京市海淀区西土城路 25 号
邮　　箱	fadapress@163.com
网　　址	http://www.cuplpress.com (网络实名：中国政法大学出版社)
电　　话	010-58908435(第一编辑部) 58908334(邮购部)
承　　印	固安华明印业有限公司
开　　本	720mm×960mm　1/16
印　　张	24.25
字　　数	462 千字
版　　次	2019 年 8 月第 1 版
印　　次	2021 年 8 月第 2 次印刷
印　　数	5001～10000 册
定　　价	59.00 元

❖ 主编简介

王红梅 女，1964年2月生，汉族，安徽合肥人，安徽警官职业学院教授，政治理论部主任、省级教学名师、省级政治理论课教学团队项目负责人、省级精品资源共享课程项目主持人。主要从事法学和思想政治理论课教学及研究工作，获省级教学成果一等奖、三等奖。出版《合同法学》《法律文书写作教程》《安全教育读本：为你的平安人生上保险》等多本著作，发表"高职院校'基础'课考评难点及解决途径""思想道德修养与法律基础考核直观性与学生思想品德隐蔽性之间矛盾研究""高职院校思想政治理论教育实效性重点和难点研究""试析未成年人的隐私权""试析遗赠扶养协议的订立"等多篇论文，主持《高职院校思想政治教育实效性重点和难点研究》《高职院校思想政治教育实效性问题研究》等多项科研课题。

❖❖❖ 编写说明

作为高等职业教育的重要组成部分，警官高等职业教育正随着经济社会的快速发展和一线政法工作对专门人才的迫切需求而与时俱进。近年来，全国司法类高职院校都积极探索高职教育教学规律、完善专业人才培养模式，以适应经济社会发展对司法类专门人才的客观需求，创新内容涉及各个方面，包括专业建设、课程建设、师资队伍建设等，当然也少不了至关重要的教材建设。编写一套以促进就业为导向、以能力培养为核心、以服务学生职业生涯发展为目标、突出当前警官高等职业教育教学特点的系列规划教材就显得尤为重要。

为适应司法类专业人才培养的需要，安徽警官职业学院决定遴选理论功底扎实、教学能力突出、实践经验丰富的优秀教师组成编写组，对警官高等职业教育原有的系列教材进行重新编写。本次编写按照"就业导向、能力本位、任务驱动"等职业教育新理念的要求，紧紧围绕培养高素质技术技能型人才开展工作。基础课程教材体现以应用为目的，以必需、够用为度，以讲清概念、强化应用为教学重点；专业课程教材加强针对性和实用性。同时，遵循高职学生自身的认知规律，紧密联系司法工作实务、相关专业人才培养模式以及课程教学模式改革实践，对教材结构和内容进行了革故鼎新的整合，力求符合教育部提出的"注重基础、突出适用"的要求，在强调基本知识和专业技能的同时，强化社会能力（含职业道德）和应用能力的培养，把基础知识、基本技能和职业素养三者有机融合起来。

本系列教材的主要特点是：

1. 创新编写思路，培养职业能力。"以促进就业为导向，注重培养学生的职业能力"是高等职业教育课程改革的方向，也是职业教育的本质要求。本系列教材针对司法类高职院校学生的特点，在教材编写过程中突出实用性和职业性，以我国现行的法律、法规和司法解释为依据，使学生既掌握法学原理，又明晓现行法律制度，提高学生运用法律知识解决实际问题的能力。同时，在教材内容编排上，本系列教材遵循由浅入深和工作过程系统化的编写思路，为学生搭建合理的知识结构，以充分体现高职的办学要求。

2. 体例设计新颖，表现形式丰富。为了突出实践技能培养，践行以能力为本位的职业教育理念，本系列教材改变以往教材以理论讲述为主的教学模式，采用新颖的编写体例。除基本理论外，本系列教材在体例上设置了学习目标、工作任务、导入案例、案例评析、实务训练、延伸阅读等相关教学项目，并在每章结束时通过思考题的形式，启发学生巩固本章教学内容。该编写体例为学生课后复习和检验学习效果提供便利，对提高学生的学习兴趣、促进学以致用、丰富教学形式、拓宽学生视野、提升职业素养具有积极的推动作用。

3. 课程针对性强，职业特色明显。高等职业教育教材突出相关职业或岗位群所需实务能力的教育和培养，并针对专业职业能力构成来组织教材内容。法律实务类专业在社会活动中具有与各方面接触频繁、涉及面广的特点，要求学生具有较高的综合素质和良好的应变能力。因此，本系列教材采用案例教学法，通过案例导入，并辅以简洁的案例分析，提供规范的实务操作范例，使学生能够更为直观地体会法律的适用，体验工作的情境和流程，增强学生的综合能力。

4. 文字表述简洁，方便学生使用。本系列教材在概念等内容编写中，尽量采用简洁明了的语言表述，使学生明确概念的要点即可，从而避免教材"一个概念多个观点""理论争论较多"的现象。

本系列教材共16本，在其编写过程中借鉴吸收了相关教材、论著的成果和资料；中国政法大学出版社也给予作者们大力支持和指导，责任编辑在审读校阅过程中更是付出了辛勤的劳动，在此我们深表谢忱。同时，由于时间紧、任务重，教材中难免出现不足和疏漏，恳请广大师生和读者给予批评指教，以便我们再版时进一步改进和提高教材质量，更好地服务于警官高等职业教育事业的发展。

警官高等职业教育"十三五"规划教材编审委员会
2019 年 3 月

❖ 前　言

　　法律文书写作是我国高等教育法律专业的核心课程之一，是一门综合性、应用性很强的课程。综合性是指它既涉及程序法和实体法的专业知识在实际案件中的应用，又涉及写作的基本知识和技能培养。应用性是指各类法律文书写作是和多种法律事务活动紧密结合在一起的，是记载、反映乃至推动多种法律活动开展的重要手段。因而，法律文书制作是法律工作者必须掌握的一项技能。

　　《法律文书写作》是根据法律专业的培养目标，为适应高职院校培养学生成为具有职业技能的应用型人才的要求而编写的。本教材面向高职院校学生，根据法律文书写作课程本身的特点，简化了理论知识，将教材重点内容放在培养学生制作法律文书的技能上，具有针对性强的特点。教材中加入了大量的范例，每讲一种具体法律文书的写作格式，都要求按照结构划分来分别给出范例，做到理论与实践相结合。同时，所有范例均力求符合目前各种法律文书最新格式样本的要求。

　　本教材实用性强。在每章起首编写学习目标与工作任务，用于指导学生了解重点内容与学习要求，围绕本章学习内容，设计体现本章或本节教学内容的一项或数项法律文书制作任务，使学生带着任务去学习相关知识与技能，有效地融"教、学、做"于一体，促使学生明确学习本章内容的目的与意义，制作出符合岗位要求的法律文书。

　　本教材采用章节体例进行编写，便于学习掌握，操作性强。全书共分为十二章：法律文书写作教学内容、法律文书写作基本技能、公安机关常用法律文书、人民检察院常用法律文书、人民法院常用刑事裁判文书、人民法院常用民事裁判文书、人民法院常用行政裁判文书、监狱常用法律文书、公证常用法律文书、仲裁常用法律文书、律师文书与律师代书常用法律文书、笔录类常用法律文书。每章都包含概述和各种重点文书，各重点文书章节通常由四个部分组成：①案例导入：通过对引导案例的分析，阐述相应的知识点。②教学内容：阐述制作法律文书的重点教学内容。③制作实训：结合实际案例，讲解文书的制作要求，指导学生掌握该文书的写作技能。④技能拓展：包括思考练习题、文书制作题等。通过以上四个相互关联部分的学习和实际练习，帮助学生掌握司法机关、律师事务所、公证及仲裁等机构常用法律文书的制作技能。

本教材于 2019 年重新修订，由王红梅负责统稿，编写者均系安徽警官职业学院的教师。各章节撰写人员如下：

陈福龙：第一、二、三、八章；

王红梅：第四、五、十二章；

李淑慧：第四、五章（制作实训案例部分）；

蒋诚：第六、七章；

苏琰：第九、十、十一章。

由于作者水平有限，加之编写时间紧迫，教材中难免存在疏漏或不当之处，衷心希望各位专家及学习本教材的同学批评指正。本教材在写作过程中参考或引用了一些著作、教材、司法机关网站等公开的媒体资料，有的进行了注释，有的可能疏于呈列，敬请见谅。在此，我们真诚向诸位专家学者致谢！

编　者
2019 年 7 月

⸪目　录

第一章　法律文书写作教学内容 ……………………………………… 1

第一节　法律文书概述 ……………………………………… 1

第二节　法律文书的特点 ………………………………… 4

第三节　法律文书的分类 ………………………………… 7

第四节　法律文书的作用 ………………………………… 10

第二章　法律文书写作基本技能 ……………………………… 14

第一节　法律文书的主旨 ………………………………… 14

第二节　法律文书的材料 ………………………………… 16

第三节　法律文书的结构布局 …………………………… 20

第四节　法律文书的表达方式 …………………………… 23

第五节　法律文书的语言特色 …………………………… 33

第三章　公安机关常用法律文书 ……………………………… 38

第一节　公安机关常用法律文书概述 ………………… 38

第二节　立案决定书 ……………………………………… 41

第三节　呈请报告书 ……………………………………… 47

第四节　通缉令 …………………………………………… 52

第五节　提请批准逮捕书 ………………………………… 58

第六节　起诉意见书 ……………………………………… 67

第四章　人民检察院常用法律文书 …………………………… 81

第一节　人民检察院常用法律文书概述 ……………… 81

第二节　起诉书 …………………………………………… 83

第三节　不起诉决定书 …………………………………… 96

第四节　公诉意见书 ……………………………………… 106

第五节　刑事抗诉书 ……………………………………… 112

第五章　人民法院常用刑事裁判文书 ································· 119
　　第一节　人民法院常用刑事裁判文书概述 ··············· 119
　　第二节　第一审刑事判决书 ································· 120
　　第三节　第二审刑事判决书 ································· 136
　　第四节　刑事裁定书 ······································· 150

第六章　人民法院常用民事裁判文书 ····················· 160
　　第一节　人民法院常用民事裁判文书概述 ··············· 160
　　第二节　第一审民事判决书 ································· 161
　　第三节　第二审民事判决书 ································· 171
　　第四节　再审民事判决书 ··································· 181
　　第五节　民事调解书 ······································· 189
　　第六节　民事裁定书 ······································· 196

第七章　人民法院常用行政裁判文书 ····················· 204
　　第一节　行政判决书概述 ··································· 204
　　第二节　第一审行政判决书 ································· 205
　　第三节　第二审行政判决书 ································· 215
　　第四节　行政裁定书 ······································· 224

第八章　监狱常用法律文书 ······························· 229
　　第一节　监狱常用法律文书概述 ··························· 229
　　第二节　提请减刑、假释建议书 ··························· 231
　　第三节　监狱起诉意见书 ··································· 242

第九章　公证常用法律文书 ······························· 251
　　第一节　公证常用法律文书概述 ··························· 251
　　第二节　定式公证书 ······································· 253
　　第三节　要素式公证书 ····································· 257

第十章　仲裁常用法律文书 ······························· 264
　　第一节　仲裁常用法律文书概述 ··························· 264
　　第二节　仲裁协议书 ······································· 266
　　第三节　仲裁申请书 ······································· 270
　　第四节　仲裁答辩书 ······································· 274
　　第五节　仲裁调解书 ······································· 278
　　第六节　仲裁裁决书 ······································· 281

第十一章　律师文书与律师代书常用文书 ··············· 289
　　第一节　律师文书与律师代书文书概述 ··············· 289

第二节　起诉状 ……………………………………………………… 291

第三节　答辩状 ……………………………………………………… 298

第四节　上诉状 ……………………………………………………… 303

第五节　代理词 ……………………………………………………… 311

第六节　辩护词 ……………………………………………………… 318

第十二章　笔录类常用法律文书 …………………………………… 329

第一节　笔录类常用法律文书概述 ………………………………… 329

第二节　现场勘查笔录 ……………………………………………… 331

第三节　讯问笔录 …………………………………………………… 342

第四节　询问笔录 …………………………………………………… 351

第五节　法庭审理笔录 ……………………………………………… 358

第六节　合议庭评议笔录 …………………………………………… 366

参考文献 ……………………………………………………………… 374

第一章

法律文书写作教学内容

学习目标

1. 了解法律文书及司法文书、诉讼文书等相关的概念及内涵。

2. 掌握法律文书的特点。

3. 了解法律文书不同的分类。

4. 准确理解法律文书的作用及其在法律文书制作中的指导意义。

5. 提高对法律文书写作重要性的认识，提高学习法律文书写作的积极性与自觉性。

第一节　法律文书概述

教学内容

一、法律文书的概念

法律文书，是指各法律关系的主体在办理各类诉讼法律事务和非诉讼法律事务时依法制作的具有法律效力或法律意义的文书的总称。

法律关系的主体是一个较为宽泛的概念，可分为刑事法律关系主体、民事法律关系主体、行政法律关系主体，具体包括国家机关、公民、法人和其他不具备法人资格的社会组织，如公安机关、国家安全机关、人民检察院、人民法院、监狱、公证处、仲裁机构、行政执法机关、律师机构及律师、当事人及其代理人等。

法律文书的适用范围包括各类诉讼法律事务和非诉讼法律事务。

法律文书的制作依据是各种法律规定，既包括实体法依据，又包括程序法依据，这是由法律文书的根本属性决定的。

法律文书不同于其他文书的显著特点是：法律文书具有法律效力或法律意

义，国家以司法强制力保障法律文书的执行或使其产生一定的法律后果。

二、规范性的法律文书与非规范性的法律文书

法律文书的概念有广义和狭义之分。广义上的法律文书，是指一切具有法律效力或者具有法律意义的文件、文书、公文的总称，它分为规范性的法律文书和非规范性的法律文书两大类。

规范性的法律文书包括各种法律、行政法规、地方性法规等，是法律规范的表现形式，宪法、刑法、婚姻法、物权法等均属于规范性的法律文书。规范性的法律文书是由权力机关，尤其是具有立法权的权力机关制定或制作的，具有法律规范的普遍约束力。

非规范性的法律文书，即狭义的法律文书，是指依照法律规定，在诉讼法律事务活动或非诉讼法律事务活动的过程中针对特定对象制作的文书，如公安文书、检察文书、审判文书、监狱文书、律师文书、诉状与申请书、仲裁文书、公证文书及行政执法机关的行政执法文书等，其特点是只针对特定的人和特定的事有约束力，并不具有普遍的约束力。

狭义的法律文书，专指非规范性的法律文书。本教材与绝大多数法律文书教材中所称的"法律文书"均是指狭义的法律文书，属于非规范性法律文书的范畴，但并不是非规范性法律文书的全部。狭义的法律文书既包括公安机关（含国家安全机关，下同）、检察院、法院、监狱、律师、诉讼当事人及其代理人等在诉讼活动中制作的诉讼法律文书，也包括公证、仲裁、律师、行政执法机关和相关非诉讼法律事务当事人及其代理人制作的各类非诉讼法律文书。一般说来，法律文书写作教学研究的对象主要是公安文书、检察文书、法院文书、监狱文书、律师文书、公证文书、仲裁文书等。

三、法律文书与司法文书

法律文书作为高等教育法律院校一门重要的专业课程，在20世纪80年代开设之初普遍称之为"司法文书"。关于"司法文书"的概念，准确的说法应该是指国家司法机关（含具有行政执法职能的准司法机关，下同）根据法律规定，在办理各类诉讼法律事务和非诉讼法律事务时依法制作的文书。确切地讲，其制作主体仅限于国家司法机关。由于司法文书的制作主体包括的范围过于狭窄，为了使"司法文书"的概念能涵盖课程的全部内容，业内通常在概念中加上"或使用"三字，即"司法文书是指国家司法机关根据法律规定在办理各类诉讼法律事务和非诉讼法律事务时依法制作或使用的文书的总称"。这样，这一概念中的制作主体不仅包括国家司法机关，也可包括公民、法人和其他不具备法人资格的社会组织等其他制作主体。

三十多年来，随着国家法制建设和法律实践的发展，公民、法人和其他不具备法人资格的社会组织等其他制作主体制作和使用的法律文书不断增多，而且这些文书在法律文书中的地位也越来越重要，继续使用"司法文书"的称谓来涵盖课程的全部内容已显不妥，所以当今大多数教材均采用"法律文书"这一名称。

本教材内容虽然以国家司法机关制作和使用的司法文书为主，但也编入了包括公证、仲裁、律师文书和律师为当事人及其代理人代书的各类诉讼法律事务文书与非诉讼法律事务文书，故本教材使用主体范围覆盖面更大的"法律文书"这一名称。

四、诉讼法律文书与非诉讼法律文书

根据法律文书所处理的是诉讼法律事务还是非诉讼法律事务划分，可将法律文书分为诉讼法律文书与非诉讼法律文书两大类。一般地，处理诉讼法律事务而形成的文书为诉讼法律文书；处理非诉讼法律事务而形成的文书为非诉讼法律文书。但从更严格的意义上讲，诉讼法律文书与非诉讼法律文书的划分标准应该是制作的法律依据。依据诉讼法制作的法律文书为诉讼法律文书；不是依据诉讼法制作的法律文书，即使在诉讼中使用，也不能称诉讼法律文书。在法律文书的历史发展过程中，诉讼法律文书一直占有绝对的优势，这种状况跟法律传统、法律制度有着渊源关系。

改革开放以来，国家经济的快速发展和社会的不断进步，使得非诉讼法律事务越来越多，由于通过非诉讼渠道解决纠纷可以节约成本、提高效率，这就使得与此相关的各种格式化法律文书应运而生，例如行政执法文书、公证文书、仲裁文书、各种合同文本等，非诉讼法律文书作为体现非诉讼法律事务处理情况的载体，不断发展丰富起来。这其中，有的文书样式已经比较统一，如行政执法文书、公证文书；有的文书样式只在一定范围内使用，但是主要内容已经确定，如仲裁文书；有的文书样式还处于发展变化阶段，如一些合同文本等。由于相关法律法规还不健全，非诉讼法律文书仍处于发展、变化的过程中，有许多不完善、不确定的因素。但是，我们要看到，非诉讼法律文书快速发展的趋势是同非诉讼法律事务快速发展的形势相联系的，诸如行政执法文书、仲裁文书、公证文书、部分（非诉讼）律师文书等非诉讼法律文书，应在司法实践中发挥着越来越重要的作用，成为法律文书的重要类别和研究对象。

五、具有法律效力的法律文书与具有法律意义的法律文书

根据法律文书是否具有法定的强制力，可以将法律文书分为具有法律效力的法律文书和具有法律意义的法律文书两大类。

具有法律效力的法律文书是指这些文书制作并生效后，文书的撤销、变更，要通过一定的法律程序，除有关执法机关外，任何单位和个人均无权撤销、变更。这些文书制作并生效后，有关当事人就必须执行，否则执法机关就要采取措施强制执行。如我国《刑法》第313条规定："对人民法院的判决、裁定有能力执行而拒不执行，情节严重的，处3年以下有期徒刑、拘役或者罚金……"

具有法律意义的法律文书是指一些法律文书虽不具备强制执行的法律效力，但这些法律文书又是诉讼法律事务或非诉讼法律事务不可缺少的部分，离开了它们，诉讼法律事务或非诉讼法律事务活动就失去了依据和完整性，或者根本无法进行，甚至是违法的。例如各类诉状，它并不具备法律效力，但当事人只有向人民法院递交诉状或口头起诉记入笔录之后，才能启动相应诉讼程序，否则法院立案、审理和判决就没有依据，同时也不符合诉讼法的规定。再如，合同、协议、遗嘱、家庭财产分单等，是有关国家机关、社会团体、公民和法人为记载法律行为、法律事实而制作的具有法律意义并能引起一定法律后果的文书，没有它们，这些法律事务活动就失去了依据。

第二节　法律文书的特点

教学内容

法律文书是法律事务活动中的一种专用文书，除了具有与其他文书共同的特点外，还有其自身的一些突出的基本特征：

一、合法性

法律文书的制作必须符合法律规定。法律文书必须依法制作，其制作的合法性具体表现在以下几个方面：

（一）法律文书的制作主体由法律规定

法律文书只能由法定的制作主体制作，否则制作的法律文书会因主体不合法而无效。例如，起诉书必须由人民检察院制作，判决书必须由人民法院制作。再如，根据《民事诉讼法》第119条的规定，提起民事诉讼的原告必须是与案件有直接利害关系的公民、法人和其他组织；根据《人民调解法》第28条的规定，《人民调解协议书》应由人民调解委员会制作。

（二）法律文书应依照程序法的有关规定制作

法律文书是法律活动的凭证，什么情况下需要制作法律文书，制作什么样的法律文书，都必须有法律法规等的明确规定。任何人都无权依主观意志决定制作或不制作某一法律文书。因为法律文书在诉讼活动中使用，它的出具和使用直接反映着诉讼活动的进展，所以必须依照程序法的有关规定制作。例如，刑事案件的处理，从案件侦查中的立案、破案、报捕、批捕、审讯到移送审查起诉、起诉，再到审理判决，整个过程中，每个环节都需要合法的法律关系主体制作相应的文书来作为进行某项诉讼案件活动的文字凭证，都必须按照《刑事诉讼法》有关条款的规定制作相应的法律文书。在公诉案件刑事诉讼活动中，只有按上述规定的特定阶段制作使用相应的法律文书，才能使诉讼活动合法。再如，行政执法活动中使用行政执法文书，同样要依据行政执法程序的规定制作和使用。

（三）法律文书的制作应正确适用实体法

只有正确适用实体法才能实现制作法律文书的目的。例如，民事起诉状只有具备合法的诉讼请求和合法的理由才有可能达到提起诉讼的目的；民事合同只有不违反法律的强制性规定才能具备法律效力。

（四）时限的合法性也是法律文书制作的合法性的一个特定要求

例如，不服一审刑事判决，提起上诉的时限必须在一审刑事判决送达后的10日以内，逾期即丧失了上诉权。再如，《继承法》第17条第5款规定，遗嘱人在危急情况下，可以立口头遗嘱。口头遗嘱应当有2个以上见证人在场见证。危急情况解除后，遗嘱人能够用书面或者录音形式立遗嘱的，所立的口头遗嘱无效。又如，我国《刑事诉讼法》中对采取强制措施的取保候审、监视居住也规定了最长期限。即对犯罪嫌疑人、被告人取保候审最长不得超过12个月，监视居住最长不得超过6个月，逾期如不对上述强制措施法律文书予以撤销或变更的，即属违法。因此，司法机关在处理案件的某项活动中必须按照诉讼法的规定遵守特定的时间，当事人行使某项权利也必须遵守特定的时限。

（五）法律文书的合法性还表现在某些文书的使用必须履行特定的法律手续

例如，公安机关需要对犯罪嫌疑人进行拘留的，必须首先向公安机关主管领导报送呈请拘留报告书，经主管领导同意并签署意见后，才能制作拘留证，对犯罪嫌疑人进行拘留。再如，刑事案件对犯罪嫌疑人扣押物品的，扣押物品清单中，在写明扣押的物品名称、数量之后，须由被扣押的人签字或捺手印认可，如不履行此项手续，不仅不能发生法律效力，该项活动还属违法行为。

二、固定性

法律文书的制作有固定的格式，这些格式是在长期的实践中不断创造、改进而形成的。有些文书的格式是法律规定或司法机关制定的；有些文书的格式是在长期司法实践活动中约定俗成的。这些格式既能保证法律文书的完整性和严肃性，又能保证制作时简易方便，具有科学性，保证及时有效、全面有力地发挥法律文书的作用。其具体表现在以下几个方面：

（一）结构固定化

不同种类的法律文书，其行文表述的结构大多都有固定的格式。一般来讲，绝大多数法律文书都具备首部、正文、尾部三部分内容。首部大多都由文书标题、文书编号、当事人的身份事项、案由、案件来源等项目内容组成，并按上述次序排列。正文包括案件事实、处理理由、处理决定（意见）三项内容，是法律文书的核心内容。尾部一般由交代有关事项、签署、日期、用印、附注事项等内容组成。

（二）用语规范化

各类法律文书的各部分内容的表达，大多具有规范的固定用语，书写该项目时只能如此表述，没有丝毫的变通余地，例如，公安机关的立案报告中，一般在正文的后面另起一行写"请批准立案""妥否，请批示"之类的请示性结束语。又如，人民检察院起诉书在写明案由及案件来源时，须使用"被告人×××因××一案，由××侦查终结，于×年×月×日移送我院，经依法审查明：……"这个固定表述。又如，人民法院的一审民事判决书尾部向当事人交代上诉权事项时，也必须用如下固定文字表述："如不服本判决，可在判决书送达之日起15日内，向本院递交上诉状，并按对方当事人的人数提出副本，上诉于×××人民法院。"

（三）事项要素化

各类法律文书在某些特定项目内容的表述中还须符合其要素规定，不可残缺不全。例如，在表述当事人身份事项时，一般应写明姓名、性别、出生年月日、身份证号码、民族、籍贯、工作单位、职业、住址等要素。刑事案件被告人还应写明违法犯罪经历，何原因、何时间被拘留、逮捕，现羁押何处等要素。

近年来，为使法律文书更加规范，我国相继出台了规范法律文书制作的相关标准文书格式。如公安部印发的《公安机关刑事法律文书式样（2012年版）》，最高人民检察印发的《刑事检察文书样式》《直接受理刑事案件文书样式》《控告申诉文书样式》《人民检察院刑事诉讼法律文书样式》，最高人民法院印发的《法院刑事诉讼文书样式（样本）》《行政诉讼文书样式》《民事诉讼文书样式》等。随着新的立法活动进程的发展，公安部、最高人民检察院、最高人民法院近年来也不断地对这些格式样本进行更新，这些格式样本的颁布，标志着我国法律文书制作和使用发展的进一步完善，它是提高法律文书制作质量以及提高办案质量、办案效率的有力保障。

三、强制性

法律文书是法律实施的重要手段，法律文书的强制性是与法的强制性紧密相连的，法律是依靠国家的强制力来保证实施的行为规范，因而法律文书也必须依靠国家的强制力来保证其执行的有效性。例如，当事人在诉讼时效内向人民法院提交符合法定条件的民事起诉状，就会启动民事诉讼程序；当事人不履行双方签订的合法有效的民事合同，就会承担不利的法律后果。对于一些具有执行意义的文书，这种法定的强制力就表现得更为明显。例如，公安机关为拘留犯罪嫌疑人所出具的拘留证、为逮捕犯罪嫌疑人所出具的逮捕证，一经出示，即产生法律效力，任何人不得抗拒，否则执行公务者就可以运用法律赋予的权力进行强制执行。再如，裁判文书也是法律强制性较强的法律文书。二审刑事案件人民法院对被告人一经宣判，判决书就发生了特定效力：判处徒刑的，需立即收监服刑；判处死刑的，经过最高人民法院死刑复核程序核准后，必须押赴刑场，立即执行。

值得注意的是：法律文书的强制力也有强弱之分。例如，人民法院的传票本身有一定的强制性，其注意事项中明确规定"被传唤人必须准时到达应到处所"，但诉讼活动中，由于某些公民法律意识的淡薄，常常发生拒不到庭或不按时到庭的情况，这一现象说明它的强制力是有限的，但法律对此并非无能为力，我国《民事诉讼法》规定，对经过合法传唤的被告拒不到庭的可缺席判决，对经合法传唤的原告拒不到庭的可按撤诉处理，由此可见，传票中载明的该项内容还是具有法律保障力的。和传票相比，拘传票的强制力则十分强烈，其注意事项中规定的"被拘传人如抗拒拘传或脱逃得强制拘传"凸显其本身的强制性。

了解法律文书的强制性，是要求文书制作主体必须时刻牢记，法律文书的制作牵涉当事人身家性命和生死荣辱，制作时必须高度认真负责。

第三节　法律文书的分类

教学内容

法律文书数量大、类别多。目前，学术界关于法律文书的分类标准尚不统一。各机关根据其自身在各种法律事务中的职能不同，对本机关制作和使用的法律文书有不同的分类标准和依据。由于分类的标准和依据不同，分类的结果自然不同。从教学和学习的角度，通常的分类方法大致有以下几种：

一、按写作的繁简、难易程度划分

根据写作的繁简、难易程度的不同，可以把法律文书从易到难依次分为四类：表格类、填空类、叙议类、笔录类。这种分类方法有利于归纳各类法律文书的不同写作规范和写作要求，为法律文书的制作练习和业务培训提供了方便。所以，公安机关、检察机关、人民法院往往把这种分类标准作为他们各自的技术分类依据。

表格类法律文书制作方法简单，只要依照案情实际和法定格式，把有关内容填进印制好的表格中即可。例如，公安机关提讯提解证、调取证据清单、接受证据材料清单、扣押清单、登记保存清单、查封/解除查封清单、发还清单、随案移送清单、销毁清单等，以及人民检察院的提起公诉案件证人名单、提起公诉案件证据目录、调取证据清单、送达回证等，均属于此类文书。表格类法律文书在公安、检察、法院、律师、公证文书中均占有不小的比例。

　　填空类法律文书制作方法也比较简单，除了要像表格类法律文书那样填写固定表格外，还要根据需要简单地进行叙述和分析。其中的某些内容，如事实、理由和证据，需要一定的写作技巧，因此，它比表格类法律文书制作内容的要求要高一些。例如，公安机关拘传证、传讯通知书、取保候审决定书、执行通知书、拘留证、拘留通知书、延长拘留期限通知书、逮捕证、逮捕通知书、搜查证、查封决定书、扣押决定书等，人民检察院的批准逮捕决定书、不批准逮捕决定书、复议决定书、复核决定书等，以及人民法院的应诉通知书、举证通知书、不予准许证据交换申请通知书、准许当事人申请法院调查收集证据通知书、准许证据保全裁定书、对新的证据举证通知书、证据收据等，均属于此类文书。填空类法律文书在公安、检察、法院、律师、公证文书中均占有大量的比例，制作和使用中尤需仔细认真。

　　叙议类法律文书，主要是指需要在法律文书的正文制作部分运用具体的叙述、议论、说明等表达方式构思制作的法律文书，又称打印类或拟制式文书。如提请批准逮捕书、起诉意见书、起诉书、不起诉决定书、抗诉书、判决书、裁定书、仲裁裁决书、调解书、诉状、辩护词、代理词等，均属于此类文书。叙议类法律文书在公安、检察、法院、律师、公证文书中所占的比例数量并不大，但这类文书的内容无法完全用格式固定下来，格式只是为这些法律文书规定了框架，至于如何运用叙事、说理和说明来制作，则要依照相关法律事务的不同情况来具体把握。因而，这类法律文书制作的难度最大，是法律文书研究和学习的重点，本教材所选内容大多都属于这类文书。这种分类方法的优点在于便于识别法律文书制作的重点、难点；不足之处是打乱了法律文书因程序先后而形成的内在联系，给系统学习和研究法律文书造成了一定的影响。

　　笔录是指公安司法机关工作人员及律师、公证、仲裁等其他法律工作者在办理诉讼法律事务和其他非诉讼法律事务时，依法记录法律事务活动过程的书面材料。大部分笔录是不同的法律关系的主体通用的。笔录是所有法律文书中使用频率最高、适用范围最广的法律文书，它不仅记载了各种法律事务的整个情况，而且是认定事实、处理有关案件和其他法律事务的重要证据。大多数笔录具有重要的法律意义，有些笔录具有法律上的强制效力。这类文书的制作基本上都有规定的格式或约定俗成的格式。笔录的制作有格式要正确、手续要完备合法、如实记载法律事务活动的全过程等特殊要求，因此，按写作的繁简、难易程度划分，习惯上把笔录单独作为一类。

二、按法律文书的性质和用途划分

按照法律文书的性质，可以分为诉讼法律事务文书与非诉讼法律事务文书。其中，诉讼法律事务文书又可以分为刑事诉讼文书、民事诉讼文书和行政诉讼文书。

按照程序先后，又可将诉讼法律事务文书分为第一审、第二审和再审文书等文书，具体包括判决书、裁定书、调解书和决定书等。非诉讼法律事务文书的范围十分广泛，在本教材中包括仲裁文书、公证文书、部分律师文书和当事人的申请书等。

按照法律文书的用途，可以分为侦查类、起诉类、报告类、裁判类、执行类、通知类、笔录类、书状类等法律文书。这种分类方法的优点在于，把相同用途的法律文书归纳在一起，便于比较研究和掌握法律文书的写作要领和写作方法；不足之处是影响对法律文书整体构成的系统性和完整性的认识。

三、按制作和使用的主体划分

按照法律文书制作和使用的主体，可以把法律文书分为公安机关法律文书、检察机关法律文书、人民法院法律文书（民事法律文书、刑事法律文书、行政法律文书）、监狱法律文书、律师文书、公证文书、仲裁文书、各行政机关行政执法文书等类别。这种分类方法的优点在于，便于相对完整地研究和学习法律文书，保持了各类法律文书的相对独立性和完整性；不足之处是有时会出现重复现象，如书状类、笔录类文书等。

大多数法律文书写作教材基本采用的是这种分类方法，其主要分法是：以法律文书制作和使用的主体为基本分类标准，同时将叙议类法律文书中带有共性的部分（如笔录）用专章进行统一讲授，然后把人民法院的诉讼文书分为民事、刑事、行政三大类，再从程序上把这三大类分为一审、二审和再审的法律文书。本教材也主要采用这种分法。

需要指出，上述的各类法律文书，由于种类繁多，本教材不可能一一讲述，所以在安排内容时有所侧重。诸如大量的填空类、表格类文书，由于其格式比较固定，内容要素简单，具体写作要求简便，本教材只是根据需要选取一部分内容作些必要的介绍。叙议类文书以详细叙述和充分说理为基本特征，具有一定的写作难度，而且这类文书在诉讼法律事务活动与非诉讼法律事务活动中的地位举足轻重，虽然在数量上没有填空类和表格类文书多，但它却是我们学习和研究的重点。像起诉书对于人民检察院、判决书对于人民法院、辩护词和代理词对于律师、公证书对于公证组织、仲裁裁决书对于仲裁机构等，都是代表其诉讼法律事务活动与非诉讼法律事务活动某一阶段处理结论的文书，无论其文书格式还是具体写作方法，都需要认真理解和把握。再者，无论是叙议类法律文书，还是填空类、表格类法律文书，都有着相同的结构模式，掌握了叙议类法律文书的写作要领，即便没有具体学习填空类、表格类法律文书的写作，仍然可以通过法律文书的体式结构、基本内容等共性特征去理解和写作，同样可以写好这类法律文书。笔录类法律文书是公安司法机关工作人员及律师、公证、仲裁等其他法律工作者在办理诉讼法律事务和其他非诉讼法律事务时均需使用的，有其共性，因此单列专章介绍。

第四节　法律文书的作用

教学内容

法律文书的作用，是指法律文书在法律具体实施过程中所体现出来的功能和效用。法律文书的根本作用在于保障法律的具体实施。法律文书的作用主要体现在以下几个方面：

一、法律文书是实施法律的具体手段

法律文书的根本作用在于保障法律的具体实施。司法机关或者当事人及其代理人对相关法律事务的处理，是通过诉讼法律事务活动与非诉讼法律事务活动各个程序上的诉讼法律事务文书或非诉讼法律事务文书来体现的，法律文书作为实施法律的工具和手段，起着其他任何形式都不能替代的作用。比如，对刑事案件的处理，从公安机关的立案侦查到人民检察院的审查起诉，再到人民法院的审理判决，直至最后交付执行，其中每一阶段法律行为的实施，都必须依靠法律文书来实现。在这一过程中，不同的法律文书分别起着不同的作用：有的起请示报告作用，如公安机关的呈请立案报告书、呈请拘留报告书等；有的起审查批复作用，如人民检察院的批准逮捕决定书、批准延长羁押期限决定书等；有的起记录作用，如现场勘查笔录、评议笔录、鉴定笔录、庭审笔录等；有的起依据作用，如拘传证、拘留证、搜查证、逮捕证、询问笔录、讯问笔录等；有的起告示作用，如通知、布告、公告和通缉令等；有的既是前一诉讼阶段的总结，又是引起后一诉讼阶段开始的依据，如起诉意见书、起诉书等；有的是集中体现对案件实体问题和程序问题处理决定的文书，如不起诉决定书、判决书、裁定书、仲裁裁决书等；有的起特殊证明作用，如换押证、释放证等。由此可见，没有法律文书，诉讼程序就无法进行；离开法律文书，法律的实施就无从谈起。

二、法律文书是诉讼法律事务或非诉讼法律事务活动全过程的如实反映

处理诉讼法律事务或非诉讼法律事务的每一程序，直到每一细小环节，都需要制作相应的法律文书。就刑事案件来说，侦查机关的调查访问，需要制作询问笔录；讯问犯罪嫌疑人，需要制作讯问笔录；逮捕犯罪嫌疑人，需要制作提请批准逮捕书，人民检察院审查后，需要制作批准逮捕决定书或不批准逮捕决定书来回复公安机关。公安机关接到决定对犯罪嫌疑人逮捕的法律文书后，需要填写逮捕证，交由公安人员，并在执行任务时出示，才可对犯罪嫌疑人进行逮捕。其中每一种文书的制作都是依照《刑事诉讼法》的规定进行的，而具体诉讼法律事务程序的发生也都是以相应的法律文书作为载体的。非诉讼法律事务也是如此，离开了具体的法律文书，调解、仲裁、公证等非诉讼法律事务活动程序的过程就无法体现，就无法反映当事人各方对案件的分析、协商或处理意见。

依诉讼法律事务程序或非诉讼法律事务程序的要求，把有关法律文书组合、装订起来，便构成了反映诉讼法律事务或非诉讼法律事务活动情况的案卷材料。一份完整的案卷能系统和具体地反映出诉讼法律事务或非诉讼法律事务活动的流程，通过案卷可以看出司法机关是如何执法的，合议庭或仲裁庭是如何审理案件的，以及律师是怎样为当事人提供法律服务的。案卷，即法律文书的集合或集结，就是诉讼法律事务或非诉讼法律事务活动全过程的真实反映。同时，法律文书既是办案情况真实全面的记载，也是重要的档案资料，大多数法律事务文书档案需要长期保存或永久保存。

三、法律文书是履行法律行为的重要凭证

法律文书是执行具体法律行为的重要凭证。法律的实际执行需要法律文书作为凭证，以表明法律行为的合法性。诸如实施拘留、逮捕、搜查等，必须要有相应的拘留证、逮捕证、搜查证等法律文书，这些具体的法律文书就是表明执法主体行为合法的凭证。有些情况下，似乎不要求制作法律文书，例如，《民事诉讼法》第98条第1款规定："下列案件调解达成协议，人民法院可以不制作调解书：①调解和好的离婚案件；②调解维持收养关系的案件；③能够即时履行的案件；④其他不需要制作调解书的案件。"根据上述规定，似乎在这种情况下，法律文书这种凭证的作用就不是必要的，但是再看《民事诉讼法》第98条第2款的规定："对不需要制作调解书的协议，应当记入笔录，由双方当事人、审判人员、书记员签名或者盖章后，即具有法律效力。"也就是说，虽然根据《民事诉讼法》第98条第1款的规定可以不制作民事调解书，但是还需要制作另外一种文书——调解笔录，这同样是法律文书的一种重要类别，是执行调解协议的重要凭证。

四、法律文书是促进法制宣传、体现国家法制水平的重要载体

在依法治国、建设社会主义法治国家的进程中，法律文书具有促进法制宣传、促进社会法制水平提高的重要载体作用。随着社会主义市场经济的建设和发展，各种民事、行政、经济违法行为呈现多样化特征，犯罪现象也日趋复杂，处理各种诉讼法律事务或非诉讼法律事务而制作的法律文书，在保障合法权利、制裁违法行为的同时，也起到了重要的宣传作用、警诫作用和预防作用。法律文书对当事人及其家属、邻里起着教育预防作用，尤其是那些当庭宣布与张贴的法律文书，更加扩大了宣传效果。最高人民法院多年前就有选择地向社会公布其审理案件的判决书和裁定书，并要求各级人民法院逐步做到裁判文书向社会全文公布；最近更把向社会全文公布裁判文书作为司法改革的一项实质性举措。近年来，地方各级人民法院也通过多种途径，采取多种方式，陆续公布了一部分优秀的裁判文书，这对于切实落实公开审判原则，推广典型案例的引导作用，都将发挥积极的作用，影响深远。基于法律文书的属性，在促进法制宣传的同时，法律文书也在担当着体现国家法制水平的重要使命。当事人、社会公众可以从具体案件的法律文书中看司法的公开、公平和公正，增强对国家法制建设的信心。

五、法律文书是考察法律工作者综合素质的重要尺度

法律文书的制作和使用，对法律工作者应具有的能力和水平而言，也是非常重要的。法律文书的质量不仅反映出法律工作者的政治素质、业务能力和文化修养，还关系到他们的执法水平、执法能力和执法效果。因此，公安部、最高人民检察院、最高人民法院等国家最高司法机关都已经把法律文书改革纳入司法改革的轨道，强调要重视法律文书的制作，要加强培训，狠抓质量。近年来，司法机关越来越重视法律文书的质量，很多法院、检察院、公安局都定期举行法律文书制作评比、业务讲座等活动，将法律文书制作水平作为考察司法干部和法律工作者政治素质、业务能力和文化修养等综合素质的一个重要尺度，这对提高法律文书的制作水平和制作质量无疑会起到重要的导向作用。作为法学院校法律专业的学生，对法律文书是考察法律工作者综合素质的重要尺度这一作用更应加深理解。

技能拓展

1. 什么是法律文书？这一概念包括哪些含义？
2. 法律文书与司法文书有什么区别和联系？
3. 广义的法律文书与狭义的法律文书有什么区别和联系？
4. 诉讼法律事务文书与非诉讼法律事务文书有什么区别？

5. 法律文书的基本特征有哪些？为什么说法律文书具有这些基本特征？

6. 法律文书的合法性包括哪些内容？

7. 为什么说法律文书具有强制性？了解法律文书的强制性对法律文书制作和使用具有什么意义？

8. 法律文书常见的分类方法有哪些？按制作和使用的主体划分，法律文书可以分为哪些种类？

9. 简述法律文书的作用。

10. 为什么说法律文书是考查法律工作者综合素质的重要尺度？

第二章

法律文书写作基本技能

学习目标

1. 了解法律文书及法律文书的主旨、法律文书材料的概念。
2. 掌握法律文书材料的选择。
3. 掌握法律文书的主旨与材料的辩证关系。
4. 了解法律文书的基本结构布局。
5. 准确理解和把握叙述、说理、说明等表达方式在法律文书制作中的运用。
6. 准确理解和把握法律文书的语言特色。

第一节　法律文书的主旨

教学内容

一、法律文书的主旨

主旨是指作者在文章中所表达的中心思想或基本观点。法律文书的主旨，是文书作者在办理诉讼法律事务或非诉讼法律事务时制作和使用的法律文书中所表达的中心思想或主要观点，即制作该法律文书的目的。任何一份法律文书，不论其文字长短、内容多少，也不论其文种如何不同，都要说明一定的问题，表明文书作者的意图和主张。法律文书如果没有明确的主旨，即使材料堆砌得再多也毫无意义。法律文书的主旨是法律文书全部内容的核心，统帅制作文书的全部活动。制作法律文书时，选取材料、安排结构、叙事说理、运用语言都要以主旨为中心并且为主旨服务。每一份法律文书都有主旨，这与其他文章并无不同。但是法律文书的主旨除了具有一般文章的基本含义之外，还有自身的特征。法律文书主旨的具体内容因案而异，相关诉讼法律事务或非诉讼法律事务的事实和法律规定是一份法律文书主旨的决定因素。

二、法律文书主旨的提炼

提炼法律文书的主旨又称炼意。提炼主旨的活动是法律文书制作过程中最重要的一个环节，关系着国家法律能否正确实施和当事人的合法权益能否得到有效维护，关系着当事人的财产权、人身权甚至生命权。因此，确立一篇法律文书的主旨，既不能凭空杜撰，也不能以片面的材料为根据，而应对全部材料进行认真分析，了解它所包含的法律内容，准确把握其意义和价值，从而作出正确的判断。提炼主旨的唯一目的，就是为了保障法律正确实施。司法实践中提炼主旨是一个复杂的、审慎的过程。从形式上看，它一般由集体研究、讨论决定，实行少数服从多数的原则，有的需要局委会、检委会、审委会这样的机构研究决定，有的甚至需要上级机关的指导；从内容上看是对事实材料和法律材料进行分析、判断，最后得出结论。律师文书和当事人文书的主旨同样也要经过充分论证，不能随意设立，必须有事实根据和法律根据作基础。在主旨的提炼过程中，首先要注意，必须要在对全部材料综合分析的基础上提炼主旨。材料决定主旨，主旨来源于材料。其次要注意，主旨的确立必须符合有关法律精神和法律法规，违反法律法规确立的主旨实际上就是一个错误的决定。法律文书与其他文书的最大区别在于法律性，主旨的提炼、确定必须符合有关程序法和实体法等法律法规的精神。只有这样，法律文书才能起到其应有的作用。

三、法律文书主旨的要求

主旨的提炼乃至在形成法律文书时对主旨的表述，都必须做到准确、鲜明、集中、有序。

（一）准确

准确可以理解为正确，这是首要的要求。如果主旨有误，势必造成整篇法律文书的错误，导致执法活动的错误，甚至造成冤假错案。法律文书主旨的准确性是相对的，而不是绝对的。就法律文书而言，主旨的准确性是指文书作者对案件处理结论的准确，即主旨内容与所办理案件结论的一致性。

（二）鲜明

鲜明即明白。在主旨确立之后，就必须把主旨的内容明明白白地显示在法律文书中，既不能含蓄，也不能模棱两可。如果主旨不能够明白地显示在法律文书中，法律效用就无从谈起，程序无法进行，结果也无法执行，因而也就不能达到法律实施的目的。例如，在合同违约纠纷中，若在判决结果中仅写明赔偿金数额，没有写明败诉方支付赔偿金的具体日期和支付方式，就会造成判决无法执行，其原因正是主旨的表达不明白。

（三）集中

主旨的集中性是法律文书结构设置的一个普遍做法，这样的要求便于发挥法律文书的实效性。它要求文书制作者要根据法律文书格式的具体要求，在规定位置将案件处理结论或处理意见的全部内容用恰当的方式集中写作。绝大多数法律文书中，主旨往往是集中在文书正文的最后一部分，如提请批准逮捕书、起诉书、判决书、裁定书等。但有些法律文书，也可以集中在文书正文的前面，如各类诉状、申请书等。

（四）有序

法律文书的主旨结构往往有着内在的规律，写作时要讲究一定的次序。例如，刑事判决书的主旨要围绕定罪与量刑进行，应该先写定罪的内容，后写量刑的内容。如果是数罪并罚，首先要依照先重罪、后轻罪的顺序安排写作次序；其次，依照先分别定罪量刑、再依数罪并罚的原则决定要执行的刑罚顺序来安排写作次序。共同犯罪的案件，首先要确定先主犯后从犯的写作次序，然后按对每一个被告人定罪量刑的次序写作。刑事附带民事诉讼案件，首先应按先刑事后民事安排写作次序。再如，民事判决书判决准予离婚的案件，应该先写准予离婚，然后再写子女如何抚养、财产怎样分割等内容。

第二节　法律文书的材料

教学内容

一、法律文书的材料

法律文书的材料，是文书制作者在办理诉讼法律事务及非诉讼法律事务中为了达到某一目的，经过搜集、摄取并经分析归纳写入法律文书中的一系列客观事实和用于论证的法律法规、法学理论等内容。简单地说，凡是用来提炼和表现主旨的事物和观念，都可以称之为材料。

法律文书的材料一般包括：有关法律关系参与人的基本情况、有关法律事务的客观事实材料、有关法律事务的法律法规和法律精神等。其中，有关法律关系参与人的基本情况是指法律关系参与人的包括姓名、性别、出生日期、民族、籍贯、职业、工作单位、住址和电话等基本情况。有关法律事务的客观事实材料是指涉及该法律事务的当事人陈述、书证、物证、证人证言、视听资料、鉴定结论、勘验笔录、现场笔录等事实和证据材料。有关法律事务的法律法规和法律精神是指涉及该法律事务的法律、法规、规章、司法解释的法律条款、法学原理、法学理论、法律原则及法律政策等内容。

二、法律文书材料的收集、选择和使用

法律文书材料的收集、选择和使用可以简称为选材。

法律文书材料的收集是指文书制作者通过各种途径获取制作文书所需材料的过程。材料收集的方法主要包括：向相关人员调查、核实，从已有案卷中获取，查阅法律条文，以及收集典型案例过程，等等。

法律文书材料的选择和使用是指如何选择和使用材料来服务于主旨。在主旨确立之后，制作法律文书的重点便转向选材问题。主旨和材料密不可分，法律文书中主旨和材料的关系很特别，虽说与案件有关的事实、法律材料都与主旨有关，但不能将所有材料都简单地堆砌在法律文书中，因为材料本身有真有假，有重点材料也有一般材料，有的材料比较分散、需要整理归纳，等等，所以要对材料进行恰当的选择。写作法律文书的材料，大体上可以分为两类：一类是事实材料，包括各制作主体认定的案情事实材料和诉讼或非诉讼当事人反映的事实材料等；另一类是法律材料，指诉讼案件或非诉讼案件涉及的有关法律条款，主要包括实体法和程序法条文。对这些材料要认真地加以选择，做到恰当、准确无误地使用材料，真正为表现主旨服务。

三、法律文书制作选材的标准和基本要求

（一）法律文书制作选材的标准

法律文书制作选材的标准是指文书制作者在办理诉讼法律事务及非诉讼法律事务中，对于通过各种途径获取制作文书所需材料的选择标准。

法律文书大体可以分为刑事法律文书和民事、行政类法律文书两大类。刑事法律文书包括公安机关刑事法律文书、人民检察院刑事法律文书、人民法院刑事法律文书、律师参与刑事诉讼法律文书等。民事、行政类法律文书除了包括人民检察院民事、行政法律文书，人民法院民事、行政法律文书，律师参与民事、行政诉讼法律文书以外，还应包括行政机关行政执法文书、仲裁文书、公证文书、合同等非诉讼法律事务文书。

刑事法律文书的选材标准是分清罪与非罪、此罪与彼罪、罪轻与罪重。在制作有罪的刑事法律文书时，应选取有罪的事实材料，舍弃非罪的事实材料。对犯有多种罪名或者多起罪行的当事人，首先应该选取主要罪行材料，再选取次要罪行材料。选材时要突出主罪，兼顾次罪。在司法实践中，有的法律文书，如起诉书、刑事判决书，将被告人与定罪量刑无关的一般违法乱纪行为等也作为主要材料进行叙述；有的法律文书主旨认定的是抢夺罪，选择的却是抢劫罪的事实材料等，都是不恰当甚至是错误的。写作无罪的刑事法律文书时，选材方法较为简便。应注意依照《刑法》《刑事诉讼法》的具体规定，紧密结合案情，有针对性地选择当事人不构成犯罪或因证据不足不能认定有罪的事实和法律材料，以证明其无罪的主旨。在罪轻罪重问题上，由于文种不同，选材标准也应有所侧重，如人民检察院起诉书和辩护律师的辩护词侧重点应有所区别，

人民法院刑事判决书则应全面兼顾。

民事、行政类法律文书的选材标准是分清是非、明确责任、明确有关法律关系参与人的权利和义务。民事、行政类法律文书和非诉讼文书的共同特点是：各法律关系参与人对案件核心问题的是非对错有不同意见，权利和义务关系不明确，因而可以合并分析它们的选材问题。这类法律文书的选材的基本方法是：突出争执焦点，分清是非责任。应当以法律关系参与人之间发生纠纷的实质性材料为主线，进行全面、认真的选材，特别是对于涉及法律关系参与人各方争执的焦点问题，应作为重点材料加以选取；然后认真分析各方争议的事实及理由，依照文书制作者审查认定的事实和证据，对相关法律事务中涉及的法律条款、法律精神等进行认真的分析比较和严格的选择。近年来的民事、行政裁判文书改革，已将增加争议焦点作为一项重要内容，如人民法院的文书改革样式中明确要求要写明争议的焦点。这样一方面对文书的选材提出了明确的要求，另一方面也使选材的重点更加突出，脉络更加清晰。仲裁文书中，也往往强调对争议焦点的关注，要求围绕申请人与被申请人争议的焦点进行选材。民事、行政类法律关系复杂多样，但其核心问题是法律关系参与人之间的权利和义务关系，民事、行政类法律文书的选材标准应充分考虑有利于明确各法律关系参与人之间的权利和义务关系这一因素。不仅是人民检察院民事、行政法律文书，人民法院民事、行政法律文书，律师参与民事、行政诉讼法律文书也是如此，包括行政机关行政执法文书、仲裁文书、公证文书、合同、遗嘱等非诉讼法律文书概不例外。

（二）法律文书制作选材的基本要求

1. 法律文书制作要围绕主旨选材。法律文书制作要以主旨为中心进行选材，这是法律文书制作选材的关键。虽然说主旨来源于材料，但一般来说，制作法律文书时，主旨均已经确定，面对已经确定的主旨，选材时别无选择，只能以主旨为中心对材料进行取舍，而不能以材料为中心对主旨进行修正（但选材时发现主旨确有错误的除外）。对法律文书而言，主旨确立之后，就要将或简或繁的事实材料和法律材料进行鉴别、取舍，去粗取精，去伪存真。选材的依据就是主旨的内容和法律的有关规定，背离这个依据，选材就可能离题万里，劳而无功。

2. 法律文书制作选材要客观真实。这里的客观真实，指经过法律程序确认有证据证明的有关事实。"事实清楚、证据确实充分"往往是文书写作的基本要求。这个基本要求，也是法律文书选材的一个实质性标准，法律文书中选取的材料，只有符合了这个标准，才能够正确表现文书的主旨。法律文书不能选择使用没有证据的材料，也不能选择使用没有经过相应法律程序确认有证据证明的材料，更不能是毫无根据的、任意猜测的、道听途说的甚至是为了达到某一目的而编造虚构的事实。作为一个法律人，要牢记：没有依据的理论观念是苍白无力的；没有证据证明的事实是不具有法律意义的。这和文学作品中的选材原则有着严格区别：文学作品要求的真实是"本质的真实"，允许编造或虚构故事情节，可以写"可能发生的事"，而法律文书中的事实、证据材料强调的是"法律真实"，强调要对相关事实如实反映，这种事实需要有确实、充分的证据予以证明。还有一种情况，文书制作者明知有些事实、证据可能是不真实的，仍要作为材料加以选择，这往往是程序法精神和法律文书格式的需要。对这些材料进行对比分析后，可以使据以定案的证据更加明确，所以也可起到证明主旨的效果。例如，在人民法院的判决书中，必须要反映控辩双方或诉辩各方争议的事实，在选材时，各方围绕焦点进行的争论意见都需要反映在文书中。从逻辑上讲，各方对立的观点肯定有对有错、有真有假，但如果不反映这些争议的事实，就无法体现各方当事人平等的诉讼地位，无法反映诉讼法的原则和精神。因此，对这些材料的选取也是必要的。从某种意义上讲，这些材料是为了辨明真假是非而选取的材料，是符合法律文书制作要求的。

3. 法律文书制作选材要准确精炼。不要将各种材料不加选择地简单堆砌，也不能含糊不清，似是而非。无论是事实材料、证据材料还是法律材料，最终都是为了证明案件的处理结论或处理意见是正确的。选取法律材料不仅要注意法律材料的具体内容，还要特别注意所选法律材料能否与事实材料、证据材料保持应有的一致和协调，使法律材料与事实材料形成一个有机的整体，共同证明主旨的准确性。只有准确地、有针对性地选择法律材料，才能更充分有力地证明案件性质，辨明罪与非罪、此罪与彼罪、罪轻罪重，分清是非，明确责任，明确有关法律关系参与人的权利和义务。

4. 法律文书制作选材要详略得当。材料的组织要根据文书的制作目的有所取舍。对于能支持自己主张或反驳对方主张的材料，以及双方争执焦点的材料要详细叙述；对于双方无争议的材料或者与文书制作目的没有关系的材料应简要叙述或不加叙述。在司法实践中，有的刑事法律文书，如起诉意见书、起诉书、刑事判决书，将与犯罪嫌疑人、被告人定罪量刑无关的一般违法乱纪行为等也作为主要材料进行叙述；有的民事法律文书，如诉状、民事判决书、合同、调解书，将与明确有关法律关系参与人的权利义务毫无关联的事实不厌其烦地叙述，都是不恰当的甚至是错误的。

四、法律文书主旨与材料的辩证关系

普通文章写作中，是先有材料还是先有主旨，一直是仁者见仁、智者见智的问题。法律文书制作中，有些学者主张先有材料后有主旨，但我们仍难下结论。从法律文书制作选材的角度上讲，我们原则上同意材料决定主旨，主旨对材料具有统帅作用；而从法律文书的性质和作用上讲，主旨与材料的关系是辩证关系。

（一）主旨与材料的关系是辩证关系

司法实践中，法律文书一般都是事后文书，是案件或事件发展到某一阶段后，制作主体根据已经发生的事实和该事实应该适用的法律而制作的。例如，侦查机关制作提请批准逮捕书的主旨来源于侦查认定的事实材料和与事实相对应的法律材料；公诉机关制作起诉书的主旨来源于审查认定的起诉事实材料和与事实相对应的法律材料；人民法院制作判决书的主旨来源于经过合法审理程序认定的事实材料和与事实相对应的法律材料。但也有特例，例如分家析产协议、离婚协议、遗嘱、部分合同等的制作，可以理解为先有主旨。

（二）主旨对材料具有统帅作用

主旨一旦确定后，制作法律文书就要围绕主旨搜集、选择恰当的材料，以突出主旨，证明主旨的正确性。围绕主旨搜集、选择材料，是法律适用的要求。每一件法律事务都涉及很多事实材料和法律材料，但哪些材料可以用，哪些材料不可以用，其依据是表现主旨的需要。只有围绕主旨的需要搜集、选择材料，才能使法律文书事实清楚、说理透彻、定性准确、处理恰当。围绕主旨搜集、选择材料，是法律文书写作规律的要求。在法律文书的所有写作要素当中，主旨是中心，是统帅，是灵魂，所以主旨确立之后，无论是结构和章法的安排，还是事实材料和法律材料的选择，都必须以主旨为中心。围绕主旨搜集、选择材料，遵循法律文书的写作规律，正确处理主旨与材料的关系，可以使法律文书的制作重点突出、语言准确、详略得当、目的明确，充分发挥法律文书的作用。

第三节　法律文书的结构布局

教学内容

所谓结构，就是法律文书的组织构造。所谓布局，是指法律文书的表达次序安排。结构布局就是对法律文书表现的主旨和使用的材料进行合理的组织、安排，按照一定次序表达的表现方式。

法律文书的结构布局是一个认识、反映客观事物的表现过程，是客观事物的诸多内容通过作者的构思、编排，在法律文书中有次序的反映。因此，结构布局是法律文书制作者头脑思路的直接再现，它体现了法律文书制作者由认识事物到构思框架直至诉诸文字成文的全部过程，对法律文书的制作具有十分重要的意义。

一、法律文书的结构

法律文书的结构是指法律文书内部的组合与构成，是文书制作者根据制作目的对写作材料进行组织安排的具体载体形式。法律文书的结构是通过法律文书格式固定下来的，其固定化的特征十分明显。法律文书的结构要素就是组成法律文书的基本要素。从总体上说，由于受处理的法律事务内容、事项的大小及文种不同的制约，法律文书结构繁简不一。有的法律文书结构比较复杂，内容所包含的信息量也较大，有的法律文书则结构单一、内容简单，甚至只有几句话或一个段落。表格类、填空类、笔录类法律文书的结构单一简单，叙议类法律文书的结构则比较复杂。一般来说，绝大多数叙议类法律文书各部分的基本要素比较固定，都可分为首部、正文和尾部三大部分。

1. 首部是文书的开头部分，一般包括文书名称、文书编号、当事人的有关事项、案由或事由、案件来源和处理过程等内容。

（1）法律文书的标题一般由两个要素组成：一是文书的制作单位，二是文书的名称。例如，一审刑事判决书的标题要素应当是："××××人民法院"（文书制作单位）、"刑事判决书"（文书名称）；起诉书的标题要素应当是："×××× 人民检察院"（文书制作单位）、"起诉书"（文书名称）。制作单位和文书名称这两个要素要分两行居中书写。

（2）文书编号是大多数文书特别是具有法律效力的法律文书的必备要素。通常情况下，文书编号应包含如下要素：文书制作年度全称、制作机关简称、文书性质代字和案件顺序号。例如，江苏省无锡市人民检察院 2013 年第 67 号起诉书的编号应表述为"锡检刑诉〔2013〕67 号"，安徽省桐城市人民法院 2013 年第 0023 号的刑事判决书的编号应表述为"（2013）桐刑初字第 0023 号"等。

（3）当事人的基本情况。自然人的基本情况一般包括姓名、性别、年龄、民族、籍贯、文化程度、职业、住址、身份证号码等。不同的文书还会有不同的要求，例如，刑事法律文书有时要求写明犯罪嫌疑人或被告人曾经受过的刑事处罚的情况、被拘留或被逮捕的情况等内容。每一项要素的写作都有着独特的法律意义，制作时不能随意增减。法人与不具备法人资格的其他组织的基本情况应分两大要素去理解：第一个要素是法人与不具备法人资格的其他组织的名称和住所地；第二个要素是法定代表人或不具备法人资格的其他组织的代表人的姓名和职务。这两项内容要分段依次写明。对诉讼代理人、非诉讼代理人，应该在文书的当事人事项之后，列出其相关情况。

（4）案由或事由、案件来源和处理过程等内容在具体的文书格式中，一般是用程式化的语句予以固定，制作时只需要针对具体案件以简明扼要的文字指明案件来源、案件性质、案件办理情况等反映案件进行的有关程序内容。

2. 正文是法律文书的核心部分，这部分在不同的文书中表现形式不尽相同，表格类、填空类法律文书中的这部分内容一般比较简单，笔录类法律文书的这部分可视具体情况内容繁简不一。叙议类法律文书正文内容基本上由事实和证据、理由和法律依据、处理意见或结论三部分组成。叙议类法律文书的事实和证据一般要反映相关诉讼法律事务和非诉讼法律事务的发生、发展全过程，并应写明相关证据证明的事实存在的客观性、真实性、合法性。理由被称作法律文书的"灵魂"，是集中体现法律文书法律属性的部分。法律文书的理由和法律依据包含事实理由和法律理由两大部分。其中，事实理由是针对案情，在高度概括事实要素的基础上，对案件性质、是非责任的分析和认定；法律理由是证明案件性质和法律责任的法律依据，又可分为实体法理由和程序法理由。理由部分需要对相关诉讼法律事务和非诉讼法律事务进行事理、法理的分析，说理要有一定的针对性，要有说服力，这就需要严密的逻辑推理和判断，因而法律文书的理由是法律文书制作中的重点、难点。法律文书的处理意见或结论是文书制作者依据已经查明的事实、证据和有关法律规定，对相关诉讼法律事务和非诉讼法律事务作出的处理意见或处理决定，或者是对某一法律事项所作的结论，是法律文书主旨的体现。

3. 尾部是法律文书的结束部分，法律文书的尾部具有明显的固定化、程式化特色。其基本内容由告知当事人或有关部门的事项、写作主体签署名称、日期、用印、附注说明等项组成，有的法律文书还应列明致送机关。许多法律文书尾部的主要内容都由相关程序法或文书格式予以规范，以充分发挥法律文书的作用，显示法律文书的法律效力。

二、法律文书的布局

法律文书的布局，是指法律文书的表达次序安排。布局就是对法律文书表现的主旨和使用的材料进行合理的组织、安排，按照一定次序表达的表现方式。选择好材料后，就需要对法律文书的布局作出必要的安排。法律文书尽管在选材上有其局限性，结构比较固定，用语有程式化的特点，但这些并不意味着要把某一类诉讼法律事务或非诉讼法律事务的处理情况写成千篇一律、死板僵化的文书，而应该在行文中体现不同法律事务的个性特征，体现布局多样的特点。填空类、表格类法律文书，由于其内容简单，程式化用语占主导地位，在行文布局上没有多大的灵活性。多样化的布局结构主要体现在叙议类法律文书中。由事及理，依理而断；突出主罪，兼顾次罪；突出主犯，兼顾从犯；揭露矛盾，明确焦点；欲进先退，层层论证；分析说理，体现个性；等等，这些是法律文书中常见的布局结构。

"由事及理，依理而断"反映了人们认识事物发展的一般规律，是法律文书中叙事、说理常见的布局结构。

"突出主罪，兼顾次罪"适用于一人多次犯罪或多人多次犯多罪的刑事法律文书。把主要犯罪事实放在事实叙述之首，并依照先重后轻的顺序依次排列。详细写明主要犯罪事实和关键情节，略写次要犯罪事实；对于情节基本相同的犯罪事实，应用具体叙述与概括叙述相结合的方式安排布局结构。理由、证据部分的布局特征也是如此。

"突出主犯，兼顾从犯"适用于共同犯罪的刑事法律文书。突出主犯的犯罪事实，兼顾从犯的犯罪行为；突出主犯在共同犯罪中所起的组织、领导、指挥、策划等作用，兼顾从犯在共同犯罪中所起的次要作用。这样的安排既是明确、清晰、有序表达的需要，也是区分各个犯罪行为人罪责大小、准确定罪量刑的需要。

"揭露矛盾，明确焦点"是指法律文书的事实部分必须写清各方当事人争议意见的焦点，在布局结构上，把争执各方的矛盾揭示出来，并进一步明确争执的焦点，即争执的中心问题。这样的安排为查明争议事实、明辨是非、明确责任、阐明理由提供了评断目标或对象，加强了针对性。

"欲进先退，层层论证"是为增强法律文书表达效果的一种布局。文书制作者对已查清的事实，不能回避，更不能对证据充分的事实进行无谓的反驳，较明智和理智的做法就是在行文中先退一步，再转入要表达的中心，从事实、证据、法律等角度层层辩驳，得出结论。这种方法往往会收到理想的效果。刑事法律事务中的辩护词、民事法律事务中的被诉方代理词经常采用这一布局。

"分析说理，体现个性"是指对法律文书中论述性的内容需要认真研究，加强说理的针对性，突出理由分析的个性特色，针对相关诉讼法律事务和非诉讼法律事务的个性特征，对涉及定性处理的事实、证据材料、相关法律依据进行充分的分析论证，以相关法律事务的法律关系、构成要件为指导，使事实与法律之间能够相互对应，充分体现该法律事务的个性特色，才能达到以理服人的效果。

第四节　法律文书的表达方式

教学内容

表达方式就是把自己的思想、感情和观点等通过语音或者文字表达出来的方式和方法。普通文章的写作离不开叙述、议论、说明、描写、抒情五种表达方式。法律文书的表达方式属于书面表达，是法律文书的制作主体将相关法律事务活动的内容借助于一定的行文格式，用书面语言进行表达、陈述的方法。法律文书常用的表达方式是普通文章写作中最基本的三种形式，即叙述、说理和说明。在法律文书中，叙述主要用于表述法律事务的事实；说理主要用来论证法律事务的性质、证据和处理的理由；其他事项的表述一般使用说明。叙述是再现法律事务的事实，说理是分析论述法律事务的性质，说明是对法律事务其他事项明白无误的解释。在叙议类法律文书中，叙述、说理和说明三种表达方式交替使用，一般不用或极少使用描写、抒情等表达方式。以下分别介绍叙述、说理和说明三种基本表达方式在法律文书制作中的具体运用。

一、法律文书制作中的叙述

叙述是指把人物的经历和事物存在、发展、变化的过程表达出来的一种写作方式。在法律文书中，叙述主要用于表述相关法律事务的事实。法律文书中的事实是处理诉讼法律事务和非诉讼法律事务的基础，是判明是非曲直以及当事人法律关系、法律责任的主要依据。因此，叙述事实是法律文书制作的重要内容，叙述的效果直接关系到法律事务的处理结论是否有扎实可靠的基础。

（一）法律文书制作中叙述的内容

法律文书制作中叙述的内容是相关法律事务的全部事实。刑事法律事务文书的事实主要是指犯罪行为发生的时间、地点、动机、目的、手段、实施行为的过程、危害结果和行为人在案发后的表现及案件的相关情节等内容。民事、行政法律事务文书和其他非诉讼法律事务文书的事实主要是指当事人之间的法律关系，法律关系发生的时间、地点和内容，纠纷的原因、过程和结果等情况。这些内容也可统称为法律文书中叙述的要素。

（二）法律文书制作中叙述的方法

普通文章写作叙述的方法有顺叙、倒叙、插叙、分叙、补叙等多种。顺叙，即按照事件或时间先后顺序来写，是最常用的一种叙述方式；倒叙，即将结局或事件中最突出的片断提到前面来叙述；插叙，即叙述过程中，暂时中断插入另一件事的叙述；分叙，即对涉及面宽，当事人多，情节复杂的案件，分头叙述；补叙，即在叙述中对人或事物的必要解释或注释。

法律文书制作不同于小说、剧本等文学作品，也不同于新闻报道等普通文章，法律文书受法律严肃性、庄重性的制约，叙述的方法要得体，写作中一般经常采用顺叙的方式叙述相关法律事务的事实，虽不排斥在必要时采用分叙、插叙、补叙等方法，但一般不使用或极少使用倒叙。

（三）法律文书制作中叙述的要求

1. 叙述的要素要完备。普通文章的写作中，叙述的要素主要包括时间、地点、人物、事件、原因、结果六要素。现代写作理论通常把原因、结果合称因果，即叙述的要素主要包括时间、地点、人物、事件、因果五要素，又称"五个 W"。法律文书中叙述的要素同样也包括这些内容。但法律文书作为法律活动的文字载体，既要遵循一般文章写作的基本规律，也要遵循法律文书独特的专业文体特点与写作规律。叙述的要素要完备是叙述的基本要求。法律文书大体可分为刑事法律文书和民事、行政法律文书两大部分，在刑事法律文书和民事、行政法律文书制作中对叙述的要素有不同的要求。

刑事法律文书的事实要素主要是指犯罪行为发生的时间、地点、动机、目的、手段、实施行为的过程、危害结果和行为人在案发后的表现等内容。这些要素和犯罪构成要件有着极为密切的内在联系，是与定罪量刑有关的事实要素。除此之外，刑事法律文书叙述的要素还应包括是否有累犯、立功、自首等情节及犯罪行为涉及的人和事等情节，这些情节要么影响定罪量刑的轻重，要么是叙述犯罪所不能缺少的事实要素。要叙述清楚犯罪事实，关键是要叙述清楚事实的要素。从这个意义上讲，事实要素就是衡量犯罪事实是否清楚的重要尺度。在具体制作时，应注意围绕各犯罪构成要件进行写作，体现刑事法律事务的特征。

民事、行政法律文书的事实要素主要是指当事人之间的法律关系，法律关系发生的时间、地点和内容，纠纷的原因、过程和结果，等等。民事法律文书中当事人之间的法律关系是指由法律规范所确认和调整的当事人之间的权利义务关系，例如相邻关系、债的关系、所有权关系、买卖关系、婚姻家庭关系等。法律关系发生的时间、地点和内容是指发生民事法律关系的时空环境及具体内容。纠纷的原因、过程和结果是指民事纠纷的来龙去脉、前因后果。行政法律文书事实部分的制作应始终围绕行政机关作出具体行政行为的事实来进行。行政法律文书的事实要素与民事法律文书相同，也包括双方当事人间的法律关系，产生行政纠纷的时间、地点，纠纷的原因、经过、结果，等等。

2. 叙述的重点要突出。叙述的事实应全面，要素要齐全，但并不等于叙述的内容没有轻重之分。平均使用笔墨，将无法反映不同法律事务的个性特征，会使叙述的事实显得苍白无力。因而，叙述事实应分清主次，在叙述的事实要素中需要突出那些影响法律事务性质的重点内容。叙述的重点内容主要是关键情节和争议焦点。

关键情节往往是指影响法律事务性质、涉及法律事务处理结果及区分当事人法律责任的重点情节。其特征有三：一是能够体现法律事务的主要矛盾；二是决定法律事务性质；三是法律事务处理中需要解决的焦点问题。在刑事法律事务中，这些情节就是指影响定罪量刑的情节；在民事、行政法律事务中，这些情节则是区分是非、决定责任的有无和大小的情节。不同的法律事务，其关键情节的具体表现各不相同，不同性质的法律事务，其事实的构成要素也不同，需要根据具体情况加以选择，有所侧重，准确确定叙述的关键情节。

诉讼法律事务中的当事人往往存在各种争议，各执一词，形成争议的焦点。即使是非诉讼法律事务，当事人之间的意见也不统一。而不同的观点和意见，既是当事人行使权利的具体表现，又往往是需要进行分析评判并且作出解决方案的关键问题。围绕争议的焦点写明争议的事实，可以使重点内容更加突出，针对性更强。否则，可能给人以无的放矢、内容空泛之感。

3. 叙述的脉络要清晰。脉络清晰是指在叙述法律事务的事实时，根据不同法律事务的具体情况选择恰当的写作方法，将相关法律事务事实的要素有条理地叙写清楚。脉络又称线索，法律文书中常见叙述的脉络有时间顺序法、突出主罪法、突出主犯法、纵横交错法、综合归纳法等。

时间顺序法，是指依照相关法律事务具体情节发展的时间顺序叙述事实。它能比较详尽地反映法律事务的全过程，脉络清楚。时间顺序法是法律文书制作中一种最常见、最基本的叙述方法。时间顺序法的适用范围十分广泛，无论是简单的法律文书还是复杂的法律文书，事实的叙述都需要交代清楚法律事务的来龙去脉，自然就需要时间顺序法。在复杂法律事务的法律文书中，虽然要采用其他方法进行叙述，但是时间顺序法都是必需的，它是贯穿叙述过程的主线。

突出主犯法、突出主罪法是指刑事法律事务的法律文书叙述案情时，需要突出其中主要犯罪行为人、主要犯罪情节等主要内容，以主要犯罪行为人活动、主要犯罪情节发展等为线索展开叙述，从而做到主次分明。

纵横交错法既要以时间为序，写明相关法律事务的来龙去脉，又需把当事人双方的争执焦点或某些事项在同一个平面上摆出来，以突出重点。这种以纵与横交错的叙述方法安排线索，可以加强文书前后内容相互联系。

综合归纳法是指对于相关法律事务中多起同类的事实采用概括的综合归纳叙述的方法。这种叙述方法要紧扣相关法律事务的构成要件，用概括的语言综合归纳整个法律事务的事实情节，这些概括性的语句在事实的叙述中起着关键作用，是对相关法律事务的全貌必要的归纳和综合。综合归纳法避免了叙述中的重复。在法律文书的叙述中，综合归纳叙述和具体叙述常常需要结合起来，相互配合，一般不能单独使用，至于是先采用具体叙述还是先采用综合归纳叙述，可根据相关法律事务的案情来安排。综合归纳法的概括叙述有一定的技巧性和规律性，在写作的内容上，重点内容具体叙述，非重点内容可概括叙述。在选择词句方面，经常用一些状语或状语短句或总结性数据对同类多起违法犯罪行为或其他行为进行概括总结，如"先后""不断""多次""常常""共同"等，叙述时应注意认真把握、准确使用。

司法实践中，上述几种叙述的脉络常常是互相渗透或互相交织使用的。例如，刑事法律事务中多人共同犯数罪的法律文书制作，叙述案情时就应综合运用时间顺序法、突出主犯法、突出主罪法、综合归纳法等多种写作方法来表述。对于复杂的民事法律事务，叙述案情时就离不开使用纵横交错法。

4. 叙述的详略要得当。法律文书的叙述，力求用简练的文字反映事件的全过程，从大处着笔，同时，对关键情节又需要作详细的交代，以反映相关法律事务的突出特点及重点内容。采用概述和详述相结合的写作方法，既能揭示相关法律事务事实的全貌，又能突出其个性特征，使得文书结构合理、重点突出、详略得当、层次分明。法律文书的事实部分叙述的详略不能任意确定、随意取舍，而是要受制于法律的相关规定和相关法律事务本身的具体情况，该详则详，该略则略。一般来说，详略得当的具体运用要考虑该事实要素是不是关键情节、是不是争议焦点，如果是就要详述，否则就应该简述，或者不叙述。法律文书中如果只有概括叙述而没有详细叙述，则会过于笼统，不能充分反映关键情节。反之，法律文书中如果只有详细叙述，没有概括叙述，往往会把案情记成流水账，使文书主次不分、事实不清。

5. 叙述的因果关系要明确。因果关系是指某一行为的目的、行为经过以及产生的结果之间是否具有必然联系。因果关系常常是判断相关法律事务行为性质的重要依据。①因果关系具有相对性，就整个客观世界而言，原因和结果都是相对的，在普遍联系中无法弄清何者为因、何者为果，只有将某一现象从普遍联系的链条中抽出来加以研究，因果关系才能显现出来。②因果关系具有复杂性，在法律事务的事实中，既存在单一因果关系，也存在多因一果、一因多果或多因多果的关系。此时要分清主要原因与次要原因，以便分清法律责任的大小。③因果关系有必然联系与偶然联系之分。查明因果关系，只是解决了相关法律责任的基础问题，如何在具体法律事务中与其他构成要素结合使用、综合分析，又是一个复杂的过程。法律行为的因果关系直接影响法律事务的定性处理，所以在叙述事实时因果关系一定要明确，要充分揭示行为的目的、行为经过以及产生的结果之间内在的联系。只有这样，才能对法律事务性质及当事人所承担的法律责任作出准确的判断和处理。

二、法律文书制作中的说理

说理又称议论，是对客观事物直接或间接进行分析、评论，以表明自己的观点、态度、主张和立场。

在法律文书中，说理主要用于论证处理相关法律事务的理由。法律文书的说理过程，就是一个论证的过程，是得出处理意见或处理结论的逻辑推理过程，也是将相关法律事务的事实、法律以及处理意见或处理结果联系在一起的纽带，因此，写好法律文书理由部分是写好法律文书的关键。法律文书中的说理内容，主要表现为分析事实与证据的真实性、确凿性，论证适用法律的合理性、正确性，具体包括对事实和证据的分析论证、对法律的分析论证两方面。即事实方面的理由和法律方面的理由，也就是司法实践中常说的事实依据和法律依据。

（一）法律文书制作中说理的内容

1. 对事实和证据的分析论证。法律文书中，分析论证事实和证据的过程，就是用证据证明相关法律事务事实真实、客观存在，为最后的处理意见或处理结论提供事实依据的过程。

分析论证事实即就事论理，揭示相关法律事务的事理。法律文书的事理是指司法人员认定事实的道理。事理蕴含于事实之中，因此，分析事理就需要从查明的事实入手，结合相关法律规定进行分析论证，对相关法律事务事实进行法律认定。具体来说，分析论证事实就是以相关的法律规定为依据，分析评定相关法律事务性质，明辨是非对错，区分当事人责任的有无及判定责任的大小，从而为确定当事人权利和义务、公正处理该法律事务提供事实依据。

证据是认定事实的基础，是查明相关法律事务事实、处理相关法律事务、正确适用法律的基石，没有证据证实的事实是不能作为处理相关法律事务依据的。证据的真实性、合法性、关联性是认定相关法律事务事实的关键。法律文书中的说理，分析论证事实和证据，就是要对证据进行分析、论证，充分揭示证据的真实性、合法性和关联性，使证据充分有力地证明事实，这样才能真正将司法活动的公开性和处理意见或处理结论形成的公正性、正当性得以充分体现，真正提高法律文书的证明力和说服力。

2. 对法律的分析论证。法律文书中，分析论证法律的过程，就是运用法律规定解决相关法律事务，为最后的处理意见或处理结论提供法律依据的过程。

分析论证法律即对法律的分析。分析论证法律是法律文书写作的重要特色。法律条文大多具有概括性、抽象性的特点，因此，运用法律规定解决法律事务，离不开对相关法律规定的分析阐述。法律文书中的说理需要将法理分析寓于其中，全面阐述处理意见或处理结论形成的法律理由，使相关法律事务事实与法律规定紧密地结合起来，为最后的处理意见或处理结论提供有力的依据。

法律文书制作时需要根据具体情况采用不同的方式，在法律规定具体明确的情况下，可以直接引用法律规定，即直接引用法条作为依据来论证证明。在法律规定过于原则、笼统，或者案情复杂、分歧较多的情况下，可以针对相关法条通过解释、注释的方法进行说理，对法律规定的具体含义、适用范围、立法精神、立法背景、适用条件等法理进行解释，说明自己的理解，从而对相关法律事务的问题作出判断，论证证明，以说明自己所提出观点的正确性。

（二）法律文书制作中说理的方法

法律文书中除表格类、笔录类以外，多数的叙议类法律文书及大部分填空类法律文书均属于论说文，其中，填空类法律文书说理的方法已寓于格式中，制作较为简便。叙议类法律文书和一般论说文一样，也是由论点、论据和论证过程三要素构成。法律文书的论点是文书作者对相关法律事务的事实所作出的判断和结论。法律文书的论据是文书作者用来说明论点的材料，即制作者提出论点的法律依据和事实依据。法律文书的论证过程是组织论据证明论点的逻辑推理过程，是将论点和论据联系在一起的说理过程。在法律文书的制作过程中，说理是在全面把握材料、明确法律事实、理清法律关系之后，最终阐明观点、得出结论的关键环节。说理环节关系到整个法律文书的写作质量。论证有力，方法得当，就能使法律文书陈述的理由和得出的结论无可辩驳，令当事人心服口服。否则，法律文书就只能是漏洞百出，经不起推敲，缺乏说服力。法律文书制作中常用的说理方法主要有归纳法、演绎法、夹叙夹议法、论驳兼济法等。

1. 归纳法即归纳说理法，是法律文书说理中常用的方法之一。归纳说理法是采用先分后总的归纳推理法进行分析论证，即先分述再综合，先从几个不同的方面分析论证，最后得出结论，显得理由充分，论证有力。归纳说理法的运用应注意理由的主次、作用的大小、逻辑顺序等层次的安排，要做到既言之有物，又言之有序。

2. 演绎法即演绎说理法，在法律文书的说理中运用得最为广泛。演绎法的具体运用是三段论的基本模式。演绎说理法在法律文书的说理部分，以我国现行的法律、法规、行政规章为原则、原理，去衡量、推论当事人所涉及的相关法律事务事实，从而得出对该相关法律事务的处理结论。即分析法律条文是怎么规定的，具体相关法律事务情况如何，相互之间是否相符合，从而得出肯定或者否定的结论。具体的推论就是从已知的大前提法律依据和小前提事实依据出发，将事实依据和法律依据结合起来，并通过推论推导出最终处理意见或处理结论的过程。具体运用演绎法时，应根据相关法律事务的具体情况灵活运用，表述时可以省略人们明知的大前提或者小前提，对于一些显而易见的问题进行直接推理，可以只以一个判断为前提，推出结论，而不必刻意追求完整的三段论推理。

3. 夹叙夹议法即夹叙夹议说理法，是叙述与说理相结合的说理方法。叙述的目的是说理，说理在其中是主导、是中心。这种说理方法的特点是将分析说理与叙述事实结合在一起，交叉使用。法律文书由于格式的规范与固定和事与理由的明显区分，使得夹叙夹议说理法的运用受到一定限制。一般来说，案情简单且各方当事人对事实无争议的，可先集中叙述认定的事实，之后阐述认定事实的理由。但是对于案情复杂或当事人存有争议的情况，就应该选择夹叙夹议说理法，这样更有利于增强文书的针对性和说服力。

4. 论驳兼济法即论驳兼济说理法，是指立论、驳论兼而使用的说理方法，即驳中有立、立中有驳。这种方法广泛适用于法律文书理由部分，法律文书理由对相关法律事务双方当事人的意见作出分析评判，必然要涉及立论和驳论两种方法的运用，阐明支持或否定当事人意见的具体理由。正面论证也好，反面批驳也好，都是为了说清相关法律事务的事理，全面展示结论的形成过程，证明最终处理意见或处理结论的正确性。

（三）法律文书制作中说理的要求

法律文书的说理内容在文书中是一个承上启下的部分，是连接相关法律事实、法律依据和处理结论的纽带。长期以来，法律文书说理公式化、概念化的现象比较严重，法律文书理由论述空洞无物、逻辑性不强、千篇一律、缺乏针对性的问题较为普遍。为改变这一状况，法律文书说理要达到有针对性、言之有物、逻辑性强的要求。

法律文书的说理要有针对性，就是要突出相关法律事务的个性。无论是分析论证事实、分析论证证据还是分析论证法律，无论是刑事法律事务文书、民事法律事务文书还是行政法律事务文书，无论是诉讼法律事务文书还是非诉讼法律事务文书，均应该坚持从相关法律事务的实际情况出发分析说理，展开有个性的说理过程。对于刑事相关法律事务，需要围绕犯罪嫌疑人、被告人的行为是否构成犯罪、构成何种性质的犯罪、有无影响量刑的情节及控辩双方各自的意见是否正确等方面，进行有针对性的分析论证。对于民事、行政相关法律事务，则需要紧紧围绕相关法律事务当事人争执的焦点和诉讼请求、诉辩意见是否有理，逐一进行分析和评述。总之，法律文书的说理要做到具体问题具体分析，克服千案一理、千篇一律的毛病，体现相关法律事务个性特色。

法律文书的说理要言之有物，就是要对相关法律事务双方当事人存在争议的问题进行详细的分析和论证。例如，分析论证证据时，不仅要将当事人所举出的证据逐一排列，写明证据的名称和来源，还应写明当事人提交该证据希望证明的事实内容和对方当事人对该证据的质证意见。特别是对双方当事人有不同意见的证据，更要详尽分析论证，详细叙述质证的过程。同时，表明文书作者对举证、质证的相关情况进行的综合评断和予以采信或予以否定的理由及结论，使证据充分、有力地证明事实，充分地体现证据的价值，使相关法律事务处理过程的公开性和最终处理意见或处理结论形成的公正性、正当性得以充分体现。

法律文书的说理要逻辑性强，就是说对法律文书理由部分的阐述，应该前后保持一致，即确保法律文书中相关法律事务的事实、证据及理由等内容的高度一致。法律文书的说理承上启下，前面承接当事人情况介绍和相关法律事务事实，后面连接处理意见或处理结论，法律文书的说理必须从相关法律事务的整体和全局出发，既要与事实、证据的内容一一对应，又要与处理意见或处理结论保持一致。从逻辑关系上讲，法律文书的上下文之间应该保持一致，使文书结构严谨、逻辑性强；如果理由与事实和处理意见或处理结论意思不统一、内容有冲突，势必造成法律文书的内容前后矛盾，最终使处理意见或处理结论不能令人信服。

三、法律文书制作中的说明

说明就是运用简明扼要的文字对事物或事理进行客观的介绍和解说的一种表达方式，其目的是使人们了解事物的性质、状态、特征等。说明也是法律文书制作常用的表达方式。除少数文书外，法律文书中的说明一般结合叙述和说理使用而极少单独使用，法律文书中的说明主要用于对相关法律事务的具体事项进行说明和对有关法律条文或法律概念所作的解释。习惯上我们把前者称为叙述性说明，后者称为议论性说明，

（一）法律文书制作中说明的内容

叙述性说明在法律文书制作中主要用来对法律事务的具体事项进行说明。例如，现场勘查笔录中对现场环境及现场物品等状况的介绍；起诉意见书、起诉书、申请书、判决书、裁定书等文书中首部的当事人基本情况，尾部交代的有关事项等各项内容；其他相关法律事务的文书中关于当事人身份事项、诉讼程序、证据、上诉事项等情况；通缉令中有关犯罪嫌疑人体貌特征；等等，一般都是采用叙述性说明的方法进行表述。

议论性说明在法律文书制作中主要用来对法律条文或法律概念进行解释。例如，对自首、立功、正当防卫、紧急避险、不可抗力、背书、非婚生子女、所有权等相关法律条文或法律概念进行解释，通常都采用议论性说明的方法进行表述。议论性说明在辩护词、代理词、抗诉词、公诉意见书等演说类文书中使用频率最高。

（二）法律文书制作中的说明方法

法律文书制作中常见的说明方法有介绍告知说明法、注解阐释说明法、数字图表说明法等。

1. 介绍告知说明法主要用于叙述性说明，是指在法律文书中用简洁的文字对法律文书当事人的有关事项、现场的有关情况、需要告知当事人的某些事项

等进行说明。其具体方法是依照格式规定的内容或一定的写作顺序，有条不紊地写明有关事项。法律文书制作中常常以说明的方法写出当事人的身份情况、具体诉讼程序及各种诉讼权利的交代等事项。

2. 注解阐释说明法主要用于议论性说明。注解阐释说明法是指在法律文书制作中，为了证明某一观点的正确，从事理和法理的角度去注解、阐释有关事实情节或法律规定。该方法适用于论辩性较强的法律文书。例如，为了证明被告人的犯罪故意，可以结合案情解释什么叫犯罪的故意；为了证明被告的行为属侵权行为，可以对《民法总则》的有关条文详加注释；等等，这都属于注解阐释说明的方法。

3. 数字图表说明法是一种独特的，也是法律文书制作中常用的一种说明方法。数字图表说明法是指在法律文书的制作中，通过数字、制图和列表的方式对较复杂的事项分类说明，常见于勘查笔录等笔录类文书和法律文书附项部分的写作，有些法律文书本身就是一份表格，如现场平面图的绘制、涉案物品清单、提讯提解证、公诉案件证人名单、提起公诉案件证据目录、调取证据清单、送达回证、销毁物品清单的列表等。这种方法给人以直观、鲜明的印象，具有科学性、简洁性和准确性。

（三）法律文书制作中的说明的要求

法律文书制作中的说明要求明确具体、规范有序、客观翔实。

1. 法律文书制作中的说明要求明确具体。明确具体是就法律文书说明内容而言的。不论说明的对象是什么，文书制作者都应实事求是，在法律文书中都应该明确具体、真实完整地表述出来，如实反映事物的本来面目，不能笼统概括，更不能含糊其辞、模棱两可。说明事项明确具体是法律文书说明的显著特点和基本要求。

2. 法律文书制作中的说明还要求做到规范有序。法律文书制作中不同事项的说明，因被说明事项本身的特点与说明目的不同而有不同的表现。对于有固定格式要求的法律文书，其首部、尾部等需要说明的事项，应按照格式的具体规定，依照先后次序进行有条理的、全面的说明。不能出现错写、少写、漏写情况，也不能出现不按规定顺序写作等不规范现象。对于法定格式中没有作具体规定的说明事项的写作，应注意根据实际情况，准确、客观、规范有序地进行说明。同时，要注意说明事项的技术性规范，对于涉及一些专业性较强的法律事务，应注意使用一些专业性较强的词语，如法律术语、其他相关专业的专业术语、习惯用语等词语，使说明的内容更准确、规范。

3. 客观翔实也是法律文书制作中的说明的基本要求。所以，在对相关内容进行说明时，需要根据说明对象的特点进行客观介绍，特别是对于情况较为复杂的问题进行说明时，更需要客观、详尽，以满足处理相关法律事务的不同需要。

第五节　法律文书的语言特色

教学内容

法律文书制作离不开语言的运用。在起草一份法律文书过程中，主旨的确立、材料的使用、结构布局的安排等都是通过特定的语言一字一句地反映出来的。从此意义上讲，语言是文书制作者认定相关法律事务的事实、确认相关法律事务的性质、表明相关法律事务处理结果的重要手段。法律文书的语言不同于文学作品等普通文章的语言，也不同于一般公文的语言，法律文书的语言具有准确性、精炼性、朴实性、庄重性的特点。

一、法律文书语言的准确性

准确性是法律文书语言最重要的特点。法律的适用及认定要求准确无误，决定了法律文书的语言也必须做到准确。语言准确是法律文书的生命线。在法律文书写作实践中，有时一词之差、一语之误，甚至一个标点符号用错，都有可能产生严重的不良法律后果，造成难以挽回的损失。无论是具有法律效力的法律文书，还是具有法律意义的法律文书，其目的都是正确实施法律，维护法律的尊严，维护国家、集体和公民的合法权益。只有法律文书的语言表述准确，才能实现这一目的，有效促进法律的正确实施。

法律文书不仅起到正确贯彻实施法律的作用，还起着法制宣传教育的作用。法律文书是依赖语言来表现法的实施过程的，法律文书语言的准确性直接影响着法律实施的效果。法律文书运用准确无误的语言展示相关法律事务的处理过程和处理结果，不仅能使相关法律事务的当事人明白、信服，受到法制教育，公开公正的处理过程和处理结果对社会公众也同样是一种法制教育，反之，则可能会产生负面效果。

法律文书语言准确性的最基本要求是要符合现代汉语的语法规范，同时应体现法言法语风格。

1. 法律文书用词用语要准确。现代汉语中，一字多义、一字多音、同音异义、近义词的现象很多。要做到语言准确，首先要选择恰当的词语。例如，表述使用凶器实施伤害的动作，可以使用砍、劈、扎、攮、划、刺、挑、捅、砍等动词，不同的词，不仅反映使用不同的凶器，也同样反映不同的伤害结果和行为人不同的主观心理状态，这些词看似相近实则相差很远。

2. 法律文书要准确运用法律专业术语。法律专业术语是法律文书语言区别于其他任何文体语言的独有语言风格，法律专业术语包括法律术语和法律习惯用语。

（1）法律术语大部分直接来源于立法机关所制定的法律规范和法学理论。法律术语是法律行为和法律事实的科学概括，有其特定的内涵。法律文书中运用法律术语，有利于达到表述上的准确性。法律术语很多，理论法学和各个部门法学都有很多法律术语，例如，法理学有法律渊源、法律规范、法律关系主体、法律关系客体等；宪法学有国体、政体、立法机关、选举权等；行政法学有具体行政行为、行政不作为、行政赔偿等；民商法学有民事主体、民事权利能力、显失公平、物权、债权、所有权、要约等；刑法学有刑事责任、间接故意、过失犯罪、主犯、正当防卫、主刑、附加刑、犯罪未遂、数罪并罚等；诉讼法学有当事人、诉权、诉讼程序、管辖、回避、强制措施、非法证据、二审终审等。法律术语具有词义单一性的特点，每一个法律术语所表示的都是一个特定的法律概念，在法律文书中，其他任何词语都不能代替。

（2）法律习惯用语，是指在司法实践中习惯使用、被广泛认可的、约定俗成的、固定的词语和句式。如羁押、前科劣迹、事实清楚、供认不讳、证据确实充分、手段特别残忍、情节特别严重、数额特别巨大等词和短语。法律文书的词语和句式与法律文书格式相联系时，将会形成固定化的结构，这些固定的句式组合起来，有时会形成程式化的段落，构成法律文书的结构框架，例如，提请批准逮捕书、起诉意见书，起诉书中案由和案件来源部分，判决书、裁定书中案由、案件来源、审判组织、审理方式及诉讼参与人到庭情况，交代上诉权情况，等等，都属于最为常用的典型的法律习惯用语。法律术语和法律习惯用语并无严格区别，法律术语和法律习惯用语随着立法进程的发展，有时也会发生转化，有些法律术语可能退为法律习惯用语，有些法律习惯用语则可能演变成法律术语。

二、法律文书语言的精炼性

法律文书语言的精炼性是指法律文书的语言要精炼，即要行文精炼，简明扼要，言简意赅。

法律文书语言是否精炼，最重要的也是最根本的在于法律的规定和要求。如果法律精神要求详写事实和理由，写作时就必须根据掌握的材料进行详细叙述，反之，就可以概括事实和理由，使之尽可能精简。

法律文书语言精炼的程度受制于文书格式的规定和要求。表格类、填空类文书大部分只需几句话，甚至一两个词，因此，语言也就非常精炼。叙议类文书要运用具体的叙述、议论、说明等表达方式展示相关法律事务的处理过程和处理结论，情况较为复杂，需要客观、详尽。

法律文书语言精炼不仅是指遣词造句，还应理解其更深的含义，法律文书语言精炼要以准确、完整地反映法律文书所要表达的内容为标准。司法实践中，有的法律文书为追求精炼，事实叙述太过简单，导致漏掉了关键情节和相应程序，不能准确、清晰地展示相关法律事务的处理过程和处理结论，就不能称之为精炼。具体说来，与相关法律事务处理结论无直接关系的事实、理由可以简洁精炼，与格式无关的内容可以简洁精炼。刑事法律事务文书中与定罪量刑关系不大的情节可以简洁精炼；民事、行政法律事务文书中与反映纠纷性质无关及与确定当事人权利义务无关的行为过程可以简洁精炼；反之，就应该不吝笔墨。

当然，准确用词用语，遣词造句，熟练使用法律术语和法律习惯用语，也是形成法律文书语言精炼的必要手段。

三、法律文书语言的朴实性

法律文书语言的朴实性是由法律的严肃性、实用性、客观性决定的。语言的朴实是指文笔风格朴素，客观写实，不追求浓艳华丽的色彩，不故作高深，不作无谓虚玄的描述，最终使人读得顺口、听得明白。当然，语言平实、风格朴素也并不意味着语言枯燥、干瘪无味，因为相关法律事务本身就是复杂的，因而如实反映相关法律事务复杂多变的案情，恰当地反映处理相关法律事务充分有力的理由及明确的处理意见，自然也要讲求语言的表达技巧。法律文书语言的朴实性主要表现为反映事实、表述处理决定要真实，恰当运用积极修辞和消极修辞；阐述处理理由要平和，不要夸张渲染；不用或少用感情色彩强烈的词语；说明具体事项要平实，条理清晰，不要描景状物烘托气氛。总之，要让事实、理由、处理决定本身说话，而不是靠刻意地遣词造句、卖弄文采。

修辞是为适应表情达意、提高语言表达效果的需要而采用的方法和技巧。修辞一般分为消极修辞和积极修辞。就法律文书语言来说，为了准确贯彻法律精神，也需要恰当地修辞，但是，不同的文书种类应当适用不同的修辞手法。法律文书的语言以消极修辞为主。消极修辞，又称普通修辞或规范修辞，是与积极修辞相对而言的。它的主要内容是作者在制作法律文书时要根据需要斟酌词语，选择恰当的句式，从而使文章明白顺畅，正确周密，不出现用语遣词造句或逻辑上的错误。消极修辞忌夸张，不作雕饰，语言上呈现朴素、严谨的特点。积极修辞，也叫高级修辞或艺术修辞，它要求以消极修辞为基础，不仅表达得明白、准确，而且要表达得生动形象、鲜明深刻，富于感染力的效果。积极修辞常用的修辞格有比喻、借代、比拟、夸张、双关、反语、排比、反复、对偶、对比等。文学艺术作品常用积极修辞的手法以达到强烈的艺术表现效果。虽然朴实是法律文书语言的特色和基础，但是，司法实践中，法律文书并不绝对排斥使用一些积极修辞，如排比、反复、对比等修辞，如果使用恰当，也能起到突出主旨，增加说理的深度，增强说理效果的作用。

词语有褒义、贬义和中性的区别，法律文书在选择词语时要注意法律文书语言的感情色彩，注意词语的褒贬色彩及适用的范围。一般而言，在描述违法犯罪事实时多采用含贬义色彩的词语，如窝藏、窃取、密谋、寻衅滋事、诱骗、顽抗等；描述合法和正当行为时多采用含褒义色彩的词语。法律文书在选择词语时，应最大限度地减少个人情感对处理结果的影响，褒贬使用不当会影响表达的效果和文书的朴实性、严肃性。

四、法律文书语言的庄重性

法律文书语言的庄重性是由法律文书所表达的内容决定的。所谓庄重，其本意是指言举止不随便、不轻浮，引申到文章，是指用语庄严郑重。从国家的角度来看，无论是立法还是司法都是正规而严肃、非常神圣的事情。国家所颁布的无论是基本法或部门法、实体法或程序法，法律条文语言本身都是庄重的。法律文书内容反映的是执行法律的具体情况和处理意见或处理结论，所写的文书具有法律效力和法律意义，并由国家强制力保证其实施，它要表达的内容是彰明法纪、惩恶扬善、辨明是非、体现公平正义的，是国家权力的象征，因而其使用的语言的风格应该是庄严郑重的。法律文书在叙述事实、分析证据、阐述理由时，只有运用准确、朴实、精炼的语言，才能形成庄重的语体风格，才能真正体现庄严的法律精神。

除了上述四个方面的特点外，法律文书的语言还有其他一些特点和要求。例如，在法律文书中忌用方言土语、忌用污言秽语、忌用文白夹杂语言、忌用欧化语言、忌用不规范网络语言、正确使用标点符号、正确使用数量计量单位、消灭错别字等，都是保证法律文书语体风格准确、精炼、朴实、庄重必不可少的注意事项。

技能拓展

1. 什么是法律文书的主旨？法律文书主旨的确立有什么要求？

2. 法律文书的材料主要包括哪些内容？法律文书制作选材的标准和基本要求是什么？

3. 如何理解法律文书中的事实？

4. 法律文书的主旨与材料的关系如何？

5. 什么是普通文章写作的结构布局？

6. 法律文书的结构有什么明显特征？绝大多数叙议类法律文书的结构都可分为哪几个部分？

7. 什么是法律文书的布局？法律文书中常见的布局方法有哪些？

8. 什么是表达方式？普通文章的写作有哪几种表达方式？法律文书制作中常用的表达方式与一般文章写作所用的表达方式有何不同？

9. 普通文章的写作有哪几种叙述方法？法律文书制作中最常用哪种叙述的方法？

10. 法律文书制作中叙述的要求有哪些？

11. 普通文章的写作中，叙述的要素主要包括哪些内容？法律文书制作中叙述事实主要应当写明哪些要素？

12. 法律文书制作中说理的内容有哪些？

13. 法律文书制作中说理的方法有哪些？

14. 法律文书制作中说理有什么要求？

15. 为什么习惯上把法律文书制作中的说明分为叙述性说明和议论性说明？

16. 法律文书制作中的说明的方法有哪些？

17. 法律文书制作中的说明有哪些要求？

18. 法律文书语言应用的具体要求是什么？

19. 法律文书语言准确性的含义是什么？

20. 如何理解法律文书语言的庄重性？

21. 为了保证法律文书语体风格准确、精炼、朴实、庄重，法律文书的语言还有其他什么特点和要求是必不可少的？

第三章

公安机关常用法律文书

学习目标

1. 了解立案决定书、呈请报告书、通缉令、提请批准逮捕书、起诉意见书等公安机关重点文书的概念、作用。

2. 了解公安机关常用法律文书不同的分类方法。

3. 掌握立案决定书、呈请报告书、通缉令、提请批准逮捕书、起诉意见书等公安机关重点文书的结构模式和制作要点。

4. 根据所给实例素材，学习制作立案决定书、呈请报告书、通缉令、提请批准逮捕书、起诉意见书等公安机关重点文书。

第一节　公安机关常用法律文书概述

教学内容

一、公安机关法律文书的概念

公安文书的概念有广义和狭义之分。广义的公安文书是指公安机关（含国家安全机关，下同）在履行职能过程中制作和使用的一切公文。它既包括公安机关在行政管理、行政执法过程中制作和使用的各类公文，也包括公安机关作为刑事诉讼主体在办理刑事案件中依法制作和使用的各种法律文书。狭义的公安文书专指公安机关在办理刑事案件过程中制作和使用的具有法律效力或法律意义的文书。本书所述公安文书是指狭义的公安文书，即专指公安机关刑事法律文书。

二、公安机关法律文书的意义和作用

公安文书应当依法制作和使用。公安机关通过具体法律文书的制作和使用，规范公安机关、当事人和其他诉讼参与人的行为，确定公安机关和当事人及其

他诉讼参与人之间、当事人和当事人之间的法律关系，这种法律关系一经确认，即具有执行效力和稳定性，任何单位和个人非经法定程序，不得改变和拒不执行。

公安文书是我国法律文书中的重要组成部分，是刑事诉讼文书的基础。公安文书是公安机关履行刑事侦查职责的重要工具，是公安机关依法办理刑事案件的重要凭据，是公安机关办理刑事案件的档案记录，是法制宣传的生动教材，是检查公安机关办案质量、考核公安干警综合素质的重要尺度。公安文书的根本作用在于保障《刑法》和《刑事诉讼法》的正确贯彻和实施。公安机关的刑事诉讼活动好比刑事诉讼的第一道工序，公安机关在刑事诉讼中担负着绝大多数刑事案件的侦查工作和部分刑事案件的刑罚执行工作，这些工作最终要通过公安文书来承载。因此，公安文书制作和使用的质量直接影响到刑事诉讼工作的质量，也影响其他刑事诉讼活动，影响其他刑事法律文书的制作和使用。

三、公安机关法律文书的分类

（一）《公安机关刑事法律文书格式》的分类

1996 年 11 月 14 日，公安部发布了《关于印发〈公安机关刑事法律文书格式〉的通知》（公通字［1996］75 号），对原有的公安机关刑事法律文书进行了修改和补充，将公安刑事法律文书分为 8 大类共 93 种。2002 年 12 月 18 日，公安部发布了《关于印发〈公安机关刑事法律文书格式〉（2002 版）的通知》（公通字［2002］69 号），对原有法律文书进行了修改、删除和补充，进行了重新分类，共 6 大类 92 种。2012 年 12 月 19 日，公安部发布了《关于印发〈公安机关刑事法律文书式样（2012 版）〉的通知》（公通字［2012］62 号）。新版刑事法律文书格式再次对原有法律文书进行了修改、删除和补充，并又进行了重新分类，共 8 大类 97 种。

1. 立案、管辖、回避文书。立案、管辖、回避文书包括受案登记表、受案回执、立案决定书、不予立案通知书、不立案理由说明书、指定管辖决定书、移送案件通知书、回避/驳回申请回避决定书，共 8 种。

2. 律师参与刑事诉讼文书。律师参与刑事诉讼文书包括提供法律援助通知书，会见犯罪嫌疑人申请表，准予会见犯罪嫌疑人决定书、通知书，不准予会见犯罪嫌疑人决定书，共 4 种。

3. 强制措施文书。强制措施文书包括拘传证，传讯通知书，取保候审决定书、执行通知书，被取保候审人义务告知书，取保候审保证书，收取保证金通知书，保存证件清单，退还保证金决定书、通知书，没收保证金决定书、通知书，对保证人罚款决定书、通知书，责令具结悔过决定书，解除取保候审决定书、通知书，监视居住决定书、执行通知书，指定居所监视居住通知书，解除监视居住决定书、通知书，拘留证，拘留通知书，延长拘留期限通知书，提请批准逮捕书，逮捕证，逮捕通知书，变更逮捕措施通知书，不予释放/变更强制措施通知书，提请批准延长侦查羁押期限意见书，延长侦查羁押期限通知书，计算/重新计算侦查羁押期限通知书，入所健康检查表，换押证，释放通知书，释放证明书，共30种。

4. 侦查取证文书。侦查取证文书包括传唤证，提讯提解证，询问/讯问笔录，犯罪嫌疑人诉讼权利义务告知书，被害人诉讼权利义务告知书，证人诉讼权利义务告知书，未成年人法定代理人到场通知书，询问通知书，现场勘查笔录，解剖尸体通知书，笔录，调取证据通知书、调取证据清单，搜查证，接受证据材料清单，查封决定书，扣押决定书，扣押清单，登记保存清单，查封/解除查封清单，协助查封/解除查封通知书，发还清单，随案移送清单，销毁清单，扣押/解除扣押邮件/电报通知书，协助查询财产通知书，协助冻结/解除冻结财产通知书，鉴定聘请书，鉴定意见通知书，通缉令，关于撤销××号通缉令的通知，办案协作函，撤销案件决定书，终止侦查决定书，起诉意见书，补充侦查报告书，没收违法所得意见书/违法所得清单，强制治疗意见书，共37种。

5. 技术侦查文书。技术侦查文书包括采取技术侦查措施决定书、执行技术侦查措施决定书、延长技术侦查措施期限决定书、解除技术侦查措施决定书，共4种。

6. 执行文书。执行文书包括减刑/假释建议书、假释证明书、暂予监外执行决定书、收监执行通知书、准许拘役罪犯回家决定书、刑满释放证明书，共6种。

7. 通用文书。通用文书包括呈请报告书、复议决定书、要求复议意见书、提请复核意见书、死亡通知书，共5种。

8. 规范性文书。规范性文书包括刑事侦查卷宗（封面）、卷内文书目录、告知书，共3种。

（二）其他分类

1. 根据组成联数的不同，可分为单联式文书和多联式文书。单联式文书只有一联组成，但一般要求制作多份，实际制作时，可以复写或复印，但单位印章不得复写或复印。多联式文书常为对外使用的文书，制作要求较为严格，一般由存根、正本、副本等多联组成，各联之间有骑缝线，填写时各联有关内容应保持一致，骑缝线上要填写字号，除存根外各联均应加盖印章。

2. 根据制作方式和制作难易程度的不同，可分为填空式文书、表格式文书、笔录类文书和叙议类文书。填空式文书一般事前统一印制，内容固定，实际制作时，只需在空白处填写相应内容即可。表格式文书与填空式文书大致相同，也是事先印好格式，实际制作时，只需在空白处填写相应内容即可，表格式文书多为单联式清单类文书。笔录类文书一般按格式要求实际制作。叙议类文书多为内容不固定或正文长度不易掌握的文书，这类文书的格式一般仅作原则性规定，实际制作时可按照格式要求直接书写，或直接打印。

3. 根据文书的内容和作用不同，可分为决定类文书、通知类文书、审批类文书、笔录类文书、清单类文书等。决定类文书是对案件有关事项或当事人有关权利义务事项作出裁决时使用的文书，一般是多联式文书。通知类文书是将有关决定或一些事务性的问题通知有关单位和当事人时使用的文书，一般也属多联式文书，但不分正本、副本。审批类文书可分为对外使用的审批类文书和对内使用的审批类文书，多为单联式文书。对内使用的审批类文书一般不单独使用，领导审批以后，一般应根据审批结果制作相应的法律文书。笔录类文书是调查取证过程中对有关行为和结果予以记录的文书，笔录类文书属证据材料，多数为单联式文书，通常只制作一份，存入诉讼卷。清单类文书是对办案过程中经手的有关物品、文件进行记录的文书，具有重要的法律意义，多为表格式文书，制作后一般存入诉讼卷。

技能拓展

1. 简析公安机关法律文书的概念、意义和作用。
2. 《公安机关刑事法律文书式样（2012 版）》将公安机关刑事法律文书分为哪几大类？立案决定书、呈请报告书、通缉令、提请批准逮捕书、起诉意见书分别属于哪一类？

第二节 立案决定书

案例导入

一、案件基本情况

2019 年 6 月 2 日，犯罪嫌疑人方××在××市××区××停车场用弹弓打碎被害人刘××停放在该停车场的本田轿车右侧窗玻璃，盗走被害人刘××放在车内的旅行包。被害人刘××旅行包内有现金人民币 5200 元、价值 3200 元的佳能相机 1 部、银行卡 1 张，另有身份证及换洗衣物。犯罪嫌疑人方××在该停车场门口被保安张××、赵××发现，扭送至公安机关。

二、案例提示

××市公安局××分局受理该刑事案件后，经过审查，认为有犯罪事实存在，盗窃物品价值数额较大，需要追究犯罪嫌疑人方××刑事责任，且案件属于自己管辖，应当立案侦查。

三、制作立案决定书前的准备工作

立案是《刑事诉讼法》与《公安机关办理刑事案件程序规定》中明确要求的与刑事诉讼活动有关的需要审批的事项。接受案件单位必须先制作《呈请立案报告书》，经县级以上公安机关负责人批准后，才予以立案。县级以上公安机关负责人批示立案侦查的，才能制作立案决定书。

教学内容

一、立案决定书概述

（一）立案决定书的概念

立案决定书是公安机关发现犯罪事实或者犯罪嫌疑人后，经审查认为符合立案条件，决定立案侦查时制作的文书。

（二）制作法律依据

《刑事诉讼法》第109条规定，公安机关或者人民检察院发现犯罪事实或者犯罪嫌疑人，应当按照管辖范围，立案侦查。

《刑事诉讼法》第112条规定，人民法院、人民检察院或者公安机关对于报案、控告、举报和自首的材料，应当按照管辖范围，迅速进行审查，认为有犯罪事实需要追究刑事责任的时候，应当立案。

《公安机关办理刑事案件程序规定》第175条规定，公安机关接受案件后，经审查，认为有犯罪事实需要追究刑事责任，且属于自己管辖的，经县级以上公安机关负责人批准，予以立案；认为没有犯罪事实，或者犯罪事实显著轻微不需要追究刑事责任，或者具有其他依法不追究刑事责任情形的，经县级以上公安机关负责人批准，不予立案。对有控告人的案件，决定不予立案的，公安机关应当制作不予立案通知书，并在3日以内送达控告人。

（三）制作条件

1. 有犯罪事实，需要追究刑事责任。有无犯罪事实，应当根据证据认定；是否需要追究刑事责任，则应当依据《刑事诉讼法》第16条和《刑法》的有关规定认定。只要有犯罪事实，需要追究行为人的刑事责任，不论行为人是否已经明确，均应依法立案侦查。

2. 符合案件管辖规定。案件应属于本公安机关管辖。对于接受后不属于自已管辖的案件，应当移送主管机关处理。

3. 县级以上公安机关负责人已经批准立案侦查。公安机关受理刑事案件后，经过审查，认为有犯罪事实，需要追究刑事责任，且案件属于自己管辖的，应当由接受单位制作《呈请立案报告书》，经县级以上公安机关负责人批准，予以立案。县级以上公安机关负责人直接在《受案登记表》上批示立案侦查的，也应制作立案决定书。

（四）作用

立案决定书的作用在于表明公安机关对某一案件已经立案，案件已经进入侦查阶段，立案决定书是公安机关开展侦查活动的重要依据。

二、结构、内容和写法

立案决定书是多联填空式文书，由正本和存根两部分组成。立案决定书的存根联作为公安机关立案的凭证，用于公安机关留存备查，制作时按格式要求填写规定项目即可，其中犯罪嫌疑人尚未明确的，可以将犯罪嫌疑人基本情况一栏用横线划掉。

立案决定书的正本分为首部、正文和尾部三个部分。

（一）首部

首部包括公安机关名称及文书名称、文书编号。实际制作时只需按照格式依次填写文书编号中的部门简称、年度全称、填发顺序号等内容。例如，芜公（刑）立字〔2019〕0167号。

（二）正文

正文填写法律依据和案件名称两项内容。

1. 法律依据。对于公安机关在工作中发现犯罪事实或者犯罪嫌疑人的案件，法律依据应填写《刑事诉讼法》第109条；对于公民或有关单位报案、控告、举报或犯罪嫌疑人自首的案件，法律依据应填写《刑事诉讼法》第112条。

2. 案件名称立案时犯罪嫌疑人明确的，填写犯罪嫌疑人姓名和涉嫌的罪名，例如，"刘××故意杀人案"。犯罪嫌疑人不明但被害人或被害单位明确的，可填写被害人或被害单位和被害情况，例如，"××仓库被盗案"。犯罪嫌疑人和被害人均不明确的，可填写案发时间或地名和案件性质，例如，"7·19爆炸案""××小区碎尸案"等。

（三）尾部

尾部填写成文时间，并加盖公安机关印章。成文时间应填写县级以上公安机关负责人批准立案的时间。

（四）立案决定书的基本格式

1. 存根联。

××市公安局××分局
立案决定书

（存根）

×公（　　）立字〔2019〕　　号

案件名称＿＿＿＿＿＿＿＿＿＿＿＿＿＿＿＿＿＿＿＿＿＿＿＿＿＿

案件编号＿＿＿＿＿＿＿＿＿＿＿＿＿＿＿＿＿＿＿＿＿＿＿＿＿＿

犯罪嫌疑人　＿＿＿＿＿＿＿＿＿＿＿＿男／女＿＿＿＿＿＿＿＿＿

出生日期＿＿＿＿＿＿＿＿＿＿＿＿＿＿＿＿＿＿＿＿＿＿＿＿＿＿

住址＿＿＿＿＿＿＿＿＿＿＿＿＿＿＿＿＿＿＿＿＿＿＿＿＿＿＿＿

单位及职业＿＿＿＿＿＿＿＿＿＿＿＿＿＿＿＿＿＿＿＿＿＿＿＿

批准人＿＿＿＿＿＿＿＿＿＿＿＿＿＿＿＿＿＿＿＿＿＿＿＿＿＿＿

批准时间＿＿＿＿＿＿＿＿＿＿＿＿＿＿＿＿＿＿＿＿＿＿＿＿＿＿

办案人＿＿＿＿＿＿＿＿＿＿＿＿＿＿＿＿＿＿＿＿＿＿＿＿＿＿＿

办案单位＿＿＿＿＿＿＿＿＿＿＿＿＿＿＿＿＿＿＿＿＿＿＿＿＿＿

填发时间＿＿＿＿＿＿＿＿＿＿＿＿＿＿＿＿＿＿＿＿＿＿＿＿＿＿

填发人＿＿＿＿＿＿＿＿＿＿＿＿＿＿＿＿＿＿＿＿＿＿＿＿＿＿＿

2. 正本。

××市公安局××分局
立案决定书

×公（　　）立字〔2019〕　　号

根据《中华人民共和国刑事诉讼法》第一百零九条／第一百一十二条之规定，决定对＿＿＿＿＿＿＿＿＿＿＿＿＿＿＿＿＿＿＿＿案立案侦查。

××市公安局××分局局印

年　　月　　日

此联附卷

制作实训

一、立案决定书实例

（一）存根

××市公安局××分局
立案决定书

（存根）

×公（刑）立字〔2019〕324 号

案件名称＿＿＿方××盗窃案＿＿＿＿＿＿＿＿＿

案件编号＿＿×公（刑）立字〔2019〕324 号＿＿

犯罪嫌疑人＿方××＿＿＿＿男＿＿＿＿＿＿＿

出生日期＿1988 年 7 月 4 日＿＿＿＿＿＿＿＿＿

住址＿＿＿＿××市××区××路××号××小区＿＿＿＿

单位及职业＿××市××职业学院学生＿＿＿＿

批准人＿＿＿洪××＿＿＿＿＿＿＿＿＿＿＿＿＿

批准时间＿＿2019 年 6 月 2 日＿＿＿＿＿＿＿

办案人＿＿＿吴××＿＿＿齐××＿＿＿＿＿＿

办案单位＿＿××市公安局××分局刑警二中队＿

填发时间＿＿2019 年 6 月 2 日＿＿＿＿＿＿＿

填发人＿＿＿陈××＿＿＿＿＿＿＿＿＿＿＿＿

（二）正本

××市公安局××分局
立案决定书

×公（刑）立字〔2019〕324 号

根据《中华人民共和国刑事诉讼法》第一百一十二条 之规定，决定对＿＿＿＿
＿＿方××盗窃＿＿＿＿案立案侦查。

××市公安局××分局局印
二〇一九年六月二日

此联附卷

二、实例评析

1. 上述案例中，犯罪嫌疑人方××犯罪事实存在，盗窃物品价值数额较大，需要追究犯罪嫌疑人方××刑事责任，且案件属于××市公安局××分局管辖，应当立案侦查。

2. 上述立案决定书格式正确、事项齐全，形式上符合制作立案决定书的基本要求。

3. 上述案例中，犯罪嫌疑人方××系被群众扭送公安机关，因此应引用《刑事诉讼法》第 112 条。援引法律条文正确。

三、制作立案决定书应注意的问题

立案决定书的制作使用，应注意以下几个方面的问题：

（一）案件性质表述准确

立案决定书中案件性质的填写是重点所在，在确定案件性质时，应依据《刑法》的相关规定和犯罪构成的理论进行分析认定。凡案件性质明确的，应以《刑法》规定的罪名作为标准。对于一些案件性质一时难以确定而又确需立案的，可以案件事实表现的特征立案，但应严格掌握。例如，"7·12 枪击案""××港区集装箱毒品案"等，均属于此类案件。

（二）法律依据适用准确

立案决定书中的法律依据包括程序法和实体法两项内容。程序法是属于填写的内容，其依据前面已经介绍，主要是根据案件来源的不同分别选择《刑事诉讼法》第 109 条或第 112 条。实体法在立案决定书中并不直接填写，但准确适用《刑法》的有关规定却是准确确定案件性质的关键，不容忽视。

技能拓展

1. 什么是立案决定书？立案决定书的作用是什么？
2. 制作立案决定书应具备什么条件？
3. 制作立案决定书时要注意哪些问题？
4. 根据下列所给材料，制作一份立案决定书（包括存根和正本）。

【案情简介】

2018 年 5 月 27 日，在××市××区××中学门口附近，王××以 800 元的价格向吸毒人员许××出售冰毒 1.35 克。2018 年 6 月初，在××市××区××公园门口附近，王××以 1500 元的价格向张××出售冰毒 2.8 克（实收 1400 元，尚欠 100 元）。2018 年 7 月 5 日 16 时许，在××市××区××路××宾馆 4018 房间门口，王××以 900 元的价格向吸毒人员张××出售冰毒 1.8 克。交易中被群众举报，巡警赶到后王××被当场抓获。

【写作要求及提示】

（1）制作立案决定书（包括存根和正本），要求符合基本格式，项目要齐全，未尽事宜请根据具体情况合理设定。

（2）制作时正确援引法律条款，包括审查犯罪事实的基本要素，犯罪构成要件，依实体法正确确定罪名。

第三节　呈请报告书

导入案例

一、案件基本情况

2019 年 6 月 2 日，犯罪嫌疑人方××在××市××区××停车场用弹弓打碎被害人刘××停放在该停车场的本田轿车右侧窗玻璃，盗走被害人刘××放在车内的旅行包。被害人刘××旅行包内有现金人民币 5200 元、价值 3200 元佳能相机 1 部、银行卡 1 张，另有身份证及换洗衣物。犯罪嫌疑人方××在该停车场门口被保安张××、赵××发现，扭送至公安机关。××市公安局××分局认为犯罪嫌疑人方××盗窃物品价值数额较大，且有实施其他同类案件犯罪行为的嫌疑，符合刑事拘留的标准，拟对犯罪嫌疑人方××刑事拘留。

二、案例提示

公安机关受理该刑事案件后，经过立案侦查，认为犯罪嫌疑人方××盗窃物品价值数额较大，需要追究其刑事责任，符合刑事拘留的标准，根据《刑事诉讼法》与《公安机关办理刑事案件程序规定》中的要求呈报有关领导审批。县级以上公安机关负责人批示拘留的，才能制作拘留决定书，填写拘留证。

三、制作呈请拘留报告书前的准备工作

拘留是《刑事诉讼法》与《公安机关办理刑事案件程序规定》中明确要求的与刑事诉讼活动有关的需要审批的事项。办理案件单位必须先制作《呈请拘留报告书》，附送相应案件的证据材料，以便领导审批时能准确地把握批准事项的必要性。经县级以上公安机关负责人批准才能制作拘留决定书，填写拘留证，对犯罪嫌疑人方××刑事拘留。

教学内容

一、呈请报告书概述

（一）呈请报告书的概念

呈请报告书是公安机关在办理刑事案件的过程中，对于即将进行或准备进行的有关诉讼行为，按规定呈报有关领导审批时所制作的文书。呈请报告书是

一类文书，具体包括呈请立案报告书、呈请不予立案报告书、呈请破案报告书、呈请撤销案件报告书、呈请拘传报告书、呈请取保候审报告书、呈请监视居住报告书、呈请拘留报告书、呈请延长拘留期限报告书等。

（二）制作法律依据

呈请报告书属于公安机关内部使用的审批类文书。由于公安机关进行有关诉讼活动往往涉及公民的人身权利或财产权利，因此，《刑事诉讼法》和《公安机关办理刑事案件程序规定》对这些诉讼活动都规定了严格的审批程序。这些诉讼活动涉及的《刑事诉讼法》和《公安机关办理刑事案件程序规定》的有关内容较广泛，在此就不再一一列举，实际制作中，要严格遵循有关规定。

（三）制作条件

1. 必须是《刑事诉讼法》或《公安机关办理刑事案件程序规定》中明确要求的与刑事诉讼活动有关的需要审批的事项。例如，拘传、拘留、取保候审、监视居住、立案、不予立案、破案、撤销案件等事项，凡涉及需要审批的环节均应制作呈请报告书。

2. 必须严格把握相应的诉讼行为所适用的条件。例如，法律规定的立案、破案、撤销案件、拘传、拘留、取保候审、监视居住等情况，只有符合法律规定的适用条件，才能制作呈请报告书。

（四）作用

呈请报告书对于规范公安机关刑事执法行为，保证及时、准确地惩罚犯罪，保护公民合法权益不受侵害，具有十分重要的作用。经领导审批的呈请报告书是制作相应法律文书、采用相应侦查措施的主要依据和凭证。

二、结构、内容和写法

呈请报告书的文头是表格式，主要有领导批示、审核意见和办案单位意见三项内容，以供领导审批使用，制作时不需填写。呈请报告书的主体部分属于叙议类文书，可以分为首部、正文和尾部三个部分。

（一）首部

1. 文书标题。应当写明呈请的事项，如"呈请不予立案报告书""呈请取保候审报告书""呈请拘传报告书"等。但一般不需要写当事人姓名和案件名称。

2. 犯罪嫌疑人基本情况。包括：姓名、性别、出生年月日、出生地、身份证号码、民族、文化程度、职业或工作单位及职务、政治面貌（如是人大代表、政协委员，一并写明具体级、届代表、委员）、采取强制措施情况、简历等。由于办案中需要审批的内容不同，每次呈请报告时，上述情况并不一定都要一一列举，可根据具体事项确定。对于那些不能确定犯罪嫌疑人的事项，可写明案件基本情况。如果涉及其他人员的，也可写明该涉案人基本情况，如被害人、案件的关系人等。

（二）正文

1. 写明呈请领导批示的事项。如"现呈请对犯罪嫌疑人刘××予以监视居住，理由如下：……"

2. 写明拟实施事项的理由。包括两个方面：一是拟实施事项的事实依据，简要叙述有关事实，并对有关证据进行分析；二是拟实施事项的法律依据，应具体引用适用的实体法和程序法名称和条款，必要时应予以分析论证。

（三）尾部

尾部包括结语和落款。结语属公文性质的礼貌性用语，如"妥否，请批示"或"以上报告妥否，请批示"等。落款由承办单位和承办人署名，并写明制作日期。

（四）呈请报告书的基本格式

领导批示：

审核意见：

办案单位意见：

呈请报告书

第一部分：犯罪嫌疑人的基本情况〔姓名、性别、出生年月日、出生地、身份证号码、民族、文化程度、职业或工作单位及职务、政治面貌（如是人大代表、政协委员，一并写明具体级、届代表、委员）、采取强制措施情况、简历等。尚未确定犯罪嫌疑人的，写明案件基本情况。如果涉及其他人员，写明该人基本情况〕。

第二部分：呈请事项（立案，采取或解除强制措施、侦查措施，破案，侦查终结，撤销案件等需要领导批示的事项）。

第三部分：事实依据（简要叙述有关案件事实，并对有关证据进行分析）。

第四部分：法律依据（写明依据的具体法律规定）。

第五部分：结语和落款。

制作实训

一、呈请报告书实例

领导批示：同意。

林××

二〇一九年六月二日

审核意见：拟同意拘留

赵××

二〇一九年六月二日

办案单位意见：方××的行为涉嫌盗窃罪，建议对其刑事拘留。

鲁××

二〇一九年六月二日

呈请拘留报告书

犯罪嫌疑人方××，男，曾用名方×，男，1999 年 7 月 3 日生，出生地××省××县，身份证号码××××××××××××××××××××，汉族，高中文化，××市××职业学院学生，住××市××区××路××号。

现呈请对犯罪嫌疑人方××予以拘留，理由如下：

2019 年 6 月 2 日，犯罪嫌疑人方××在××市××区××停车场用弹弓打碎被害人刘××停放在该停车场的本田轿车右侧窗玻璃，盗走被害人刘××放在车内的旅行包。被害人刘××旅行包内有现金人民币 5200 元、价值 3200 元佳能相机一部、银行卡一张。另有身份证及换洗衣物。犯罪嫌疑人方××在该停车场门口被保安张××、赵××发现，扭送公安机关。××市公安局××分局认为犯罪嫌疑人方××盗窃物品价值数额较大，且有实施其他同类案件犯罪行为的嫌疑。有关证据如下：

被害人刘××报案材料，反映其停放在该停车场的本田轿车右侧窗玻璃破碎，车内的旅行包被盗，包内有现金人民币 5200 元、价值 3200 元佳能相机一部、银行卡一张。另有身份证及换洗衣物。

停车场门口保安张××、赵××证实，值班时发现犯罪嫌疑人方××形迹可疑，盘查时犯罪嫌疑人方××逃跑被当场制服。方××随身携带旅行包内有现金人民币 5200 元、佳能相机一部、银行卡一张。另有身份证及换洗衣物。从方××身上搜出弹弓一把。

××市××区××停车场监控录像显示犯罪嫌疑人方××作案过程。

综上所述，犯罪嫌疑人方××的行为已触犯《中华人民共和国刑法》第二百六十四条之规定，涉嫌盗窃罪。为查清犯罪事实，防止发生社会危险性，拟根据《中华人民共和国刑事诉讼法》第八十二条之规定，对犯罪嫌疑人方××予以拘留。

妥否，请批示。

××市公安局××分局刑警大队

二〇一九年六月二日

二、实例评析

1. 上述案例中，犯罪嫌疑人方××所犯罪行涉嫌盗窃罪。盗窃物品价值数额较大，需要追究犯罪嫌疑人方××刑事责任，符合拘留条件。

2. 上述呈请拘留报告书理由充分，援引法律条文正确，逻辑性较强。且格式正确、事项齐全，形式上符合呈请拘留报告书制作的基本要求。

3. 上述呈请拘留报告书事实部分围绕被告人所犯罪行的犯罪构成要件进行叙写，事实清楚，重点突出，为理由部分的阐述奠定了基础。

4. 上述呈请拘留报告书证据列举详尽，具有说服力。

三、制作呈请报告书应注意的问题

（一）材料齐全

制作呈请报告书时所要求的材料齐全主要有两层含义：一是要求制作时应掌握案件的事实材料和相关的法律规定；二是要求在呈报领导审批时应按规定同时呈报相关的案件材料，以供领导全面审查。

（二）区分类别

呈请报告书是通用文书，种类繁多，《公安机关办理刑事案件程序规定》明确规定了《呈请立案报告书》《呈请不予立案报告书》《呈请拘传报告书》《呈请取保候审报告书》《呈请监视居住报告书》《呈请拘留报告书》等具体文种，但对于搜查、侦查实验、传唤、撤销案件等事项，也同样规定了经县级以上公安机关负责人审批的程序，虽然没有明确规定文件名称，但实际工作中，除像提请批准逮捕等有特殊规定的以外，均可以使用呈请报告书这一通用文书格式，但一定要仔细区分，以避免混淆、滥用或误用。

（三）规范操作程序

呈请报告书是审批类文书，对于即将进行或准备进行的有关诉讼行为，凡是按规定需呈报有关领导审批的事项，除法律法规另有规定的以外，均需规范操作程序，严格审批制度，不得擅作主张、越级申报或任意简化程序不呈报。

（四）事实叙述要概括，并对证据进行分析

呈请报告书属内部审批性文书，制作时对事实部分的叙述要简明扼要，不必事无巨细，必要时可附送相应材料。对有关证据可进行必要的分析，以便领导审批时能准确地把握批准事项的必要性。

技能拓展

1. 请根据《中华人民共和国刑事诉讼法》及《公安机关办理刑事案件程序规定》，列举 8 种以上常用的呈请报告书。

2. 请根据相关法律规定，分析立案决定书、呈请拘留报告书、拘留证、拘留通知书相互之间的关联。

3. 简述呈请报告书的概念和功能。

4. 呈请报告书正文部分应包括哪些内容？

5. 在制作呈请报告书时要注意什么问题？

6. 根据下列材料，拟写一份呈请拘留报告书。

【案情简介】

××市××区公安局侦查员印××承办王××故意伤害一案，印××认为应拘留王××，需报领导审批。查明：2019 年 3 月 27 日晚 8 时许，王××与朋友在××街大排档吃饭，因邻桌刘××碰了王××一下，王××即出言不逊，骂刘××一句，刘××即回骂王××，王××从排档的菜案上拿了一把菜刀，向刘××连砍 3 刀，致刘××左手拇指被砍掉，左耳被砍下约 1/3，左前臂部被砍伤，刀口长约 8cm，深达肌腱。接群众报案后，王××被 110 民警当场抓获。侦查员认为，王××的行为已触犯《刑法》第 234 条第 2 款之规定，涉嫌故意伤害罪，应依法拘留。王××，男，1997 年 8 月 2 日生，汉族，××省××市人。自幼读书，2013 年高中毕业，现为××省××市××商场保安员，住××市××区××路××小区×幢××号。王××2016 年 10 月 28 日曾因殴打他人被行政拘留 15 日。

【写作要求及提示】

(1) 制作呈请拘留报告书要符合基本格式的要求，项目要齐全，准确运用规范化用语，材料中未明确事项可以根据情况合理设定。

(2) 制作时注意补充证据并注意分析事实与证据之间的相互关联。

(3) 注意正确援引实体法、程序法相应的法律条款。

第四节　通缉令

案例导入

一、案件基本情况

2012 年 8 月 24 日上午 9 时许，××市××县××镇发生一起特大抢劫杀人案。犯罪嫌疑人苏××持尖刀连续杀死 2 人、抢劫人民币 26 500 元后，携款潜逃。公安机关多次追捕未能抓获。

二、案例提示

公安机关受理该刑事案件后，经过立案侦查，认为犯罪嫌疑人苏××符合逮捕条件而长期在逃。公安机关发布通缉令，采取有效措施，追捕犯罪嫌疑人苏××归案，使得案件能够顺利侦破，并及时打击了犯罪。

三、制作通缉令前的准备工作

制作通缉令前应注意全面搜集被通缉人的身份证号码、体貌特征、行为特征、口音、携带物品、特长等基本情况；通报发案的时间、地点和简要案情；确定发布范围；明确工作要求、注意事项、联系人、联系方法等内容。简要案情主要是介绍案件的基本情况。同时还应根据案件情况注意保密，对外发布联的通缉令不需要公开指纹、DNA 编号、物证、被通缉人的社会关系等专业事项。

教学内容

一、通缉令概述

（一）通缉令的概念

通缉令是公安机关为抓获罪该逮捕在逃的或者拘留、逮捕后脱逃的犯罪嫌疑人、被告人以及从监狱内逃跑的罪犯，采取通缉措施时制作的法律文书。

（二）制作法律依据

《刑事诉讼法》第 155 条规定，应当逮捕的犯罪嫌疑人如果在逃，公安机关可以发布通缉令，采取有效措施，追捕归案。各级公安机关在自己管辖的地区以内，可以直接发通缉令；超出自己管辖的地区，应当报请有权决定的上级机关发布。

《公安机关办理刑事案件程序规定》第 265 条规定，应当逮捕的犯罪嫌疑人如果在逃，公安机关可以发布通缉令，采取有效措施，追捕归案。县级以上公安机关在自己管辖的地区内，可以直接发布通缉令；超出自己管辖的地区，应当报请有权决定的上级公安机关发布。通缉令的发送范围，由签发通缉令的公安机关负责人决定。

《公安机关办理刑事案件程序规定》第 266 条规定，通缉令中应当尽可能写明被通缉人的姓名、别名、曾用名、绰号、性别、年龄、民族、籍贯、出生地、户籍所在地、居住地、职业、身份证号码、衣着和体貌特征、口音、行为习惯，并附被通缉人近期照片，可以附指纹及其他物证的照片。除了必须保密的事项以外，应当写明发案的时间、地点和简要案情。

《公安机关办理刑事案件程序规定》第 267 条规定，通缉令发出后，如果发现新的重要情况可以补发通报。通报必须注明原通缉令的编号和日期。

《公安机关办理刑事案件程序规定》第 268 条规定，公安机关接到通缉令后，应当及时布置查缉。抓获犯罪嫌疑人后，报经县级以上公安机关负责人批准，凭通缉令或者相关法律文书羁押，并通知通缉令发布机关进行核实，办理交接手续。

《公安机关办理刑事案件程序规定》第269条规定，需要对犯罪嫌疑人在口岸采取边控措施的，应当按照有关规定制作边控对象通知书，经县级以上公安机关负责人审核后，层报省级公安机关批准，办理全国范围内的边控措施。需要限制犯罪嫌疑人人身自由的，应当附有关法律文书。紧急情况下，需要采取边控措施的，县级以上公安机关可以出具公函，先向当地边防检查站交控，但应当在7日以内按照规定程序办理全国范围内的边控措施。

《公安机关办理刑事案件程序规定》第270条规定，为发现重大犯罪线索，追缴涉案财物、证据，查获犯罪嫌疑人，必要时，经县级以上公安机关负责人批准，可以发布悬赏通告。悬赏通告应当写明悬赏对象的基本情况和赏金的具体数额。

《公安机关办理刑事案件程序规定》第271条规定，通缉令、悬赏通告应当广泛张贴，并可以通过广播、电视、报刊、计算机网络等方式发布。

《公安机关办理刑事案件程序规定》第272条规定，经核实，犯罪嫌疑人已经自动投案、被击毙或者被抓获，以及发现有其他不需要采取通缉、边控、悬赏通告的情形的，发布机关应当在原通缉、通知、通告范围内，撤销通缉令、边控通知、悬赏通告。

《公安机关办理刑事案件程序规定》第273条规定，通缉越狱逃跑的犯罪嫌疑人、被告人或者罪犯，适用本节的有关规定。

此外，《人民检察院刑事诉讼规则》《监狱法》对抓捕、通缉犯罪嫌疑人、被告人或罪犯也作出了相应的规定。

（三）制作条件

1. 主体条件。通缉令的制作主体是公安机关。人民检察院、人民法院决定通缉的案件应通知公安机关执行。监狱或其他刑罚执行机关抓捕脱逃的罪犯但不能即时抓获的，也应通知公安机关执行。

2. 对象条件。通缉的对象是应当逮捕而在逃的或者拘留、逮捕后脱逃的犯罪嫌疑人、被告人以及从监狱内逃跑的罪犯。应当逮捕而在逃的犯罪嫌疑人，既包括检察机关已经批准逮捕而在逃的犯罪嫌疑人，也包括公安机关经调查取证，认为符合逮捕条件，但尚未提请检察机关批准逮捕的犯罪嫌疑人。

3. 逮捕条件。被通缉对象的行为符合《刑事诉讼法》规定的逮捕条件，即有证据证明有犯罪事实、可能判处有期徒刑以上刑罚、有逮捕的必要性。

（四）作用

通缉令是公安机关为抓获在逃犯罪嫌疑人、被告人、罪犯而采取的一种有效的侦查措施。通缉是公安机关协同作战并动员和组织群众共同打击犯罪的有效方式。对于被通缉对象，各级、各地公安机关都可以将其缉拿归案，任何单位和个人都有权力和责任将其扭送到公、检、法机关处理，因此，发布通缉令对于案件顺利侦破和及时打击犯罪具有重要作用。

二、结构、内容和写法

通缉令为三联填空式文书，分为对内发布联、对外发布联和存根。存根的填写较为简单，对内发布联、对外发布联可以分为首部、正文和尾部三个部分。

（一）首部

首部包括标题、文书编号。标题一般包括发布通缉令的公安机关名称和文书名称"通缉令"，分上、下二行排列。文书编号由机关代字、文种代字、年份和序号几个部分组成。

（二）正文

正文包括被通缉人的基本情况、发布范围、简要案情、工作要求和注意事项四个部分。被通缉人的基本情况应尽可能写明已经掌握的犯罪嫌疑人在逃人员网上编号、身份证号码、体貌特征、行为特征、口音、携带物品、特长等项内容。发布范围应是本机关的辖区范围内受文机关的名称。简要案情主要是介绍案件的基本情况。工作要求和注意事项，主要是写明查缉要求、查缉中应注意的事项及联系人、联系方法等内容。其中，简要案情和被通缉人的基本情况是制作重点。

（三）尾部

尾部包括附件、日期和发文机关印章、抄送部门名称等内容。附件主要包括在有条件的情况下提供的照片、指纹、DNA 编号、物证、被通缉人社会关系等。其中对外发布联的通缉令不需要公开指纹、DNA 编号、物证、被通缉人的社会关系等专业事项。

（四）通缉令的基本格式

××公安厅（局）
通缉令

公（刑）缉〔201×〕××××号

犯罪嫌疑的人基本情况、在逃人员网上编号、身份证号码、体貌特征、行为特征、口音、携带物品、特长：

_____

_____

_____

_____

发布范围：

_____

_____

_____

简要案情：

_____

_____

_____。

工作要求和注意事项：

_____

_____

_____。

联系人、联系电话：

（公安厅或局印）

_____年____月____日

附：1. 犯罪嫌疑人照片、指纹。

2. 犯罪嫌疑人社会关系。

3. DNA 编号。

抄送部门：_____

制作实训

一、通缉令实例（对外发布联）

××省公安厅
通缉令

×公（刑）缉字〔2013〕0188 号

犯罪嫌疑的人基本情况、在逃人员网上编号、身份证号码、体貌特征、行为特征、口音、携带物品、特长：犯罪嫌疑人苏××（在逃人员编号：T××0400000000×××070022），男，35 岁，××县人，系××县第三中学体育教员，身高 1.68 米，蓄平头，瓜子脸，颧骨凸出，两眼眶深陷，单眼皮，体型较瘦，皮肤较黑。上穿鱼肚白短袖衬衣，内穿白色背心，背心上印"××中学"字样，下穿浅灰色长裤，脚穿黑色皮凉鞋，身上可能溅有被害人血迹。四川口音，会说普通话。犯罪嫌疑人苏××具有驾驶、柔道技术。身份证号码：××

××0219××××133617。

发布范围：各市、县（区）公安局。

简要案情：2012 年 8 月 24 日上午 9 时许，××市××县××镇发生一起特大抢劫杀人案。犯罪嫌疑人苏××持尖刀连续杀死 2 人、抢劫人民币 26 500 元后，携款潜逃。

工作要求和注意事项：希望各单位接此通缉令后，立即部署力量，严密控制，注意查缉，如发现犯罪嫌疑人苏××立即拘留，并速告省公安厅四处或××市公安局刑警支队。

联系人联系电话：公安专线 110 转××省公安厅四处或转××市××公安局刑警支队；谢××电话：13852××××21（省厅四处）；汪××电话：13852××××31（省厅四处）；苏××电话：13931××××75（市刑警支队）；华××电话：18931××××58（市刑警支队）。

××省公安厅（印）
二〇一三年五月六日

附：犯罪嫌疑人苏××照片。

抄送部门：××省公安厅、××省××市公安局、××市公安局。

二、实例评析

1. 上述案例中，犯罪嫌疑人苏××行为涉嫌抢劫罪、故意杀人罪，案情重大。公安机关受理该刑事案件后，多次追捕未能抓获，犯罪嫌疑人苏××长期在逃。公安机关发布通缉令，采取有效措施，追捕犯罪嫌疑人苏××归案。对于案件顺利侦破和及时打击犯罪具有重要作用。

2. 上述通缉令格式正确、事项齐全，由于该实例属对外发布联，因此，不需要公开指纹、DNA 编号、物证、被通缉人的社会关系等专业事项。形式上符合通缉令制作的基本要求。

三、制作通缉令应注意的问题

（一）介绍案情要概括

案情介绍主要是叙述案件发生的时间、地点、案件性质、案件结果、已经抓获或在逃的犯罪嫌疑人姓名等内容，这一部分制作要简明扼要，同时还应根据案件保密需要灵活掌握。

（二）体貌特征是制作重点

通缉令中犯罪嫌疑人的体貌特征是制作重点，包括其面部特征、身高、体态、脸型、五官、肤色、发型及颜色、口音、生理特征、病理特征、生活习惯等多项内容，以及其携带的枪支、弹药、爆炸物及其他物品等。在逃人员若具有驾驶、搏击、射击、爆破等特种技术的，也应作出介绍。体貌特征这一部分是确定被通缉人的重要依据，需认真制作。

技能拓展

1. 简述通缉令的概念及适用范围。
2. 通缉令的正文主要包括哪些内容？
3. 请根据下列材料，制作一份通缉令。

【案情简介】

2012 年 12 月，××省××市在侦办一起黑社会性质组织案中，发现该组织骨干成员张××与洪××等人纠集一起，网罗社会闲散人员，多次进行故意伤害、聚众斗殴、敲诈勒索等违法犯罪活动。案发后，洪××等人被抓获，犯罪嫌疑人张××畏罪潜逃。对发现线索的举报人、缉捕有功的单位或个人，将给予人民币 50 000 元奖励。

张××，曾用姓名：张×；户籍住址：××省××市××区××中路××栋 1 号；现在住址：××省××市××区××中路××栋 1 号；无业人员；身份证号码：×××031978070620××；身高：171 厘米；初中文化；出生日期：1978 年 7 月 6 日。

张××绰号"二拿"，肚子较大，皮肤白净，单眼皮，头发较少，秃顶。面部可能有疤痕，背部、臀部有陈旧性刀伤，体型较胖，左小臂有一"仁"字文身，右手拐处有一小块显白疤痕。操河南口音，好赌博，曾做过保安，练习过散打。喜欢在网吧、浴场住宿。

【写作要求及提示】

(1) 制作通缉令要符合基本格式的要求，项目要齐全，工作要求和注意事项、联系人联系电话等未尽事宜请酌情设定。

(2) 制作时要注意对外发布联与对内发布联的区别。

(3) 建议由××省公安厅制作发布通缉令，可以抄送××省公安厅、××省××市公安局、××市公安局等协作单位。

第五节　提请批准逮捕书

案例导入

一、案件基本情况

2019 年 4 月 30 日上午，犯罪嫌疑人杜××窜到被害人朱××在××市××

区××路××号3楼315号的住房处，趁朱××家中无人，撬开房门，在朱××家中衣柜里窃取了被害人朱××人民币现金46 000元、港币840元、金戒指1枚（重11.6克，经评估价值人民币4600元），另拿走玉观音1尊（经评估价值人民币2600元）、手提电脑1台（经评估价值人民币5600元），以上折合人民币共计59 700余元。

二、案例提示

逮捕犯罪嫌疑人、被告人，必须经过人民检察院批准或者人民法院决定，由公安机关执行。公安机关要求逮捕犯罪嫌疑人的时候，应当写出提请批准逮捕书，连同案卷材料、证据，一并移送同级人民检察院审查批准。上述案例犯罪嫌疑人杜××盗窃他人财物，数额巨大，其行为已触犯《中华人民共和国刑法》第264条之规定，涉嫌盗窃罪，符合逮捕条件。

三、制作提请批准逮捕书前的准备工作

制作前应认真审查有哪些证据证明有犯罪事实，是否可能判处徒刑以上刑罚，取保候审、监视居住能否防止犯罪嫌疑人可能实施新的犯罪，能否防止可能有危害国家安全、公共安全或者社会秩序的现实危险。

制作前还应对移送案卷材料进行认真审查，注意审查事实是否清楚，证据是否齐全，法律手续是否完备。

教学内容

一、提请批准逮捕书概述

（一）提请批准逮捕书的概念

提请批准逮捕书，是公安机关对符合逮捕条件的犯罪嫌疑人，提请人民检察院审查批准逮捕时制作的文书。

（二）制作法律依据

《刑事诉讼法》第80条规定，逮捕犯罪嫌疑人、被告人，必须经过人民检察院批准或者人民法院决定，由公安机关执行。

《刑事诉讼法》第81条规定，对有证据证明有犯罪事实，可能判处徒刑以上刑罚的犯罪嫌疑人、被告人，采取取保候审尚不足以防止发生下列社会危险性的，应当予以逮捕：①可能实施新的犯罪的；②有危害国家安全、公共安全或者社会秩序的现实危险的；③可能毁灭、伪造证据，干扰证人作证或者串供的；④可能对被害人、举报人、控告人实施打击报复的；⑤企图自杀或者逃跑的。对有证据证明有犯罪事实，可能判处10年有期徒刑以上刑罚的，或者有证据证明有犯罪事实，可能判处徒刑以上刑罚，曾经故意犯罪或者身份不明的，应当予以逮捕。被取保候审、监视居住的犯罪嫌疑人、被告人违反取保候审、监视居住规定，情节严重的，可以予以逮捕。

《刑事诉讼法》第87条规定，公安机关要求逮捕犯罪嫌疑人的时候，应当写出提请批准逮捕书，连同案卷材料、证据，一并移送同级人民检察院审查批准。

《公安机关办理刑事案件程序规定》第129条规定："对有证据证明有犯罪事实，可能判处徒刑以上刑罚的犯罪嫌疑人，采取取保候审尚不足以防止发生下列社会危险性的，应当提请批准逮捕：①可能实施新的犯罪的；②有危害国家安全、公共安全或者社会秩序的现实危险的；③可能毁灭、伪造证据，干扰证人作证或者串供的；④可能对被害人、举报人、控告人实施打击报复的；⑤企图自杀或者逃跑的。对于有证据证明有犯罪事实，可能判处10年有期徒刑以上刑罚的，或者有证据证明有犯罪事实，可能判处徒刑以上刑罚，曾经故意犯罪或者身份不明的，应当提请批准逮捕。公安机关在根据第1款的规定提请人民检察院审查批准逮捕时，应当对犯罪嫌疑人具有社会危险性说明理由。"

《公安机关办理刑事案件程序规定》第130条规定："有证据证明有犯罪事实，是指同时具备下列情形：①有证据证明发生了犯罪事实；②有证据证明该犯罪事实是犯罪嫌疑人实施的；③证明犯罪嫌疑人实施犯罪行为的证据已查证属实的。前款规定的'犯罪事实'既可以是单一犯罪行为的事实，也可以是数个犯罪行为中任何一个犯罪行为的事实。"

《公安机关办理刑事案件程序规定》第131条规定，被取保候审人违反取保候审规定，具有下列情形之一的，可以提请批准逮捕：①涉嫌故意实施新的犯罪行为的；②有危害国家安全、公共安全或者社会秩序的现实危险的；③实施毁灭、伪造证据或者干扰证人作证、串供行为，足以影响侦查工作正常进行的；④对被害人、举报人、控告人实施打击报复的；⑤企图自杀、逃跑，逃避侦查的；⑥未经批准，擅自离开所居住的市、县，情节严重的，或者两次以上未经批准，擅自离开所居住的市、县的；⑦经传讯无正当理由不到案，情节严重的，或者经两次以上传讯不到案的；⑧违反规定进入特定场所、从事特定活动或者与特定人员会见、通信两次以上的。

《公安机关办理刑事案件程序规定》第132条规定，被监视居住人违反监视居住规定，具有下列情形之一的，可以提请批准逮捕：①涉嫌故意实施新的犯罪行为的；②实施毁灭、伪造证据或者干扰证人作证、串供行为，足以影响侦查工作正常进行的；③对被害人、举报人、控告人实施打击报复的；④企图自杀、逃跑，逃避侦查的；⑤未经批准，擅自离开执行监视居住的处所，情节严重的，或者两次以上未经批准，擅自离开执行监视居住的处所的；⑥未经批准，擅自会见他人或者通信，情节严重的，或者两次以上未经批准，擅自会见他人或者通信的；⑦经传讯无正当理由不到案，情节严重的，或者经两次以上传讯不到案的。

《公安机关办理刑事案件程序规定》第133条规定，需要提请批准逮捕犯罪嫌疑人的，应当经县级以上公安机关负责人批准，制作提请批准逮捕书，连同案卷材料、证据，一并移送同级人民检察院审查批准。

（三）制作条件

有证据证明有犯罪事实可能判处徒刑以上刑罚，采取取保候审、监视居住等方法不足以防止发生社会危险性，确有逮捕必要，是制作提请批准逮捕书的三个重要条件，必须同时具备，缺一不可。

（四）作用

逮捕是最为严厉的强制措施，制作提请批准逮捕书，严格履行批准逮捕手续，对于保护公民人身权利不受侵犯，体现公、检、法三机关分工负责、互相配合、互相制约的法律原则具有十分重要的作用。

二、结构、内容和写法

提请批准逮捕书属于叙议类文书，由首部、正文和尾部三部分组成。

（一）首部

首部包括以下内容：

1. 标题。包括公安机关名称和文书名称，分二行居中排列。如第一行为"滁州市公安局"，第二行为"提请批准逮捕书"。

2. 文书编号包括机关简称、案件性质、文书简称、年度全称和案件序号。如"滁公刑提捕〔2019〕354号"。

3. 犯罪嫌疑人基本情况。依次写明犯罪嫌疑人姓名（别名、化名、曾用名、绰号等）、性别、出生年月日、出生地、身份证号码、民族、文化程度、职业或工作单位及职务、住址、政治面貌（如是人大代表、政协委员，一并写明具体级、届代表、委员）、违法犯罪经历及因本案被采取的强制措施的情况。案件有多名犯罪嫌疑人的，可以按照各犯罪嫌疑人在共同犯罪案件中的地位和作用依次写明。

4. 犯罪嫌疑人委托律师情况。犯罪嫌疑人委托律师或已按法律援助规定委派律师的，应列明律师姓名、工作单位及律师执业证号。如"辩护律师×××，工作单位：×××律师事务所，律师执业证号：××××××××××××××"。

5. 案由和案件来源、案件办理情况。这一段属于程式化用语，案由写明犯罪嫌疑人涉嫌的罪名，案件来源写明具体由单位或者公民举报、控告、上级交办、有关部门移送、本局其他部门移交以及办案中发现等，另需简要写明案件侦查过程中的各个法律程序开始的时间，如接受案件时间、立案时间，还要具体写明犯罪嫌疑人归案等案件办理的情况。

（二）正文

正文包括犯罪事实和证据、理由和提请批捕的意见。

1. 犯罪事实和证据。简要写明公安机关依法侦查查明的犯罪事实和有关证据。犯罪事实要紧扣犯罪构成要件，写明犯罪嫌疑人犯罪的时间、地点、动机、目的、手段、情节、危害结果等基本要素。对于只有一名犯罪嫌疑人的案件，犯罪嫌疑人实施多次的犯罪事实应逐一列举；对于共同犯罪的件，应写明共同犯罪的事实，再按照各犯罪嫌疑人在共同犯罪中所处的地位和作用，分别叙述。证据主要是写明公安机关已经收集获取并经查证属实的证据。证据并不是要将案件所有证据一一列举，而是根据不同性质的案件的不同特点，有针对性地列举主要证据，说明证据与犯罪嫌疑人的关系。

2. 理由和提请批捕的意见。提请批准逮捕的理由和法律依据首先要根据犯罪构成的理论简要说明犯罪嫌疑人罪状，其次写明其行为触犯的法律条款、涉嫌的罪名，最后引用《刑事诉讼法》第81条、第87条的规定，阐明提请批准逮捕的意见。可表述为："综上所述，犯罪嫌疑人×××……（根据犯罪构成简要说明罪状），其行为已触犯《中华人民共和国刑法》第×条之规定，涉嫌×××罪，有逮捕必要。依照《中华人民共和国刑事诉讼法》第81条、第87条之规定，特提请批准逮捕。"

（三）尾部

尾部包括三个部分：

1. 致送机关。写明"此致""×××人民检察院"。其中"×××人民检察院"应提行顶格书写。

2. 署名、日期和用印。实际制作中一般写明日期，加盖局印。

3. 附项。包括卷宗册数和犯罪嫌疑人羁押处所等事项。

（四）提请批准逮捕书的基本格式

××市公安局××分局
提　请　批　准　逮　捕　书

×公（　　）提捕字〔　　〕号

犯罪嫌疑人×××……［犯罪嫌疑人姓名（别名、曾用名、绰号等），性别，出生日期，出生地，身份证号码，民族，文化程度，职业或工作单位及职务，居住地（包括户籍所在地、经常居住地、暂住地），政治面貌（如是人大代表、政协委员，一并写明具体级、届代表、委员），违法犯罪经历以及因本案被采取强制措施的情况（时间、种类及执行场所）。案件有多名犯罪嫌疑人的，应逐一写明。］

辩护律师×××……（如有辩护律师，写明其姓名、所在律师事务所或者法律援助机构名称、律师执业证编号。）

犯罪嫌疑人×××涉嫌×××（罪名）一案，由×××举报（控告/移送）至我局（写明案由和案件来源，具体为单位或者公民举报、控告、上级交办、有关部门移送、本局其他部门移交以及工作中发现等）。简要写明案件侦查过程中的各个法律程序开始的时间，如接受案件、立案的时间。具体写明犯罪嫌疑人归案情况。

经依法侦查查明：……（应当根据具体案件情况，详细叙述经侦查认定的犯罪事实，并说明应当逮捕理由。）

（对于只有一个犯罪嫌疑人的案件，犯罪嫌疑人实施多次犯罪的犯罪事实应逐一列举；同时触犯数个罪名的犯罪嫌疑人的犯罪事实应该按照主次顺序分别列举；对于共同犯罪的案件，写明犯罪嫌疑人的共同犯罪事实及各自在共同犯罪中的地位和作用后，按照犯罪嫌疑人的主次顺序，分别叙述各个犯罪嫌疑人的单独犯罪事实。）

认定上述事实的证据如下：

……（分列相关证据，并说明证据与犯罪事实的关系。）

综上所述，犯罪嫌疑人×××……（根据犯罪构成简要说明罪状），其行为已触犯《中华人民共和国刑法》第××条之规定，涉嫌×××罪，符合逮捕条件。依照《中华人民共和国刑事诉讼法》第八十一条、第八十七条之规定，特提请批准逮捕。

此致

×××人民检察院

公安局（印）
年　月　日

附：1. 本案卷宗卷页。
　　2. 犯罪嫌疑人羁押处所。

制作实训

一、提请批准逮捕书实例

××市公安局××分局
提请批准逮捕书

×公（刑）提捕字〔2019〕0357 号

犯罪嫌疑人杜××，曾用名杜×，男，1978 年 5 月 19 日生，出生地××省×

×县，身份证号码×××××××××××××××××××，汉族，高中文化，××市××机械厂工人，住××市××区××路××号。犯罪嫌疑人杜××于2003年曾因故意伤害罪被××市××区人民法院判处有期徒刑三年，2006年9月27日刑满释放。2010年因抢劫罪被××市××区人民法院判处有期徒刑六年，2015年6月20日刑满释放。2019年5月25日因涉嫌盗窃罪被我局刑事拘留。

辩护律师×××，工作单位：×××律师事务所，律师执业证号：×××××××××。

犯罪嫌疑人杜××涉嫌盗窃一案，由被害人朱××于2019年4月30日报案至我局。我局经过审查，于4月30日立案进行侦查。犯罪嫌疑人杜××已于2019年5月25日被抓获归案。

经依法侦查查明：犯罪嫌疑人杜××于2019年4月30日上午，窜到被害人朱××在××市××区××路××号3楼315号的住房处，趁朱××家中无人，撬开房门，在朱××家中衣柜里，窃取了被害人朱××人民币现金46 000元，港币840元，金戒指一枚，重11.6克，价值人民币4600元，另拿走玉观音一尊，价值人民币2600元，手提电脑一台，价值人民币5600元，以上折合人民币共计59 700余元。

认定上述犯罪事实的证据如下：

报案记录、被害人朱××的报案材料，可证实犯罪事实发生；现场勘验记录，可证实作案经过和手段；部分涉嫌赃物、价格事务所物价单等，可证实被盗物品价值。犯罪嫌疑人杜××也供认不讳，可与其他证据材料相互印证。

犯罪嫌疑人杜××在被判处有期徒刑刑罚执行完毕后五年内又犯应当判处有期徒刑以上刑罚之罪，属于累犯，应当适用《中华人民共和国刑法》第六十五条之规定，予以从重处罚。

综上所述，犯罪嫌疑人杜××利用秘密窃取的方法，盗窃他人财物，数额巨大，其行为已触犯《中华人民共和国刑法》第二百六十四条之规定，涉嫌盗窃罪，符合逮捕条件。依照《中华人民共和国刑事诉讼法》第八十一条、第八十七条之规定，特提请批准逮捕。

此致
×××人民检察院

××公安局（印）

二〇一九年五月三十日

附：1. 本案卷宗×卷×页。

　　2. 涉案赃物已发还被害人朱××。

　　3. 犯罪嫌疑人杜××现羁押在××市第二看守所。

二、实例评析

1. 上述案例中，犯罪嫌疑人杜××盗窃他人财物，数额巨大，并在被判处有期徒刑刑罚执行完毕后5年内又犯应当判处有期徒刑以上刑罚之罪，属于累犯，符合逮捕条件，逮捕理由较充分，适用法律条文准确。

2. 上述提请批准逮捕书的事实部分围绕被告人所犯罪行的犯罪构成要件进行叙写，突出了犯罪嫌疑人杜××的行为构成了盗窃罪的本质特征，事实清楚，证据确实充分，抓住了正文部分的重点，为理由部分的阐述奠定了基础。

3. 上述提请批准逮捕书格式正确、事项齐全，形式上符合制作提请批准逮捕书的基本要求。

三、制作提请批准逮捕书应注意的问题

（一）掌握制作条件

掌握制作条件，是指要严格把握逮捕的以下三个条件：

1. 有证据证明有犯罪事实。根据公安机关办理刑事案件程序规定，有证据证明有犯罪事实是指同时具备下列情形：①有证据证明发生了犯罪事实；②有证据证明犯罪事实是犯罪嫌疑人实施的；③证明犯罪嫌疑人实施的犯罪行为的证据已经查证属实的。

2. 可能判处徒刑以上刑罚。应当根据犯罪嫌疑人实施犯罪的具体情节，对照《刑法》相关规定认定是否可能判处徒刑以上罚。逮捕实质上剥夺了犯罪嫌疑人的人身自由，其强度已经达到了徒刑的程度，强调本条件，可以使逮捕的羁押期限折抵在判处的刑期之内，将逮捕的负面效应减小到最低程度。如果对犯罪嫌疑人只可能判处管制、拘役、独立适用附加刑，不可能判处徒刑以上刑罚的，就不宜采用逮捕措施。司法实践中，对于那些可能判处有期徒刑缓刑的犯罪嫌疑人，一般也不采用逮捕措施。

3. 有逮捕必要。有逮捕必要，是指犯罪嫌疑人具备下列情形之一的情况：社会危害性大，或可能继续实施危害社会行为的；可能毁灭、伪造证据或者串供、干扰证人作证的；可能自杀、逃跑的；可能实施打击报复行为的；可能有碍侦查活动或可能发生其他社会危险性的情况等。符合《刑事诉讼法》第81条规定的，可直接引用法律规定。在司法实践中，考察犯罪嫌疑人的社会危险性时要考虑以下因素：①案件的性质。一般来说，案件性质越严重，作案人的主观恶性越大，其社会危险性也越大。②犯罪嫌疑人自身情况。主要是指犯罪嫌疑人是多次犯罪还是偶然犯罪，是故意犯罪还是过失犯罪，一贯表现如何，有无固定职业，犯罪时的年龄，犯罪后有无悔罪表现，等等。③案件的其他情况。包括同案人是否被抓获，案件中的重要证据是否已经收集，犯罪嫌疑人是否知道举报人、证人姓名和住址，等等情况。

上述三个条件必须同时具备，缺一不可。

（二）注意事实与证据之间的逻辑关系

证据是证明案件事实存在的基础。确认证据的真伪、证据的证明力、证据与被证明对象的关联性是认定案件事实的根本途径。因此，提请批准逮捕书中应注意证据与事实之间的逻辑关系，用确凿充分的证据证明符合逮捕条件事实的存在。

技能拓展

1. 简述提请批准逮捕书的概念和功能。
2. 试论述提请批准逮捕书的制作条件。
3. 提请批准逮捕书正文部分应写明哪些内容？
4. 制作提请批准逮捕书时要注意哪些问题？
5. 请根据下列材料，制作一份提请批准逮捕书。

【案情简介】

2013 年 3 月 28 日晚 9 时许，犯罪嫌疑人方××在××市××广场结识了××省××市女青年冯××。冯××长期在本市卖淫，双方谈好 600 元价格后，方××将冯××带至自己租房处嫖宿。次日凌晨 4 时许，冯××向方××索要嫖资，方××仅付 220 元，双方发生争执。方××即用手掐住冯××颈部致其昏迷，随后用木棍又猛击其头部数下。方××认为冯××已经死亡，便用床单将冯××包裹起来，用三轮车将冯××移至约 1 公里外的高速公路旁抛尸。约凌晨 6 时许，冯××醒来大声呼救，被路过群众送至医院，冯××经抢救脱险。2013 年 4 月 2 日，公安机关根据冯××报案材料，将方××抓获，当日即被刑事拘留。经查，方××，男，1978 年 8 月 2 日生，汉族，××市人，××市××公司工人，住××市××路××胡同××号。方××自幼读书，1997 年高中毕业后参加工作，2002 年因盗窃被××市××区人民法院判处有期徒刑 9 年，2009 年 6 月 29 日刑满释放，2012 年 7 月到××市××公司工作。方××上述犯罪事实，有冯××报案材料、现场勘查笔录、刑事科学技术鉴定、证人证言、物证等证据证明，方××也供认不讳。公安机关认为方××的行为已涉嫌故意杀人（未遂）罪，应依法逮捕。现公安机关根据有关法律规定，报人民检察院批准逮捕。

【写作要求及提示】

（1）制作提请批准逮捕书要符合基本格式的要求，项目要齐全，未尽事宜可以根据具体情况合理设定。

（2）制作提请批准逮捕书时要正确援引法律条款，准确定性定罪。

（3）制作提请批准逮捕书要严格掌握逮捕条件，防止滥捕、错捕。

第六节　起诉意见书

案例导入

一、案件基本情况

2019年4月14日上午，犯罪嫌疑人祝××趁被害人顾××全家外出旅游之机，窜至被害人顾××在××市××区××路××号11楼1108室的住房处，用事先准备好的钳子、螺丝刀撬开房门，进门后在屋中翻搜，窃得了被害人顾××现金人民币25 000元、美元200元、港币800元、金戒指2枚（价值4100元）、白金项链1条（价值人民币4200元）、水晶项链1条（价值人民币7000元）、笔记本电脑1台（价值人民币8500元），以上物品经价格事务所估价加现金折合人民币共计51 300余元。犯罪嫌疑人祝××窃得上述款项后，用于吃饭、娱乐消费等共挥霍赃款15 000元，其余赃款赃物现已被全部追回。

经查犯罪嫌疑人祝××于2001年曾因聚众斗殴罪被××市××区人民法院判处有期徒刑3年，2004年9月25日刑满释放。于2008年8月因抢劫罪被××市××区人民法院判处有期徒刑9年，2016年3月25日刑满释放。2019年4月15日因涉嫌盗窃罪被××市公安局刑事拘留，经××市人民检察院批准，于同年4月25日被依法逮捕。

祝××，曾用名祝×，1979年5月17日生，男，汉族，高中文化，出生地××省××县，身份证号码×××××××××××××××××××，××市××饭店厨师，捕前住××市××区××路××号。被害人顾××于2019年4月14日报案至公安机关。公安机关经过审查，于4月14日立案进行侦查。犯罪嫌疑人祝××已于2019年4月15日被抓获归案。犯罪嫌疑人祝××涉嫌盗窃一案，现已侦查终结。犯罪嫌疑人祝××对所犯罪行供认不讳。

二、案例提示

公安机关侦查终结后，对于犯罪嫌疑人的犯罪事实清楚，证据确实充分，应当依法追究刑事责任的案件，应移送同级人民检察院审查起诉。公安机关侦查终结的案件，应当做到犯罪事实清楚，证据确实、充分，并且写出起诉意见书，连同案卷材料、证据一并移送同级人民检察院审查决定；同时将案件移送情况告知犯罪嫌疑人及其辩护律师。

三、制作起诉意见书前的准备工作

起诉意见书制作的前提是案件已经侦查终结。侦查终结是指侦查机关通过一系列的侦查活动,认为案件事实已经查清,证据确实充分,足以认定犯罪嫌疑人是否犯罪和应否对其追究刑事责任而结束侦查活动。进行侦查活动的各项手续还必须符合法律规定的要求,如现场勘查笔录要有勘查人员、见证人签名或盖章等。还要检查材料是否齐全,注意法律手续是否完备。材料齐全是指卷宗材料完整;法律手续完备是指侦查机关进行各项侦查活动必须有相应的法律手续,如拘留要有拘留证、拘留通知书等在卷。

教学内容

一、起诉意见书概述

(一)起诉意见书的概念

起诉意见书是公安机关侦查终结,对于犯罪嫌疑人的犯罪事实清楚,证据确实充分,应当依法追究刑事责任的案件,移送同级人民检察院审查起诉时制作的法律文书。

(二)制作法律依据

《刑事诉讼法》第162条规定,公安机关侦查终结的案件,应当做到犯罪事实清楚,证据确实、充分,并且写出起诉意见书,连同案卷材料、证据一并移送同级人民检察院审查决定;同时将案件移送情况告知犯罪嫌疑人及其辩护律师。这一规定是公安机关制作起诉意见书的主要法律依据。

《公安机关办理刑事案件程序规定》第279条规定,对侦查终结的案件,应当制作起诉意见书,经县级以上公安机关负责人批准后,连同全部案卷材料、证据,以及辩护律师提出的意见,一并移送同级人民检察院审查决定;同时将案件移送情况告知犯罪嫌疑人及其辩护律师。

《公安机关办理刑事案件程序规定》第280条规定,共同犯罪案件的起诉意见书,应当写明每个犯罪嫌疑人在共同犯罪中的地位、作用、具体罪责和认罪态度,并分别提出处理意见。

《公安机关办理刑事案件程序规定》第281条规定,被害人提出附带民事诉讼的,应当记录在案;移送审查起诉时,应当在起诉意见书末页注明。

(三)制作条件

起诉意见书的前提是案件已经侦查终结。侦查终结是指侦查机关通过一系列的侦查活动,认为案件事实已经查清,证据确实充分,足以认定犯罪嫌疑人是否犯罪和应否对其追究刑事责任而结束侦查,依法对案件作出处理或提出处理意见的一项诉讼活动。具体来说，制作起诉意见书需要具备以下条件：

1. 犯罪事实清楚。犯罪事实清楚是指已经查清以下内容：①查清犯罪人是谁。②查清犯罪要素，包括犯罪的时间和地点、犯罪的动机和目的、犯罪手段、犯罪结果等。③其他有关犯罪的具体情节，并且没有遗漏罪行和其他应该追究刑事责任的人。

2. 证据确实充分。证据确实充分是指证据完全能够确认犯罪嫌疑人有罪和犯罪情节的轻重。具体有以下含义：①证明犯罪嫌疑人犯罪事实、情节的每一个证据都已经查证属实。②证据与证据之间没有矛盾（或矛盾已被排除）且能够相互印证。③证据之间能够形成一个完整的证明体系。

3. 犯罪的性质和罪名认定准确。犯罪的性质和罪名认定准确是指根据查明的事实和法律规定，足以对犯罪嫌疑人犯了某种罪或者某几种罪的性质和罪名作出明确的认定。

4. 法律手续完备。法律手续完备是指侦查机关进行各项侦查活动必须有相应的法律手续，如拘留要有拘留证。同时，进行侦查活动的各项手续还必须符合法律规定的要求，如搜查笔录要有侦查人员、被搜查人或其家属和见证人签名或盖章等。

5. 依法应当追究犯罪嫌疑人的刑事责任。根据已经查明的事实和法律规定，只有对犯罪嫌疑人应当追究刑事责任时，侦查机关才能作出移送检察机关审查起诉的决定。如果发现对犯罪嫌疑人不应追究刑事责任的，应当作出撤销案件的决定。

（四）作用

起诉意见书是公安机关侦查工作的总结，集中反映了公安机关办理案件的情况和质量。起诉意见书是要求检察机关对犯罪嫌疑人提起公诉的书面意见，同时也是人民检察院审查决定对犯罪嫌疑人提起公诉的基础和凭据，是人民法院审理案件的重要参考资料。

二、结构、内容和写法

起诉意见书是叙议类文书，由首部、正文和尾部三部分组成。

（一）首部

1. 标题。包括机关名称和文书名称。分两行居中排列。如第一行为"××市公安局××分局"，第二行为"起诉意见书"。

2. 文书编号。应依次写明机关简称、案件性质、文种简称、年度全称和案件顺序号。如"合瑶公刑诉〔2019〕283 号"。

3. 犯罪嫌疑人基本情况。包括犯罪嫌疑人姓名（别名、化名、曾用名、绰号等）、性别、出生年月日、出生地、身份证号码、民族、文化程度、职业或工作单位及职务、住址、政治面貌（如是人大代表、政协委员，一并写明具体级、届代表、委员）、违法犯罪经历以及因本案被采取的强制措施的情况等内容。案件有多名犯罪嫌疑人的，应逐一写明。单位犯罪案件，应写明单位的名称、地址。

4. 犯罪嫌疑人委托律师情况。犯罪嫌疑人委托律师或已按法律援助规定委派律师的，应列明律师姓名、工作单位及律师执业证号。如"辩护律师×××，工作单位：×××律师事务所，律师执业证号：×××××××××××××"。

5. 案由和案件来源、案件办理情况。

（1）案件来源。说明案件为单位或公民举报、控告、上级交办、有关部门移送或工作中发现等。

（2）侦查过程。简要写明案件侦查过程中各个法律程序开始的时间、犯罪嫌疑人归案等案件办理的情况。

（3）指明案件性质和案件已经侦查终结。写明"犯罪嫌疑人×××涉嫌×××一案，现已侦查终结"。

（二）正文

正文是起诉意见书的核心部分，包括犯罪事实和证据、移送审查起诉的理由和法律依据。

1. 犯罪的事实和证据。

（1）犯罪事实。应概括叙述经侦查认定的犯罪事实，包括犯罪时间、地点、经过、手段、目的、动机、危害后果等与定罪有关的事实要素。应当根据具体案件的情况，围绕《刑法》规定的犯罪构成要件，简明扼要叙述。犯罪嫌疑人实施多次犯罪的，应逐一列举；同时犯有数罪的，应按照主次顺序分别列举。对于共同犯罪的案件，在写明共同犯罪的事实及各犯罪嫌疑人在共同犯罪中的地位和作用以后，再按照犯罪嫌疑人的主次顺序，分别叙述各个犯罪嫌疑人单独犯罪的事实。

（2）证据。在叙述清楚犯罪事实后，另起一行以"认定上述事实的证据如下：……"分别列举证据并且说明各项证据与案件事实之间的关系。在列举证据以后，另起一行写明"上述犯罪事实清楚，证据确实、充分，足以认定"。

（3）案件的有关具体情节。在列举证据以后，可根据案件具体情况，写明犯罪嫌疑人是否属累犯或是否具有自首、立功等影响量刑的从重、从轻、减轻处罚的情节。如不具备以上情节，可不写此段内容。

2. 理由和移送审查的意见。这一部分首先应根据犯罪构成说明罪状，然后指明其触犯的《刑法》条文和涉嫌的罪名，最后引用《刑事诉讼法》第 162 条之规定，提出移送审查起诉的意见。具体可表述为：

"综上所述，犯罪嫌疑人×××……（根据犯罪构成简要说明罪状），其行为已触犯《中华人民共和国刑法》第××条之规定，涉嫌×××罪。依照《中华人民共和国刑事诉讼法》第××条之规定，现将此案移送审查起诉。"

对当事人和解的公诉案件，还应当写明双方当事人已自愿达成和解协议以及履行情况，同时可以提出从宽处理的建议。

（三）尾部

1. 致送机关。写明致送的同级人民检察院名称。

2. 署名、日期及用印。写明移送审查起诉的日期，加盖局印。

3. 附项。写明移送卷宗册数、随案移交物品、犯罪嫌疑人现在处所等事项。被害人提起附带民事诉讼的，也应在附项中予以注明。

（四）起诉意见书的基本格式

1. 起诉意见书格式（样本）一：

××市公安局××分局
起诉意见书

×公（　　）诉字〔　　〕号

犯罪嫌疑人×××……［犯罪嫌疑人姓名（别名、曾用名、绰号等），性别，出生日期，出生地，身份证号码，民族，文化程度，职业或工作单位及职务，居住地（包括户籍所在地、经常居住地、暂住地），政治面貌，违法犯罪经历以及因本案被采取强制措施的情况（时间、种类及执行场所）。案件有多名犯罪嫌疑人的，应逐一写明。］

辩护律师×××……［如有辩护律师，写明其姓名、所在律师事务所或者法律援助机构名称、律师执业证编号。］

犯罪嫌疑人涉嫌×××（罪名）一案，由×××举报（控告、移送）至我局（写明案由和案件来源，具体为单位或者公民举报、控告、上级交办、有关部门移送或工作中发现等）。简要写明案件侦查过程中的各个法律程序开始的时间，如接受案件、立案的时间。具体写明犯罪嫌疑人归案情况。最后写明犯罪嫌疑人×××涉嫌×××案，现已侦查终结。

经依法侦查查明：……（详细叙述经侦查认定的犯罪事实，包括犯罪时间、地点、经过、手段、目的、动机、危害后果等与定罪有关的事实要素。应当根据具体案件情况，围绕《刑法》规定的该罪构成要件，进行叙述。）

（对于只有一个犯罪嫌疑人的案件，犯罪嫌疑人实施多次犯罪的犯罪事实应逐一列举；同时触犯数个罪名的犯罪嫌疑人的犯罪事实应该按照主次顺序分别列举；对于共同犯罪的案件，写明犯罪嫌疑人的共同犯罪事实及各自在共同犯罪中的地位和作用后，按照犯罪嫌疑人的主次顺序，分别叙述各个犯罪嫌疑人的单独犯罪事实。）

认定上述事实的证据如下：

……（分列相关证据，并说明证据与案件事实的关系。）

上述犯罪事实清楚，证据确实、充分，足以认定。

犯罪嫌疑人×××……（具体写明是否有累犯、立功、自首、和解等影响量刑的从重、从轻、减轻等情节。）

综上所述，犯罪嫌疑人×××……（根据犯罪构成简要说明罪状），其行为已触犯《中华人民共和国刑法》第××条之规定，涉嫌×××罪。依照《中华人民共和国刑事诉讼法》第一百六十二条之规定，现将此案移送审查起诉。（当事人和解的公诉案件，应当写明双方当事人已自愿达成和解协议以及履行情况，同时可以提出从宽处理的建议。）

此致

×××人民检察院

公安局（印）
年　月　日

附：1. 本案卷宗　　卷　页。

2. 犯罪嫌疑人现在处所。

3. 随案移交物品　　件。

4. 被害人　　已提出附带民事诉讼。

（所附项目根据需要填写）

2. 起诉意见书格式（样本）二（认罪认罚案件《起诉意见书》）：

×××公安局
起诉意见书

×公（刑）诉字〔　〕号

犯罪嫌疑人×××，……（列明犯罪嫌疑人的姓名、性别、出生年月日、公民身份证号码、民族、籍贯、文化程度、职业或者工作单位及职务、住址等。）

……（写明犯罪嫌疑人曾受到刑事处罚以及与本案定罪量刑相关的行政处罚的情况和因本案被采取强制措施的情况。）

辩护律师或者值班律师：×××，律师执业证号××××××××××

××××××××。

犯罪嫌疑人×××涉嫌××一案，由×××举报/控告/移送至我局（写明案由和案件来源）。……（简要写明案件侦查过程中的各个法律程序开始的时间，如接受案件、立案时间；具体写明犯罪嫌疑人归案情况）。现已侦查终结。

经依法侦查查明：……（概括叙述侦查认定的犯罪事实，包括犯罪时间、地点、经过、手段、目的、动机、危害后果和犯罪嫌疑人的认罪表现，以及与定罪、量刑有关的事实要素。根据具体案件情况，围绕刑法规定的该罪构成要件进行叙述。）

认定上述事实的证据如下：……（针对上述犯罪事实，分别列举证据，包括犯罪事实证据和量刑情节证据。）

上述证据收集证据合法，内容客观真实，足以认定指控事实。犯罪嫌疑人自愿认罪，……（写明认罪表现和认罪效果，如犯罪嫌疑人明显悔罪，其供述对于查明主要犯罪事实、起获关键证据的意义，建议司法机关依法予以从宽处罚。）

综上所述，犯罪嫌疑人×××……的行为触犯了《中华人民共和国刑法》第××条之规定，涉嫌犯××罪。根据《中华人民共和国刑事诉讼法》第一百六十二条之规定，特将本案移送审查起诉。

此致
×××人民检察院

××××公安局（公安局印）
××年×月×日

附：1. 嫌疑人现在处所。具体包括在押嫌疑人的羁押场所或监视居住、取保候审的处所。

2. 侦查卷宗×卷×页。

3. 犯罪嫌疑人认罪情况记录。

4. 随案移交物品。

5. 其他需要附注的事项。

制作实训

一、起诉意见书实例

×××公安局×××分局
起诉意见书

×公（刑）诉字〔2019〕0283号

犯罪嫌疑人祝××，曾用名祝×，男，1979年5月17日生，出生地××省

××县，身份证号码×××××××××××××××××，汉族，高中文化，××市××饭店厨师，捕前住××市××区××路××号。

犯罪嫌疑人祝××于2001年曾因聚众斗殴罪被××市××区人民法院判处有期徒刑三年，2004年9月25日刑满释放。于2008年8月因抢劫罪被××市××区人民法院判处有期徒刑九年，2016年3月25日刑满释放。2019年4月15日因涉嫌盗窃罪被××市公安局刑事拘留，经××市人民检察院批准，于同年4月25日被依法逮捕。

辩护律师×××，工作单位×××律师事务所，律师执业证号××××××××××。

犯罪嫌疑人祝××涉嫌盗窃一案，由被害人顾××于2019年4月14日报案至我局。我局经过审查，于4月14日立案进行侦查。犯罪嫌疑人祝××已于2019年4月15日被抓获归案。犯罪嫌疑人祝××涉嫌盗窃一案，现已侦查终结。

经依法侦查查明：犯罪嫌疑人祝××于2019年4月14日上午，窜至被害人顾××在××市××区××路××号11楼1108室的住房，趁被害人顾××全家外出旅游之机，用事先准备好的钳子、螺丝刀撬开房门，进门后在屋中翻搜，窃得了被害人顾××现金人民币25 000元，美元200元，港币800元，金戒指两枚，价值4100元，白金项链一条，价值人民币4200元，水晶项链一条，价值人民币7000元，笔记本电脑一台，价值人民币8500元，以上折合人民币共计51 300余元。犯罪嫌疑人祝××窃得上述款项后，用于吃饭、娱乐消费等共挥霍赃款15 000元，其余赃款赃物现已被全部追回。

认定上述犯罪事实的证据如下：

报案记录、被害人顾××的陈述，证明被盗窃财物数额及被盗窃情况；证人张××、王××证言，现场勘查笔录证明犯罪嫌疑人祝××作案经过；部分涉嫌赃物、价格事务所估价单等证据证实被盗窃物品价值，犯罪嫌疑人祝××供述与上述证据相互吻合。

上述犯罪事实清楚，证据确实、充分、足以认定。

犯罪嫌疑人祝××在被判处有期徒刑刑罚执行完毕后五年内又犯应当判处有期徒刑以上刑罚之罪，属于累犯，应当适用《中华人民共和国刑法》第六十五条之规定，予以从重处罚。

综上所述，犯罪嫌疑人祝××利用秘密窃取的方法，盗窃他人财物，数额巨大，其行为已触犯《中华人民共和国刑法》第二百六十四条之规定，涉嫌盗窃罪。依照《中华人民共和国刑事诉讼法》第一百六十二条之规定，现将此案移送审查起诉。

此致

××市××区人民检察院

×××公安局×××分局（印）

二〇一九年六月六日

附：1. 本案卷宗×卷×页。

　　2. 犯罪嫌疑人祝××现羁押在××市第一看守所。

　　3. 随案移交物品×件。

二、实例评析

1. 上述起诉意见书格式正确、事项齐全，形式上符合制作起诉意见书的基本要求。

2. 上述案例中，犯罪嫌疑人祝××涉嫌盗窃罪，数额巨大，犯罪嫌疑人祝××在被判处有期徒刑刑罚执行完毕后5年内又犯应当判处有期徒刑以上刑罚之罪，属于累犯，起诉意见书紧扣其所犯罪行的犯罪构成要件，叙事清楚，要素齐全，文字简明扼要。

3. 上述起诉意见书叙述清楚犯罪事实后，列举证据并且说明各项证据与案件事实之间的关系。体现了起诉意见书制作事实清楚，证据确实、充分的要求。

三、制作起诉意见书应注意的问题

（一）掌握制作条件

制作起诉意见书必须准确掌握制作条件。起诉意见书的制作条件实际就是起诉的条件。对于尚未侦查终结的案件，犯罪事实不清、证据不足的案件，或者依法不需追究或不应追究犯罪嫌疑人刑事责任的案件，就不应该制作起诉意见书。

（二）紧扣犯罪构成要件制作案件事实与有关情节

犯罪构成反映了构成某种犯罪的本质特征，包括犯罪的主体、犯罪的客体、犯罪的主观方面、犯罪的客观方面等，制作案件事实与有关情节时，必须紧扣犯罪构成要件。例如，未成年人犯罪、国家工作人员职务犯罪等，必须强调说明犯罪嫌疑人主体资格；故意犯罪或过失犯罪，必须强调说明犯罪嫌疑人主观心理状态；此罪彼罪之分，应特别注意犯罪行为所侵害的直接客体；自首、犯罪中止等情节，必须注意写明行为人的行为以及行为对象和危害结果等内容。

（三）理由论述要充分

移送审查起诉的理由要充分，主要是指以下几个方面：

1. 应根据《最高人民法院关于执行〈中华人民共和国刑法〉确定罪名的规定》准确确定罪名。

2. 应根据犯罪构成理论准确说明罪状。

3. 应准确、具体、完整地引用《刑法》有关规定。

技能拓展

1. 简述起诉意见书的概念和功能。
2. 试分析制作起诉意见书应当具备的条件。
3. 起诉意见书正文部分包括哪两方面内容？叙述犯罪事实的方法有哪几种？
4. 在制作起诉意见书时要注意什么问题？
5. 请根据起诉意见书的制作要求，指出下列起诉意见书中存在的主要问题。

【例文】

×××市公安局起诉意见书

市公字（2018）第××号

犯罪嫌疑人丁××，绰号"大元"，男，1993 年 2 月 10 日生，回民，××县人，单位及职业：无业，现住：××县××镇××村，暂住：××市××区××路××号。

简历：8～12 岁，在老家读书；13～17 岁在老家务农；18～21 岁，在广州打工；21 岁至今在本市打工；2018 年 2 月 20 日因涉嫌贩卖毒品罪、寻衅滋事罪被我局刑事拘留，同年 2 月 26 日被逮捕，现羁押于××市看守所。

犯罪嫌疑人牛××，男，1987 年 11 月 18 日生，汉族，籍贯：××市人，单位及职业：无业，现住：××市××厂宿舍。

简历：8～12 岁，在老家读书；13～16 岁在老家务农；17～18 岁，在广州、深圳等地打工；19 岁至今在本市打工；2018 年 2 月 20 日因涉嫌贩卖毒品罪、寻衅滋事罪被我局刑事拘留，同年 8 月 26 日被逮捕，现羁押于××市看守所。

犯罪嫌疑人方××，绰号"二狗子"，男，1996 年 7 月 16 日生，民族：汉，籍贯：××省××县人，××市××商场营业员，现住：××市××厂宿舍。

简历：8～15 岁，读书；2014 年在本市打工；2018 年 2 月 20 日因涉嫌贩卖毒品罪、寻衅滋事罪被我局刑事拘留，现羁押于××市看守所。

经本局侦查，证实犯罪嫌疑人丁××、牛××、方××犯有下列罪行：

2018 年 2 月 19 日晚，犯罪嫌疑人丁××又指使牛××向王××购买毒品海洛因 8 克。犯罪嫌疑人丁××、牛××、方××吸食部分后，于当晚在××宾馆 215 房间内再次向冯××贩卖，交易中牛××、方××被民警当场抓获，缴获毒品海洛因 6 克，犯罪嫌疑人丁××逃离现场后当晚被抓获。

2018 年 2 月 16 日晚，犯罪嫌疑人丁××、牛××、方××窜到本市××镇

××歌舞厅，以收取保护费为名向歌舞厅老板赵××强行索取人民币 14 200 元。

又查 2018 年 2 月 17 日晚，犯罪嫌疑人丁××将汽车停在本市××区××路口，开车门时撞倒了骑摩托车的被害人郑××，当郑××要求赔偿时，遭丁××殴打致轻伤，后丁××扬长而去。

2018 年 2 月 16 日下午，犯罪嫌疑人牛×× 因其朋友与人赌博时，对方出"老千"，牛××即找到丁××、方××等人到本市××镇××村欲与对方斗殴，后因为对方先离去未遂。

2018 年 2 月 15 日中午，租住在本市××宾馆的犯罪嫌疑人丁××和牛××、方××因吸食毒品的需要，由丁××出资并叫牛××、方××到本市××区××路×号王××（另案处理）的暂住房处购买毒品海洛因 8 克。犯罪嫌疑人丁××和牛××、方××共同吸食部分后，商定将剩余毒品掺杂脑复康药物后贩卖给他人。当晚，经犯罪嫌疑人丁××电话联系并安排，牛××携带毒品海洛因 4 克到××区××路的××桥贩卖给朱××（另案处理），得款 1200 元；次日中午，犯罪嫌疑人丁××、牛××、方××采用同样手段，在本市××区××饭店将毒品海洛因约 3 克贩卖给冯××（另案处理），得款 850 元。

上述事实，有犯罪嫌疑人的供述、相关人员的陈述、鉴定报告、缴获的毒品等证实，证据确凿。综上所述，犯罪嫌疑人丁××、牛××、方××的行为已触犯《中华人民共和国刑法》第三百四十七条、第二百九十三条的规定，构成贩卖毒品罪、寻衅滋事罪。

根据《中华人民共和国刑事诉讼法》第一百六十二条之规定，特将本案移送审查，请依法起诉严惩。

此致

××市人民检察院

　　附：1. 丁××、牛××、方××关在××市看守所。

　　　　2. 附本案卷宗共一卷三册。

　　　　3. 郑××要求赔偿。

×××公安局（局印）

二〇一九年四月二十日

【文书评改提示】

（1）请注意文书格式如首部的标题、文书编号、犯罪嫌疑人基本情况、尾部各项写法是否符合要求。

（2）请注意事实部分写作有哪些方面的错误。

（3）请注意证据部分写作有哪些方面的不足之处。

（4）请注意理由部分写作有哪些方面的不足之处。

6. 根据下列所给材料，制作一份起诉意见书。

【案情简介】

犯罪嫌疑人程××（绰号：大君），男，1988 年 10 月 21 日出生，小学毕业，身份证号码×××××××××××××××××，住××省××县××乡××村××组。2018 年 8 月 28 日因涉嫌交通肇事罪被××市公安局刑事拘留，同年 9 月 9 日被逮捕。现押××市第一看守所。

犯罪嫌疑人卫××，男，1993 年 10 月 6 日出生，初中毕业，身份证号码×××××××××××××××××，住××市××区××街道××社××居委××队××号。2016 年 6 月 17 日因故意毁坏财物罪被××县公安局行政拘留 13 日，罚款 700 元。2018 年 8 月 30 日因涉嫌包庇罪被××市公安局刑事拘留，同年 9 月 9 日被逮捕。现押××市第一看守所。

犯罪嫌疑人刘××（绰号：二彪），男，1985 年 10 月 7 日出生，初中毕业，身份证号码×××××××××××××××××，住××市××区××街道××村××号。2014 年 5 月 19 日因吸食毒品被行政罚款 500 元，2015 年 12 月 1 日因犯开设赌场罪被××市中级人民法院判处有期徒刑 1 年 3 个月，并处罚金 4 万元；2018 年 8 月 12 日因吸食毒品被××市公安局××分局决定行政拘留 15 日。2018 年 8 月 31 日因涉嫌伪证罪被××市公安局刑事拘留，同年 9 月 9 日被逮捕。现押××市第一看守所。

犯罪嫌疑人宣××，男，1995 年 11 月 2 日出生，身份证号码×××××××××××××××××，住××县××乡××村××村民组。2015 年 7 月 16 日因故意伤害他人被行政拘留 10 日。2018 年 8 月 28 日因涉嫌伪证罪被××市公安局刑事拘留，同年 9 月 9 日被逮捕。现押××市第一看守所。

犯罪嫌疑人秦××，男，1994 年 12 月 9 日出生，初中毕业，身份证号码×××××××××××××××××，住××市××区××路××号××栋××室。2018 年 8 月 28 日因涉嫌伪证罪被××市公安局刑事拘留，同年 9 月 9 日被逮捕。现押××市第一看守所。

经公安机关侦查终结，查明犯罪嫌疑人程××涉嫌犯交通肇事罪，犯罪嫌疑人卫××涉嫌犯包庇罪，犯罪嫌疑人刘××、宣××、秦××涉嫌犯伪证罪，于 2018 年 11 月 6 日移送人民检察院审查起诉。

2018 年 8 月 15 日 7 时 40 分许，犯罪嫌疑人程××在未取得机动车驾驶证的情况下，驾驶沪 A××6××号本田雅阁小型轿车，沿本市××路北侧辅道由东向西行至××省财政厅门前掉头时，遇行人章××由南向北横过××路，轿车前保险杠和发动机下护板碰撞到章××，后轿车左前轮碾压到章××，致章××受伤，后经医院抢救无效于当日死亡。经鉴定：章××系道路交通工具致重度颅脑损伤死亡。

经分析认定：犯罪嫌疑人程××负此次事故的全部责任。

事故发生后，犯罪嫌疑人程××逃离案发现场，并指使犯罪嫌疑人卫××为其顶罪，卫××随后前往案发地点向公安机关投案并冒充交通事故肇事者。犯罪嫌疑人秦××、宣××、刘××对程××交通肇事后唆使他人顶替的行为均知情，在公安机关向其调查了解案情过程中故意作虚假证明，指证卫××为肇事人。

公安机关据此认为，犯罪嫌疑人程××违反交通运输管理法规，无证驾驶机动车，致一人死亡，且在肇事后逃逸，负事故全部责任，其行为已触犯《中华人民共和国刑法》第133条之规定，应当以交通肇事罪追究刑事责任；犯罪嫌疑人卫××明知他人犯罪，而作假证明包庇，其行为已触犯《中华人民共和国刑法》第310条之规定，应当以包庇罪追究刑事责任；犯罪嫌疑人刘××、宣××、秦××意图帮助他人隐匿罪证，对于案件有重要关系的情节故意作虚假证明，其行为均已触犯《中华人民共和国刑法》第305条之规定，应当以伪证罪追究刑事责任，另查，被害人章××的亲属已向公安机关提出民事赔偿请求，

据此，依照《中华人民共和国刑法》第133条、第310条第1款、第305条之规定，犯罪嫌疑人程××违反交通运输管理法规，无证驾驶机动车碰撞他人，致一人死亡，且在肇事后逃逸，负事故全部责任，其行为涉嫌交通肇事罪，犯罪嫌疑人卫××明知他人犯罪而为其作假证明包庇，其行为涉嫌包庇罪。犯罪嫌疑人刘××、宣××、秦××作为证人，对与案件有重要关系的情节，故意作虚假证明，意图隐匿罪证，其行为涉嫌伪证罪。事实清楚，证据确实充分，犯罪嫌疑人刘××因故意犯罪被判处有期徒刑，在刑罚执行完毕后5年内因故意犯罪可能被判处有期徒刑以上刑罚，涉嫌累犯，应从重处罚；犯罪嫌疑人卫××、刘××、宣××有劣迹，依法应该酌情从重处罚。

上述事实，有犯罪嫌疑人程××、卫××、刘××、宣××、秦××五人的多次供述；证人孙××证言及辨认笔录；证人冯××、秦××、韩××、程××、洪××、杨××、胡××、彭××、刘××证言；电话通讯记录、死亡医学证明书、死亡记录、尸体检验报告及照片、×××公交（××）认字〔2018〕第2018×××号事故认定书、××市公安局交通警察支队（2018）197号文件、××市公安局交通警察支队合公交（××）认字〔2018〕第2018×××号事故认定书、车检〔2018〕第××19号车辆技术检验报告、××××司法鉴定中心车检〔2018〕车鉴字第99××号鉴定意见书、××××司法鉴定中心车检〔2018〕毒检字第05××号检验报告书、人体尿样毒品检测报告、

刑事判决书、处罚决定书等书证；视听资料；五犯罪嫌疑人的抓获经过；户籍资料等证据证实。上述证据均能相互印证证实查明的事实。

【写作要求及提示】

（1）本案系多人共同犯有多罪，制作起诉意见书时应逐一写明犯罪嫌疑人的基本情况。

（2）对于共同犯罪的案件，写明犯罪嫌疑人的共同犯罪事实及各自在共同犯罪中的地位和作用后，按照犯罪嫌疑人的主次顺序，分别叙述各个犯罪嫌疑人的单独犯罪事实，注意证据之间的相互关联。

（3）理由部分应注意对各犯罪嫌疑人涉嫌的犯罪分别概括归纳，根据犯罪构成简要说明罪状，正确援引法律条款。

（4）犯罪嫌疑人刘××在刑罚执行完毕后5年内因故意犯罪可能被判处有期徒刑以上刑罚，涉嫌累犯，应提出从重处罚的意见。

（5）制作起诉意见书要符合基本格式的要求，语言要简明扼要，项目要齐全，未尽事宜可以根据情况合理设定。

第四章

人民检察院常用法律文书

学习目标

1. 了解人民检察院常用法律文书的概念、特征和主要种类。
2. 了解并区分检察机关起诉书与公安机关起诉意见书的异同点。
3. 掌握不起诉决定书的适用范围，正确引用法律条款。
4. 掌握抗诉书的理由部分的写法。
5. 掌握公诉意见书正文部分的构成要素。
6. 熟练掌握人民检察院常用法律文书的格式、内容、写法，能根据文书制作要求制作出合格的《起诉书》《不起诉决定书》《公诉意见书》《抗诉书》。

第一节 人民检察院常用法律文书概述

教学内容

一、人民检察院法律文书的概念

人民检察院法律文书即检察文书，是指人民检察院在行使人民检察机关职能时依法制作的具有法律效力和法律意义的文书。它是检察机关严格执法、保证法律正确实施的重要工具，是依法行使检察权的重要文书凭证。

检察机关在依法行使检察职权，依法进行监督、办理各类案件、进行刑事赔偿时所制作的各种决定、通知、笔录、意见书、报告等，均属人民检察院的法律文书。

二、人民检察院法律文书的种类

人民检察院法律文书可以从不同的角度进行分类：

1. 按案件性质的不同，可分为刑事案件使用的检察文书和民事、行政案件使用的检察文书。

2. 按案件来源的不同，可分为直接受理侦查的案件文书、刑事检察文书、民事行政检察文书、监所检察文书和控告申诉检察文书共 5 类。

3. 按文书性质、作用和适用范围的不同，可分为立案文书、回避文书、辩护与代理文书、证据文书、强制措施文书、侦查文书、公诉文书、执行监督文书、特别程序文书、申诉文书、通用或其他文书共 11 类。

4. 按文书制作形式的不同，可分为文字叙述式、填空式、笔录式和表格式 4 类。

三、人民检察院法律文书的意义及作用

人民检察院法律文书是各级人民检察院行使检察权的重要文字凭证，是办理案件的客观记录。准确制作人民检察院的法律文书，对于打击犯罪、维护法律秩序具有重要意义。

人民检察院依法行使下列职权时，需要通过检察文书来体现：

1. 对危害国家安全以及严重破坏国家的政策、法律、法令统一实施的重大犯罪案件，行使检察权。

2. 对于直接受理的刑事案件进行侦查。

3. 对于公安机关侦查的案件进行审查，决定是否逮捕、起诉或者不起诉；对于公安机关的侦查活动是否合法实行监督。

4. 对于刑事案件提起公诉，支持公诉；对于人民法院的审判活动是否合法，实行监督。

5. 对于刑事案件判决、裁定的执行和监狱、劳动改造机关的活动是否合法实行监督。

四、人民检察院法律文书的写作要求

（一）有明确的制作目的

人民检察院在办理诉讼案件的各个阶段，均需要制作相应的法律文书来反映侦查、审查、起诉、监督等活动的合法性、有效性，并根据案件事实适用法律，正确解决案件的实体或程序问题。其制作目的就是要保证人民检察院依法行使检察权。

（二）材料要求客观、真实

人民检察院制作法律文书时，要遵循以事实为根据、以法律为准绳的原则，文书中对犯罪嫌疑人或被告人是否构成犯罪、构成何种犯罪的认定，应当选取客观、真实的事实和证据材料，作为依法作出处理案件结论的依据。

（三）按照法定格式撰写

人民检察院的刑事诉讼法律文书格式经历了多次修订、补充的过程。2012 年 12 月 27 日，最高人民检察院印发了《人民检察院刑事诉讼法律文书格式样

本》，列举了 223 种刑事诉讼法律文书，在格式规范化方面有明确统一的要求，既有对检察文书的总体说明，在每种文书格式后还附有专门的制作说明，也对文书结构作了明确要求。这说明最高人民检察院十分重视检察文书的制作工作。因此，要制作一份高质量的检察文书，必须符合法定格式。

（四）注意文字表达方式

人民检察院代表国家行使检察权制作的法律文书，严肃性极强，对文书的说理性、逻辑性等方面均有很高要求，其文字表达方式要符合司法机关常用法律文书的写作要求，用语要准确、精炼、朴实、庄重、规范、流畅，同时在语言表达上，还要字斟句酌地分析、注意语法逻辑等，以保证案件事实清楚、定性准确、处理得当。

第二节　起诉书

案例导入

一、案件基本情况

犯罪嫌疑人张××因与被害人赵××恋爱不成，于 2019 年×月×日，从××市××商店购得刀 1 把（该刀后被证实为作案凶器）并随身携带，多次到被害人赵××住处、单位等门口堵截。2019 年×月×日晚 7 时许，犯罪嫌疑人张××携带凶器再次到被害人单位堵截赵××。当赵××出现后，张××朝赵××的腹部、胸部、头部连捅 3 刀后逃跑。案发后，犯罪嫌疑人张××被××公安分局拘留，并经××市人民检察院批准逮捕。××公安局依法提出起诉意见，并将案件移送××市人民检察院。经该检察院审查，认为犯罪嫌疑人张××的行为已构成故意杀人罪，决定依法对张××提起公诉。

二、案例提示

人民检察院提起公诉时，需制作起诉书。人民检察院起诉的案件来源有两类：一类是对公安机关移送的案件进行审查起诉；另一类是对人民检察院自行侦查的案件起诉。上述案例就是人民检察院对公安机关移送审查起诉的案件进行审查后，认为犯罪嫌疑人张××涉嫌故意杀人罪的犯罪事实清楚，证据确实充分，依法应追究其刑事责任，按照规定的格式制作起诉书。由于本案系中级人民法院作为第一审案件管辖的范围，因此，按照审判管辖的规定，××市人民检察院将犯罪嫌疑人张××交付××市中级人民法院审判。需要注意的是，在起诉书中，犯罪嫌疑人张××应改称为"被告人张××"。

三、制作起诉书前的准备工作

根据《刑事诉讼法》第171条的规定，人民检察院审查案件的时候，必须查明：①犯罪事实、情节是否清楚，证据是否确实、充分，犯罪性质和罪名的认定是否正确；②有无遗漏罪行和其他应当追究刑事责任的人；③是否属于不应追究刑事责任的情形；④有无附带民事诉讼；⑤侦查活动是否合法。查明以上内容，决定对被告人提起公诉时，需要制作起诉书。

教学内容

一、起诉书的概念、法律依据和功能

（一）概念

起诉书是指人民检察院对公安机关、国家安全机关移送审查起诉的案件进行审查或对直接立案侦查的案件侦查终结后，认为犯罪嫌疑人犯罪事实清楚、证据确实充分、依法应当追究其刑事责任，决定向人民法院提起公诉时所制作的法律文书。

（二）法律依据

起诉书是人民检察院的法定文书，在何种条件下制作是由《刑事诉讼法》规定的。

《刑事诉讼法》第169条规定，凡需要提起公诉的案件，一律由人民检察院审查决定。

《刑事诉讼法》第176条规定，人民检察院认为犯罪嫌疑人的犯罪事实已经查清，证据确实、充分，依法应当追究刑事责任的，应当作出起诉决定，按照审判管辖的规定，向人民法院提起公诉，并将案卷材料、证据移送人民法院。

（三）功能

起诉书是人民检察院依法将被告人交付法庭进行审判的重要法律凭证。它是人民法院对公诉案件依法开庭审判的依据，是检察人员揭露、指控犯罪、出席法庭支持公诉的重要依据，也是被告人及其辩护人进行辩解和辩护的重要依据。可以说，起诉书是刑事案件由起诉阶段进入审判阶段的重要标志，是连接起诉与审判的重要纽带。

二、结构内容和写作要求

按照《人民检察院刑事诉讼法律文书格式样本（2012）》的要求，起诉书由首部、被告人（被告单位）的基本情况、案由和案件的审查过程、案件事实、证据、起诉要求和根据、尾部7部分组成。

（一）首部

1. 人民检察院的名称。除最高人民检察院外，各地方人民检察院的名称前应写明省（自治区、直辖市）的名称；对涉外案件提起公诉时，各级人民检察院的名称前均应注明"中华人民共和国"的字样。

2. 文号。由制作起诉书的人民检察院的简称、案件性质（即"刑诉"）、起诉年度、案件顺序号组成。其中，年度须用四位数字表述。文号写在该行的最右端，上下各空一行。例如"检刑诉〔〕号"。

3. 被告人（被告单位）的基本情况。被告人基本情况包括被告人的姓名、性别、出生年月日、出生地和户籍地、身份证号码、民族、文化程度、职业、工作单位及职务、住址、是否受过刑事处分及处分的种类和时间、采取强制措施的情况等。被告人系又聋又哑人或者盲人的，应当在其姓名后具体注明。

如果是单位犯罪，应当写明犯罪单位的名称和组织机构代码、所在地址、联系方式，法定代表人和诉讼代表人的姓名、职务、联系方式。有应当负刑事责任的直接负责的主管人员或其他直接责任人员的，应当按上述被告人基本情况的内容叙写。

被告人已经委托辩护人的，应当在起诉书中注明辩护人的具体情况，包括姓名、单位、通讯地址等。

写作被告人的基本情况，要求注意以下几个方面：

（1）被告人（被告单位）的基本情况应当按照格式中所列要素的顺序叙写。

（2）被告人真实姓名、住址无法查清的，应当按其绰号或者自报的姓名、住址制作起诉书，并在起诉书中注明。被告人自报的姓名可能造成损害他人名誉、败坏道德风俗等不良影响的，可以对被告人编号并按编号制作起诉书，并附具被告人的照片，记明足以确定被告人面貌、体格、指纹以及其他反映被告人特征的事项；被告人是外国人的，应当在其中文译名后面用括号注明外文姓名。

（3）被告人的出生日期一般应以公历为准。除未成年人外，如果确实查不清出生日期的，也可以注明年龄。

（4）对尚未办理身份证的，应当注明。

（5）被告人的住址应写被告人的经常居住地。

（6）被告人是外国人时，应注明国籍、护照号码、国外居所。

（7）对被告人曾受到过行政处罚、刑事处罚的，应当在起诉书中写明，其中，行政处罚限于与定罪有关的情况。一般应先写受到行政处罚的情况，再写受到刑事处罚的情况。叙写行政处罚时，应注明处罚的时间、种类、处罚单位；叙写刑事处罚时，应当注明处罚的时间、原因、种类、决定机关、释放时间。

（8）对采取强制措施情况的叙写，必须注明原因、种类、批准或者决定的机关和时间、执行的机关和时间。被采取过多种强制措施的，应按照执行时间的先后分别叙写。

（9）同案被告人有2人以上的，按照主从关系的顺序叙写。

4. 案由和案件的审查过程。根据案件的不同情况，分别依照格式的要求叙写。叙写退回补充侦查、延长审查起诉期限时，应注明日期、缘由。

这一部分主要包括侦查机关、案由和移送审查起诉时间等事项。

如系公安机关移送的案件，可以表述为"被告人×××（人名）××（案件性质）一案，由××公安局侦查终结，于×年×月×日向本院移送审查起诉"。

对于本院侦查终结并审查起诉的案件，可以表述为"被告人×××（人名）××（案件性质）一案，由本院侦查终结，×年×月×日，本案进入审查起诉阶段"。

对于经过两级人民检察院审查起诉的案件，这部分可表述为："被告人×××（人名）××（案件性质）一案，经××公安局侦查终结，于×年×月×日移送××人民检察院审查。该院根据《中华人民共和国刑事诉讼法》第×条第×项的规定，于×年×月×日将本案移送本院审查起诉。"

（二）正文

1. 犯罪事实。犯罪事实应包括犯罪的时间、地点、经过、手段、动机、目的、危害后果等与定罪量刑有关的事实要素。认定罪行时，应围绕刑法规定的犯罪构成要件来组织材料，简明扼要叙写犯罪特征。

犯罪事实的写作方法主要有以下几种：

（1）对起诉书所指控的所有犯罪事实，无论是一人一罪、多人一罪，还是一人多罪、多人多罪，都必须逐一列举。

（2）叙述犯罪事实要按照合理的顺序进行，一般可按照时间先后顺序；一人多罪的，应当按照各种犯罪的轻重顺序叙述，把重罪放在前面，把次罪、轻罪放在后面；多人犯多罪的，应当按照主犯、从犯或者重罪、轻罪的顺序叙述。

（3）叙写犯罪事实时，可以根据案件事实的不同情况，采取相应的表述方式。对重大案件要写明犯罪事实的各个要素、被告人案发后的表现及认罪态度等内容，特别要将属于犯罪构成要件或者与定罪量刑有关的事实要素列为重点；对一般刑事案件，通常也应当详细写明案件事实。对于作案多起，但犯罪手段、危害后果等方面具有相同的案件事实，可以先对相同的情节进行概括叙述，然后再逐一列举出每起事实的具体时间、结果等情况。

（4）共同犯罪案件中有同案犯在逃的，应在其后写明"另案处理"等字样。

犯罪事实部分是起诉书的重点，要注意条理清晰，简明具体，用语准确，布局合理。对于案件事实的叙述，既要避免发生遗漏，也要避免将没有证据证明或者证据不足及与定罪量刑无关的事实写入起诉书。

2. 证据。证据是起诉书不可缺少的内容。在叙述清楚犯罪事实后，可另起一段，以"认定上述事实的证据如下：……"引出对证据的列举。应当在起诉书中指明证据的名称、种类。叙写证据时，一般应当采取"一事一证"的方式，即在每一起案件事实后，写明据以认定的主要证据。对于作案多起的一般刑事案件，如果案件事实是概括叙述的，证据的叙写也可以采取"一罪一证"的方式，即在该种犯罪后概括写明主要证据的种类，而不再指出认定每一起案件事实的证据。

3. 起诉的要求和根据。这一部分应写明：根据被告人触犯的《刑法》条款认定其行为构成犯罪的具体罪名和处罚条款。如被告人具有法定从轻、减轻或者从重、加重处罚的情节，应加以续写并援引相关法律条款。如系共同犯罪的案件，也要根据法律规定写明各被告人应负的法律责任。

对被告人的行为定性后，应援引《刑事诉讼法》第176条的规定，作为检察机关提起公诉的法律依据。

写作本部分有以下几个方面的要求：

（1）对行为性质、危害程度、情节轻重，要结合犯罪的各构成要件进行概括地表述，突出本罪的特征，语言要精炼、准确。

（2）对法律条文的引用，要准确、完整、具体，写明条、款、项。

（3）对于量刑情节的认定，应当遵循如下原则：①对于具备轻重不同的法定量刑情节，一般应当在起诉书中作出认定。但对于适用普通程序的案件，涉及自首、立功等可能因特定因素发生变化的情节，也可以在案件事实之后仅对有关事实作客观表述。②对于酌定量刑情节，可以根据案件的具体情况，从有利于出庭支持公诉的角度出发，决定是否在起诉书中作出认定。

（三）尾部

在这一部分应当写明下列内容：

1. 送达部门名称。

2. 公诉人的法律职务及姓名。法律职务应当写明检察长、副检察长、检察员、代理检察员等职务，接着应当写明日期，并加盖制作文书的人民检察院院印。

叙写时应注意：①起诉书应当署具体承办案件公诉人的法律职务和姓名。②起诉书的年月日为签发起诉书的日期。

另外，适用简易程序案件的起诉书应根据需要列明附注事项，一般包括：①被告人现在处所，具体包括在押被告人的羁押场所和被告人监视居住的处所等。②证据目录、证人名单和主要证据复印件，并注明数量。③有关涉案款物情况。④被害人或者被害单位提起附带民事诉讼的情况。

（四）起诉书基本格式

1. 起诉书格式（样本）一（自然人犯罪案件适用）：

××人民检察院
起诉书

检　　　刑诉〔　　　〕　　　号

被告人……（写明姓名、性别、出生年月日、身份证号码、民族、文化程度、职业或者工作单位及职务、出生地和户籍地、住址、曾受到刑事处罚以及与本案定罪量刑相关的行政处罚的情况和因本案采取强制措施的情况等。）

本案由××（侦查机关）侦查终结，以被告人×××涉嫌××罪，于×年×月×日向本院移送审查起诉。本院受理后，于×年×月×日已告知被告人有权委托辩护人，×年×月×日已告知被害人及其法定代理人（近亲属）、附带民事诉讼的当事人及其法定代理人有权委托诉讼代理人，依法讯问了被告人，听取了辩护人×××、被害人×××及其诉讼代理人×××的意见，审查了全部案件材料……（写明退回补充侦查、延长审查起诉期限等情况。）

〔对于侦查机关移送审查起诉的需变更管辖权的案件，表述为："本案由×××（侦查机关）侦查终结，以被告人×××涉嫌××罪，于×年×月×日向×××人民检察院移送审查起诉。×××人民检察院于×年×月×日转至（交由）本院审查起诉。本院受理后，于×年×月×日已告知被告人有权……"

对于本院侦查终结并移送审查起诉的案件，表述为："被告人×××涉嫌××罪一案，由本院侦查终结，于×年×月×日移送审查起诉。本院于×年×月×日已告知被告人有权……"

对于其他人民检察院侦查终结的需变更管辖权的案件，表述为："本案由×××人民检察院侦查终结，以被告人×××涉嫌××罪移送审查起诉，×××人民检察院于×年×月×日转至（交由）本院审查起诉。本院受理后，于×年×月×日已告知被告人有权……"〕

经依法审查查明：……（写明经检察机关审查认定的犯罪事实包括犯罪时间、地点、经过、手段、目的、动机、危害后果等与定罪、量刑有关的事实要素。应当根据具体案件情况，围绕《刑法》规定的该罪的构成要件叙写。）

（对于只有一个犯罪嫌疑人的案件，犯罪嫌疑人实施多次犯罪的，犯罪事实应逐一列举；同时触犯数个罪名的犯罪嫌疑人的犯罪事实应该按照主次顺序分类列举。对于共同犯罪的案件，写明犯罪嫌疑人的共同犯罪事实及各自在共同犯罪中的地位和作用后，按照犯罪嫌疑人的主次顺序，分别叙明各个犯罪嫌疑人的单独犯罪事实。）

认定上述事实的证据如下：

……（针对上述犯罪事实，分别列举证据。）

本院认为，……（概述被告人行为的性质、危害程度、情节轻重），其行为触犯了《中华人民共和国刑法》第××条（引用罪状、法定刑条款），犯罪事实清楚，证据确实、充分，应当以××罪追究其刑事责任。根据《中华人民共和国刑事诉讼法》第一百七十六条的规定，提起公诉，请依法判处。

此致

×××人民法院

检察员：×××

年　月　日

（院印）

附：1. 被告人现在处所。具体包括在押被告人的羁押场所或监视居住、取保候审的处所。

2. 案卷材料和证据。

3. 证人、鉴定人、需要出庭的专门知识的人的名单，需要保护的被害人、证人、鉴定人的名单。

4. 有关涉案款物情况。

5. 被害人（单位）附带民事诉讼情况。

6. 其他需要附注的事项。

2. 起诉书格式（样本）二（单位犯罪案件适用）：

人民检察院
起诉书

检　刑诉〔　　〕号

被告单位……（写明单位名称、组织机构代码、住所地、法定代表人姓名、职务等。）

诉讼代表人……（写明姓名、性别、年龄、工作单位、职务。）

被告人……（写明直接负责的主管人员、其他直接责任人员的姓名、性别、出生年月日、身份证号码、民族、文化程度、职业或者工作单位及职务、出生地和户籍地、住址、曾受到刑事处罚以及与本案定罪量刑相关的行政处罚的情况和因本案采取强制措施的情况等。)

本案由×××(侦查机关)侦查终结,以被告单位×××涉嫌××罪,被告人×××涉嫌××罪,于×年×月×日向本院移送审查起诉。本院受理后,于×年×月×日已告知被告单位和被告人有权委托辩护人,×年×月×日已告知被害人及其法定代理人(近亲属)(被害单位及其诉讼代表人)、附带民事诉讼的当事人及其法定代理人有权委托诉讼代理人,依法讯问了被告人,听取了被告单位的辩护人×××、被告人的辩护人×××、被害人×××及其诉讼代理人×××的意见,审查了全部案件材料。……(写明退回补充侦查、延长审查起诉期限等情况。)

[对于侦查机关移送审查起诉的需变更管辖权的案件,表述为:"本案由×××(侦查机关)侦查终结,以被告单位×××涉嫌××罪,被告人×××涉嫌××罪,于×年×月×日向×××人民检察院移送审查起诉。×××人民检察院于×年×月×日转至(交由)本院审查起诉。本院受理后,于×年×月×日已告知被告单位、被告人有权……"

对于本院侦查终结并移送审查起诉的案件,表述为:"被告单位×××涉嫌××罪,被告人×××涉嫌××罪一案,由本院侦查终结,于×年×月×日移送审查起诉。本院于×年×月×日已告知被告单位、被告人有权……"

对于其他人民检察院侦查终结的需变更管辖权的案件,表述为:"本案由×××人民检察院侦查终结,以被告单位×××涉嫌××罪,被告人×××涉嫌××罪移送审查起诉,×××人民检察院于×年×月×日转至(交由)本院审查起诉。本院受理后,于×年×月×日已告知被告单位、被告人有权……"]

经依法审查查明:……(写明经检察机关审查认定的犯罪事实包括犯罪时间、地点、经过、手段、目的、动机、危害后果等与定罪、量刑有关的事实要素。应当根据具体案件情况,围绕《刑法》规定的该罪的构成要件叙写。)

认定上述事实的证据如下:

……(针对上述犯罪事实,分别列举证据。)

本院认为,……(分别概述被告单位、被告人行为的性质、危害程度、情节轻重),其行为触犯了《中华人民共和国刑法》第××条(引用罪状、法定刑条款),犯罪事实清楚,证据确实、充分,应当以××罪追究其刑事责任。根据《中华人民共和国刑事诉讼法》第一百七十六条的规定,提起公诉,请依法判处。

此致

×××人民法院

检察员：×××

年　月　日

（院印）

附：1. 被告人现在处所。具体包括在押被告人的羁押场所或监视居住、取保候审的处所。

2. 案卷材料和证据。

3. 证人、鉴定人、需要出庭的专门知识的人的名单，需要保护的被害人、证人、鉴定人的名单。

4. 有关涉案款物情况。

5. 被害人（单位）附带民事诉讼情况。

6. 其他需要附注的事项。

3. 起诉书格式（样本）三（认罪认罚案件《起诉书》）：

×××× 人民检察院

起诉书

检　　刑诉〔　　〕　号

被告人×××……（写明姓名、性别、出生年月日、身份证号码、民族、文化程度、职业或者工作单位及职务、出生地、户籍地、住址、曾受到刑事处罚以及与本案定罪量刑相关的行政处罚的情况和因本案被采取强制措施的情况等。）

本案由×××（侦查机关）侦查终结，以被告人×××涉嫌犯××罪，于××××年××月××日向本院移送审查起诉。本院受理后，于××××年××月××日已告知被告人有权委托辩护人和认罪认罚可能导致的法律后果，×××年××月××日已告知被害人及其法定代理人（近亲属）、附带民事诉讼的当事人及其法定代理人有权委托诉讼代理人，依法讯问了被告人，听取了被告人及其辩护人（值班律师）、被害人及其诉讼代理人的意见，审查了全部案件材料……（写明退回补充侦查、延长审查起诉期限等情况）。被告人×××同意本案适用速裁/简易/普通程序简化审理。

经依法审查查明：……（写明经检察机关审查认定的犯罪事实）

认定上述事实的证据如下：……（针对上述犯罪事实，分别列举证据，包括犯罪事实证据和量刑情节证据。）

本院认为，应以××罪追究被告人×××的刑事责任。……（阐述认定的法定、酌定量刑情节，并引用相关法律条款），建议判处被告人×××……（阐述具体量刑建议，包括主刑、附加刑的刑种、刑期，以及是否适用缓刑；建议判处财产刑的，写明财产刑的数额或幅度），并建议适用速裁/简易程序。根据《中华人民共和国刑事诉讼法》第一百七十六条的规定，提起公诉，请依法判处。

此致
×××人民法院

检察员：×××

××年×月×

（院印）

附：1. 被告人现在处所。具体包括在押被告人的羁押场所或监视居住、取保候审的处所。

2. 案卷材料和证据××册。

3. 有关涉案款物情况。

4. 被害人（单位）附带民事诉讼情况。

5.《认罪认罚具结书》附卷移送

6. 其他需要附注的事项。

三、起诉书与起诉意见书的主要异同点

（一）起诉书与起诉意见书的相同点

1. 起诉书与起诉意见书均属于起诉型的文书。

2. 起诉书与起诉意见书均是在案情事实清楚、证据确实充分，依法应当追究被告人（犯罪嫌疑人）刑事责任的基础上作出起诉结论的。

（二）起诉书与起诉意见书的不同点

1. 在审核事实上，起诉书严于起诉意见书。起诉书是人民检察院严格审查、核实之后作出的比较成熟的结论，它不仅是法院审判被告人的依据，还是被告人及其辩护人辩护的依据。

2. 在记叙事实上，起诉书更加简练。起诉意见书叙写事实时涉及面要宽一些、详细一些，目的是便于检察机关审查决定。

3. 在论证理由上，起诉书要有严密的逻辑性和更强的说服力，要经得起被告人及其辩护人的追问，要经得起法庭审理的考验。

制作实训

一、起诉书实例

××市人民检察院
起诉书

×检刑诉字〔2019〕第 0008 号

被告人王××，男，19××年×月×日出生，身份证号码为×××××××××××××××××，汉族，大学文化，无业，现住××市××区××公司宿舍××栋××号。被告人王××曾因打架，于 2013 年 2 月行政拘留 15 天。被告人王××曾涉嫌毒品买卖罪，于 2019 年 2 月 5 日，被拘留，同年 3 月 5 日经合肥市人民检察院批准逮捕。

被告人王××故意杀人（未遂）一案，本案由××市××公安分局侦查终结，以被告人王××涉嫌贩卖毒品罪，于 2019 年 4 月 25 日移送我院审查起诉。本院受理后，于次日已告知被告人王××有权委托辩护人，依法讯问了被告人王××，审查了全部案件材料。

经依法审查查明：

被告人王××于 2018 年 12 月 3 日 18 时许，在本市××区××路××副食店附近，以人民币 200 元的价格向李××贩卖 1 小袋毒品。

被告人王××于 2018 年 12 月 3 日 16 时许，在本市××区××路××包子店附近，以人民币 600 元的价格向李××贩卖 2 小袋毒品，被民警当场抓获。后经鉴定，2 袋毒品合计净重 1.6 克，皆检出甲基苯丙胺成分。

到案后，被告人王××如实供述了上述犯罪事实，并且协助公安机关抓获贩毒人员孙××。

上述犯罪事实有证人证言、被告人的供述和辩解、物证鉴定所出具的物证鉴定书、现场抓获录像等证明，事实清楚，证据确实充分，足以认定。

本院认为：被告人王××违反国家对毒品管制的规定，向他人贩卖毒品，其行为已触犯了《中华人民共和国刑法》第三百四十七条第一、四、十款的规定，构成贩卖毒品罪，依法应予严惩。被告人协助公安机关抓获其他犯罪嫌疑人，根据《中华人民共和国刑法》第六十八条的规定，可以从轻、减轻处罚。根据《中华人民共和国刑事诉讼法》第一百七十六条之规定，特向你院提起公诉，请依法惩处。

此致
××市中级人民法院

检察员：×××

书记员：×××

二〇一九年六月九日

（院印）

附：1. 被告人王××现羁押于××公安局看守所；

　　2. 全部案件材料2册；

　　3. 适用简易程序建议书1份。

二、实例评析

上述起诉书事实部分围绕被告人王××犯贩卖毒品罪的犯罪构成要件进行叙写，做到了事实清楚，抓住了正文部分的重点，为理由部分的阐述打下了基础。被告人所犯之罪为贩卖毒品罪，依法应予严惩，同时被告人协助公安机关抓获其他犯罪嫌疑人，根据法律规定，可以从轻、减轻处罚，这一情形在起诉书中应加以说明。

三、制作和使用起诉书应注意的问题

1. 起诉书应当附有被告人现在处所，证人、鉴定人、需要出庭的有专门知识的人的名单，需要保护的被害人、证人、鉴定人的名单，涉案款物情况，附带民事诉讼情况以及其他需要附注的情况。

2. 证人、鉴定人、有专门知识的人的名单应当列明姓名、性别、年龄、职业、住址、联系方式，并注明证人、鉴定人是否出庭。

3. 人民检察院提起公诉的案件，应当向人民法院移送起诉书、案卷材料和证据。

4. 起诉书应当一式八份，每增加1名被告人，增加起诉书5份。

5. 关于被害人姓名、住址、联系方式、被告人被采取强制措施的种类、是否在案及羁押处所等问题，人民检察院应当在起诉书中列明，不再单独移送材料；对于涉及被害人隐私或者为保护证人、鉴定人、被害人人身安全，而不宜公开证人、鉴定人、被害人姓名、住址、工作单位和联系方式等个人信息的，可以在起诉书中使用化名替代证人、鉴定人、被害人的个人信息，但是应当另行书面说明使用化名等情况，并标明密级。

6. 起诉书送达后，在人民法院开庭审理前发现遗漏重要罪行，或者抓获在逃犯应当一并起诉的，以及对起诉书需要作补充修改的，应当收回起诉书，使用原文号重新制作起诉书，不宜采用补充起诉书的方式。

技能拓展

1. 起诉书的理由部分应阐明哪些内容？
2. 起诉书与起诉意见书有何异同点？
3. 根据下列所给材料，制作一份起诉书。

【案情简介】

2017 年 11 月，被告人熊×× 在本市×××的站口购得"××××汽车装饰厂"的营业执照 1 份及印章 3 枚，并伪造了姓名为"郭××"的身份证 1 份和人名章 1 枚。2017 年 11 月 13 日，熊×× 在中国农业银行××市分行××支行沙河分理处（以下简称农行沙河分理处）开设了"××××汽车装饰厂"的账户，并购买现金支票 1 本、转账支票 2 本；2018 年 3 月 17 日、2018 年 4 月 3 日，被告人熊×× 又先后在中国建设银行××市分行××支行（以下简称建行××支行）、中国农业银行××市分行××支行××分理处（以下简称农行××分理处）开设了"××××汽车装饰厂"的账户，并购买了支票，企图以此骗取财物。

2018 年 4 月 17 日，被告人熊×× 持"××××汽车装饰广"的空白转账支票 1 张（农行××分理处、票号××××××）到×××商贸有限公司欲以 5800 元的价格购买 2 台松下×××型传真机时，被该公司的职员识破，将其扭送归案。

被告人熊××，男，1986 年 10 月 21 日出生，身份证号码为×××××××××××××××××，汉族，大专文化，××省××市××公司职员，住本市××路××号××栋××门××号。2008 年 4 月 5 日，因犯贪污罪被××市××区人民法院判处有期徒刑 5 年，2013 年 12 月 18 日刑满释放。现因涉嫌犯票据诈骗罪，2018 年 4 月 21 日被××市公安局××分局刑事拘留，同年 5 月 25 日经××人民检察院批准被××分局逮捕，现押于××分局看守所。

本案由××市公安局××分局侦查终结，以被告人熊×× 涉嫌票据诈骗罪，于 2018 年 7 月 20 日向××人民检察院移送审查起诉。该院受理后，于 2018 年 7 月 21 日告知被告人有权委托辩护人。

本案证据有：熊×× 开立账户的手续、银行存款账等书证及被告人熊×× 的供认，事实清楚、证据充分；证人证言、转账支票、退票票证等书证及熊×× 的供词。

本案所涉《刑法》条文：

《刑法》第 194 条规定："有下列情形之一，进行金融票据诈骗活动，数额较大的，处 5 年以下有期徒刑或者拘役，并处 2 万元以上 20 万元以下罚金；数额巨大或者有其他严重情节的，处 5 年以上 10 年以下有期徒刑，并处 5 万元以上 50 万元以下罚金；数额特别巨大或者有其他特别严重情节的，处 10 年以上有期徒刑或者无期徒刑，并处 5 万元以上 50 万元以下罚金或者没收财产：①明知是伪造、变造的汇票、本票、支票而使用的；②明知是作废的汇票、本票、支票而使用的；③冒用他人的汇票、本票、支票的；④签发空头支票或者与其预留印鉴不符的支票，骗取财物的；⑤汇票、本票的出票人签发无资金保证的汇票、本票或者在出票时作虚假记载，骗取财物的。

使用伪造、变造的委托收款凭证、汇款凭证、银行存单等其他银行结算凭证的，依照前款的规定处罚。"

【写作要求及提示】

（1）制作起诉书要符合基本格式的要求，项目要齐全，未尽事宜请酌设。

（2）制作时要审查犯罪事实的基本要素，围绕所定犯罪构成要件确定罪名。

（3）审查被告人是否累犯。如系累犯，应提出依法从重处罚的意见。

（4）注意证据之间的相互关联。

（5）援引正确的法律条款，包括援引实体法定罪名，援引诉讼法作为提起公诉的依据。

（6）附项应注明证据目录。

第三节　不起诉决定书

案例导入

一、案件基本情况

就读于××学校的学生王×和陆××强行要求同学张××为其打开水，遭到张××的拒绝后一直伺机报复。2017 年×月×日，王×和陆××闯进张××的宿舍后对其进行殴打，张××用随身携带的水果刀捅了陆××腹部一刀，致其横结肠细膜裂孔伤。经公安局法医鉴定，伤情为重伤。2017 年 12 月 3 日，张××被××公安局××分局刑事拘留，同年 12 月 11 日被依法执行逮捕。××公安分局于 2018 年 1 月 6 日以张××涉嫌故意伤害罪将此案移送××区人民检察院审查起诉。经该检察院审查，决定对张××作出不起诉决定。

二、案例提示

人民检察院对于公安机关移送审查起诉的案件，经审查后作出起诉或不起诉决定。上述案例中，犯罪嫌疑人张××致人重伤，依照《刑法》第234条的规定，涉嫌构成故意伤害罪。但犯罪嫌疑人张××时年为16周岁，系未成年人。陆××及其家长达成了一致意见，并在律师的要求下出具了书面的谅解书和建议司法机关对张××作不起诉或者免除处罚的建议书。检察院最终决定对张××不起诉，并制作了不起诉决定书，

三、制作不起诉决定书的前提条件

不起诉决定书在制作要求上与起诉书有相同之处。不起诉案件重点要解决的问题是被不起诉人有法定的特殊情形，其文书在制作要求上要比起诉书稍容易。而弄清不起诉决定的法律依据和适用范围则是制作不起诉决定书的关键和前提条件。在司法实践中，人民检察院根据法律规定处理刑事案件不起诉的类型有三种：依法不追究刑事责任的不起诉、依法不需要判处刑罚或免除刑罚的不起诉、证据不足的不起诉。在制作不起诉决定书之前，要根据案件具体情况，对照法律规定，找准不起诉的类型，准确引用法律条款。

教学内容

一、不起诉决定书的概念、法律依据和适用范围

（一）概念

不起诉决定书是指人民检察院对公安机关、国家安全机关侦查终结移送审查起诉的案件和直接受理侦查的案件，经审查认为被不起诉人的行为不构成犯罪或者依照刑法规定不需要判处刑罚或者免除刑罚，依法作出不起诉决定时所制作的法律文书。

不起诉决定书是人民检察院作出不起诉的凭据，具有终止本案刑事诉讼，不追究或免于追究被不起诉人刑事责任的法律效力。不起诉决定书一经送达，被不起诉人被羁押的，应立即释放。

（二）法律依据和适用范围

不起诉决定分为绝对不起诉、相对不起诉和存疑不起诉三种类型。

1. 绝对不起诉。我国《刑事诉讼法》第177条第1款规定："犯罪嫌疑人没有犯罪事实，或者有本法第16条规定的情形之一的，人民检察院应当作出不起诉决定。"

《刑事诉讼法》第16条规定，有下列情形之一的，不追究刑事责任，已经追究的，应当撤销案件，或者不起诉，或者终止审理，或者宣告无罪：①情节显著轻微、危害不大，不认为是犯罪的；②犯罪已过追诉时效期限的；③经特赦令免除刑罚的；④依照刑法告诉才处理的犯罪，没有告诉或者撤回告诉的；

⑤犯罪嫌疑人、被告人死亡的；⑥其他法律规定免予追究刑事责任的。

人民检察院在审查起诉的过程中，发现案件具有上述任何一种情形的，应依法作出不起诉决定，制作不起诉决定书。

2. 相对不起诉。我国《刑事诉讼法》第177条第2款规定："对于犯罪情节轻微，依照刑法规定不需要判处刑罚或者免除刑罚的，人民检察院可以作出不起诉决定。"因此，相对不起诉的情形由我国《刑法》具体规定。关于案件"不需要判处刑罚"的情形，是指我国《刑法》第37条规定的法定情形：对于犯罪情节轻微不需要判处刑罚的，可以免予刑事处罚，但是可以根据案件的不同情况，予以训诫或者责令具结悔过、赔礼道歉、赔偿损失，或者由主管部门予以行政处罚或者行政处分。对于"免除处罚"的法定情形，在我国《刑法》中有多处规定，如又聋又哑的人或者盲人犯罪、防卫过当和紧急避险超过必要限度中均有免除处罚的相关规定；对于预备犯，可以比照既遂犯从轻、减轻处罚或者免除处罚；对于被胁迫参加犯罪的，应当按照他的犯罪情节减轻处罚或者免除处罚；有重大立功表现的，可以减轻或者免除处罚。

3. 存疑不起诉。《刑事诉讼法》第175条规定："人民检察院审查案件，可以要求公安机关提供法庭审判所必需的证据材料；认为可能存在本法第56条规定的以非法方法收集证据情形的，可以要求其对证据收集的合法性作出说明。人民检察院审查案件，对于需要补充侦查的，可以退回公安机关补充侦查，也可以自行侦查。对于补充侦查的案件，应当在1个月以内补充侦查完毕。补充侦查以2次为限。补充侦查完毕移送人民检察院后，人民检察院重新计算审查起诉期限。对于二次补充侦查的案件，人民检察院仍然认为证据不足，不符合起诉条件的，应当作出不起诉的决定。"《刑事诉讼法》第175条第4款是存疑不起诉的法定条款。

二、结构内容和写作要求

（一）首部

此部分包括制作文书的人民检察院名称、文书名称和文书编号。

1. 文书名称及编号。如"合肥市人民检察院2019年第1号不起诉决定书"即可表述为"肥检刑不诉〔2019〕00001号"。

2. 被不起诉人基本情况。被不起诉人的基本情况包括姓名、性别、出生年月日、出生地和户籍地、民族、文化程度、职业、工作单位及职务、住址、身份证号码、是否受过刑事处分、采取强制措施的情况以及羁押处所等。如果是单位犯罪，应当写明犯罪单位的名称和组织机构代码、所在地址、联系方式，法定代表人和诉讼代表人的姓名、职务、联系方式。

对不起诉的对象统一称为"被不起诉人"。被不起诉人住址应写居住地，如果户籍所在地与暂住地不一致的，应当写明户籍所在地和暂住地。"是否受过刑事处罚"中，还应写明因本次犯罪被采取强制措施的原因、种类、时间、批准或决定机关等。

3. 辩护人基本情况。如系律师担任辩护人的，写明其姓名、单位。如系其他人担任辩护人的，则需写明姓名、性别、年龄、职业、与被不起诉人的关系等基本情况。

4. 案由和案件来源。不起诉决定书根据案件来源的不同，有两种表述方法。

（1）属于公安机关、国家安全机关移送的，具体表述为："本案由×××（侦查机关名称）侦查终结，以被不起诉人×××涉嫌×××罪，于×年×月×日移送本院审查起诉。"

（2）属于本院侦查终结、其他人民检察院移送的，则表述为："被不起诉人×××涉嫌×××一案，由本院侦查终结，于×年×月×日移送审查起诉或不起诉。"如果案件是其他人民检察院移送的，则应当将指定管辖、移送单位以及移送时间等情况写明。

（二）正文

1. 案件事实。由于不起诉决定书分为三种不同形式，因而事实的叙写也包括三种形式。

（1）属于绝对不起诉情形的，事实部分应重点写明《刑事诉讼法》第 16 条规定的 6 种法定不起诉的情形。这 6 种不起诉的情形又可以分成两类：一是被不起诉人的行为显著轻微，危害不大，不认为是犯罪的；二是被不起诉人的行为已经构成犯罪，本应追究刑事责任，但检察机关在审查案件过程中发现有《刑事诉讼法》第 16 条第 2～6 项法定不追究刑事责任的情形。

符合第一种法定情形作出不起诉决定的，事实部分应概括叙述检察机关审查后认定的事实及证据，重点叙写被不起诉人的行为显著轻微，危害程度不大。符合第二种法定情形作出不起诉决定的，事实部分首先要概括叙写被不起诉人的行为构成某种犯罪的材料及证据，然后要重点写明被不起诉人符合相应的法定不追究刑事责任的事实。

（2）属于相对不起诉情形的，事实部分应首先对被不起诉人的行为进行犯罪事实的认定，然后再具体写明被不起诉人具有刑法有关规定不需要判处刑罚或者免除刑罚的具体情形，如经鉴定被不起诉人犯罪时系聋哑人等。

相对不起诉的前提条件是被不起诉人的行为构成犯罪。因此，检察机关认定的犯罪事实仍要围绕犯罪构成要件来叙写，并要有充分的证据来证明。但写作重点应是最终作出不起诉决定所依据的法定情形，该法定情形是刑法有关条款具体规定的，是能否正确作出不起诉决定的关键所在。

（3）属于存疑不起诉情形的，先概括叙述侦查机关（部门）认定的事实，再写明检察机关经审查案件，认为不符合起诉条件的内容：对侦查机关（部门）提供的证据材料不足退回侦查后，经二次补充侦查，检察机关仍然认为证据不足的，作出不起诉决定。

2. 作出不起诉决定的法律依据和理由。作出不起诉决定适用的法律依据和理由是不起诉决定书的重点内容。此部分先是要对被不起诉人的行为进行定性，后援引相应的法律条文进行阐述理由。

（1）属于绝对不起诉的，先根据《刑法》有关条款界定被不起诉人的行为是否构成犯罪。如被不起诉人没有犯罪事实或情节显著轻微、危害不大，不认为是犯罪的，简要概括行为性质，首先援引《刑事诉讼法》第 177 条第 1 款的规定，作出不起诉决定。如被不起诉人的行为构成犯罪，则按照所犯罪行的犯罪构成要件认定罪名，并援引相应《刑法》条文；其次援引《刑事诉讼法》第 16 条第 × 项确定不起诉的法定情形；最后援引《刑事诉讼法》第 177 条第 1 款，作出不起诉决定。

（2）属于相对不起诉的，首先要对被不起诉人的行为进行定性，概括写明所认定犯罪的事实根据，写明被不起诉人的行为构成犯罪所依据的《刑法》条文。其次，援引《刑法》有关条款，指出被不起诉人符合不起诉的法定情形，即围绕上述法定条件论证不起诉决定的理由，引用不需要判处刑罚或者免除刑罚的《刑法》根据。最后，援引《刑事诉讼法》第 177 条第 2 款的规定，对被不起诉人作出不起诉决定。

（3）存疑不起诉。先写明本案已经退回补充侦查，但仍然补充不了确实充分的证据，检察机关审查以后，作出认定事实不清、证据不足的结论性意见，然后直接引用《刑事诉讼法》第 175 条第 4 款的规定，对被不起诉人作出不起诉决定。

3. 告知事项。

（1）应当写明被不起诉人享有的申诉权。

（2）凡是有被害人的案件，应当根据《刑事诉讼法》第 180 条的规定写明被害人享有申诉权及起诉权。

（3）不起诉决定同时具有《刑事诉讼法》第 180 条和第 181 条所规定的情形的，不起诉决定书应当统一按被不起诉人、被害人的顺序分别写明其享有的申诉权。

（三）尾部

1. 署名部分。统一署某人民检察院院名。

2. 制作文书的年月日，并加盖院印。本文书的具文日期应当与其他检察文书一样填写领导签发日期。

三、制作不起诉决定书应注意的问题

1. 要正确把握不起诉决定书的使用范围。公诉部门对于本院侦查部门移送审查起诉的案件，发现犯罪嫌疑人没有犯罪事实，或者符合《刑事诉讼法》第16条规定的情形之一的，应当退回本院侦查部门，建议作出撤销案件的处理。

2. 不起诉决定书是针对被不起诉人作出的，因此应当以人为单位制作，而不应以案件为单位制作。对同一案件多个被告人的，应当每人制作一份不起诉决定书。

3. 所引用的法律应当引全称，且应当用汉字将条、款、项引全。

4. 人民检察院在作出不起诉决定时，如果认为应对被不起诉人给予行政处罚、行政处分或者需要没收违法所得的，应当提出检察意见书，连同不起诉决定书一并送达有关主管机关。

5. 不起诉决定书应当有正本、副本之分，正本中，一份归入正卷，一份发送被不起诉人，副本发送辩护人及其所在单位、被害人或者其近亲属及其诉讼代理人、侦查机关（部门）。

四、关于未成年人刑事案件附条件不起诉的决定问题

1. 对于符合《刑事诉讼法》第282条第1款规定条件的未成年人刑事案件，人民检察院可以作出附条件不起诉的决定。人民检察院作出附条件不起诉的决定后，应当制作附条件不起诉决定书，并在3日以内送达公安机关、被害人或者其近亲属及其诉讼代理人、未成年犯罪嫌疑人及其法定代理人、辩护人。

2. 被附条件不起诉的未成年犯罪嫌疑人，在考验期内没有实施新的犯罪、没有违反治安管理规定造成严重后果并严格遵守考察机关有关附条件不起诉的监督管理规定的，考验期满后，人民检察院应当作出不起诉的决定。

制作实训

不起诉决定书的制作与起诉书有较多的相同点，制作起来比起诉书稍容易些。对不起诉决定书而言，重点是要把握属于不起诉范围的情形，运用正确的格式制作出合格的文书。因此，本节制作实训要求掌握三种不起诉决定书的格式。

一、不起诉决定书格式（样本）一（根据《刑事诉讼法》第177条第1款规定决定不起诉时适用）

×× **人民检察院**
不起诉决定书

检　　刑不诉〔　　〕　　号

被不起诉人……［写明姓名、性别、出生年月日、身份证号码、民族、文

化程度、职业或工作单位及职务（国家机关工作人员利用职权实施的犯罪，应当写明犯罪期间在何单位任何职）、出生地和户籍地、住址（被不起诉人住址写居住地，如果户籍所在地与暂住地不一致的，应当写明户籍所在地和暂住地），是否受过刑事处罚，采取强制措施的种类、时间、决定机关等。]

（如系被不起诉单位，则应写明名称、住所地等。）

辩护人……（写姓名、单位）

本案由×××（侦查机关名称）侦查终结，以被不起诉人×××涉嫌××罪，于×年×月×日向本院移送审查起诉。

（如果是自侦案件，此处写："被不起诉人×××涉嫌××一案，由本院侦查终结，于×年×月×日移送审查起诉或不起诉。"如果案件是其他人民检察院移送的，此处应当将指定管辖、移送单位以及移送时间等写清楚。）

（如果案件曾经退回补充侦查，应当写明退回补充侦查的日期、次数和再次移送审查起诉时间。）

经本院依法审查查明：

……

[如果是根据《刑事诉讼法》第十六条第（一）项即侦查机关移送起诉认为行为构成犯罪，经检察机关审查后认定行为情节显著轻微、危害不大，不认为是犯罪而决定不起诉的，则不起诉决定书应当先概述公安机关移送审查起诉意见书认定的犯罪事实（如果是检察机关的自侦案件，则这部分不写），然后叙写检察机关审查认定的事实及证据，重点反映显著轻微的情节和危害程度较小的结果。如果是行为已构成犯罪，本应当追究刑事责任，但审查过程中有《刑事诉讼法》第十六条第（二）至（六）项法定不追究刑事责任的情形，因而决定不起诉的，应当重点叙明符合法定不追究刑事责任的事实和证据，充分反映出法律规定的内容。如果是根据《刑事诉讼法》第一百七十七条第一款中的没有犯罪事实而决定不起诉的，应当重点叙明不存在犯罪事实或者犯罪事实并非被不起诉人所为。]

本院认为，×××（被不起诉人的姓名）的上述行为，情节显著轻微、危害不大，不构成犯罪。依照《中华人民共和国刑事诉讼法》第十六条第（一）项和第一百七十七条第一款的规定，决定对×××（被不起诉人的姓名）不起诉。

[如果是根据《刑事诉讼法》第十六条第（二）至（六）项法定不追究刑事责任的情形而决定的不起诉，重点阐明不追究被不起诉人刑事责任的理由及法律依据，最后写不起诉的法律依据。如果是根据《刑事诉讼法》第一百七十七条第一款中的没有犯罪事实而决定不起诉的，指出被不起诉人没有犯罪事实，

再写不起诉的法律依据。〕

查封、扣押、冻结的涉案款物的处理情况。

被不起诉人如不服本决定，可以自收到本决定书后七日内向本院申诉。

被害人如果不服决定，可以自收到本决定书后七日以内向×××人民检察院申诉，请求提起公诉；也可以不经申诉，直接向×××人民法院提起自诉。

×××人民检察院

年　　月　　日

（院印）

二、不起诉决定书格式（样本）二（根据《刑事诉讼法》第 177 条第 2 款规定决定不起诉时适用）

××人民检察院

不起诉决定书

检　　刑不诉〔　　〕　　号

被不起诉人……〔写明姓名、性别、出生年月日、身份证号码、民族、文化程度、职业或工作单位及职务（国家机关工作人员利用职权实施的犯罪，应当写明犯罪期间在何单位任何职）、出生地和户籍地、住址（被不起诉人住址写居住地，如果户籍所在地与暂住地不一致的，应当写明户籍所在地和暂住地），是否受过刑事处罚，采取强制措施的种类、时间、决定机关等。〕

（如系被不起诉单位，则应写明名称、住所地等。）

辩护人……（写姓名、单位）

本案由×××（侦查机关名称）侦查终结，以被不起诉人×××涉嫌××罪，于×年×月×日向本院移送审查起诉。

（如果是自侦案件，此处写："被不起诉人×××涉嫌××一案，由本院侦查终结，于×年×月×日移送审查起诉或不起诉。"如果案件是其他人民检察院移送的，此处应当将指定管辖、移送单位以及移送时间等写清楚。）

（如果案件曾经退回补充侦查，应当写明退回补充侦查的日期、次数和再次移送审查起诉时间。）

经本院依法审查查明：

……

（概括叙写案件事实，其重点内容是有关被不起诉人具有的法定情节和检察机关酌情作出不起诉决定的具体理由的事实。要将检察机关审查后认定的事实和证据写清楚，不必叙写侦查机关移送审查时认定的事实和证据。对于证据不足的事实，不能写入不起诉决定书中。在事实部分中表述犯罪情节时应当以犯罪构成要件为标准，还要将体现其情节轻微的事实及符合不起诉条件的特征叙述清楚。叙述事实之后，应当将证明"犯罪情节"的各项证据一一列举，以阐明犯罪情节如何轻微。）

本院认为，犯罪嫌疑人×××实施了《中华人民共和国刑法》第××条规定的行为，但犯罪情节轻微，具有×××情节（此处写明从轻、减轻或者免除刑事处罚具体情节的表现），根据《中华人民共和国刑法》第××条的规定，不需要判处刑罚（或者免除刑罚）。依据《中华人民共和国刑事诉讼法》第一百七十七条第二款的规定，决定对×××（被不起诉人的姓名）不起诉。

查封、扣押、冻结的涉案款物的处理情况。

被不起诉人如不服本决定，可以自收到本决定书后七日内向本院申诉。

被害人如不服本决定，可以自收到本决定书后七日以内向×××人民检察院申诉，请求提起公诉；也可以不经申诉，直接向×××人民法院提起自诉。

×××人民检察院
年　月　日
（院印）

三、不起诉决定书格式（样本）三（根据《刑事诉讼法》第 175 条第 4 款规定决定不起诉时适用）

××人民检察院
不起诉决定书

检　　刑不诉〔　　〕　　号

被不起诉人……〔写明姓名、性别、出生年月日、身份证号码、民族、文化程度、职业或工作单位及职务（国家机关工作人员利用职权实施的犯罪，应当写明犯罪期间在何单位任何职）、出生地和户籍地、住址（被不起诉人住址写居住地，如果户籍所在地与暂住地不一致的，应当写明户籍所在地和暂住地），是否受过刑事处罚，采取强制措施的种类、时间、决定机关等。〕

（如系被不起诉单位，则应写明名称、住所地等。）

辩护人……（写姓名、单位）

本案由×××（侦查机关名称）侦查终结，以被不起诉人×××涉嫌××罪，于×年×月×日移送本院审查起诉。

（如果是自侦案件，此处写："被不起诉人×××涉嫌××一案，由本院侦查终结，于×年×月×日移送审查起诉或不起诉。"如果案件是其他人民检察院移送的，此处应当将指定管辖、移送单位和移送时间等写清楚。）

（如果案件曾经退回补充侦查，应当写明退回补充侦查的日期、次数和再次移送审查起诉时间。）

×××（侦查机关名称）移送审查起诉认定……（概括叙述侦查机关认定的事实），经本院审查并退回补充侦查，本院仍然认为×××（侦查机关名称）认定的犯罪事实不清、证据不足（或本案证据不足）（应当概括写明事实不清、证据不足的具体情况），不符合起诉条件。依照《中华人民共和国刑事诉讼法》第一百七十五条第四款的规定，决定对×××（被不起诉人的姓名）不起诉。

（如系检察机关直接受理案件，则写为：本案经本院侦查终结后，在审查起诉期间，经两次补充侦查，本院仍认为本案证据不足，不符合起诉条件。依照《中华人民共和国刑事诉讼法》第一百七十五条第四款的规定，决定对×××不起诉。）

查封、扣押、冻结的涉案款物的处理情况。

被不起诉人如不服本决定，可以自收到本决定书后七日内向本院申诉。

被害人如不服本决定，可以自收到本决定书后七日以内向×××人民检察院申诉，请求提起公诉；也可以不经申诉，直接向×××人民法院提起自诉。

×××人民检察院

年　月　日

（院印）

技能拓展

1. 不起诉决定书的适用范围有哪些?
2. 制作不起诉决定书应当注意哪些问题?
3. 请根据下列材料拟写一份不起诉决定书。

【案情简介】

2018年5月6日晚5时许，故意杀人犯张××将××市××厂工人陈××杀害后逃至其朋友李××家，告诉李××，自己开车不小心把一个人撞伤了，现已送往医院抢救，但自己手头钱不够，想向李××借5000元钱去医院交住院费，然后自己去自首，并告诉李××，自己身上的血是抢救被撞伤的人时擦上的。李××当时虽然半信半疑，但还是拿了5000元钱给张××，张××拿到钱后随即离开。张××临走时，李××提出与张××一起去，但被张××拒绝。第二天，李××得知张××杀人的事后，即向其所在单位领导报告了此事。张××在车站被堵截的公安人员抓获，交代了向李××借钱之事。5月8日，××市公安局以李××涉嫌窝藏罪将其拘留，5月10日，李××被取保候审。5月20日，××市公安局以李××涉嫌窝藏罪将案件移送××市人民检察院审查起诉。5月22日，李××聘请××律师事务所律师×××担任其辩护人。××市人民检察院审查后认为，李××虽然借钱给张××，有窝藏资助犯罪嫌疑人之嫌，但其主观上并无资助窝藏犯罪分子的故意，且在得知真相后及时向单位领导报告了此事，其行为没有触犯《刑法》第310条的规定，且情节显著轻微，不应认定为犯罪，遂依据《刑事诉讼法》第177条第1款、第16条第1项的规定，于5月25日决定对李××不起诉。

　　李××的基本情况：男性，汉族，1968年9月21日出生，籍贯：××省××县，住××市××厂宿舍××栋××单元×号，系该厂工人。高中毕业后即入厂工作。

　　【写作要求及提示】

　　（1）制作不起诉决定书要符合基本格式的要求，项目要齐全。

　　（2）不起诉决定书要注意被不起诉人的称谓，不能称作犯罪嫌疑人或被告人。

　　（3）制作不起诉决定书时，要弄清被不起诉人的行为属于哪一类不起诉的情形，在理由部分要援引正确的法律条文。

第四节　公诉意见书

案例导入

一、案件基本情况

　　2010年×月×日×时许，被告人药××驾驶红色雪佛兰小轿车从西安××送完女朋友返回西安，当行驶至××大学长安校区外西北角××大道时，撞上前方同向骑电动车的张×，后药××下车查看，发现张×倒地呻吟，因怕张×看到其车牌号，以后找麻烦，便产生杀人灭口恶念，于是转身从车内取出一把尖刀，上前对倒地的被害人张×连捅数刀，致张×当场死亡。杀人后，被告人药××驾车逃离现场，当车行至××路时再次将两人撞伤，逃逸时被附近群众抓获，后被公安机关释放。2010年×月×日，被告人药××在其父母陪同下到公安机关投案。经法医鉴定：死者张×系胸部锐器刺创致主动脉、上腔静脉破裂大出血而死亡。×月×日晚，药××被××公安局依法刑事拘留。×月×日，经××检察机关批准，因涉嫌故意杀人罪，药××被依法逮捕。2011年×月×日，××市人民检察院以故意杀人罪对药××提起公诉，公诉人在××市中级人民法院开庭审理此案时，当庭发表了公诉意见。

二、案例提示

　　被告人药××因开车肇事撞人，又持刀故意非法剥夺他人生命，情节极其恶劣、后果极其严重，且被告人主观恶性和社会危险性均很大。依照《刑法》有关条款，应以故意杀人罪追究其刑事责任。公诉人在法庭上发表公诉意见时，进一步阐明了起诉书中指控被告人犯故意杀人罪的事实和证据，对被告人行为的残忍、所造成的恶劣影响及主观恶性等予以分析说明。对辩方可能提出的被告人具有自首情节，要求从轻处罚的辩护意见，应预先阐明不应放宽对其量刑的事实和法律依据。

三、制作公诉意见书的准备工作

公诉人在人民法院决定开庭审判后，应当做好如下准备工作：

1. 进一步熟悉案情，掌握证据情况。

2. 深入研究与本案有关的法律政策问题。

3. 充实审判中可能涉及的专业知识。

4. 拟订讯问被告人，询问证人、鉴定人、有专门知识的人和宣读、出示、播放证据的计划并制定质证方案。

5. 对可能出现证据合法性争议的，拟订证明证据合法性的提纲并准备相关材料。

6. 拟订公诉意见，准备辩论提纲。

7. 需要对出庭证人等的保护向人民法院提出建议或者配合做好工作的，做好相关准备。

教学内容

一、公诉意见书的概念、法律依据和功能

（一）概念

公诉意见书是国家公诉人在法庭审理刑事案件的过程中，对证据和案件情况集中发表意见，当庭揭露和指控被告人罪行时的综合性发言，是对检察院所提出的起诉书内容的扩展和补充。

（二）法律依据

《刑事诉讼法》第189条规定，人民法院审判公诉案件，人民检察院应当派员出席法庭支持公诉。

《人民检察院刑事诉讼规则（试行）》第426条第1款规定，提起公诉的案件，人民检察院应当派员以国家公诉人的身份出席第一审法庭，支持公诉。

（三）功能

公诉意见书是公诉人在法庭上，以起诉书为基础，全面揭露被告人的犯罪行为，分析其犯罪行为的性质、后果和对社会的危害，阐明追究被告人的刑事责任的理由。公诉意见书能起到法制宣传的作用，对案件的最后处理有一定的

参考作用。公诉意见书能体现检察机关的执法水平和办案质量，也是公众观察、了解、认识检察机关的一个重要窗口和载体。因此，公诉意见书制作的优劣，对于人民检察院公诉的质量有着重要的关系。

二、结构内容和论证方法

（一）公诉意见书的主要内容

1. 首部概述公诉人出席法庭支持公诉及对刑事诉讼实行法律监督的依据。

2. 根据法庭调查的情况，概述法庭质证的情况、各证据的证明作用，并运用各证据之间的逻辑关系证明被告人的犯罪事实清楚，证据确实充分。

3. 根据被告人的犯罪事实，论证应适用的法律条款并提出定罪及从重、从轻、减轻处罚等意见。公诉人在公诉意见中可以对被告人认罪态度的好坏、犯罪结果的严重性、社会影响是否恶劣等作出分析。此外，还可以提出具体的量刑建议。

4. 根据庭审情况，在揭露被告人犯罪行为社会危害性的基础上，作必要的法制宣传和教育工作。公诉意见书对法理的阐述、对犯罪及其危害性的指控和控诉、对维护法治秩序意义的强调以及对无理辩解、狡辩的驳斥等，具有突出的宣传教育性。

（二）公诉意见书的论证方法

1. 事实论证。公诉人在法庭上就起诉书指控的犯罪事实，尤其是对与辩方可能有争议的事实，运用证据，从被告人犯罪行为的情节、手段、原因、危害后果等方面进行深入剖析，进一步揭露犯罪。这是一种据实论理的方法，从事实、证据的角度论述，也是公诉意见书中最常见的揭露犯罪恶性极其严重的社会危害性的方法。

2. 法理论证。公诉意见书应根据刑法理论、相关司法解释，对犯罪事实进行法理分析，围绕被告人犯罪行为的构成要件，从法律条文的正确理解角度来论证被告人犯罪的性质，从而印证起诉书指控的犯罪事实清楚、证据确实、定性准确。

3. 因果论证。公诉意见书应论证被告人的行为与所发生的危害结果之间存在着严密的逻辑关系。即，用证据将被告人的行为与危害结果联系起来，证明证据之间具有关联性，可以相互印证。通过论点论据来推断，得出确定本案罪名的必然性结论。

（三）公诉意见书基本格式

××人民检察院
公诉意见书

被告人×××

案由×××

起诉书号：×检×诉〔20××〕××号

审判长、审判员（人民陪审员）：

根据《中华人民共和国刑事诉讼法》第一百八十九条、第一百九十八条、第二百零四条和第二百零九条的规定，我（们）受×××人民检察院的指派，代表本院，以国家公诉人的身份出席法庭支持公诉，并依法对刑事诉讼实行法律监督。现对本案证据和案件情况发表如下意见，请法庭注意。

……（结合案情重点阐述以下问题：①根据法庭调查的情况，概述法庭质证的情况、各证据的证明作用，并运用各证据之间的逻辑关系证明被告人的犯罪事实清楚，证据确实充分。②根据被告人的犯罪事实，论证应适用的法律条款并提出定罪及从重、从轻、减轻处罚等意见。③根据庭审情况，在揭露被告人犯罪行为的社会危害性的基础上，做必要的法制宣传和教育工作。）

综上所述，起诉书认定本案被告人×××的犯罪事实清楚，证据确实充分，依法应当认定被告人有罪，并建议＿＿＿＿＿＿＿＿＿＿（提出量刑建议或从重、从轻，减轻处罚等意见）。

公诉人：×××
年　月　日

三、公诉意见书制作说明

1. 公诉意见书是依照《刑事诉讼法》第189条、《人民检察院刑事诉讼规则（试行）》第426条规定制作的。在人民法院对公诉案件开庭审理过程中，以国家公诉人的身份出席法庭支持公诉的检察人员，可以对证据和案件情况发表公诉意见，并且可以和辩方互相辩论。

2. 公诉意见书是庭审中的重要文书，它的最重要的功能是代表人民检察院对案件的起诉情况作出总结。在公诉人举证的情况下，辩论阶段的公诉发言应当就举证情况作出综合性论证，以证据为基础概述案件的全貌。

制作实训

一、公诉意见书实例

××人民检察院
公诉意见书

被告人：药××

案由：故意杀人

起诉书号：×检×诉〔20××〕××号

审判长、审判员：

根据《中华人民共和国刑事诉讼法》有关条款的规定，我们受本院检察长的指派，代表本院以国家公诉人的身份出席法庭，对被告人药××故意杀人一案支持公诉，并依法履行法律监督职责。为了更加完整、全面地指控被告人的犯罪行为，现发表如下公诉意见，提请法庭依法采信：

一、被告人犯罪事实清楚，证据确凿

2010年×月×日×时许，被告人药××驾驶××小轿车从西安××大学××校区返回西安，行至西北××大学××校区西围墙外时，撞上前方同向驾驶电动车的张×。药××下车查看，发现张×倒地呻吟，因怕张×看到其车牌号，以后找麻烦，便产生杀人灭口的恶念，于是从随身背包中取出一把尖刀，上前对张×连捅数刀，致张×当场死亡。

在法庭调查中，公诉人讯问了被告人，出示了作案工具××，现场勘查，检查笔录，尸体鉴定、DNA鉴定结论和被告人药××的供述等证据，这些证据在形式上符合刑事诉讼法的规定；

上述证据的取得均是公安机关、检察机关依照合法程序收集的，证据来源没有法定的排斥情形；证据与证据之间可以相互印证，经过控辩双方的当庭质证，足以形成一个完整、规范、合法的证据锁链，具有完整的证明力，能够充分证明被告人的犯罪事实。

二、被告人罪名成立

本案中，被告人药××明知向已经被自己轿车撞倒在地的被害人连捅数刀的行为会造成被害人死亡的危害后果，仍然实施捅刀行为，可见其就是希望通过杀死被害人来阻止自己的车号被记下，最终达到避免无穷尽赔偿麻烦的目的。被告人的行为完全符合故意杀人罪的构成要件。其行为已触犯了《中华人民共和国刑法》第232条之规定，请法院以故意杀人罪追究其刑事责任。

三、被告人犯罪行为的社会危害性

本案中，被告人开车将人撞伤，不但不予施救，反而因害怕被记下车号而连捅数刀，杀人灭口，致被害人当场死亡。其主观恶性极大，犯罪手段特别残忍，情节特别恶劣。另外，其实施犯罪行为的场合是公共场所，其行为使不特定的多数人的内心产生极大的恐惧，具有极大的人身危险性和严重的社会危害性。

四、关于提请法庭量刑时注意的问题

被告人药××虽然仅有××岁，一直上学，涉世不深，缺乏一般的法律常识和基本的交通事故处理能力，进而产生因害怕车号被记而杀人灭口的幼稚想法并付诸实施，但是其驾车肇事后，不予施救反将被害人数刀捅死的犯罪行为极度残忍，后果严重，丧失了作为社会一般人最基本的人性，其行为是对被害人生命的极大不尊重和对国家法律秩序的公然挑衅。无论其自身存在何种不足，作出何种补救和悔过，都无法掩盖其潜意识中人性的凶残和对法律的藐视，其终应为自己残忍的行为付出一生的代价，受到法律最严厉的制裁。

审判长、审判员，公诉机关指控被告人故意杀人罪的事实清楚，证据确实充分，请法庭根据本案事实、证据和犯罪情节、社会危害性以及法律规定，对被告人作出公正的判决。

公诉人：×××

2011 年×月×日

二、案例评析

本公诉意见书对辩护人在案件庭审中可能提出的问题预先做了准备。围绕起诉书指控的被告人犯罪的事实和证据，进一步阐明公诉机关的观点和立场，对影响本案定性、量刑、法律适用以及被告人犯罪主观恶性、犯罪情节、社会危害性等关键问题作了有理有力的公诉发言。本案例也体现了公诉意见书与起诉书不同的语言风格。不足之处在于："根据《中华人民共和国刑事诉讼法》有关条款的规定，我们受本院检察长的指派，代表本院，以国家公诉人的身份出席法庭"中，应写明具体法律条款。

三、公诉意见书内容的延展

1. 公诉意见书通常是在庭审前根据检察院审理案件情况制作的。在庭审中，公诉人应根据法庭调查、辩论等环节出现的新情况，对公诉意见做适当的调整和补充。

2. 公诉人在法庭上发表公诉意见时，还可以根据案件的需要进行适当的法制宣传教育。例如："今天的药××站在法庭上接受审判，固然是法律的胜利，但同样也是法律的无奈。本案原本可以止于法律之外，可以止步于张×倒地呻吟之时，甚至可以止步于撞人后药××惊慌逃逸之后。但正是因为缺乏对生命的尊重，丧失对法律的敬畏，让一起普通的交通事故瞬间演变成血腥暴力的悲剧。我们认为，案犯虽有自首情节，但仍需要依法严惩。"

技能拓展

1. 公诉意见书的正文部分应写明哪些内容？

2. 简述公诉意见书与起诉书之间的关系。

【提示要点】起诉书是人民检察院代表国家向人民法院提起公诉、指控被告人犯罪并要求追究刑事责任的法律文书，其内容要求简洁明了，对认定事实理由的表述非常简略，也不对当事人提出的证据进行分析或驳斥。公诉意见书是公诉人在庭审调查结束后庭审辩论开始时代表公诉机关所作的综合性发言，是起诉书的支持与补充，它要对起诉书中的事实和列举的证据以及起诉的理由和根据做进一步的分析与论证，还应对定罪量刑意见作出补充性的解释。

第五节　刑事抗诉书

一、案件基本情况

××市××区人民法院于××××年×月×日以〔××××〕×法刑初字第××号判决，对被告人张××以诈骗罪判处有期徒刑3年。××市××区人民检察院认为法院一审判决对被告人张××的犯罪事实认定不当，尚有部分犯罪事实没有认定，认为法院判决适用法律不当，量刑畸轻。为此，××市××区人民检察院向××市中级人民法院提出抗诉，请求二审法院改判。

二、案例提示

根据法律规定，人民检察院依法对人民法院的判决、裁定是否正确负有监督职责，对人民法院确有错误的判决、裁定，应当依法提出抗诉。上述案例中，检察院认为一审法院的判决在事实、证据等方面确有错误，对应当追究的犯罪事实没有认定，导致对被告人的判决结果过轻，决定行使监督权，作出抗诉决定。根据法律规定，××市××区人民检察院有权依法制作抗诉书，向××市中级人民法院提出抗诉，要求二审法院予以改判。

三、制作刑事抗诉书前的准备工作

1. 人民检察院通过受理申诉、审查人民法院的判决、裁定等活动，监督人民法院的判决、裁定是否正确。

2. 检察院在作出抗诉决定前，要按照案件管辖的有关规定审核案件来源，查清受案范围，确定抗诉书送达的法院。

3. 仔细研究法院的裁判文书是否确有错误，查找不当之处。如认为本级人民法院第一审的判决、裁定确有错误的，应当向上一级人民法院提出抗诉。

一、刑事抗诉书的概念、适用范围和法律依据

（一）概念

刑事抗诉书是指人民检察院认为人民法院的刑事判决或裁定确有错误，有抗诉必要，而依照法定诉讼程序提出抗诉，要求人民法院对案件进行重新审理

并作出改判时所制作的法律文书。

人民检察院的抗诉书按不同的标准有不同的分类。按抗诉的案件性质来分，可分为刑事案件抗诉书、民事案件抗诉书和行政案件抗诉书三种。按诉讼程序来分，可分为第二审程序的抗诉书和审判监督程序的抗诉书两种。

本节所述内容为刑事抗诉书。

（二）法律依据和适用范围

1. 刑事抗诉书的法律依据。按照第二审程序抗诉的，应根据《刑事诉讼法》第 228 条、第 232 条规定制作抗诉书。按照审判监督程序抗诉的，应按照《刑事诉讼法》第 254 条第 3 款的规定制作抗诉书。

2. 刑事抗诉书的适用范围。刑事抗诉书在人民检察院对人民法院确有错误的刑事判决、裁定依法提出抗诉的时候使用，包括对自诉案件、没有公诉人出庭的适用简易程序审理案件的判决、裁定的抗诉。

对按照审判监督程序提出抗诉的案件，人民检察院认为人民法院作出的判决、裁定仍然确有错误的，如果案件是依照第一审程序审判的，同级人民检察院应当向上一级人民法院提出抗诉；如果案件是依照第二审程序审判的，上一级人民检察院应当按照审判监督程序向同级人民法院提出抗诉。

二、结构内容和写法要求

以适用第二审程序刑事抗诉书的结构内容和写法为例：

（一）首部

包括标题、文号。如果是涉外案件，应该冠以"中华人民共和国"字样。文书名称即"刑事抗诉书"，文号为"检刑抗〔　〕号"。

（二）原审判决、裁定情况

具体表述为"×××人民法院以××号刑事判决书（裁定书）对被告人×××（姓名）×××（案由）一案判决（裁定）……（判决、裁定结果）"。

注意：①对被告人的基本情况不用叙写。②在案由上，如检察机关和审判机关认定罪名不一致时，应该分别表述清楚。③如果在侦查、起诉、审判各阶段均没有超时限等程序违法现象时，对公、检、法三机关的办案经过无须叙写，只需简要写明法院判决、裁定结果即可。

（三）审查意见

这一部分的内容是检察机关对原审判决（裁定）的审查意见，目的是明确指出原审判决（裁定）的错误所在，例如，事实不清、证据不足的，适用刑罚明显不当的，认定罪名不正确的，等等。应告知二审法院，检察院抗诉的重点是什么。这部分要观点鲜明，简明扼要。

（四）抗诉理由

抗诉理由是抗诉书的核心部分，其特点是针对性强。总体写作方法是先指出原裁判错误所在,然后有根有据、有理有节地加以批驳。具体是针对原判决(裁定)的错误所在,或认定事实有误,或适用法律不当,或审判程序严重违法,或三者兼而有之,分别述写抗诉理由。

抗诉理由的论证方式主要有下列三种:

1. 分段列举法。即写明审查意见后,将抗诉理由按论点、论据,依照其内在的逻辑关系,分几部分列举叙述。如"经本院审查认为,原判定性错误,适用法律不当,理由如下:一、……;二、……;三、……"这种论证方式适用于抗诉理由论点较多的案件。

2. 综合分析法。即将抗诉理由集中论述而不列举,这种论证方式适用于抗诉理由论点较少的案件。

3. 分人叙述法。即在有数名被告人的抗诉案件中,对于不同被告人,针对各自的犯罪事实,参照上述方法,分段论证抗诉理由。这种论证方式适用于有两名以上被告人的抗诉案件。

对于有多起犯罪事实,而检察院和法院两机关对此又存在分歧的抗诉案件,只叙述原判决(裁定)认定事实不当的部分,对认定没有错误的,可以简单表述为"对……事实的认定无异议"即可,要提出检察院和法院两机关争议的重点,体现抗诉的针对性。

(五)结论性意见、法律根据、决定和请求事项

具体表述为:"综上所述……(概括上述理由),为维护司法公正,准确惩治犯罪,依照《中华人民共和国刑事诉讼法》第二百五十四条第三款的规定,特提出抗诉,请依法判决。"此部分应注意用语简洁、明确。

(六)尾部

包括文书的发送对象(即上一级人民法院)、制发文书的人民检察院的名称及院印、文书制发日期。

(七)附项

包括被告人现羁押或者居住处所、新的证人名单或者证据目录。对于未被羁押的原审被告人,应将其住所或者居所写清楚,如果证人名单和证据目录与起诉书相同则不必再附。

(八)基本格式

人民检察院
刑事抗诉书

(二审程序适用)

       检　　刑抗〔　〕号

×××人民法院以××号刑事判决(裁定)书对被告人×××(姓名)×

×（案由）一案判决（裁定）……（判决、裁定结果）。本院依法审查后认为……（如果是被害人及其法定代理人不服地方各级人民法院第一审的判决而请求人民检察院提出抗诉的，应当写明这一程序，然后再写"本院依法审查后认为"），该判决（裁定）确有错误（包括认定事实有误、适用法律不当、审判程序严重违法），理由如下：

……（根据不同情况，理由从认定事实错误、适用法律不当和审判程序严重违法等几个方面阐述。）

综上所述……（概括上述理由），为维护司法公正，准确惩治犯罪，依照《中华人民共和国刑事诉讼法》第二百二十八条的规定，特提出抗诉，请依法判处。

此致
×××人民法院

×××人民检察院
年　月　日
（院印）

附：1. 被告人×××现羁押于×××（或者现住×××）。
　　2. 其他有关材料。

制作实训

一、抗诉书实例

××人民检察院
刑事抗诉书

××检刑二抗〔2019〕18 号

×××人民法院以（2017）××刑初字第××号判决书，以危险驾驶罪判处被告人刘××拘役 2 个月，缓刑 2 个月，并处罚金 3000 元。本院依法审查后认为，本案适用缓刑不当。理由如下：

首先，被告人刘××血液中酒精含量高达 438.01mg /100ml，犯罪情节恶劣。根据《关于办理醉酒驾驶机动车刑事案件适用法律若干问题的意见》第二条第二项规定：醉酒驾驶机动车，具有下列情形之一的，依照《刑法》第一百三十二条的规定从重处罚：血液酒精含量达到 200 毫克/100 毫升以上的。

其次，被告人刘××醉酒后超速行驶，社会危险性较大。案发当时，被告人驾驶的车辆车速为 48km /h，超过了该路段的最高时速限制，危害性大。

最后，被告人刘××危险驾驶的行为造成一人死亡，一人重伤，危害后果严重。

综上所述：被告人刘××危险驾驶，情节恶劣。为维护司法公正，准确惩治犯罪，依照《中华人民共和国刑事诉讼法》第二百二十八条的规定，特提出抗诉，请依法判处。

此致
×××人民法院

×××人民检察院

二〇一九年×月×日

（院印）

抗诉理由是否成立，直接影响抗诉书的质量，关系到人民检察院刑事抗诉的成败。下面就理由部分作实例介绍：

本院认为：原审法院判决认定原审被告人李×犯挪用公款罪定性不准，适用法律不当，量刑畸轻。理由如下：

一、案件定性有误

1. 贪污罪和挪用公款罪都是职务犯罪，前者是国家工作人员利用职务上的便利，侵吞、窃取、骗取或者以其他手段非法占有公共财物的行为；后者是国家工作人员利用职务上的便利，挪用公款归个人使用，进行非法活动，或者挪用公款数额较大、进行营利活动，或者挪用公款数额较大、超过三个月未还的行为。在行为方式上，前者是永远地非法占有公共财物，因此行为人往往采用毁损凭证、掩盖真相等手段；后者从性质上说是暂时地非法使用公款，因此在财务账目上往往表现为没有平账。本案中，虽然原审被告人李×承认开出的发票和收到的现金存在差额，但其辩解产生差额的原因是由于保险柜被盗、未与服务员结清及账目计算错误等原因，自始至终否认动用过公款，而且在案发后也没有任何归还的行为。由此可以认定，原审被告人具有非法占有公共财物的直接犯罪故意，属于侵吞公款15万元。

2. 原审被告人李×并非财务人员，根本无法做到平账，即使其毁弃、隐匿了发票，亦可凭借代为收款的服务员所留存的由其出具的收条等证据证实其收款的事实和数额。其否认动用公款且分文未归还的行为已充分说明其占有公款的主观故意，且已实际将公款据为己有，是否平账或毁弃、隐匿账目不影响对其行为性质的认定。

3. 挪用公款在客观方面有三种表现形式：挪用公款数额较大，超过三个月未还；挪用公款归个人使用，进行非法活动；挪用公款数额较大，进行营利活动。但原审判决对原审被告人李×如何使用公款只是笼统地表述为"私自截留公款15万元，归其个人使用，数额较大"。究竟原审被告人李×如何使用公款，原审判决并未确定。而对公款使用方式的不同直接影响着对行为人的定罪量刑，认定挪用公款罪，应当确认行为人如何使用公款。李×否认挪用公款，拒绝供述公款去向，不能认定其构成挪用公款罪。

综上，原审法院判决认定被告人李×犯有挪用公款罪，定性不准，适用法律错误。

二、量刑明显畸轻

《中华人民共和国刑法》第三百八十三条第一款规定："对犯贪污罪的，根据情节轻重，分别依照下列规定处罚：①贪污数额较大或者有其他较重情节的，处3年以下有期徒刑或者拘役，并处罚金。②贪污数额巨大或者有其他严重情节的，处3年以上10年以下有期徒刑，并处罚金或者没收财产。③贪污数额特别巨大或者有其他特别严重情节的，处10年以上有期徒刑或者无期徒刑，并处罚金或者没收财产；数额特别巨大，并使国家和人民利益遭受特别重大损失的，处无期徒刑或者死刑，并处没收财产。"原审法院在定性不准的基础上，以挪用公款罪判处被告人李×有期徒刑4年，量刑畸轻。

综上所述，原审判决确有错误，为严肃国法，准确惩治犯罪，依据《中华人民共和国刑事诉讼法》第二百二十八条的规定，特提出抗诉，请依法改判。

二、实例评析

理由部分是抗诉书的主要内容，直接影响抗诉书的质量。本抗诉书理由部分针对原审判决的错误之处，提出纠正意见，逐个论述原审法院定性不准，适用法律不当，量刑畸轻，最后提出抗诉请求，有较强的说服力。

技能拓展

1. 简述第二审程序抗诉与再审程序抗诉的区别。

【提示要点】

（1）抗诉对象不同。第二审程序抗诉针对的是各级人民法院的第一审尚未生效的裁判；再审程序抗诉针对的是已经生效的裁判。

（2）提起抗诉的主体不同。第二审程序抗诉是由第一审法院同级的人民检察院提起的；再审程序抗诉是由上级人民检察院提起的。

（3）接受抗诉的审判机关不同。第二审程序抗诉由上级人民法院接受；再审程序抗诉由同级人民法院接受。

（4）抗诉期限不同。第二审程序抗诉必须遵守法定期限；再审程序抗诉无期限限制，但要求无罪改为有罪的，应遵守《刑法》有关诉讼时效的规定。

（5）抗诉目的不同。第二审程序抗诉是阻止第一审法院的判决（裁定）生效，避免将人民法院有错误的判决（裁定）交付执行；再审程序抗诉是为了实事求是，有错必纠。

（6）抗诉途径不同。第二审程序抗诉是一审案件公诉机关通过一审法院向上一级法院提交抗诉材料，上级人民检察院出庭；再审程序抗诉是抗诉机关向同级人民法院提交抗诉材料。

2. 适用审判监督程序的抗诉书在制作中需要注意哪些问题？

【提示要点】

（1）《刑事诉讼法》第254条第3款规定，最高人民检察院对各级人民法院已经发生法律效力的判决和裁定，上级人民检察院对下级人民法院已经发生法律效力的判决和裁定，如果发现确有错误，有权按照审判监督程序向同级人民法院提出抗诉。

（2）在该抗诉书的抗诉理由中，要对下列几种情形充分论证，阐明理由：①有新的证据证明原判决、裁定认定的事实确有错误，可能影响定罪量刑。②据以定罪量刑的证据不确实、不充分。③据以定罪量刑的证据依法应当予以排除。④据以定罪量刑的主要证据之间存在矛盾。⑤原判决、裁定的主要事实依据被依法变更或者撤销。⑥认定罪名错误且明显影响量刑。⑦违反法律关于追诉时效期限的规定。⑧量刑明显不当。⑨违反法律规定的诉讼程序，可能影响公正审判。⑩审判人员在审理案件的时候有贪污受贿，徇私舞弊，枉法裁判行为。

第五章

人民法院常用刑事裁判文书

学习目标

1. 了解人民法院常用法律文书的概念、特征和主要种类。
2. 掌握刑事裁判文书的概念、功能。
3. 了解再审刑事判决书的主要内容。
4. 掌握刑事裁定书的适用范围，正确引用法律条款。
5. 熟练掌握人民法院常用刑事裁判文书的格式、内容、写法，能根据文书制作要求制作出合格的刑事裁判文书。

第一节　人民法院常用刑事裁判文书概述

教学内容

一、人民法院刑事裁判文书的概念

刑事裁判文书，是人民法院代表国家行使审判权，依照《中华人民共和国刑法》和《中华人民共和国刑事诉讼法》及其他有关刑事法律的规定审理刑事案件时，在事实清楚、证据确实充分的基础上，就案件实体问题和程序问题所作出的具有法律效力的文书。

制作刑事裁判文书是刑事审判工作的重要组成部分，是审判人员的一项重要任务，也是法院刑事审判的一项基本业务。

二、人民法院刑事裁判文书的种类

刑事裁判文书种类较多，主要包括刑事判决书、刑事裁定书和刑事调解书。

刑事判决书，按照内容可分为有罪判决书和无罪判决书；而有罪判决书又分为科刑判决书和免刑判决书。按照审判程序，刑事判决书分为第一审刑事判决书、第二审刑事判决书、再审刑事判决书和刑事附带民事判决书。

刑事裁定书分为第一审刑事裁定书、第二审刑事裁定书、死刑复核刑事裁定书、核准法定刑以下判处刑罚的刑事裁定书、再审刑事裁定书、减刑假释裁定书、减免罚金裁定书和中止、终止审理裁定书等。

刑事调解书分为刑事附带民事诉讼案件调解书和刑事自诉案件调解书。

最高人民法院为全面贯彻执行刑事诉讼法和刑法，大力推进控辩式审理方式，改革诉讼文书的制作，提高诉讼文书质量，对人民法院刑事裁判文书作了多次修改、补充。1999 年 4 月 6 日，最高人民法院审判委员会第 1051 次会议讨论通过了《法院刑事诉讼文书样式（样本）》，共 9 类，有 164 种文书样式，其中裁判文书 40 种。2001 年《最高人民法院办公厅关于实施〈法院刑事诉讼文书样式〉若干问题的解答》，对各地法院提出的一些问题，为正确理解和执行修订样式，作了解答。随着 2018 年修正的《中华人民共和国刑事诉讼法》的施行，法院刑事裁判文书也将进一步完善，以更好地适应法律的施行。

三、人民法院刑事裁判文书的意义及作用

人民法院制作的刑事裁判文书，是人民法院行使国家审判权的体现，是具有法律效力的法律文书，是司法公正的最终载体。它关系到国家法律、法规的正确实施，关系到当事人诉讼权利和合法权益的保护，也关系到人民法院实事求是、依法办案、秉公执法、刚正不阿的公正形象。

四、人民法院刑事裁判文书的写作要求

人民法院刑事裁判文书的写作要符合法律文书制作的一般要求，同时还要求：

1. 叙述事实部分要用具体证据证明犯罪，不能只写"上述犯罪事实，有证人证言、书证、鉴定结论证实，被告人也供认不讳"这样的套话。证言的内容、书证的种类和内容、作出鉴定结论的单位和内容都应当写明。

2. 裁判文书应加大对证据的分析、认证，法官的认证、采信证据等应体现在文书写作中。

3. 理由部分说理要充分，既要引用法条，也要阐明适用法律的道理。裁判文书的理由部分是裁判文书制作中的重要环节，也最能体现出法官办案的水平。因此，理由部分应在增强裁判的说理性上下功夫。

第二节　第一审刑事判决书

案例导入

一、案件基本情况

××省××市人民检察院以被告人刘×犯故意杀人罪向××省××市中级

人民法院起诉。该法院审查后，认为符合开庭审理条件。案件审理终结，该法院认为被告人刘×与他人发生纠纷，争执打斗过程中持刀杀人，非法剥夺他人生命，其行为构成故意杀人罪。公诉机关指控正确，应予支持。被告人刘×不计后果，应当预料到持刀可能造成被害人洪××死亡的后果，仍然朝被害人腹部等处捅刺，对其行为可能造成的后果持放任态度，属间接故意杀人。为此，××市中级人民法院根据《刑法》有关规定判处被告人刘×有期徒刑15年，剥夺政治权利5年。

二、案例提示

对人民检察院提起公诉的第一审刑事案件，人民法院审理后，认定起诉指控的事实清楚，证据确实、充分，依据法律认定指控被告人的罪名成立的，应当作出有罪判决。据此，××市中级人民法院制作了第一审刑事有罪判决书。该判决书记载了××市中级人民法开庭审理本案后，认定××市人民检察院指控被告人所犯的故意杀人罪事实清楚，依据本案证据，对被告人的行为认定为间接故意杀人，并依法对被告人作出了判决。该判决书事实清楚，证据确实充分，判决结果有法可依。

三、制作判决书前的准备工作

制作判决书前，重点应当查清运用证据证明的案件事实能否作为法院判决结果的事实依据，需查清以下材料：①被告人、被害人的身份；②被指控的犯罪是否存在；③被指控的犯罪是否为被告人所实施；④被告人有无刑事责任能力，有无罪过，实施犯罪的动机、目的；⑤实施犯罪的时间、地点、手段、后果以及案件起因等；⑥被告人在共同犯罪中的地位、作用；⑦被告人有无从重、从轻、减轻、免除处罚情节；⑧有关附带民事诉讼、涉案财物处理的事实；⑨有关管辖、回避、延期审理等的程序事实；⑩与定罪量刑有关的其他事实。

教学内容

一、第一审刑事判决书的概念、法律依据和功能

（一）概念

第一审刑事判决书，是人民法院对于人民检察院提起公诉或者自诉人提起自诉的刑事案件，按照我国《刑事诉讼法》规定的第一审普通程序或者简易程序审理终结后，根据已经查明的事实、证据和有关法律规定，确认被告人有罪或无罪，构成何种罪名，适用何种刑罚或免除处罚而作出的书面决定。

从案件适用的对象和程序来看，第一审刑事判决书有5种：适用普通程序的第一审公诉案件刑事判决书、适用单位犯罪的第一审刑事判决书、适用简易

程序的第一审公诉案件刑事判决书、适用普通程序的第一审刑事附带民事判决书、第一审自诉案件刑事判决书。

本节主要介绍适用普通程序的第一审公诉案件刑事判决书。

（二）法律依据

《刑事诉讼法》第200条规定，在被告人最后陈述后，审判长宣布休庭，合议庭进行评议，根据已经查明的事实、证据和有关的法律规定，分别作出以下判决：①案件事实清楚，证据确实、充分，依据法律认定被告人有罪的，应当作出有罪判决；②依据法律认定被告人无罪的，应当作出无罪判决；③证据不足，不能认定被告人有罪的，应当作出证据不足、指控的犯罪不能成立的无罪判决。

（三）功能

第一审刑事判决书在整个刑事诉讼活动中有着极其重要的地位和作用，对于及时有效地惩罚犯罪分子，保障无罪的人不受法律追究，维护公民的正当、合法权利有着重要意义。

二、结构内容和写作要求

公诉案件适用普通程序的刑事判决书为文字叙述式文书，由首部、正文、尾部三部分构成。

（一）首部

首部主要包括：

1. 法院名称和文书名称。法院名称中，基层人民法院应冠以省、自治区、直辖市名称；涉外案件，各级法院应冠以"中华人民共和国"的全称。文书名称应分行居中书写为"刑事判决书"，不需要冠以"第一审""有罪""无罪"等字样。

2. 文号。依次由立案年度、制作法院的序号、案件性质、审判程序代字、顺序号组成，即"（××××）×刑初字第××号"。

3. 公诉机关×××人民检察院。

4. 附带民事诉讼原告人的基本情况（姓名、性别、出生年月日、民族、出生地、文化程度、职业或者工作单位和职务、住址等）。

如果附带民事诉讼原告人系隐私案件的被害人，为了保护隐私案件被害人的名誉，在首部的"附带民事诉讼原告人"项可以只写姓，不写名，即用"李某某"来代替，以避免产生副作用。

有诉讼代理人的，应写明诉讼代理人的基本情况。

5. 被告人的基本情况。包括姓名、性别、出生年月日、出生地和户籍地、身份证号码、民族、文化程度、职业、工作单位及职务、住址和因本案所受强制措施情况、现在何处。

6. 辩护人的基本情况。辩护人系律师的，写明姓名、工作单位和职务；其他人担任辩护人的，则应当写明姓名、性别、年龄、职业或者工作单位和职务、与被告人的关系等。

7. 案件的由来和审理经过。"×××人民检察院以×检×诉〔××××〕××号起诉书指控被告人×××犯××罪，于××××年×月×日向本院提起公诉。本院依法组成合议庭，公开（或者不公开）开庭审理了本案。×××人民检察院指派检察员×××出庭支持公诉，被害人×××及其法定代理人×××、诉讼代理人×××，被告人×××及其法定代理人×××、辩护人×××，证人×××，鉴定人×××，翻译人员×××等到庭参加诉讼。现已审理终结。"

（二）正文

1. 事实。事实部分需要写明：

（1）控辩双方的主张。包括：①人民检察院指控的主要内容，为证明上述指控的事实，公诉机关当庭宣读、出示的证据，辩方对控方出示的证据有无异议，有异议的要写明具体内容。②辩方主张。被告人的供述、辩解及辩护人对起诉书指控被告人犯罪的总体看法。

（2）法院经审理查明的事实和证据。法院认定的事实和证据是形成判决结果的事实依据，应全面、客观、准确地叙写。文书制作中，应按刑事案件事实部分包含的几个要素要求叙写。对控辩双方质证的主要证据要分析论证，说明采信与否的依据，以此说明法院对犯罪事实的认定是客观、准确的。写作过程中，需要全面地认定案件的事实，同时，应当对控辩双方有分歧的事实部分作重点认定叙述。

2. 判决理由。判决理由的核心内容是根据案件情况，运用法律规定的构成某种犯罪的要件去分析被告人的行为是否构成犯罪、构成何种罪以及该如何处理，从而作出惩罚犯罪的具体措施，援引相应的法律依据进行定罪量刑。具体行文以"本院认为"开头，依次写明：①被告人行为的性质及其危害性；②被告人行为触犯的刑法条款及构成的罪名；③对公诉机关的指控是否正确进行评述；④对被告人的辩解及辩护人的辩护意见是否有理进行评述；认为控辩双方的意见是正确的，表明予以采纳；认为是错误的，予以据理批驳；⑤判决的法律依据，即"依照……（判决的法律依据）的规定，判决如下"。

3. 判决结果。判决结果分为有罪判决和无罪判决。

对于案件事实清楚，证据确实、充分，依据法律认定被告人有罪的，应当作出有罪判决；依据法律认定被告人无罪的，应当作出无罪判决；证据不足，不能认定被告人有罪的，应当作出证据不足、指控的犯罪不能成立的无罪判决。这一部分通常包括："被告人×××犯××罪，判处××（刑罚种类、期限等）（刑期从判决执行之日起计算。判决执行以前先行羁押的，羁押1日折抵刑期1

日，即自×××年××月××日起至×××年××月××日止）。"或者"被告人×××犯××罪，判处××（刑罚种类、期限等）；犯××罪，判处××（刑罚种类、期限等）。决定执行××（刑罚种类、期限等）"；或者"被告人×××犯××罪，免予刑事处罚"；或者"被告人×××无罪"。

具体分为四种情况：

（1）定罪判刑并应当赔偿经济损失的，表述为：

"一、被告人×××犯××罪，……（写明主刑、附加刑）（刑期从判决执行之日起计算。判决执行以前先行羁押的，羁押1日折抵刑期1日，即自×××
×年××月××日起至×××年××月××日止）

二、被告人×××赔偿附带民事诉讼原告人×××……（写明受偿人的姓名、赔偿的金额和支付的日期）"

对于数罪并罚的，应当分别定罪量刑（包括主刑和附加刑），然后按照刑法关于数罪并罚的原则，写明决定执行的刑罚。适用数罪并罚"先减后并"的案件，对前罪"余刑"的起算日期，可以从犯新罪之日起算。判决结果的刑期起止日期可表述为："刑期从判决执行之日起计算。判决执行以前先行羁押的，羁押1日折抵刑期1日，即自×××年××月××日（犯新罪之日）起至×××
×年××月××日止。"

对于判处死刑缓期二年执行的，起止时间表述为："死刑缓期二年执行的期间，从高级人民法院核准之日起计算。"

（2）定罪免刑并应当赔偿经济损失的，表述为：

"一、被告人×××犯××罪，免予刑事处罚；

二、被告人×××赔偿附带民事诉讼原告人×××……（写明受偿人的姓名、赔偿的金额和支付的日期）"

（3）宣告无罪但应当赔偿经济损失的，表述为：

"一、被告人×××无罪；

二、被告人×××赔偿附带民事诉讼原告人×××……（写明受偿人的姓名、赔偿的金额和支付的日期）"

如果附带民事诉讼原告人系隐私案件的被害人，在判决结果中应当表述为："被告人（或者附带民事诉讼被告人）×××赔偿附带民事诉讼原告人李某某……（经济损失的具体数额）"

（4）宣告无罪且不赔偿经济损失的，表述为：

"一、被告人×××无罪；

二、被告人×××不承担民事赔偿责任。"

（三）尾部

1. 交代有关事项，写明上诉事项："如不服本判决，可在接到判决书的第2

日起 10 日内，通过本院或者直接向×××人民法院提出上诉。书面上诉的，应当提交上诉状正本 1 份，副本×份。"

2. 由审判长、审判员（代理审判员或人民陪审员）署名，注明当庭宣判或签发判决书的日期。

三、基本格式

1. 第一审公诉案件适用普通程序的刑事判决书：

×××人民法院
刑事附带民事判决书

（××××）×刑初字第××号

公诉机关×××人民检察院。

附带民事诉讼原告人……（写明姓名、性别、出生年月日、民族、出生地、文化程度、职业或者工作单位和职务、住址等。）

被告人……（姓名、性别、出生年月日、出生地和户籍地、身份证号码、民族、文化程度、职业、工作单位及职务、住址和因本案所受强制措施情况、现羁押处所。）

辩护人……（写明姓名、工作单位和职务。）

×××人民检察院以×检×诉〔××××〕××号起诉书指控被告人×××犯××罪，于××××年××月××日向本院提起公诉。在诉讼过程中，附带民事诉讼原告人向本院提起附带民事诉讼。本院依法组成合议庭，公开（或者不公开）开庭进行了合并审理。×××人民检察院指派检察员×××出庭支持公诉，附带民事诉讼原告人×××及其法定（诉讼）代理人×××，被告人×××及其法定代理人×××、辩护人×××，证人×××，鉴定人×××，翻译人员×××等到庭参加诉讼。现已审理终结。

×××人民检察院指控……（概述人民检察院指控被告人犯罪的事实、证据和适用法律的意见。）附带民事诉讼原告人诉称……（概述附带民事诉讼原告人的诉讼请求和有关证据。）

被告人×××辩称……（概述被告人对人民检察院指控的犯罪事实和附带民事诉讼原告人的诉讼请求予以供述、辩解、自行辩护的意见和有关证据。）辩护人×××提出的辩护意见是……（概述辩护人的辩护意见和有关证据。）

经审理查明，……（首先，写明经法庭审理查明的事实，既要写明经法庭查明的全部犯罪事实，又要写明由于被告人的犯罪行为使被害人遭受经济损失的事实；其次，写明据以定案的证据及其来源；最后，对控辩双方有异议的事实、证据进行分析、认证。）

本院认为，……（根据查证属实的事实、证据和法律规定，论证公诉机关指控的犯罪是否成立，被告人的行为是否构成犯罪，犯什么罪，应否追究刑事责任；论证被害人是否由于被告人的犯罪行为而遭受经济损失，被告人对被害人的经济损失应否负民事赔偿责任；应否从轻、减轻、免除处罚或者从重处罚。对于控辩双方关于适用法律方面的意见，应当有分析地表示是否予以采纳，并阐明理由。）依照……（写明判决的法律依据）的规定，判决如下：

……［写明判决结果。分四种情况：

第一，定罪判刑并应当赔偿经济损失的，表述为：

"一、被告人×××犯××罪，……（写明主刑、附加刑）（刑期从判决执行之日起计算。判决执行以前先行羁押的，羁押一日折抵刑期一日，即自××××年××月××日起至××××年××月××日止）

二、被告人×××赔偿附带民事诉讼原告人×××……（写明受偿人的姓名、赔偿的金额和支付的日期）"

第二，定罪免刑并应当赔偿经济损失的，表述为：

"一、被告人×××犯××罪，免予刑事处罚；

二、被告人×××赔偿附带民事诉讼原告人×××……（写明受偿人的姓名、赔偿的金额和支付的日期）"

第三，宣告无罪但应当赔偿经济损失的，表述为：

"一、被告人×××无罪；

二、被告人×××赔偿附带民事诉讼原告人×××……（写明受偿人的姓名、赔偿的金额和支付的日期）"

第四，宣告无罪且不赔偿经济损失的，表述为：

"一、被告人×××无罪；

二、被告人×××不承担民事赔偿责任。"］

如不服本判决，可在接到判决书的第二日起十日内，通过本院或者直接向×××人民法院提出上诉。书面上诉的，应当提交上诉状正本一份，副本×份。

审判长×××

审判员×××

审判员×××

××××年××月××日

（院印）

本件与原本核对无异

书记员×××

2. 速裁程序下的刑事判决书：

××××人民法院
刑事判决书

（速裁程序）

（ ）×××刑初×××号

公诉机关		××××人民检察院
被告人		
基本情况		被告人×××，……（列明被告人姓名、性别、出生年月日、公民身份证号码、民族、文化程度、职业或者工作单位和职务、户籍地、现住址、曾受法律处分情况、被采取强制措施情况、羁押场所。）
辩护人		×××，××律师事务所律师。
公诉机关指控情况	起诉书文号	
	指控事实	（简要概述指控的犯罪事实）
	指控罪名	
	量刑建议	
被告人及辩护人意见		被告人×××对指控事实、罪名及量刑建议没有异议，同意适用速裁程序且签字具结，在开庭审理过程中亦无异议。其辩护人提出的辩护意见是……
判决理由		公诉机关指控被告人×××犯××罪罪名成立，量刑建议适当，应予采纳。辩护人的辩护意见是否采纳。被告人认罪认罚，且具有……情节，对其可以从轻（减轻）处罚。（依次叙述被告人具有的从重、减轻、从轻等法定和酌定情节）
法律依据		《中华人民共和国刑法》第××条。
判决结果		被告人×××犯××罪，判处……（刑期自×年×月×日起至×年×月×日止。）
权利告知		如不服本判决，可在接到判决书的第二日起十日内，通过本院或者直接向××××中级人民法院提出上诉。书面上诉的，应当提交上诉状正本一份，副本二份。

续表

审判员　××× 　　　×× 年 ×× 月 ×× 日 本件与原件核对无异 　　　　　　　　　（院印） 法官助理 ××× 书记员 ×××

　　说明：人民法院适用速裁程序审理刑事案件，判决时使用本样式。依法不需要签署认罪认罚具结书的，不用表述"且签字具结"。

制作实训

一、第一审刑事判决书实例

××省××市中级人民法院
刑事判决书

（2019）　××刑初××号

　　公诉机关××省××市人民检察院。

　　被告人赵××，男，汉族，1966 年 9 月 13 日出生于××省××县，文盲，农民，住××县。因涉嫌犯故意杀人罪于 2017 年 3 月 25 日被刑事拘留，同年 4 月 8 日被逮捕。现羁押于××县看守所。

　　法定代理人张某 1，女，汉族，1969 年 5 月 6 日出生于××省××县，农民，文盲，住址同上。系被告人之妻。

　　指定辩护人孙××，北京京师（亳州）律师事务所律师。

　　××省××市人民检察院以××检刑诉（2017）50 号起诉书指控被告人赵××犯故意杀人罪一案，于 2017 年 8 月 21 日向本院提起公诉，附带民事诉讼原告人朱××等六人向本院提起附带民事诉讼。本院于 2017 年 12 月 12 日作出（2017）××刑初字第 063 号刑事附带民事判决。被告赵××对判决的刑事部分不服，提出上诉。××省高级人民法院于 2018 年 3 月 9 日作出（2018）××刑终字第 0088 号刑事裁定，驳回上诉，维持原判，并依法报请最高人民法院核准。最高人民法院于 2018 年 9 月 24 日作出（2018）刑四复 26090390 号刑事裁定，不核准××省高级人民法院（2018）××刑终字第 0088 号维持第一审对被告人赵××以故意杀人罪判处死刑，剥夺政治权利终身的刑事裁定；撤销××省高级人民法院（2018）××刑终字第 0088 号维持第一审对被告人赵××以故意杀人罪判处死刑，剥夺政治权利终身的刑事裁定；发回××省高级人民法院重新审判。××省高级人民法院于 2018 年 11 月 30 日作出（2018）××刑终字第 0088－1 号刑事裁定，撤销本院（2017）××刑初字第 063 号刑事附带民事判决的刑事部分，发回本院重新审判。本院受理后，依法再次另行组成合议庭于 2019 年 1 月 27 日公开开庭审理了本案，××省××市人民检察院指派检察员王某、杨某出庭支持公诉，被告人赵××及其法定代理人张某 1、辩护人孙×× 到庭参加诉讼。现已审理终结。

　　××省××市人民检察院指控：被告人赵××认为自己房子建得好，张某 5、张某 6、张某 7 等人眼红经常欺负他。2017 年 3 月 24 日上午，赵××与妻子张某 1 争吵后，从家中带铁锤先后前往张某 5、张某 6、张某 7 家，持铁锤砸击张某 3、任某、陈某、池某、张某 2、朱某、张某 4 头部，后逃离现场。张某 4 因抢救无效死亡。经法医鉴定，张某 4 系颅脑损伤死亡；任某、陈某、池某、朱某的伤情属重伤，张某 2 的伤情属轻伤，张某 3 的伤情属轻微伤。

　　公诉机关当庭出示了现场勘验检查笔录、证人证言、鉴定意见、被害人陈述、被告人供述等证据。据此认为，被告人赵××故意非法剥夺他人生命致一人死亡、四人重伤、一人轻伤、一人轻微伤，其行为已触犯《中华人民共和国刑法》第二百三十二条的规定，应当以故意杀人罪追究其刑事责任。

　　被告人赵××当庭表示对故意杀人的具体过程记忆不清，请法院依法办理。法定代理人对起诉书指控赵××犯故意杀人罪的事实没有异议。

　　辩护人提出的辩护意见是：赵××故意杀人事实清楚，但公诉机关指控被告人赵××案发时具有完全刑事责任能力的证据不足。

　　经审理查明：被告人赵××曾因琐事与同村村民被害人池某、张某 2 等人发生过矛盾。2017 年 3 月 24 日上午 10 时许，赵××外出后认为张某 6 等人对其妻子张某 1 不利，回家与张某 1 发生争吵之后，持铁锤到张佩勋家中，用铁锤砸击张佩勋之女被害人张某 3 及串门的被害人任某 1、陈某头部，后赵××又赶往池某家，以借电话为由骗取池某开门，趁机持铁锤砸击池某头部，邻居汪某等人将赵××拉开后，赵××又赶往张某 2 家中，持铁锤砸击被害人张某 2、朱某、张某 4（殁年 2 岁）的头部，后逃离现场。经法医鉴定，被害人张某 4 系颅脑损伤死亡；被害人任某 1、陈某、池某、朱某的伤情构成重伤；被害人张某 2 的伤情构成轻伤；被害人张某 3 的伤情构成轻微伤。

　　认定上述事实的证据有：

　　1. 现场勘查笔录、现场图、现场照片载明：案发第一现场位于××县城东镇田小庙任庄张某 8 家，第二现场位于任庄张某 5 家，第三现场位于任庄张某 2 家；现场勘查中拍摄照片 19 张，证明案发现场方位、遗留血迹、作案工具铁锤、被害人受伤情况等。

2. 扣押物品、文件清单载明：侦查机关在赵××家中提取到作案工具铁锤一把，并予以扣押。

3. ××县公安局刑技鉴字（2017）第005号刑事科学技术鉴定意见、××公技鉴字（2017）第0329号法医学人体损伤程度鉴定意见载明：死者张某4系颅脑损伤而死亡，致伤物应为具有一定重量，有一类圆形平面，可以挥动的物体（如锤类）；伤者池某、朱某、陈某、任某2所受外伤属重伤，伤者张某2所受伤属轻伤，伤者张某3所受伤属轻微伤。

4. ××省公安厅公物法证字（2017）第1769号生物物证鉴定意见载明：

（1）送检铁锤上检见人血，其为任某2所留的可能性是无关个体所留可能性的 3.29×1019 倍，即似然比率为 $3.29 \times 1019 : 1$。

（2）检出张某4、池某、朱某、张某3、张某2和陈某的基因型如上。

5. 抓获经过载明：2018年3月24日11时39分，侦查机关接到110指令后，赶到赵××家中将赵××抓获归案。

6. 赵××所在监室管教及同监室人员出具的说明证明赵××目前每天服用发放的药物，会自言自语，个人生活能够自理，在监室能够遵守监规。

7. 协议书证明：赵××的妻子张某1与张某4家人通过行政村书记达成协议，赔偿张某4家人十万元，分期支付，现已支付三万元。

8. 户籍证明及××县城东镇田小庙村委会出具的二份证明载明：被害人张某4、池某、朱某、陈某、任某2、张某2、张某3和被告人赵××的身份和基本情况。

9. 被害人张某3陈述：2018年3月24日上午，其和邻居任某1在自己家玩，赵××到其家责问其母亲为什么骂他，之后就用铁锤朝其头顶砸了一下。任某1见状向外跑，赵××紧跟在后。其跑到邻居任士礼家楼顶，看到任某1与其嫂子陈某头部均有伤，睡在其家菜地里。

10. 被害人陈某陈述：2018年3月24日11时许，其到张某8家门口，见婆妹任某1趴在菜园子里，头旁边有血，其刚到任某1身边，赵××从后面用东西朝其头部猛砸一下，其就昏倒在地。

11. 被害人池某陈述：2018年3月24日上午，赵××说用一下其家电话，其刚打开门，赵××就把其推到院子里，用铁锤朝其头上砸一下。其抓住锤子，赵××将其推倒，从旁边拿一扁担还想朝其头上砸，邻居小汪、田某1听到其呼喊赶到把赵××拉到门口，赵××还说没有她们的事，其赶紧把大门关上，赵××又在外面敲其家的门，其跑进堂屋关上门给丈夫张某5打电话，后被送往医院。

12. 被害人张某2陈述：2018年3月24日11时40分许，其正在自己家院子里看书，赵××持锤子到朝其头部砸一下，其就失去知觉。当时其妻子在厨房做饭，孙子张某4在屋里睡觉。

13. 被害人朱某陈述：2018年3月24日12时许，其正在厨房做饭，赵××持锤子朝其头部砸两下。其呼喊着跑到院子里，见丈夫张某2已经被砸倒在地上，其就抱着丈夫喊救命，后村里的人把其抬到救护车上。听家人说其孙子张某4也被砸伤。

14. 证人田某1证言：2018年3月24日11时许，其在自己家门口菜园干活时，赵××对池某说要借她家电话，池某就带着赵××进了院子。一会儿，其听池某喊快来人，就赶到池某家门口，见池某头上流血在和赵××争夺铁锤，赵××另一手还拿扁担，其劝赵××把东西放下并把赵××手中东西夺掉扔地上。赵××跑到池某家门口持木棍打其头部，其就吓跑了。后听说赵××还打伤了张某2夫妇和他们的孙子等六人。

15. 证人汪某证言：2018年3月24日11时许，其听到隔壁的池某喊人就赶过去，见池某睡在地上，赵××持锤正用脚踩池某的肚子。这时，田某1也赶到，其和田某1一起把赵××拉出去。其见池某把门插上，就吓得跑回家了。

16. 证人田某2证言：2018年3月24日中午，其听到邻居张某3在她家楼顶上喊人，就到张某3家院内，看到任某1和陈某头上流血均躺在菜园里，任某1说是赵××用锤砸的，她的头上也被赵学民砸了一下。

17. 证人张某6证言：2018年3月24日早晨，其去了蒙城，回到家才知道赵××砸伤了其的家人。

18. 证人任某3证言：其儿子结婚时，赵××的儿子喝醉了，为此两家吵过架产生矛盾。2018年3月24日，其女儿任某1被赵××砸伤，因无钱治疗提前出院。

19. 证人张某5证言：2018年3月24日12时许，其妻子池某打电话让其快回家，说她被赵××砸伤了。其从阳光医院叫救护车回家并向派出所报了案，救护车和警察先后赶到现场，其见池某头面部都是血，就把她送往医院抢救。其大哥张某2夫妇和他孙子张某4等六人也被赵××砸伤。

20. 证人张某1（赵××之妻）证言：2018年3月24日上午，丈夫赵××因琐事与其发生争吵并对其辱骂，儿子和儿媳劝架也被赵××骂走了。其就到蒙兰菜市街修电瓶车去了，后来有人给其哥哥打电话，其才知道家里出事了。赵××以前和张某5的妻子因为琐事争吵过。

21. 证人任某4证言：其与赵××及他家人接触的过程中，都很正常。赵××于2018年未出事的前一二年，赵××的妻子小张问过其哪个医院看病好一点，因为其大哥以前有精神病，其带着到处看过病，其告诉小张××市第三人民医院看的不错，小张说赵××经常睡不着觉，想带他看看。

22. 证人任某5、赵某证言：赵××平时干体力活都正常，为人处事还可以，但是反应比别人慢一点，精神有点不一样。

23. 被告人赵××供述：其家自从房子建好后，同村的张某8、张某5、张某6就看其不顺眼、欺负其，为此产生矛盾。2018年3月24日10时许，其和妻子张某1一起外出修电瓶车，发现张某6等人正把其妻子拽到车里开车便跑，电瓶车被扔在车后。其到家后越想越气，心想他们不让其好过其也不让那些人好过，便从家拿一把铁锤到张某8家，先后用铁锤砸击了张某8的女儿、李×的女儿任某1和儿媳的头部，后到张某5家见张某5妻子池某在大门外，就说借用一下电话，池某刚把大门打开其就用铁锤朝池的头部砸一下，池倒地呼喊，邻居小汪与老田来到后把其拉开。其又到张某2家，将张某2及张某2的妻子朱某、孙子张某4砸伤后回家。一会儿，派出所的人到其家将其带走。

上列证据，均经庭审举证、质证、查证属实，本院予以确认。

本院认为，被告人赵××不能正确处理邻里矛盾，采用暴力手段非法剥夺他人生命，致一人死亡、四人重伤、一人轻伤、一人轻微伤，其行为构成故意杀人罪。公诉机关指控罪名成立，本院予以支持。赵××认罪态度较好，且赵××家人代为赔偿被害人张某4近亲属部分经济损失，可酌情从轻处罚。对辩护人所提公诉机关指控赵××案发时具有完全刑事责任能力的证据不足辩护意见，经查，根据在案证据，赵××作案当天言行反常，作案动机荒唐，供述案件起因系案发当日其妻子张某1在路上被张某6等人掳走，该情节与在案证据不能相互印证，且同庄村民证明案发前赵××虽能够与人正常交流，但异于常人，鉴定意见显示案发后赵××患有精神分裂症，综上情节，公诉机关指控赵××案发时具有完全刑事责任能力的证据不足，对辩护人的此节辩护意见予以采纳。赵××在实施犯罪过程中，主动携带犯罪工具，并以借用电话为由欺骗其中一名被害人返家，后持铁锤砸击其认为与其家有矛盾的多名被害人头部，表明赵××系预谋犯罪，作案目标具有选择性，故赵××犯罪时对其行为并未完全丧失辨认或者控制能力。根据前述分析，赵××犯罪时对其行为的辨认和控制能力削弱，应当承担刑事责任，但可以对其从轻处罚。综上，案经本院审判委员会讨论决定，依照《中华人民共和国刑法》第二百三十二条、第十八条第三款、第五十七条第一款、第六十四条的规定，判决如下：

一、被告人赵××犯故意杀人罪，判处无期徒刑，剥夺政治权利终身。

二、作案工具木把铁锤一把予以没收。

如不服本判决，可在接到判决书的第二日起十日内，通过本院或者直接向××省高级人民法院提出上诉。书面上诉的，应当提交上诉状正本一份，副本三份。

审判长×××

审判员×××

审判员×××

二〇一九年一月二十七日

（院印）

本件与原本核对无异

书记员×××

附：本案适用的相关法律条文

《中华人民共和国刑法》

第二百三十二条　故意杀人的，处死刑、无期徒刑或者十年以上有期徒刑；情节较轻的，处三年以上十年以下有期徒刑。

第五十七条第一款　对于被判处死刑、无期徒刑的犯罪分子，应当剥夺政治权利终身。

第十八条　精神病人在不能辨认或者不能控制自己行为的时候造成危害结果，经法定程序鉴定确认的，不负刑事责任，但是应当责令他的家属或者监护人严加看管和医疗；在必要的时候，由政府强制医疗。

间歇性的精神病人在精神正常的时候犯罪，应当负刑事责任。

尚未完全丧失辨认或者控制自己行为能力的精神病人犯罪的，应当负刑事责任，但是可以从轻或者减轻处罚。

醉酒的人犯罪，应当负刑事责任。

第六十四条　犯罪分子违法所得的一切财物，应当予以追缴或者责令退赔；对被害人的合法财产，应当及时返还；违禁品和供犯罪所用的本人财物，应当予以没收。没收的财物和罚金，一律上缴国库，不得挪用和自行处理。

二、实例评析

上述判决书整体格式符合要求，层次分明，语言准确，逻辑性较强。本案证人较多，对每位证人的证言都作了详细的列举，从中可以看出证据间的关联性较强。对控辩双方提出的意见分别阐明采纳与否的理由，说服力较强。对本法院认定的被告人的犯罪事实和理由叙述详略得当，适用法律条文全面、准确，判决结果清楚明晰。

判决书在使用过程中需注意：当庭宣告判决的，应当在 5 日内送达判决书。定期宣告判决的，应当在宣判前，先期公告宣判的时间和地点，传唤当事人并通知公诉人、法定代理人、辩护人和诉讼代理人；判决宣告后，应当立即送达判决书。判决书应当送达人民检察院、当事人、法定代理人、辩护人、诉讼代理人，并可以送达被告人的近亲属。判决生效后，还应当送达被告人的所在单位、原户籍地的公安派出所或者被告单位的注册登记机关。

技能拓展

1. 第一审刑事判决书事实部分包括哪几个方面？
2. 第一审刑事判决书的理由部分应如何叙写？
3. 请根据下列材料拟写一份第一审刑事判决书。

【案情简介】[1]

20××年×月××日，××市人民检察院以×检×诉［20××］××号起诉书，指控被告人张××犯故意杀人罪，向××市中级人民法院提起公诉。人民法院受理案件后，依法组成合议庭，由×××担任审判长，审判员为×××、×××，书记员为×××，于20××年×月××日对案件进行了公开审理。××市人民检察院指派检察员×××、×××出庭支持公诉。××市××律师事务所律师×××、×××作为张××的辩护人出庭参加诉讼。案件审理终结后，××市中级人民法院依照《中华人民共和国刑法》第232条、第57条第1款的规定，以（20××）×刑初字第××号判决书作出如下判决：①被告人张××犯故意杀人罪，判处死刑，剥夺政治权利终身。②作案刀具予以没收。

人民法院经审理查明的案件事实如下：20××年×月××日22时许，被告人张××驾驶×××号黑色××轿车从××大学返回××市，当行至××市××街时，将前方在非机动车道上骑电动车同方向行驶的被害人赵××撞倒。张××下车查看，见赵××倒地呻吟，因担心赵××看到其车牌号后找麻烦，遂拿出背包中的一把尖刀，向赵××胸、腹、背等处猛刺数刀，致赵××主动脉、上腔静脉破裂大出血当场死亡。杀人后，张××驾车逃离现场。4天以后，张××在其父母陪同下到公安机关投案，如实供述了杀人的经过。

认定张××犯罪事实的主要证据有：报案材料、现场勘查笔录、尸体检验鉴定报告和证人证言等。被告人张××对庭审中指控的犯罪事实亦供认不讳。

××市人民检察院指控：20××年×月××日22时许，被告人张××驾驶×××号黑色××轿车从××大学返回××市，当行驶至××市××街时，撞倒前方同方向骑电动车的赵××，张××下车查看，发现赵××正倒地呻吟，

---

〔1〕 本材料系2012年自学考试题。

因怕赵××看到其车牌号后找麻烦，遂产生杀人灭口的恶念，于是从随身携带的背包中取出一把尖刀，对倒地的赵××连捅数刀，致赵××当场死亡。杀人后，被告人张××驾车逃离现场。4日后，张××在其父母陪同下到公安机关投案。经法医鉴定：死者赵××系胸部锐器刺创致主动脉、上腔静脉破裂大出血而死亡。公诉机关认为：被告人张××开车撞人后，又持刀故意非法剥夺他人生命，手段残忍，情节恶劣，后果严重，其行为触犯了《中华人民共和国刑法》第232条之规定，应以故意杀人罪追究其刑事责任。

在庭审中，辩护人×××、×××律师提出：张××具有自首情节，系初犯、偶犯，认罪态度好，真诚悔罪。建议对张××从轻处罚。

人民法院审理后认为：被告人张××在发生交通事故后，因担心被害人赵××看见其车牌号以后找麻烦，遂产生杀人灭口之恶念，并用随身携带的尖刀在被害人胸、腹、背等部位连刺数刀，致赵××当场死亡，其行为已构成故意杀人罪。××市人民检察院指控被告人张××故意杀人的犯罪事实清楚，罪名及适用法律正确，应予支持。张××虽系初犯、偶犯，但如此恶劣、残忍的故意杀人犯罪，显然不能从轻处罚。因此，辩护律师的辩护理由不能成立。被告人张××作案后到公安机关投案，依法认定为自首。但是，张××在开车将被害人赵××撞伤后，不但不施救，反而因怕被害人看见其车牌号而杀人灭口，犯罪动机卑鄙，手段残忍，情节特别恶劣，后果极其严重。被告人张××仅因一般的交通事故就杀人灭口，丧失人性，人身危险性极大，依法应予严惩。

被告人张××，20××年×月××日因涉嫌故意杀人罪被刑事拘留，同年×月××日被逮捕，现羁押于××市看守所。19××年×月××日张××出生于××省××市，男，汉族，××大学学生，住××市××区××街×号。

附：

（1）《中华人民共和国刑法》第232条规定，故意杀人的，处死刑、无期徒刑或者10年以上有期徒刑；情节较轻的，处3年以上10年以下有期徒刑。

（2）《中华人民共和国刑法》第57条第1款规定，对于被判处死刑、无期徒刑的犯罪分子，应当剥夺政治权利终身。

（3）《中华人民共和国刑法》第67条第1款规定，犯罪以后自动投案，如实供述自己的罪行的，是自首。对于自首的犯罪分子，可以从轻或者减轻处罚。其中，犯罪较轻的，可以免除处罚。

【写作要求及提示】

（1）制作一审刑事判决书要符合基本格式的要求，项目要齐全，要正确援引法律条款，准确定性定罪。未尽事宜可以根据具体情况合理设定。

（2）制作一审刑事判决书时要针对控辩双方在关系到定罪量刑方面提出的

意见，正确评判是否采纳。

（3）制作一审刑事判决书时，事实和理由部分叙写的重点应放在本法院认定的依据上。

（4）制作一审刑事判决书时，判决结果的叙写要符合规范要求。

第三节　第二审刑事判决书

案例导入

一、案件基本情况

××省××市××区人民法院审理××省××市××区人民检察院指控原审被告人陶××犯行贿罪、对非国家工作人员行贿罪一案进行了开庭审理，并制作了一审刑事判决书。原审被告人陶××对一审法院判决不服，在法定上诉期限内，向××市中级人民法院提起上诉。该院受理后，依法组成合议庭，按照《刑事诉讼法》规定的二审程序公开开庭审理了本案。经审理终结查明，一审判决确有错误，××市中级人民法院依法撤销了原判，并进行了改判。审判人员根据二审判决结果制作了刑事判决书。

二、案例提示

原审被告人不服第一审人民法院的判决，在法定期限内有上诉的权利。在二审判决书中，原审被告人称为上诉人。本案上诉人陶××认为一审法院的判决事实不清，证据不足，量刑过重，应对其适用缓刑，因而提出上诉。二审法院受案后，无论上诉人的理由是否成立，只要是其在法定期限内上诉的，必须按照第二审程序进行审理。在审理过程中，法院应全面审理本案，但重点应针对原判决在适用法律上有错误、量刑不当或者原判事实不清、证据不足等方面阐述理由，最后写明经二审查清事实后依法改判。

三、对上诉、抗诉案件，二审人民法院应当着重审查的内容

1. 第一审判决认定的事实是否清楚，证据是否确实、充分。

2. 第一审判决适用法律是否正确，量刑是否适当。

3. 在侦查、审查起诉、第一审程序中，有无违反法定诉讼程序的情形。

4. 上诉、抗诉是否提出新的事实、证据。

5. 被告人的供述和辩解情况。

6. 辩护人的辩护意见及采纳情况。

7. 附带民事部分的判决、裁定是否合法、适当。

8. 第一审人民法院合议庭、审判委员会讨论的意见。

刑事附带民事诉讼案件，只有附带民事诉讼当事人及其法定代理人上诉的，第二审人民法院应当对全案进行审查。经审查，第一审判决的刑事部分并无不当的，第二审人民法院只需就附带民事部分作出处理；第一审判决的附带民事部分事实清楚，适用法律正确的，应当以刑事附带民事裁定维持原判，驳回上诉。

教学内容

一、第二审刑事判决书的概念、法律依据和功能

（一）概念

第二审刑事判决书，是人民法院对于当事人或人民检察院不服第一审人民法院的判决，在法定期限内提起上诉或抗诉的刑事案件，按照我国刑事诉讼法规定的第二审程序审理终结后作出的书面处理决定。

（二）法律依据

《刑事诉讼法》第236条规定："第二审人民法院对不服第一审判决的上诉、抗诉案件，经过审理后，应当按照下列情形分别处理：①原判决认定事实和适用法律正确、量刑适当的，应当裁定驳回上诉或者抗诉，维持原判；②原判决认定事实没有错误，但适用法律有错误，或者量刑不当的，应当改判；③原判决事实不清楚或者证据不足的，可以在查清事实后改判；也可以裁定撤销原判，发回原审人民法院重新审判。原审人民法院对于依照前款第3项规定发回重新审判的案件作出判决后，被告人提出上诉或者人民检察院提出抗诉的，第二审人民法院应当依法作出判决或者裁定，不得再发回原审人民法院重新审判。"

（三）功能

我国实行的是两审终审制，人民法院对刑事案件一般须经过两级法院的审判才告终结。第二审程序是我国刑事审判程序的重要组成部分。第二审刑事判决书是对案件的终审处理结果，具有强制执行的法律效力（判处死刑的案件和低于法定刑期的案件需报最高人民法院核准）。第二审刑事判决书发挥着监督一审公正判决、纠正一审错误判决的作用，也体现了对当事人诉讼权利的有效法律保护。

二、结构内容和写作要求

第二审刑事判决书为文字叙述式文书，由首部、事实、理由、判决结果、尾部五部分构成。

（一）首部

首部主要包括：

1. 法院名称（基层人民法院应冠以省、自治区、直辖市名称；涉外案件，各级法院应冠以"中华人民共和国"的全称）和文书名称（刑事判决书），应分行居中书写。

2. 文号。依次由立案年度、制作法院、案件性质、审判程序代字、顺序号组成，即"（××××）×刑终字第××号"。

3. 原公诉机关（抗诉机关）×××人民检察院。

4. 上诉人（原审被告人）的基本情况（姓名、性别、出生年月日、出生地和户籍地、身份证号码、民族、文化程度、职业、工作单位及职务、住址和因本案所受强制措施情况、现在何处）。

5. 辩护人的基本情况。辩护人系律师的，写明姓名、工作单位和职务；其他人担任辩护人的，则应当写明姓名、性别、年龄、职业或者工作单位和职务及与被告人的关系等。

6. 案件的由来和审理经过。

（1）检察院抗诉的，可以表述为："×××人民法院审理×××人民检察院指控原审被告人……（写明姓名和案由）一案，于××××年××月××日作出（××××）×刑初字第××号刑事判决。×××人民检察院认为……（写明检察院认为原判的不当之处）提出上诉。本院依法组成合议庭，公开（或不公开）开庭审理了本案。×××人民检察院检察长（或员）×××出庭支持公诉，原审被告人×××及其辩护人×××、证人×××等到庭参加诉讼。本案现已审理终结。"（未开庭的改为："本院依法组成合议庭审理了本案，现已审理终结。"）

（2）被告人上诉的，可以表述为："×××人民法院审理×××人民检察院指控原审被告人……（写明姓名和案由）一案，于××××年××月××日作出（××××）×刑初字第××号刑事判决。原审被告人×××不服，提出上诉。本院依法组成合议庭，公开（或不公开）开庭审理了本案。×××人民检察院检察长（或员）×××出庭支持公诉，上诉人（原审被告人）×××及其辩护人×××、证人×××等到庭参加诉讼。本案现已审理终结。"（未开庭的改为："本院依法组成合议庭审理了本案，现已审理终结。"）

（3）被告人的辩护人或近亲属经被告人同意，提出上诉的，可以表述为："×××人民法院审理×××人民检察院指控原审被告人……（写明姓名和案由）一案，于××××年××月××日作出（××××）×刑初字第××号刑事判决。被告人×××的辩护人（或其近亲属）×××经征得原审被告人同意，

提出上诉。本院依法组成合议庭，公开（或不公开）开庭审理了本案。×××
×人民检察院检察长（或员）×××出庭支持公诉，上诉人（原审被告人）×
××及其辩护人×××、证人×××等到庭参加诉讼。本案现已审理终结。"
（未开庭的改为："本院依法组成合议庭审理了本案，现已审理终结。"）

注意：第二审人民法院对于下列案件，应当组成合议庭，开庭审理：①被
告人、自诉人及其法定代理人对第一审认定的事实、证据提出异议，可能影响
定罪量刑的上诉案件；②被告人被判处死刑的上诉案件；③人民检察院抗诉的
案件；④其他应当开庭审理的案件。第二审人民法院决定不开庭审理的，应当
讯问被告人，听取其他当事人、辩护人、诉讼代理人的意见。

（二）正文

1. 事实。事实部分依次写明：

（1）原判决总体情况，即概括写明原判决认定的事实、证据、理由和判决
结果。

（2）提出抗诉、上诉、辩护的主要理由和意见。

（3）概括写明人民检察院在二审中提出的新意见。

（4）二审法院经审理查明的事实和证据。在"经审理查明：……"的开头
之后。重点叙写二审法院查明的事实和证据，同时对原判认定的事实、证据，
抗诉、上诉的理由等是否正确予以分析、确认。写作重点应放在抗诉机关、上
诉人对原审判决有争议的部分，对于没有争议的可以略写。

需要注意的是：第二审人民法院应当就第一审判决认定的事实和适用法律
进行全面审查，不受上诉或者抗诉范围的限制。共同犯罪的案件只有部分被告
人上诉的，也应当对全案进行审查，一并处理。

2. 判决理由。理由部分以"本院认为"开头，依次写明：

（1）根据二审查明的事实、证据和有关法律规定，论证原审法院判决认定
的事实、证据和适用法律是否正确。

（2）对于上诉人、辩护人或者出庭履行职务的检察人员等在适用法律、定
性处理方面的意见，有分析地表示是否予以采纳，并阐明理由。

（3）二审法院据以判决的法律依据。在对案件充分审理的基础上，援引法
律条文，提出二审法院据以作出判决结果的理由。

3. 判决结果。判决结果，分两种情况叙写：

（1）全部改判的，表述为：

"一、撤销×××人民法院（××××）×刑初字第××号刑事判决；

二、上诉人（原审被告人）×××……（写明改判的内容）（刑期从
……）"

（2）部分改判的，表述为：

"一、维持×××人民法院（××××）×刑初字第××号刑事判决的第×项，即……（写明维持的具体内容）；

二、撤销×××人民法院（××××）×刑初字第××号刑事判决的第×项，即……（写明撤销的具体内容）；

三、上诉人（原审被告人）×××……（写明部分改判的具体内容）（刑期从……）"

注意：第二审人民法院审理被告人或者他的法定代理人、辩护人、近亲属上诉的案件，不得加重被告人的刑罚。第二审人民法院发回原审人民法院重新审判的案件，除有新的犯罪事实，人民检察院补充起诉的以外，原审人民法院也不得加重被告人的刑罚。

（三）尾部

写明"本判决为终审判决"并由审判长、审判员（代理审判员或人民陪审员）署名，注明当庭宣判或签发判决书的日期。

对于高级法院判处死刑的，应当按照《刑事诉讼法》的规定表述为"本判决依法报送最高人民法院核准"；如果是在法定刑期以下判处刑罚的，应当表述为"本判决报请最高人民法院核准后生效"。

（四）基本格式（二审改判用）

×××人民法院
刑事判决书

（××××）×刑终字第××号

原公诉机关×××人民检察院。

上诉人（原审被告人）……（写明姓名、性别、出生年月日、出生地和户籍地、身份证号码、民族、文化程度、职业、工作单位及职务、住址和因本案所受强制措施情况、现羁押处所。）

辩护人……（写明姓名、工作单位和职务。）

×××人民法院审理×××人民检察院指控原审被告人×××犯××罪一案，于×××年××月××日作出（××××）×刑初字第××号刑事判决。原审被告人×××不服，提出上诉。本院依法组成合议庭，公开（或者不公开）开庭审理了本案。×××人民检察院指派检察员×××出庭履行职务。上诉人（原审被告人）×××及其辩护人×××等到庭参加诉讼。现已审理终结。

……（首先，概述原判决认定的事实、证据、理由和判处结果；其次，概述上诉、辩护的意见；最后，概述人民检察院在二审中提出的新意见。）

　　经审理查明，……（首先，写明经二审审理查明的事实；其次，写明二审据以定案的证据；最后，针对上诉理由中与原判认定的事实、证据有异议的问题进行分析、认证。）

　　本院认为，……（根据二审查明的事实、证据和有关法律规定，论证原审法院判决认定的事实、证据和适用法律是否正确。对于上诉人、辩护人或者出庭履行职务的检察人员等在适用法律、定性处理方面的意见，应当有分析地表示是否予以采纳，并阐明理由。）依照……（写明判决的法律依据）的规定，判决如下：

　　……［写明判决结果。分两种情况：

　　"第一，全部改判的，表述为：

　　一、撤销×××人民法院（××××）×刑初字第××号刑事判决；

　　二、上诉人（原审被告人）×××……（写明改判的内容）（刑期从……）"

　　第二，部分改判的，表述为：

　　"一、维持×××人民法院（××××）×刑初字第××号刑事判决的第×项，即……（写明维持的具体内容）

　　二、撤销×××人民法院（××××）×刑初字第××号刑事判决的第×项，即……（写明撤销的具体内容）

　　三、上诉人（原审被告人）×××……（写明部分改判的具体内容）（刑期从……）"］

　　本判决为终审判决。

审判长×××

审判员×××

审判员×××

年　　月　　日

（院印）

本件与原本核对无异

书记员×××

三、第二审刑事判决书的写作特点

　　第二审刑事判决书最突出的特点在于其是人民法院审理上诉、抗诉案件后作出改判决定的文书，而且是终审判决，大多是一经作出即发生法律效力。与第一审判决书相比，第二审刑事判决书的写作重点主要是针对不服第一审判决的具体之处，如对抗诉机关或上诉人提出的原判决在适用法律上有错误或者量刑不当，或者原判事实不清、证据不足等方面，阐明第二审人民法院认定的事实和法律依据。因此，第二审刑事判决书具有很强的针对性。

制作实训

一、第二审刑事判决书实例

××省××市中级人民法院
刑事判决书

（2015）×中刑终字第××××号

原公诉机关××市迎江区人民检察院。

上诉人（原审被告人）张××，男，1985年12月3日出生于福建省长乐市，汉族，中专文化，××市航景进出口贸易有限公司股东、出纳，住福建省福州市。因涉嫌虚开增值税专用发票罪，于2014年10月10日被××市公安局刑事拘留（在逃），同年10月22日被厦门市公安局集美分局抓获，当日被寄押于厦门市第二看守所，10月28日离所，10月29日被××市公安局执行刑事拘留，11月20日被该局取保候审，2015年4月24日被××市迎江区人民检察院取保候审，同年7月17日经该院决定逮捕，7月20日由××市公安局执行逮捕。现羁押于××市看守所。

辩护人汪××，××人人律师事务所律。

辩护人石××，××人人律师事务所律。

原审被告单位××市航景进出口贸易有限公司，单位地址××省××市棋盘山路70号、72号、74号，法定代表人陈××。

诉讼代表人陈××，男，1975年12月14日出生，××市航景进出口贸易有限公司法定代表人。

审理经过：

××市迎江区人民法院审理××市迎江区人民检察院指控被告单位××市航景进出口贸易有限公司及被告人张××犯虚开增值税专用发票罪一案，于2015年10月29日作出（2015）迎刑初字第00102号刑事判决。宣判后，原审被告人张××不服，提出上诉。本院依法组成合议庭，于2015年12月24日公开开庭审理了本案，××市人民检察院指派代理检察员吴××出庭履行职务，上诉人张××及其辩护人汪××、石××参加诉讼。对未到庭的原审被告单位××市航景进出口贸易有限公司通过阅卷进行了书面审理。现已审理终结。

一审法院查明：

原判认定，××市航景公司进出口贸易有限公司于2011年11月在××市工商局注册成立，公司类型为有限责任公司，法人代表李××，注册资本2500万，股东：张××（占股份80%）、李××（占股份20%），经营范围：红土镍矿进出口业务；水泥、生铁、铝材、耐火材料、硅锰合金、焦炭、五金机电、铁矿石、铁精粉、建筑装潢材料等。2013年4月，李××将20%股权转给陈××，公司法人代表变更为陈××。被告人张××负责××市××公司的日常管理兼财务总监，李××、陈××都没有实际参与公司的经营与管理。

2013年11月下旬，被告单位××市航景公司在没有真实货物交易的情况下，通过广西××贸易有限公司接受江西××公司虚开的112份增值税专用发票（价税合计13 074 582.5元，金额11 174 856.6元，税额1 899 725.9元）。被告人张××收到112份增值税专用发票后，安排公司会计吴××向××市税务机关申报抵扣当月进项税额1 899 725.9元，并随后向江西××公司虚假支付货款，以防税务机关查账。

2013年11月底，被告人张××电话联系云南××有限公司法定代表人黄××，双方约定云南××公司以票面价税合计8%的价格购买××市××公司开具的增值税专用发票。在没有真实货物交易的情况下，两公司签订虚假的铁精矿销售合同、结算单，虚假支付货款，××市××公司虚开112份增值税专用发票（价税合计13 095 501.83元，金额11 192 736.28元，税额1 902 765.55元）给云南××公司，并收取对方1 047 649.83元开票费。该112份增值税专用发票当月被云南××公司向云南省××县税务机关申报抵扣进项税额1 902 765.55元（已被云南省××县税务机关追缴）。

上述事实，有下列经过庭审举证、质证的证据证实：

一、书证：

1. 受案登记表证实：该案系公安机关在工作中发现。

2. 工商登记资料证实：××市航景公司、广西××公司、云南××公司法定代表人、公司类型等工商注册的基本情况。

3. 铁精矿销售合同、铁矿销售合同、结算单、银行交易明细、增值税专用发票及认证结果清单、××国税税务稽查报告及补充材料增值税纳税申报表（二）、云南省××县税务机关行政处罚决定书、税务稽查执行报告等证实：2013年11月，××航景公司与广西××公司有业务往来；××航景让江西××公司为自己虚开增值税发票并申报抵扣税款；为云南××公司虚开增值税专用发票，收取了该公司的开票费1 047 649.83元以及云南××公司向云南省××县税务机关申报抵扣进项税额1 902 765.55元（已被追缴）的事实。

4. 被告人张××户籍证明、归案经过证实，被告人张××身份等基本情况，被告人张峰于2014年10月22日在福建厦门被抓获归案。

5. 扣押清单证实，在公安侦查阶段，被告人张××退缴人民币265万元。

二、证人证言

1. 证人吴××的证言证实，其在××航景公司担任会计期间，公司一直是张××在负责。张××是××航景公司财务总监兼出纳，在收到江西××公司开具的112份增值税专用发票后，张××安排其向××市税务机关申报抵扣当月应纳税款。××航景公司开到云南××公司的112份增值税专用发票，其也是按照张××的安排在公司打好交给张××的。

2. 证人林××、刘××（江西××公司人员）的证言证实，江西××公司自成立以来，没有实际业务，其开出的发票、支付凭证均系虚开和伪造。

3. 证人黄××、腾××、角××（云南××公司法人代表、工作人员）的证言均证实，云南××公司与××航景公司没有真实业务，签订的合同和资金往来都是虚假的，收到××航景公司的增值税发票已申报抵扣应纳税款的事实。

三、被告人张××的多份供述与辩解证实，其负责××航景公司的日常管理兼出纳。2013年11月下旬，通过广西××公司接受江西××公司虚开的112份增值税专用发票，前期的开票过程，其并不知情。其在收到112份增值税专用发票后，安排公司会计吴××向××市税务机关申报抵扣，并随后向江西××公司虚假支付货款，做了资金往来假账。2013年11月底，其与黄××约定，云南××公司按票面价税合计8%的价格购买××航景公司开具的增值税专用发票。其将××航景公司虚开112份增值税专用发票，交给云南××公司。两公司签订虚假的铁精矿销售合同、结算单，虚假支付货款，××航景公司收取了云南××公司的开票费1 047 649.83元。

四、辨认笔录证实，黄××、角××、吴××对被告人张××进行了确认。

一审法院认为：

原判认为，被告单位××航景公司为牟取高额的手续费，违反国家税收征管和发票管理规定，在没有实际经营情况下，让他人为自己开具增值税专用发票，票面税额共1 899 725.9元，又为他人开具增值税专用发票，票面税额共计1 902 765.55元，虚开税款数额为1 902 765.55元，骗取国家税款1 902 765.55元，虚开税款数额巨大，其行为构成单位虚开增值税专用发票罪。本案系单位犯罪，被告人张××作为××航景公司的负责人，具体实施虚开增值税专用发票，其行为已构成虚开增值税专用发票罪。案发后，被告单位骗取国家税款1 902 765.55元已被全部追回，违法所得已全部退出；被告人张××案发后至庭审中能如实供述犯罪事实，自愿认罪，根据被告单位及被告人的上述具体犯罪情节和悔罪表现，依法对被告单位、被告人张峰均予以从轻处罚。依照《中华人民共和国刑法》第二百零五条、第三十条、第三十一条、第六十七条第三款、第六十四条之规定，判决：

一、被告单位××市航景进出口贸易有限公司犯虚开增值税专用发票罪，判处罚金人民币五十万元。

二、被告人张××犯虚开增值税专用发票罪，判处有期徒刑十年。

三、被告单位××市航景进出口贸易有限公司违法所得 1 047 649.83 元，依法予以追缴。

二审请求情况：

宣判后，张××不服，以××市航景公司全部经营行为都是由实际出资人姜××控制和指挥，其在本案中处从属地位，应认定其为从犯；其对收取江西××贸易有限公司虚开的增值税发票的行为不应承担刑事责任等为上诉理由向本院提出上诉，请求二审法院对其依法减轻处罚。其辩护人提出了与上诉人上诉理由相同的辩护意见。

出庭履行职务的检察员认为，一审判决认定事实清楚，证据确实充分，建议驳回上诉，维持原判。

本院查明：

经审理查明：一审判决书认定被告单位××市航景进出口贸易有限公司及上诉人张××犯虚开增值税专用发票罪的有关证据，已经一审法院庭审质证属实。本院开庭审理期间，上诉人就本案的事实和证据未提出异议，本院对一审判决所认定的事实及证据均予以确认。

对于上诉人张××认为其在本案中属从犯地的上诉理由，经查：××航景公司工商登记资料、银行交易明细等书证，证人吴××、许××等人证言证明，上诉人张××是××航景公司的负责人且是公司主要股东。其作为该公司负责人，具体实施犯罪，起较大作用，不应认定其为从犯。故上诉人的上述上诉理由和辩护人的相关辩护意见均不能成立，本院不予采纳。

对于上诉人张××认为其对收取江西××贸易有限公司虚开的增值税发票的行为不应承担刑事责任的上诉理由，经查：上诉人张××作为安庆航景公司的负责人，收到江西××公司开具的增值税专用发票后，在明知两公司之间无真实交易的情形下，安排公司会计向××市税务机关申报抵扣当月进项税额，并随后虚假支付货款，以应付税务机关查验。××航景公司及被告人张××的行为符合虚开增值税专用发票罪的构成要件。故上诉人及辩护人提出的此节上诉理由及辩护意见不能成立，不予采纳。

本院认为：

本院认为，原审被告单位××航景公司为牟取高额的手续费，违反国家税收征管和发票管理规定，在没有实际经营情况下，让他人为自己开具增值税专用发票，又为他人开具增值税专用发票，虚开税款数额巨大，其行为构成单位虚开增值税专用发票罪。本案系单位犯罪，上诉人张××作为××航景公司的负责人，具体实施虚开增值税专用发票，其行为已构成虚开增值税专用发票罪。原审判决认定事实清楚，适用法律准确，量刑适当。审判程序合法。上诉人的上诉理由及辩护人相关的辩护意见均不能成立，本院不予采纳。原审关于被告单位××市航景进出口贸易有限公司违法所得 1 047 649.83 元，应当予以追缴的判决不当，应予改判。据此，依照《中华人民共和国刑法》第二百零五条、第三十条、第三十一条、第六十七条第三款、第六十四条和《中华人民共和国刑事诉讼法》第二百二十五条第一款第一、二项之规定[1]，判决如下：

一、维持××市迎江区人民法院（2015）迎刑初字第00102号刑事判决第一、二项，即被告单位××市航景进出口贸易有限公司犯虚开增值税专用发票罪，判处罚金人民币五十万元；被告人张××犯虚开增值税专用发票罪，判处有期徒刑十年；

二、撤销××市迎江区人民法院（2015）迎刑初字第00102号刑事判决第三项，即被告单位××市航景进出口贸易有限公司违法所得 1 047 649.83 元，依法予以追缴。

三、公安机关扣押的原审被告单位××市航景进出口贸易有限公司违法所得 1 047 649.83 元，依法予以没收，由扣押机关上缴国库。

本判决为终审判决。

审判长×××

审判员×××

审判员×××

2015 年×月×日

（院印）

本件与原本核对无异

书记员×××

二、实例评析

本判决书抓住了第二审刑事判决书的写作重点，对第一审原判决认定的事

---

〔1〕 本案系 2018 年《刑事诉讼法》修订之前的判决，故此处援引的是 2018 年修订之前的条文。

实、证据、理由和判处结果及上诉人张××辩护的意见进行了概述，而对原审判决的错误之处作了详细的论证，详略较得当。同时，针对上诉理由中与原判认定的事实、证据有异议的问题进行了分析、认证，理由充分。

技能拓展

1. 第二审刑事判决书的写作重点是什么？
2. 简述再审刑事判决书的特点和基本格式。

【提示要点】

（1）再审刑事判决书的特点：

第一，再审刑事判决书的来源是由刑事诉讼法规定的：当事人及其法定代理人、近亲属认为已经发生法律效力的人民法院裁判文书确有不当之处，应当重新审判，依法提出申诉；各级人民法院院长对本院已经发生法律效力的判决和裁定，如果发现在认定事实上或者在适用法律上确有错误，必须提交审判委员会处理；最高人民法院对各级人民法院已经发生法律效力的判决和裁定，上级人民法院对下级人民法院已经发生法律效力的判决和裁定，如果发现确有错误，有权提审或者指令下级人民法院再审；最高人民检察院对各级人民法院已经发生法律效力的判决和裁定，上级人民检察院对下级人民法院已经发生法律效力的判决和裁定，如果发现确有错误，有权按照审判监督程序向同级人民法院提出抗诉。

第二，再审刑事判决书的制作有很强的针对性，即在全面叙写案件基本概况的前提下，重点是针对原裁判中的不当之处逐一进行纠错。例如，有新的证据证明原判决、裁定认定的事实确有错误，影响定罪量刑的；据以定罪量刑的证据不确实、不充分、依法应当予以排除，或者证明案件事实的主要证据之间存在矛盾的；原判决、裁定适用法律确有错误的；违反法律规定的诉讼程序，可能影响公正审判的；审判人员在审理该案件的时候，有贪污受贿、徇私舞弊、枉法裁判行为的；等等。

第三，法院按照审判监督程序重新审判的案件，由原审人民法院审理的，应当另行组成合议庭进行。如果原来是第一审案件，应当依照第一审程序进行审判，所作的判决、裁定，可以上诉、抗诉；如果原来是第二审案件，或者是上级人民法院提审的案件，应当依照第二审程序进行审判，所作的判决、裁定，是终审的判决、裁定。

（2）再审刑事判决书基本格式（按二审程序再审改判用）：

×××× 人民法院
刑事判决书

（××××）×刑再终字第××号

原公诉机关××××人民检察院。

原审被告人（原审经过上诉的应括注"原审上诉人"。下同）……（写明姓名、性别、出生年月日、出生地和户籍地、身份证号码、民族、文化程度、职业、工作单位及职务、住址和因本案所受强制措施情况、现在何处。）

辩护人……（写明姓名、性别、工作单位和职务。）

原审被告人……（写明姓名和案由）一案，××××人民法院于××××年××月××日作出（××××）×刑初字第××号刑事判决，……（此处写明对原判的上诉、抗诉和本院二审作出的裁定或判决及其年月日和字号。按审判监督程序提审的原一审案件无此段）已经发生法律效力。……（此处简写提起再审程序的经过。）本院依法（另行）组成合议庭，公开（或不公开）开庭审理了本案。××××人民检察院检察长（或员）×××出庭执行职务，原审被告人×××及其辩护人×××等到庭参加诉讼。本案现已审理终结［未开庭的改为"本院依法（另行）组成合议庭审理了本案，现已审理终结"］。

……（首先，概述原审有效判决的基本内容，其次，写明提起再审的主要根据和理由。如果检察院在再审中提出新的意见，应一并写明。）

经再审查明，……（写明原判决认定的事实、情节，哪些是正确的或者全部是正确的，有哪些证据足以证明；哪些是错误的或者全部是错误的，否定的理由有哪些。如果对事实、情节方面有异议，应当抓住要点，予以分析答复。）

本院认为，……［根据再审确认的事实、情节和当时的法律政策，论述被告人是否犯罪，犯什么罪（一案多人的，还应分清各被告人的地位、作用和刑事责任），应否从宽或从严处理。指出原判的定罪量刑哪些是正确的，哪些是错误的，或者全部是错误的。对于申诉人及有关各方关于定罪量刑方面的主要意见和理由，应当有分析地表示采纳或予以批驳］依照……（写明判决所依据的法律条款项）的规定，判决如下：

……［写明判决结果。分六种情况：

第一，原系一审结案，提审后全部改判的，表述为：

"一、撤销××××人民法院（××××）×刑初字第××号刑事判决；

二、被告人×××……（写明改判的内容）"

第二，原系一审结案，提审后部分改判的，表述为：

"一、维持××××人民法院（××××）×刑初字第××号刑事判决的第

×项，即……（写明维持的具体内容）

二、撤销×××人民法院（××××）×刑初字第××号刑事判决的第×项，即……（写明撤销的具体内容）

三、被告人×××……（写明部分改判的内容）"

第三，原系二审维持原判结案，再审后全部改判的，表述为：

"一、撤销×××人民法院（××××）××××人民法院刑初字第××号刑事判决和本院（××××）×刑终字第××号与刑事裁定；

二、被告人×××……（写明改判的内容）"

第四，原系二审维持原判结案，再审后部分改判的，表述为：

"一、维持×××人民法院（××××）×刑初字第××号刑事判决的第×项和本院（××××）×刑终字第××号刑事裁定的第×项，即……（写明维持的具体内容）

二、撤销×××人民法院（××××）×刑初字第××号刑事判决的第×项和本院（××××）×刑终字第××号刑事裁定的第×项，即……（写明撤销的具体内容）

三、被告人×××……（写明部分改判的内容）"

第五，原系二审改判结案，再审后全部改判的，表述为：

"一、撤销本院（××××）×刑终字第××号刑事判决；

二、被告人×××……（写明改判的内容）"

第六，原系二审改判结案，再审后部分改判的，表述为：

"一、维持本院（××××）×刑终字第××号刑事判决的第×项，即……（写明维持的具体内容）

二、撤销本院（××××）×刑终字第××号刑事判决的第×项，即……（写明撤销的具体内容）

三、被告人×××……（写明改判的内容）"]

（交代上诉权或"本判决为终审判决"。）

审判长×××

审判员×××

审判员×××

×××年×月×日

（院印）

本件与原本核对无异

书记员×××

第四节　刑事裁定书

案例导入

一、案件基本情况

2010 年×月×日，××省××市中级人民法院对李×受贿罪等案进行一审公开宣判，以受贿罪、巨额财产来源不明罪、强奸罪数罪并罚判处李×死刑，剥夺政治权利终身，并处没收个人全部财产。一审宣判后，李×不服，向××省高级人民法院提出上诉。××省高院依法组成合议庭，依照刑事诉讼法的规定，对该案进行开庭审理。

××省高级人民法院经二审审理确认，19××年至20××年期间，李×利用其职务便利，为他人职务晋升、工作调动、就业安置、承揽工程等谋取利益，先后多次收受他人财物，折合人民币共计500万余元。20××年×月×日，被告人李×对被害人×××实施了强奸行为。据此，××省高级人民法院认为××市中级人民法院对此案的第一审判决正确，依法作出维持原判的刑事裁定书。

二、案例提示

人民法院在刑事案件审理或判决执行中，就程序问题和部分实体问题作出书面处理决定时，需制作刑事裁定书。上述案例中，××省高级人民法院认为，原判决认定李×犯受贿罪、巨额财产来源不明罪、强奸罪，事实清楚，证据确实充分，定罪准确，量刑适当，审判程序合法。李×所犯受贿罪，数额特别巨大，情节特别恶劣，后果特别严重。据此，××省高级人民法院裁定：驳回李×上诉，维持原判。根据《刑事诉讼法》的相关规定，对维持原判决判处被告人李×死刑、剥夺政治权利终身并处没收个人全部财产的刑事裁定，需报请最高人民法院核准。

三、刑事裁定书制作前的准备工作

刑事裁定书在内容等方面与刑事判决书大体相同。刑事裁定书制作前的重点工作是在案件审理终结后，弄清是否属于作出裁定的范围，即本文书的适用范围。刑事诉讼法对人民法院在刑事案件审理中需作出刑事裁定的规定有很多。上述案例中，原审被告人不服第一审人民法院的判决，在法定期限内提出上诉，第二审人民法院依法审理后认为原判决事实清楚、证据确实充分，判决结果正确，应维持原判。根据《刑事诉讼法》有关规定，二审法院维持原判的，应以裁定的形式结案，据此，××省高级人民法院作出裁定并制作刑事裁定书。

教学内容

一、刑事裁定书的概念、适用范围和法律依据

（一）概念和种类

刑事裁定书是人民法院代表国家行使审判权，对刑事案件审理和执行过程中的程序问题和部分实体问题，依法作出裁定的书面决定。刑事裁定书是具有法律效力的文书。

第一审刑事裁定书主要有以下几种：驳回自诉用的刑事裁定书、准许撤诉或者按撤诉处理用的刑事裁定书、中止审理用的刑事裁定书、终止审理用的刑事裁定书、补正裁判文书失误用的刑事裁定书以及其他附带民事诉讼用的裁定书。

第二审刑事裁定书可分为：第二审维持原判用的刑事裁定书，第二审维持原判用的刑事附带民事裁定书，第二审发回重审刑事裁定书，第二审维持、变更、撤销原审裁定刑事裁定书，准许撤回上诉、抗诉用的刑事裁定书。

（二）适用范围和法律依据

刑事裁定书的适用范围是由《刑事诉讼法》规定的：

《刑事诉讼法》第 240 条规定，第二审人民法院对不服第一审裁定的上诉或者抗诉，经过审查后，应当参照《刑事诉讼法》第 236 条、第 238 条和第 239 条的规定，分别情形用裁定驳回上诉、抗诉，或者撤销、变更原裁定。

《刑事诉讼法》第 261 条第 2 款规定，被判处死刑缓期二年执行的罪犯，在死刑缓期执行期间，如果没有故意犯罪，死刑缓期执行期满，应当予以减刑的，由执行机关提出书面意见，报请高级人民法院裁定；如果故意犯罪，情节恶劣，查证属实，应当执行死刑的，由高级人民法院报请最高人民法院核准；对于故意犯罪未执行死刑的，死刑缓期执行的期间重新计算，并报最高人民法院备案。

《刑事诉讼法》第 262 条第 1 款规定，下级人民法院接到最高人民法院执行死刑的命令后，应当在 7 日以内交付执行。但是发现有下列情形之一的，应当停止执行，并且立即报告最高人民法院，由最高人民法院作出裁定：①在执行前发现判决可能有错误的；②在执行前罪犯揭发重大犯罪事实或者有其他重大立功表现，可能需要改判的；③罪犯正在怀孕。

《刑事诉讼法》第 263 条第 4 款规定，指挥执行的审判人员，对罪犯应当验明正身，讯问有无遗言、信札，然后交付执行人员执行死刑。在执行前，如果发现可能有错误，应当暂停执行，报请最高人民法院裁定。

《刑事诉讼法》第271条规定，被判处罚金的罪犯，期满不缴纳的，人民法院应当强制缴纳；如果由于遭遇不能抗拒的灾祸等原因缴纳确实有困难的，经人民法院裁定，可以延期缴纳、酌情减少或者免除。

《刑事诉讼法》第273条第2款规定，被判处管制、拘役、有期徒刑或者无期徒刑的罪犯，在执行期间确有悔改或者立功表现，应当依法予以减刑、假释的时候，由执行机关提出建议书，报请人民法院审核裁定，并将建议书副本抄送人民检察院。人民检察院可以向人民法院提出书面意见。

《刑事诉讼法》第274条规定，人民检察院认为人民法院减刑、假释的裁定不当，应当在收到裁定书副本后20日以内，向人民法院提出书面纠正意见。人民法院应当在收到纠正意见后1个月以内重新组成合议庭进行审理，作出最终裁定。

《最高人民法院关于适用〈中华人民共和国刑事诉讼法〉的解释》第241条第8项规定，对第一审公诉案件，人民法院审理后，认为犯罪已过追诉时效期限且不是必须追诉，或者经特赦令免除刑罚的，应当裁定终止审理。

二、刑事裁定书和刑事判决书的不同点

刑事裁定书和刑事判决书虽然都属刑事审判文书，但二者有明显的不同：

1. 二者内容不同。刑事裁定书是就案件程序和部分实体问题（如减刑、假释、减免罚金、核准死刑等）所作的书面结论，刑事判决书是就案件实体问题作出的书面结论。

2. 使用方式不同。判决必须用书面形式，裁定可采用书面和口头两种方式。

3. 有无排他性不同。刑事裁定书在案件的审理过程中和结案时都可以使用，一个刑事案件可以有一个以上生效的刑事裁定，但刑事判决书只能在案件结案时使用，一个案件只能有一个生效的判决书。

4. 上诉期限不同。刑事裁定书中规定上诉期限为5天，刑事判决书则为10天；一审判决准许上诉，一审裁定有的可以上诉，有的不准上诉。

三、第二审刑事裁定书结构内容和写作要求

从内容角度，刑事裁定书可分为解决程序问题的刑事裁定书和解决实体问题的刑事裁定书；从审判程序角度，可分为第一审的刑事裁定书、第二审的刑事裁定书、复核程序的刑事裁定书、审判监督程序的刑事裁定书、执行程序的刑事裁定书等。

刑事裁定书的结构、格式和制作方法与刑事判决书基本相同，但内容比较简单。本节将重点介绍第二审刑事裁定书，第一审刑事裁定书有关内容将在"技能拓展"中介绍。

（一）第二审刑事裁定书的概念

第二审刑事裁定书，是指第二审人民法院在第二审程序中，为解决有关程

序问题和部分实体问题所作出的书面决定。

第二审刑事裁定书中最常用的是维持原判用的刑事裁定书。第二审维持原判用的刑事裁定书，是指第二审人民法院在受理当事人不服一审法院判决提出上诉或者人民检察院提出抗诉的刑事案件后，经审理查明，一审法院判决在认定事实和适用法律上没有错误，量刑适当，审判程序合法，依法驳回上诉、抗诉，维持原判等作出的书面决定。

（二）第二审刑事裁定书的结构、写作内容和方法

第二审维持原判用的刑事裁定书由首部、正文、尾部三部分构成。

1. 首部。写法与第二审刑事判决书基本相同。

2. 正文。写明事实和证据、裁定理由、裁定主文，即"依照……（法律依据）的规定，裁定如下：驳回上诉（或者抗诉），维持原判"。

3. 尾部。写明"本裁定为终审裁定"，并由审判长、审判员署名，注明裁定时间等。根据《刑事诉讼法》的规定，最高人民法院对报送核准的案件属于判处法定刑以下的或死刑的，是否准许的裁定书，尾部应写明："裁定送达后即发生法律效力。"

（三）基本格式（二审维持原判用）

××××人民法院
刑事裁定书

（××××）×刑终字第×号

原公诉机关××××人民检察院。

上诉人（原审被告人）：姓名、性别、出生年月日、出生地和户籍地、身份证号码、民族、文化程度、职业、工作单位及职务、住址、因本案受到的强制措施的情况等。

辩护人：姓名、单位。

××××人民法院审理××××人民检察院指控原审被告人×××犯××罪一案，于××××年××月××日作出（××××）×刑初字第××号刑事判决。原审被告人×××不服，提出上诉。本院依法组成合议庭，公开（或不公开）开庭审理了本案。××××人民检察院指派检察员×××出庭履行职务。上诉人（原审被告人）×××及其辩护人×××、证人×××等到庭参加诉讼。现已审理终结。

……（首先，概述原判决认定的事实、证据、理由和判处结果；其次，写明上诉、辩护的意见；最后，写明检察院在二审提出的新意见。）

经审理查明，……（写明经二审审理查明的事实和二审据以定案的证据，并针对上诉理由中与原判决认定的事实、证据有异议的问题进行分析、认证。）

本院认为，……（根据二审确认的事实、证据和有关法律规定，论证原审判决认定事实、证据和适用法律的正确性；对于上诉人、辩护人或者出庭履行职务的检察人员等在适用法律、定性方面的意见逐一作出回答，阐述不予支持或不予采纳的理由；最后写明裁定的法律依据。）依照《中华人民共和国刑事诉讼法》第二百三十六条第一项的规定，裁定如下：

驳回上诉（或者抗诉），维持原判。

本裁定为终审裁定。

审判长×××

审判员×××

审判员×××

年　月　日

（院印）

本件与原本核对无异

书记员×××

制作实训

一、第二审刑事裁定书实例

××省××市中级人民法院
刑事裁定书

（2018）×刑终字第××号

原公诉机关××县人民检察院。

上诉人（原审被告人）石××，男，1967年2月10日出生。

辩护人杨××，××律师事务所律师。

××县人民法院审理××县人民检察院指控原审被告人石××犯寻衅滋事罪一案，于2018年作出（2018）××刑初字第387号刑事判决。原审被告人石××不服，提出上诉。本院依法组成合议庭，经过阅卷、讯问上诉人，认为事实清楚，决定不开庭审理，现已审理终结。

原判认定，20××年××月××日被告人石××与张××之女张小某协议离婚，并办理了离婚登记。20××年冬天至20××年××月间，被告人石××多次深夜到××县××乡××村张××、陈××、王××等人家中进行砸掷，毁坏门窗，并将陈大某打伤，经××县公安局物证鉴定室鉴定：陈大某头皮损伤属轻微伤。

原判认定上述事实的证据：

1. 被告人石××供述：其与张××、陈××、王××三家没发生过任何矛盾纠纷。

2. 被害人张××陈述：20××年××月××日凌晨，石××砸其家玻璃，还说"我下去就拿刀捅死你"。石××骂了一会儿就顺着西邻家北屋后墙下去往北跑了。当天其家北屋西里间窗户有七格玻璃被砸碎了。××月××日其和妻子两人在本村张大某家暂住，凌晨2时30分左右，听见玻璃被人砸破了。其知道是石××又来砸了，就起床但没敢出去，后互相对骂了几句，就用手机报警，石××这才离开屋顶跑了。这次他砸破了六块玻璃，损失约100元左右。××月××日凌晨2时20分左右，听到玻璃被砸破的声音，起床后见到石××正站在其家南邻居屋顶上，手拿砖块向其家窗户上乱砸掷，双方对骂几句，打手机报警后，石××才下屋跑了。这次被砸了十来块玻璃，价值200元左右。石××砸过四次玻璃，其报警三次。

3. 被害人王××陈述：20××年××月××日凌晨2点多钟，听到窗户玻璃被砸碎的声音，赶紧起床来到院子，透过月光清楚地看到是石××，石××跑到东墙边就跳下去来到大街上。其家北屋东边和西边窗户有十三格玻璃被砸碎，北屋屋门顶上的雨棚被砸了一个大坑，共价值几十块钱。20××年××月××日凌晨3时许，其家的窗户玻璃被砸碎了，其用手电筒照了一下，看清那人就是石××，之后王××就从其家房顶跳下去跑了。这次被砸了三块20cm×20cm的玻璃。石××共到其家砸过两次，都报了警。石××的行为对其心理伤害极大，其家人每天夜里都提心吊胆，生怕他还来找事。

4. 被害人张××陈述与王××陈述相一致。

5. 被害人陈××陈述，石××深夜一共去其家砸玻璃五次，其中，后三次报了警，其中一次将其儿子陈俊某打成轻微伤，王春宝的行为对其家人造成了极大的伤害，平时夜里不敢睡。

6. 被害人张××、陈××陈述内容基本相一致。

7. 证人程××（被害人张××的邻居）证言证明：张××是其家北邻居，20××年××月××日凌晨两三点钟家中听外边有"叭""叭"玻璃被砸的声音，还有吵骂的声音。在村中别人议论时说过，是张××的三女婿多次半夜砸张××家和其二女婿陈××家、五女婿王××家。

8. 证人张××（被害人张××的邻居）证言证明：其是张××家东邻居。一次是半夜发现东屋屋顶上有一个人，起床到院中时，那人从北屋院后沿树下去跑的。

9. 物证照片、物品清单、扣押借条。

10. 被害人陈××伤情鉴定结论及伤情照片。

11. 石××与张小某离婚手续及证明。

12. 公安机关抓获石××证明。

13. 公安机关报案接警记录。

14. 被告人石××户籍证明等。

××县人民法院认为，被告人石××因生活琐事，对他人随意殴打，多次辱骂，情节恶劣，任意损毁他人财物，情节严重，其行为已构成寻衅滋事罪。依照《中华人民共和国刑法》第二百九十二条第（一）（二）（三）项的规定，以寻衅滋事罪判处被告人石××有期徒刑二年。

原审被告人石××上诉称，其没有到张××、陈××、王××家打砸过。其辩护人认为原判事实不清。

经审理，二审查明的事实、证据与一审相同，原判列举认定本案事实的证据，经原审当庭出示和质证，本院予以确认。关于上诉人石××上诉称，其没有到张××、陈××、王××家打砸过的上诉理由及其辩护人认为原判事实不清的辩护意见，经查，被害人张××夫妇、陈××夫妇、王××夫妇均证明石××多次深夜到家砸玻璃，并将陈大某打致轻微伤，并有报警记录予以证实，另有邻居程××、张××、龙××等人证言予以证明，证据充分，上诉人王××的上诉理由及其辩护人的辩护意见均不能成立。

本院认为，上诉人石××随意殴打他人，多次辱骂他人，并任意毁损公私财物，情节恶劣，其行为已构成寻衅滋事罪，原判事实清楚，证据确实、充分，定罪准确，量刑适当，审判程序合法。上诉人石××的上诉理由及其辩护人的辩护意见均不能成立，不予采纳。依照《中华人民共和国刑事诉讼法》第二百三十六条之规定，裁定如下：

驳回上诉，维持原判。

本裁定为终审裁定。

审判长×××

审判员×××

审判员×××

二〇一八年十月十二日

（院印）

本件与原本核对无异

书记员×××

二、实例评析

1. 被告人真实姓名、住址无法查清的，应当按其绰号或者自报的姓名、住址制作刑事裁判文书，并在刑事裁判文书中注明。本案中，上诉人（原审被告人）的姓名问题即属于此类情况，系自报姓名，对于被告人的年龄也需查清其是否属于未成年人。

2. 本案虽为维持原判的刑事裁定书，但它并不是原审判决书的翻版，而是根据二审人民法院审理认定的情况，在事实、证据等方面按照规定的刑事裁定书写作要素进行叙写。

3. 在适用法律方面，本案理由部分作出刑事裁定书援引的法律条款系 2018 年 10 月 26 日修订之前的《刑事诉讼法》的条文。2018 年以后办理的刑事案件，应援引 2018 年修正的《刑事诉讼法》条文作出刑事裁定。

技能拓展

1. 简述刑事裁定书和刑事判决书的不同点。
2. 第二审刑事裁定书的适用范围有哪些？
3. 掌握第一审刑事裁定书的基本格式。

【提示要点】

×××人民法院
刑事裁定书

（驳回自诉用）

（××××）×刑初字第××号

自诉人……（写明自诉人的姓名、性别、出生年月日、出生地和户籍地、身份证号码、民族、文化程度、职业、工作单位及职务、住址。）

被告人……（写明被告人的姓名、性别、出生年月日、出生地和户籍地、身份证号码、民族、文化程度、职业、工作单位及职务、住址。）

自诉人×××以被告人×××犯××罪，于××××年××月××日向本院提起控诉。

本院审查认为，……（简写驳回自诉的理由）依照……（写明裁定的法律依据）的规定，裁定如下：

驳回自诉人×××对被告人×××的起诉。

如不服本裁定，可在接到裁定书的第二日起 5 日内，通过本院或者直接向×××人民法院提出卜诉。书面上诉的，应当提交上诉状正本 1 份，副本×份。

审判员×××

××××年×月×日

（院印）

本件与原本核对无异

书记员×××

4. 掌握再审刑事裁定书的格式。

【提示要点】

××××人民法院

刑事裁定书

（按一审程序再审维持原判用）

（××××）×刑再初字第××号

原公诉机关××××人民检察院。

原审被告人……（写明被告人的姓名、性别、出生年月日、出生地和户籍地、身份证号码、民族、文化程度、职业、工作单位及职务、住址、现在何处。）

辩护人……（写明姓名、工作单位和职务。）

原审被告人……（写明姓名和案由）一案，本院于××××年××月××日作出（××××）×刑×字第××号刑事判决，已经发生法律效力……（此处写明提起再审程序的经过）本院依法另行组成合议庭，公开（或不公开）开庭审理了本案。××××人民检察院检察长（或员）×××出庭执行职务，原审被告人×××及其辩护人×××等到庭参加诉讼。本案现已审理终结（未开庭的改为"本院依法另行组成合议庭，审理了本案，现已审理终结"）。

……（首先，概述原审有效判决的基本内容，其次，写明提起再审的主要根据和理由。如果检察院在再审中提出新的意见，应一并写明。）

经再审查明，……（肯定原判认定的事实、情节是正确的，证据确凿、充分。在事实、情节方面如有异议，应当通过对有关证据的分析论证，予以否定。）

本院认为，……（根据再审查证属实的事实、情节和当时的法律、政策，分析批驳申诉人及有关各方对原判定罪量刑方面不服的主要意见和理由，论证原判的正确性。）依照……（写明裁定所依据的法律条款项）的规定，裁定如下：

维持本院（××××）×刑×字第××号刑事判决。

如不服本裁定，可在接到裁定书的第二日起×日内，通过本院或者直接向××××人民法院提出上诉。书面上诉的，应交上诉状正本1份，副本×份。

审判长×××

审判员×××

审判员×××

××××年××月××日

（院印）

本件与原本核对无异

书记员×××

5. 掌握核准执行死刑用刑事裁定书的格式。

【提示要点】

中华人民共和国最高人民法院
刑事裁定书

（××××）最刑核字第××号

被告人……（写明被告人的姓名、性别、出生年月日、出生地和户籍地、身份证号码、民族、文化程度、职业、工作单位及职务、住址等，现在何处。）

××××中级人民法院于××××年××月××日以（××××）×刑初字第××号刑事判决，认定被告人×××犯××罪，判处死刑，剥夺政治权利终身。……（此处简写上诉、抗诉后经二审维持原判，或者没有上诉、抗诉经高级法院复核同意原判的情况。）××××高级人民法院依法报送本院核准。本院依法组成合议庭进行了复核。合议庭评议后，审判委员会第××次会议进行了讨论并作出决定。本案现已复核终结。

本院确认……（写明经复核肯定原判认定的犯罪事实、情节及其具体证据的内容。）

被告人×××……（阐明同意判处死刑的理由）依照……（写明裁定所依据法律条款项）的规定，裁定如下：

核准××××中级人民法院（××××）×刑初字第××号以××罪判处被告人×××死刑，剥夺政治权利终身的刑事判决。

本裁定送达后即发生法律效力。

审判长×××
审判员×××
审判员×××
×年××月××日
（院印）

本件与原本核对无异

书记员×××

第六章

人民法院常用民事裁判文书

学习目标

1. 全面了解人民法院民事裁判文书，掌握人民法院民事裁判文书中常见的法律文书的概念、功用和写作方法。

2. 结合司法实践中实际运用的要求，全面了解人民法院民事裁判文书的特点和常见种类。

3. 掌握民事裁判文书的制作要求和基本写法，能制作出合格的民事裁判文书。

第一节　人民法院常用民事裁判文书概述

教学内容

一、人民法院的民事裁判文书的概念

人民法院民事裁判文书是指人民法院在民事诉讼中，为解决诉讼当事人之间的民事权利义务的争议，就案件的实体问题和程序问题依法制作的具有法律效力的文书。

二、人民法院民事裁判文书的分类

人民法院的民事裁判文书，按照不同的分类标准可以做以下分类：

1. 按照裁判案件的方式不同，可分为民事判决书、民事裁定书、民事调解书、民事决定书。

2. 按照审判所适用的程序不同，可分为第一审民事判决书、第一审民事裁定书和第一审民事调解书，第二审民事判决书、第二审民事裁定书和第二审民事调解书，再审民事判决书、再审民事裁定书和再审民事调解书。此外，还有为适用特别程序、公示催告程序、督促程序、企业法人破产还债程序而制作的

民事裁判文书。

第二节　第一审民事判决书

案例导入

一、案件基本情况

（一）当事人及诉讼代理人基本情况

原告李××，男，19×年×月×日生，汉族，住上海市闵行区青杉路××。

原告上海××贸易有限公司，住所地上海市青浦区××。

法定代表人××，上海××贸易有限公司经理。

两原告之共同委托代理人吴××，湖南××律师事务所上海分所律师。

被告上海××会所管理有限公司，住所地上海市浦东新区浦城路××。

法定代表人××，上海××会所管理有限公司董事长。

委托代理人张×，上海市××律师事务所律师。

（二）基本案情

原告李××、上海××贸易有限公司共同诉称，原告李××挂靠于上海××贸易有限公司进行经营。原告李××于2008年10月28日至2009年3月28日期间向被告提供各类荤素菜，每日将菜送至上海市长宁区延安西路××号第九层。其中，2009年2月2日至3月28日，李××共向被告送货折价为人民币68 555元，对于该笔款项，被告于2009年11月支付给上海××贸易有限公司人民币20 000元，余款借故拖延至今。现两原告要求被告支付所欠货款人民币48 555元以及查档费人民币234.30元。

被告上海××会所管理有限公司辩称，不同意原告的诉讼请求。原告的送货地是上海市长宁区延安西路××号第九层，第九层挂牌为上海××俱乐部，实际经营方是上海××健身休闲有限公司。上海××会所管理有限公司只是在2007年6月30日至2009年2月28日与上海××健身休闲有限公司合作经营，之后，被告已经退出。原告的送货没有针对性，应该是谁经营、谁接货，原告未与被告建立买卖关系。

二、案例提示

每一件民事案件中都存在具体的纠纷，即使是相同案由的不同案件之间，各自纠纷的特点也有所不同，因此，制作第一审民事判决书，首先要全面了解案件事实，着重掌握争议的焦点，分清是非，结合证据，运用严谨、充分的说理，准确地选择法律并进行必要的分析论证。

就上述案例而言，争议的焦点是买卖关系是否存在。从原被告各自的陈述来看，双方对案件的事实存在很大争议，原告诉称与被告存在买卖合同关系，而被告以其不是实际经营者为由，否认其与原告建立买卖关系。

三、制作第一审民事判决书的条件

第一审民事判决书的制作前，需要满足程序和实体两方面的条件，解决实体上的纠纷，合法的程序是必不可少的。

1. 程序上的条件。案件依照《中华人民共和国民事诉讼法》规定的程序受理、开庭审理，已经审理终结。

2. 实体上的条件。民事案件在审理终结后，实体上案件事实已经查清，证据达到民事案件的证明标准，裁判结果明确支持或不支持当事人的诉讼请求，或者经过审理，案件事实仍然不清楚，根据民事诉讼证明责任的规定，判决负有证明责任的一方承担不利的判决结果。

教学内容

一、第一审民事判决书的概念、法律依据和作用

（一）概念

第一审民事判决书是指第一审人民法院按照民事诉讼法规定的第一审普通程序、简易程序或特别程序审理案件，就当事人之间的实体权利义务作出的书面处理决定。

（二）法律依据

制作第一审民事判决书的法律依据是《民事诉讼法》。《民事诉讼法》第152条规定，判决书应当写明判决结果和作出该判决的理由。判决书内容包括：①案由、诉讼请求、争议的事实和理由；②判决认定的事实和理由、适用的法律和理由；③判决结果和诉讼费用的负担；④上诉期间和上诉的法院。判决书由审判人员、书记员署名，加盖人民法院印章。

（三）作用

第一审民事判决书的作用在于正确地处理各类民事权益纠纷，保证我国民事法律、法规的正确贯彻执行，维护公民、法人和其他组织的合法权益。

二、结构、内容和写作要求

第一审民事判决书由首部、正文和尾部三部分组成。

（一）首部

首部依次写明制作机关名称、文书名称、文书编号、诉讼参加人及其基本

情况以及案件由来和审理经过。

1. 标题。标题由法院名称和文书种类组成。标题应分为两行。上行写法院名称，下行写文书种类。法院名称一般应与院印的文字相一致。

2. 文书编号。案号由年度和制作法院、案件性质、审判程序的代字以及案件的顺序号组成，年度和案件的顺序号应用阿拉伯数字。例如，北京市西城区人民法院 2019 年受理的第 1 号民事案件，就应写为"（2019）西民初字第 00001号"。

3. 诉讼参加人的基本情况。

（1）关于诉讼参加人的称谓问题。《民事诉讼法》对民事案件当事人的称谓有明确的规定，制作民事判决书时，要严格按照法定的原告、被告、第三人等称谓列写。在诉讼过程中，被告提起反诉且成立的，在判决书中还应分别写明各当事人在反诉中的称谓，以表明各当事人在反诉中的诉讼地位，如"原告（反诉被告）""被告（反诉原告）"。

当事人系法人的，其主要负责人称为"法定代表人"，其他组织的主要负责人称为"代表人"。

对于诉讼代理人，应当具体写明是法定代理人、指定代理人还是委托代理人，而不能笼统写为"诉讼代理人"。

（2）当事人基本情况的写法。当事人是自然人的，写明其姓名、性别、出生年月日、民族、职业或工作单位和职务、住址。住址应写明其住所所在地；住所地与经常居住地不一致的，写经常居住地。

当事人是法人的，写明法人名称和所在地址，并另起一行写明法定代表人及其姓名和职务；当事人是不具备法人条件的组织或起字号的个人合伙的，写明其名称或字号和所在地址，并另起一行写明代表人及其姓名、性别和职务。

当事人是个体工商户的，写明业主的姓名、性别、出生年月日、民族、住址；起有字号的，在其姓名之后用括号说明"系……（字号）业主"。

（3）诉讼代理人的写法。对于法定代理人或指定代理人，应写明其姓名、性别、职业或工作单位和职务、住址，并在姓名后括注其与当事人的关系。

对于委托代理人，应写明其姓名、性别、职业或工作单位和职务、住址；如果委托代理人系当事人近亲属，还应在姓名后括注其与当事人的关系；如果委托代理人系律师，应写明其姓名、工作单位和职务。

4. 案件由来和审理经过应当写明案件来源、案由、审判组织、审判方式和到庭参加诉讼人以及审理经过等内容。主要有以下几种情况：

（1）适用普通程序和简易程序审理的，具体可以表述为："……（写明当事人的姓名或名称和案由）一案，本院受理后，依法组成合议庭（或依法由审判员×××独任审判），公开（或不公开）开庭进行了审理。……（写明本案当事人及其诉讼代理人等）到庭参加诉讼。本案现已审理终结。"

（2）适用特别程序审理的，具体可以分为以下几种：

第一，选民资格案件，可以表述为："起诉人×××不服×××选举委员会关于……（写明决定的标题）决定，向本院起诉。本院受理后，依法组成合议庭，于××××年××月××日公开开庭审理了本案。起诉人×××、×××选举委员会的代表×××以及公民×××到庭参加诉讼。本案现已审理终结。"

第二，宣告失踪、宣告死亡案件，可以表述为："申请人×××要求宣告×××失踪（或死亡）一案，本院依法进行了审理，现已审理终结。"

第三，认定公民无民事行为能力、限制民事行为能力案件，可以表述为："申请人×××要求宣告×××为无民事行为能力（或限制民事行为能力）人一案，本院依法进行了审理，现已审理终结。"

第四，认定财产无主案件，可以表述为："申请人×××要求认定财产无主一案，本院依法进行了审理，现已审理终结。"

第五，指定监护人案件，可以表述为："起诉人×××不服指定监护一案，本院依法进行了审理，现已审理终结。"

如果案件的当事人及其诉讼代理人均到庭参加诉讼的，可以概括地写为"本案当事人及其诉讼代理人均到庭参加诉讼"，不需要具体写明各当事人及其代理人的称谓和姓名。如果案件的当事人中有的到庭，有的没有到庭，而其诉讼代理人到庭或者其代理人也未到庭，或者有的未经法庭许可而中途退庭的，就应如实地具体写明到庭和未到庭、中途退庭的人的情况。

判决书中写明上述内容目的是交代清楚本案在审判程序上是合法的。

（二）正文

正文包括事实、判决理由和判决结果三部分内容。

1. 事实。首先分段写明各当事人的诉讼请求、争议的事实和理由，然后再另起一行写明法院认定的事实和证据。

（1）当事人的诉讼请求，是指当事人请求法院判令对方当事人履行一定民事义务的具体事项；争议的事实和理由，是指当事人所陈述的争议情况及其根据。诉讼请求和争议的事实是要通过写明原告、被告和第三人的陈述来反映的，分别以"原告×××诉称""被告×××辩称""第三人×××述称"的字样来引导。对于当事人的具体请求事项不要有遗漏，必要时可以分项写明；当事人在诉讼过程中有增加、变更诉讼请求或者提出反诉的，亦应一并写明。写明这些内容的目的，一是体现尊重当事人的诉讼权利，实事求是地反映当事人的真实意思；二是集中反映出当事人的讼争焦点；三是可使法院在书写审理认定的事实、证据以及判决理由和判决结果时有的放矢，并且紧密相连，前后照应。

（2）法院认定的事实主要包括：①当事人之间民事法律关系发生的时间、地点和内容；②产生纠纷的时间、原因、经过、情节和后果。法院认定的事实，必须经过法庭审理查证属实。叙述的方法一般应按照事件发展的时间顺序，客观、全面、真实地反映案情，并要抓住重点，详述主要情节和因果关系。

2. 判决理由。第一审民事判决书的理由部分，应当写明判决的理由和判决所依据的法律条文。判决理由主要是根据法院认定的事实和有关法律、法规和政策，阐明法院对纠纷的性质、当事人的责任以及如何解决纠纷的看法。说理有针对性，要根据事实和法律，针对当事人的争议和诉讼请求，摆事实，讲法律，讲道理，分清是非责任。诉讼请求合法合理的，应予以支持；不合法、不合理的，不予支持，对于违法的民事行为应当指明。

3. 判决结果。判决结果是人民法院根据案件的事实，依照有关法律规定，就民事诉讼争议如何解决所作出的具体处理决定。它用肯定、明确、具体的文字确认当事人之间的民事权利义务，从而解决纠纷。

判决结果的语言文字要具体确定，表述要清楚、明确，只能作单一解释，不能含糊不清，产生歧义；判决结果的内容要能够具体实施，切忌原则抽象，无法具体执行；判决结果的事项要完整，对争议的解决，对履行义务的时间、方式等不能有所遗漏。

判决的结果应根据确认之诉、变更之诉或者给付之诉的不同情况，正确地加以表述。特别是给付之诉，不论是给付物品、货币，还是要求义务人履行一定的民事行为，在语言文字的表述上都要准确、单一、具体。譬如，判决给付物品的，应写明物品的名称、数量、给付期限以及给付方式等；判决义务人履行一定民事行为的，应写明应履行行为的内容及要求、履行期限等。

判决结果一般来说都是针对当事人的诉讼请求作出的。因此，对于当事人不合法不合理的诉讼请求，应当依法予以驳回。所以，需要驳回当事人某项诉讼请求的，应当在判决结果中写明"驳回×××的其他诉讼请求"。

（三）尾部

第一审民事判决书的尾部，应写明诉讼费用的负担，当事人的上诉权利、上诉期间和上诉法院名称，以及审判人员的姓名和判决日期等内容。

诉讼费用的负担，虽然也是人民法院决定的，但是它不属于判决结果的范围。这主要是因为，诉讼费用不是当事人争议的民事权利义务，而是当事人进行民事诉讼依法应当向法院交纳的费用；诉讼费用的交纳，依照《诉讼费用交纳办法》办理，而且不准上诉。

向当事人交代上诉事项，其写法是："如不服本判决，可在判决书送达之日起十五日内，向本院递交上诉状，并按对方当事人的人数提出副本，上诉于×××人民法院。"

判决书尾部的署名。组成合议庭的，由审判长和组成合议庭的其他审判员或人陪审员共同署名；独任审判的，由独任审判员署名。助理审判员参加合议庭或独任审判的，署代理审判员。人民陪审员参加合议庭的，署人民陪审员。

"本件与原本核对无异"印戳是书记员在核对判决书正本与原本无误后加盖在判决书上的，它是书记员履行职责的体现，因此，该印戳应加盖在判决日期与书记员署名之间空行的左边。

（四）基本格式（一审民事案件用）

××××人民法院
民事判决书

（××××）×民初字第××号

原告……（写明姓名或名称等基本情况）

法定代表人（或代表人）……（写明姓名和职务）

法定代理人（或指定代理人）……（写明姓名等基本情况）

委托代理人……（写明姓名等基本情况）

被告……（写明姓名或名称等基本情况）

法定代表人（或代表人）……（写明姓名和职务）

法定代理人（或指定代理人）……（写明姓名等基本情况）

委托代理人……（写明姓名等基本情况）

第三人……（写明姓名或名称等基本情况）

法定代表人（或代表人）……（写明姓名和职务）

法定代理人（或指定代理人）……（写明姓名等基本情况）

委托代理人……（写明姓名等基本情况）

……（写明当事人的姓名或名称和案由）一案，本院受理后，依法组成合议庭（或依法由审判员×××独任审判），公开（或不公开）开庭进行了审理。……（写明本案当事人及其诉讼代理人等）到庭参加诉讼。本案现已审理终结。

原告×××诉称，……（概述原告提出的具体诉讼请求和所根据的事实与理由。）

被告×××辩称，……（概述被告答辩的主要内容。）

第三人×××述称，……（概述第三人的主要意见。）

经审理查明，……（写明法院认定的事实和证据。）

本院认为，……（写明判决的理由）依照……（写明判决所依据的法律条款项）的规定，判决如下：（如系当事人对案件事实没有争议的，本部分写明："本院认为，被告×××承认原告在本案中主张的事实。对原告×××主张的事实本院予以确认。"）……（写明对责任承担和法律适用部分的理由）依照……（写明判决所依据的条款项）的规定，判决如下：

　　……（写明判决结果）

　　……（写明诉讼费用的负担）

　　如不服本判决，可在判决书送达之日起十五日内，向本院递交上诉状，并按对方当事人的人数提出副本，上诉于××××人民法院。

审判长×××

审判员×××

审判员×××

××××年××月××日

（院印）

本件与原本核对无异

书记员×××

制作实训

一、第一审民事判决书实例

上海市浦东新区人民法院
民事判决书

（2010）浦民一（民）初字第××号

　　原告李××，男，19××年×月×日生，汉族，住上海市闵行区青杉路××。

　　原告上海××贸易有限公司，住所地上海市青浦区××。

　　法定代表人××，上海××贸易有限公司经理。

　　两原告之共同委托代理人吴××，湖南××律师事务所上海分所律师。

　　被告上海××会所管理有限公司，住所地上海市浦东新区浦城路××。

　　法定代表人××，上海××会所管理有限公司董事长。

　　委托代理人张×，上海市××律师事务所律师。

　　原告李××、上海××贸易有限公司诉被告上海××会所管理有限公司买卖合同纠纷一案，本院受理后，依法由审判员陈×独任审判，公开开庭进行了审理。原告李××、原告李××和原告上海××贸易有限公司之共同委托代理人吴××、被告上海××会所管理有限公司之委托代理人××到庭参加了诉讼。本案现已审理终结。

原告李××、上海××贸易有限公司共同诉称，李××挂靠于上海××贸易有限公司进行经营。李××于2008年10月28日至2009年3月28日期间向被告提供各类荤素菜，每日将菜送至上海市长宁区延安西路××号第九层。其中2009年2月2日至3月28日，李××共向被告送货折价为人民币68 555元，对于该笔款项，被告于2009年11月支付给上海××贸易有限公司人民币20 000元，余款借故拖延至今。现两原告要求被告支付所欠货款人民币48 555元以及查档费人民币234.30元。

被告上海××会所管理有限公司辩称，不同意原告的诉讼请求。原告的送货地是上海市长宁区延安西路××号第九层，第九层挂牌为上海××俱乐部，实际经营方是上海××健身休闲有限公司。上海××会所管理有限公司只是在2007年6月30日至2009年2月28日与上海××健身休闲有限公司合作经营，之后，被告已经退出。原告的送货没有针对性，应该是谁经营谁接货，原告未与被告建立买卖关系。

经审理查明，李××挂靠于上海××贸易有限公司进行经营。李××于2008年10月28日至2009年3月28日期间向被告经营地上海市长宁区延安西路××号第九层提供各类荤素菜。2009年3月1日起，上海××会所管理有限公司与上海××健身休闲有限公司终止合作与经营关系。李××于2009年2月2日至2月28日期间的送货金额为人民币42 735.53元，被告已经支付了人民币20 000元。2010年3月24日，原告提起诉讼。

上述事实，有挂靠协议、证明、照片、民事裁定书、法庭审理笔录、支票、送货单、终止协议、公司变更登记申请书、当事人的陈述等在案佐证，本院予以确认。

本院认为，根据原告提供的证据，可以证明原告向被告的经营地送了货物，被告实际进行了部分结算，原、被告之间存在事实上的买卖关系。被告购买了原告的各类荤素菜，应及时与原告进行结算。由于被告于2009年3月1日起与上海××健身休闲有限公司终止合作与经营关系，故原告与被告的结算日为2月28日。原告要求与被告结算至3月28日缺乏依据。原告主张的查档费中只有部分与被告有关，本院酌情予以酌定。综上，依照《中华人民共和国合同法》第一百三十条之规定，判决如下：

被告上海××会所管理有限公司于本判决生效之日起10日内给付原告李××、上海××贸易有限公司货款共计人民币22 735.53元（至2009年2月28日止）、查档费人民币80元。

负有金钱给付义务的当事人如未按本判决指定的期间履行金钱给付义务，应当依照《中华人民共和国民事诉讼法》第二百二十九条之规定，加倍支付迟延履行期间的债务利息。

案件受理费人民币1019元，减半收取509.50元，由被告上海××会所管理有限公司负担。

如不服本判决，可在判决书送达之日起十五日内，向本院递交上诉状，并按对方当事人的人数提出副本，上诉于上海市第一中级人民法院。

审判员　陈×

二○一○年六月一日

（院印）

本件与原件核对无异

书记员　朱×

二、实例评析

1. 上述第一审民事判决书格式正确、事项齐全，形式上符合一审民事判决书制作的基本要求。

2. 在事实部分，简要、具体地叙述了原告的诉讼请求和事实根据，以及被告的答辩理由。事实详略得当，对双方争议的问题归纳准确。

3. 在判决理由部分，以事实为根据，对双方是否存在买卖合同的事实作了分析和论证。这种论证不是空洞的评判，而是结合证据判断事实，并对原告的诉讼请求和被告的辩解理由逐一分析，得出结论。

4. 不足之处为，该第一审法院判决书中对2009年3月1日之后的认定（即所谓终止合作事实）的依据欠充实。

技能拓展

1. 第一审民事判决书的事实部分应写明哪些内容？

2. 根据下列案情拟写一份第一审民事判决书[1]。

原告李××与被告××房地产开发公司于2000年10月8日在××市签订了一份××大厦的期房认购书，暂定原告认购××大厦的一套四居室住房（约150平方米）。认购书约定，被告于2001年3月份交房，原告李××预付房价款80万元（分2次交清）；同时还约定，等××大厦封顶时，根据原告实际购房的套数、面积再正式签订购房合同，认购书同时作废，预付款转为

---

〔1〕　案例材料摘自中华考试网，http://www.exam.com.

购房款。2001年1月份，双方正式签订了××大厦的购房合同，原告李××购买了××大厦的2002、2003两套三居室住房，面积150平方米，每平方米按6000元计，共计90万元，除将原告预交的80万元转为正式购房的价款外，被告正式交房后，原告再补足所欠的应付房款。但是，在正式签订购房合同之后，被告未能按期交房，直至2001年9月才正式交房，延误期限6个月。因原告系外地住户，家室已于2001年初迁到本市，由于被告误期交房，不得不另行租赁住房居住，每月耗费房租5000元。原告向被告要求补偿损失，未能达成协议，最后不得不向××市××区人民法院提起民事诉讼，要求被告补偿其因交房误期而给原告造成的损失3万元。同时提出，原告预交之房款中有5万元为定金，因被告违约，而应双倍返还。被告另提出，延误交房是因为××市××区扩宽××路的路面，致建筑材料不能如期运入造成的，按合同规定属于不可抗力因素，不能构成合同违约，并提供了××市公路局出具的扩建××路的证明材料作为证据。在庭审中，原告举出了公路局出具的在××路扩宽期间，曾修筑了一条辅路，基本上不会影响运输建筑材料的文字说明。法庭经举证、质证和认证，认为被告所持的不可抗力理由不能成立，同时对原告所称预付房款中有5万元定金的说法，因合同中未予明确，也不予支持，最后作出如下判决：

被告××房地产公司延误交付××大厦的住房达6个月之久，属于违约行为，对因此而给原告造成的经济损失应负主要责任，应于判决生效之日起10日内赔偿原告的租房费3万元。

原被告的其他诉讼要求予以驳回。

诉讼费×××元，被告负担×××元，原告负担×××元。

原被告基本情况如下：

原告李××，男，57岁，××省××县人，个体工商户，暂住××市××区××胡同×号。

原告诉讼代理人王××，××律师事务所律师。

被告××房地产开发公司。

被告所在地址××市××区××大街×号。

被告法定代表人朱××，公司经理。

被告诉讼代理人孙××，××律师事务所律师。

注：①文书编号统一为"第1号"。②文书日期统一为"××××年××月×日"。

第三节 第二审民事判决书

案例导入

一、案件基本情况

上诉人李××、上海××贸易有限公司（以下简称××公司）因买卖合同纠纷一案，原审法院审理后依照《中华人民共和国合同法》第 130 条之规定，于 2010 年 6 月 1 日作出判决：上海××管理有限公司于判决生效之日起 10 日内给付李××、××公司货款共计 22 735.53 元（至 2009 年 2 月 28 日止）、查档费人民币 80 元。负有金钱给付义务的当事人如未按本判决指定的期间履行金钱给付义务，应当依照《中华人民共和国民事诉讼法》第 229 条之规定，加倍支付迟延履行期间的债务利息。案件受理费人民币 1019 元，减半收取 509.50 元，由上海××管理有限公司负担。

李××、××公司不服原判，上诉至本院，要求判令李××除支付 2009 年 2 月 2 日至 2 月 28 日的货款外，还应承担同年 3 月 1 日至 3 月 28 日的货款共计 48 555 元。上诉人上诉称，上海××管理有限公司虽在原审中提供了其与上海××休闲有限公司终止合作的协议，但因双方本就是关于物业的合作，因此该终止合作协议不能证明上海××管理有限公司于 2009 年 3 月 1 日起终止了在上海市长宁区延安西路×号第九层的经营，事实上根据上海××管理有限公司自己发出的公告、规定及大厦物业向其催收 2009 年 1 月至 6 月的物业管理费等，可以证明上海××管理有限公司在 2009 年 3 月并未终止在原址的经营。况且依据合同相对性原理，李××送货的场地、签收人从未发生变化，李××完全有理由要求上海××管理公司为 2009 年 3 月李××所送货物买单，上海××管理有限公司与他人的关系属内部关系，不具有对外的对抗效力。

被上诉人上海××管理公司辩称，2009 年 3 月 1 日起，上海××管理有限公司退出了在上海市长宁区延安西路×号第九层的经营，故李××在 2009 年 3 月 1 日后向上述地址送货物与上海××管理有限公司无关，谁经营谁收货谁付款。原判正确，要求维持原判。

二、案例提示

上诉人认为原审法院的判决书认定的事实部分存在错误之处，即自 2009 年 3 月 1 日至 3 月 28 日继续与被上诉人存在买卖关系的事实，要求判令被上诉人支付剩余货款，而被上诉人予以否认，这是二审的争议点。二审法院主要针对原审法院的判决和上诉人提出上诉的理由以及被上诉人的答辩来叙述论证，从而作出正确的判决。

教学内容

一、第二审民事判决书的概念、法律依据和作用

（一）概念

第二审民事判决书，是第二审人民法院根据当事人的上诉，依照第二审程序，对没有发生法律效力的第一审民事判决进行审查后作出的书面决定。

（二）法律依据

《民事诉讼法》第 164 条第 1 款规定："当事人不服地方人民法院第一审判决的，有权在判决书送达之日起 15 日内向上一级人民法院提起上诉。"第 168 条规定"第二审人民法院应当对上诉请求的有关事实和适用法律进行审查。"第 170 条规定："第二审人民法院对上诉案件，经过审理，按照下列情形，分别处理：①原判决、裁定认定事实清楚，适用法律正确的，以判决、裁定方式驳回上诉，维持原判决、裁定；②原判决、裁定认定事实错误或者适用法律错误的，以判决、裁定方式依法改判、撤销或者变更；③原判决认定基本事实不清的，裁定撤销原判决，发回原审人民法院重审，或者查清事实后改判；④原判决遗漏当事人或者违法缺席判决等严重违反法定程序的，裁定撤销原判决，发回原审人民法院重审。原审人民法院对发回重审的案件作出判决后，当事人提起上诉的，第二审人民法院不得再次发回重审。"

（三）作用

第二审民事判决书一经作出，立即发生法律效力。《民事诉讼法》规定，人民法院审理民事案件，实行两审终审制度，第二审人民法院的判决是终审的判决。该判决书是两审终审制度主要手段和表现形式，其制作有更高的要求。

二、结构、内容和写作要求

第二审民事判决书同第一审民事判决书在格式上基本相同，但由于审判程序不同，因此，它的内容及写法与第一审民事判决书具有不同之处。其主要内容写法如下：

（一）首部

1. 标题。标题应将人民法院名称和文书种类分两行书写。标题中不必反映审级，即无需写"××人民法院二审民事判决书"。

2. 编号。在标题右下方写编号，表述为"（年度）×民终字第×号"。

3. 诉讼参与人的不同称谓及基本情况。

（1）提起上诉的当事人，称为"上诉人"。对方当事人则称为"被上诉人"。双方当事人甚至第三人都提起上诉，则均为上诉人，没有被上诉人。按照次序列出上诉人的姓名、性别、出生年月日、民族、出生地、工作单位、职业、住址。如上诉人为企事业单位、机关、团体的，先写明单位的全称和所在地址，再写明其法定代表人的姓名和职务。被上诉人除称谓不同之外，其他写法与上诉人写法相同。

（2）诉讼代理人。先写明代理人的具体种类，如法定代理人、委托代理人或指定代理人，再写明姓名、性别、年龄、工作单位、职业、住址，委托代理人是律师的，只写"姓名，××律师事务所律师"即可。

（3）被上诉人的诉讼代理人栏目填写方式与上诉人诉讼代理人栏目写法相同。

（4）如二审中有第三人参与诉讼，还需要写清第三人的身份概况，第三人委托代理人的，其写法仍同上诉人栏目。

4. 案件由来与审理经过。案件由来的写法为："上诉人×××因……一案，不服×××人民法院×民初字第×号民事判决，向本院提起上诉。"

关于审理经过，应在案件由来后续写："本院依法组成合议庭，公开开庭审理了本案。"接着写当事人到庭参加诉讼情况和"本案现已审理终结"字样。若未开庭的，则写："本院依法组成合议庭审理了本案，现已审理终结。"

（二）正文

1. 事实。事实是二审维持原判或者改判的根据。书写时要体现出上诉审的特点，主要是针对上诉人提出的问题进行重点叙述，并适用相应的证据进行分析评断。要注意交代清楚民事法律关系的诸要素，注意详略得当。首先，要概括地写明原审认定的事实和判决结果。其次，简述上诉人提起上诉的请求和主要理由，被上诉人的主要答辩，第三人的意见。再次，二审法院经审理认定的事实和证据。这部分写法应根据案件的不同情况采取不同的书写方法。大体上有以下四种情况：①原判决认定的事实清楚，上诉人又无异议的，可以简叙。②原判决认定的主要事实或部分事实有错误的，对改变的事实要详叙，并运用证据，指出原判决认定事实的不当之处。③原判决认定的事实有遗漏的，则应补充叙述。④原判决认定的事实没有错误，但上诉人提出异议的，应把有异议的部分叙述清楚，并应有针对性地列举相关的证据进行分析，证明论证异议不能成立。

2. 理由。理由是判决的依据，应根据二审查明的事实，针对上诉请求和理由，就原审判决认定事实和运用法律是否正确，上诉理由能否成立，上诉请求是否应予支持，以及被上诉人的答辩是否有理等，进行有分析地评述，阐明改判或维持原判的理由，并写明判决所依据的法律条文。

3. 判决结果。这一部分是第二审民事判决书的关键部分。根据我国《民事诉讼法》第 170 条的规定，二审民事案件经过审理，作出最终处理决定的，主要有以下几种情况：①驳回上诉，维持原判；②部分改判；③全部改判；④增加新的判决。对这四种不同类型的判决结果，在表述上可作如下写法：

（1）维持原判的写："驳回上诉，维持原判。"

（2）全部改判的写："①撤销×××人民法院（年度）×民初字第×号民事判决；②写明改判的内容，内容多的可分项书写。"

（3）部分改判的写："①维持×××人民法院×民初字第×号民事判决的第×项，即……②撤销×××人民法院（年度）×民初字第×号民事判决；③写明改判的内容。"

（4）维持原判又有加判内容的写："①维持×××人民法院（年度）×民初字第×号民事判决；②写明加判的内容。"

需要注意的是：对于部分改判的，如果原审认定的事实、适用的法律基本正确，二审仅部分变动财产数额的，不宜采取先撤销原判再改判的写法，而应该直接写："变更×项为……"因为原判就认定事实而言并无错误，二审只不过是将财产数额作适当调整，使其更为合理而已。

全文写完之后，还应写明诉讼费用的负担。

（三）尾部

尾部主要写明以下两方面的内容：

1. 《民事诉讼法》第175条规定："第二审人民法院的判决、裁定，是终审的判决、裁定。"该规定表明当事人再无上诉权利，因而在诉讼费用负担的左下方应写明"本判决为终审判决"的字样。

2. 在此项右下方由合议庭人员即审判长、审判员署名，并注明制作判决书的年月日，加盖院印。再下方是书记员署名，书记员署名的左上方打出"本件与原本核对无异"字样。

（四）基本格式（二审维持原判或者改判用）

××××人民法院
民事判决书

（××××）×民终字第××号

上诉人（原审××告）……（写明姓名或名称等基本情况）

被上诉人（原审××告）……（写明姓名或名称等基本情况）

第三人……（写明姓名或名称等基本情况）

（当事人及其他诉讼参加人的列项和基本情况的写法，除双方当事人的称谓外，与一审民事判决书样式相同。）

上诉人×××因……（写明案由）一案，不服××××人民法院（×××

×）×民初字第××号民事判决，向本院提起上诉。本院依法组成合议庭，公开（或不公开）开庭审理了本案。……（写明当事人及其诉讼代理人等）到庭参加诉讼。本案现已审理终结。（未开庭的，写："本院依法组成合议庭审理了本案，现已审理终结。"）

　　……（概括写明原审认定的事实和判决结果，简述上诉人提起上诉的请求和主要理由，被上诉人的主要答辩，以及第三人的意见。）

　　经审理查明，……（写明二审认定的事实和证据。）

　　本院认为，……（根据二审查明的事实，针对上诉请求和理由，就原审判决认定事实和适用法律是否正确、上诉理由能否成立、上诉请求是否应予支持以及被上诉人的答辩是否有理等进行有分析的评论，阐明维持原判或者改判的理由。）

　　依照……（写明判决所依据的法律条款项）的规定，判决如下：

　　……［写明判决结果。分四种情况：

　　第一，维持原判的，写：

　　"驳回上诉，维持原判。"

　　第二，全部改判的，写：

　　"一、撤销×××× 人民法院（××××）×民初字第××号民事判决；

　　二、……（写明改判的内容，内容多的可分项书写）"

　　第三，部分改判的，写：

　　"一、维持×××× 人民法院（××××）×民初字第××号民事判决的第×项，即……（写明维持的具体内容）

　　二、撤销×××× 人民法院（××××）×民初字第××号民事判决的第×项，即……（写明撤销的具体内容）

　　三、……（写明部分改判的内容，内容多的可分项书写）"

　　第四，维持原判，又有加判内容的，写：

　　"一、维持×××× 人民法院（××××）×民初字第××号民事判决；

　　二、……（写明加判的内容）。"］……（写明诉讼费用的负担）

　　本判决为终审判决。

审判长×××

审判员×××

审判员×××

××××年××月××日

（院印）

本件与原本核对无异

书记员×××

制作实训

一、第二审民事判决书实例

上海市第一中级人民法院

民事判决书

（2010）沪一中一（民）终字第××号

上诉人（原审原告）李××，男，19×年×月×日生，汉族，住上海市闵行区青杉路××。

上诉人（原审原告）上海××贸易有限公司，住所地上海市青浦区朱家角镇××。

法定代表人××，经理。

两位上诉人共同委托代理人吴××，湖南××律师事务所上海分所律师。

被上诉人（原审被告）上海××管理有限公司，住所地上海市浦东新区浦城路××。

法定代表人××，董事长。

委托代理人张×，上海市×律师事务所律师。

上诉人李××、上海××贸易有限公司（以下简称××公司）因买卖合同纠纷一案，不服上海市浦东新区人民法院（2010）浦民一（民）初字第×号民事判决，向本院提起上诉。本院于2010年6月28日立案受理后，依法组成合议庭于2010年7月14日公开开庭审理了本案。上诉人李××及其与××公司共同的委托代理人吴××、被上诉人上海××管理有限公司（以下简称管理公司）的委托代理人张×到庭参加了诉讼。本案现已审理终结。

原审查明：李××挂靠于××公司进行经营。李××于2008年10月28日至2009年3月28日期间向管理公司经营地上海市长宁区延安西路×号第九层提供各类荤素菜。2009年3月1日起，李××与管理公司终止合作与经营关系。李××于2009年2月2日至2月28日期间的送货金额为人民币42 735.53元，被告已经支付了人民币20 000元。2010年3月24日，李××、××公司原告诉至原审法院，要求判令被告支付2009年2月2日至3月28日所欠货款48 555元以及查档费人民币234.30元。

原审认为，根据李××、××公司提供的证据，可以证明原告向管理公司的经营地送了货物，管理公司实际进行了部分结算，故双方存在事实上的买卖关系。管理公司购买了原告的各类荤素菜，应及时与李××进行结算。由于管理公司2009年3月1日起与上海××健身休闲有限公司终止合作与经营关系，故李××、××公司与管理公司的结算日为 2009 年 2 月 28 日。李××、××公司要求与管理公司结算至 2009 年 3 月 28 日，缺乏依据。李××、××公司主张的查档费中只有部分与管理公司有关，予以酌定。

原审法院审理后依照《中华人民共和国合同法》第一百三十条之规定，于2010 年 6 月 1 日作出判决：管理公司于判决生效之日起 10 日内给付李××、××公司货款共计 22 735.53 元（至 2009 年 2 月 28 日止）、查档费人民币 80 元。负有金钱给付义务的当事人如未按本判决指定的期间履行金钱给付义务，应当依照《中华人民共和国民事诉讼法》第二百二十九条之规定，加倍支付迟延履行期间的债务利息。案件受理费人民币 1019 元，减半收取 509.50 元，由管理公司负担。

李××、××公司不服原判，上诉至本院，要求除判令管理公司除支付2009 年 2 月 2 日至 2 月 28 日的货款外，还应承担同年 3 月 1 日至 3 月 28 日的货款，共计 48 555 元。上诉人上诉称，管理公司虽在原审中提供了其与上海××休闲有限公司终止合作的协议，但因双方本就是关于物业的合作，因此该终止合作协议不能证明管理公司于 2009 年 3 月 1 日起终止了在上海市长宁区延安西路×号第九层的经营，事实上根据管理公司自己发出的公告、规定及某某大厦物业向管理公司催收 2009 年 1 月至 6 月的物业管理费等，可以证明管理公司在2009 年 3 月并未终止在原址的经营。况且依据合同相对性原理，李××送货的场地、签收人从未发生变化，李××完全有理由要求管理公司为李×× 2009 年 3 月所送货物买单，管理公司与他人的关系属内部关系，不具有对外的对抗效力。

被上诉人管理公司辩称，2009 年 3 月 1 日起管理公司退出了在上海市长宁区延安西路×号第九层的经营，故在 2009 年 3 月 1 日后李××向上述地址所送货物与管理公司无关，谁经营谁收货谁付款。故原判正确，要求维持原判。

本院经审理查明，原审法院认定"2009 年 3 月 1 日起，管理公司与上海某某健身休闲有限公司终止合作与经营关系"的依据欠充分确凿。原审法院其余认定事实无误。

本院另查明，管理公司认可在 2009 年 2 月 28 日至同年 3 月 28 日，上海市长宁区延安西路×号原经营地对外未停止经营，其也未向不特定的公众告知该处经营者有变。

本院再查明，李××于 2009 年 3 月 1 日至同年 3 月 28 日向上海市长宁区延安西路×号第九层送货价值 25 819.47 元。李××于 2009 年 2 月 2 日至同年 3 月28 日送至上述地址的货物基本均由"钱××"签收。管理公司称"钱××"是××的仓库管理员。管理公司在二审庭审中称对"钱某某"的身份需待代理人向当事人核实于庭审后一周内给予回复。但至今未明确"钱某某"的身份。

本院认为，原审法院根据在案证据确认李××、××公司与管理公司存在事实上的买卖合同关系，管理公司应向李××、××公司支付2009年2月2日至同年2月28日所欠货款，是正确的；且双方当事人对原审此认定及判令亦未持异议。本案的争议焦点是管理公司是否应当承担2009年3月1日至同年3月28日李××仍送至上海市长宁区延安西路×号第九层的货物之货款。对此，由于李××系按双方惯有的操作方式送货，亦得到来自于管理公司的部分结账款，2009年2月至3月间送货的经营场所外观上及收货人均未发生变化，因此，李××有理由相信其供货的相对方仍是管理公司，其据此要求管理公司除承担2009年2月的货款外，还应承担同年3月1日至3月28日的货款，实属合情合理。鉴于管理公司认可，2009年2月2日至同年3月，上址营业场所未停止经营，也未向不特定的公众告知该址经营者有变，故即使管理公司在2009年3月1日终止了在上址的经营，但相对于无过错的李××，管理公司仍难辞对李××的付款责任，管理公司可依据内部的经营终止情况向该址实际经营者进行结算。原审法院认定事实欠充分完整，对李××、××公司主张2009年3月1日至3月28日的货款不支持欠妥，本院对李××、××公司主张的此期间的货款予以增判。依照《中华人民共和国合同法》第六条、第一百三十条，《中华人民共和国民事诉讼法》第一百五十三条第一款第一项之规定，判决如下：

一、维持原判；

二、上海××管理有限公司于本判决生效之日起10日内给付李××、上海××贸易有限公司2009年3月1日至3月28日的货款人民币25 819.47元。

若上海××管理有限公司未按本判决指定的期间履行给付金钱义务，应当依照《中华人民共和国民事诉讼法》第二百二十九之规定，加倍支付迟延履行期间的债务利息。

上诉案件受理费人民币1019元，由上海××管理有限公司负担。

本判决为终审判决。

审判长　单××

审判员　岑××

代理审判员　潘××

二○一○年就月二十六日

（院印）

本件与原件核对无异

书记员　王×

二、实例评析

1. 上述第二审民事判决书格式正确、事项齐全，形式上符合第二审民事判决书制作的基本要求。

2. 二审法院根据在案证据对双方所争议的时间段的事实进行对比分析确认李××、××公司与管理公司在 2009 年 3 月 1 日至 3 月 28 日仍存在事实上的买卖合同关系。

3. 在判决理由部分，以事实为根据，结合双方的交易惯例等情况综合分析和论证，认定原审法院认定事实欠充分完整，认为对李××、××公司主张 2009 年 3 月 1 日至 3 月 28 日的货款不支持欠妥，因此，对李××、××公司主张的此期间的货款予以增判。增判有理有据。

技能拓展

根据下列案情材料，拟写一份第二审民事判决书。

王华，男，39 岁，汉族，××县××镇人，住××县××镇××街××号。张选，男，36 岁，汉族，××县××镇人，住××县××镇××街××号。王华与张选系朋友关系。2006 年 7 月 5 日，张选因做生意资金周转困难，向王华借款 30 000 元，并向王华出具借条载明：今借到王华现金人民币叁万元整，期限 1 年，自 2006 年 7 月 5 日起至 2007 年 7 月 5 日止，到期还清。之后，双方口头约定张选应当支付王华 4500 元利息。1 年后，王华多次催要，张选都以种种理由拒绝偿还借款。为此，王华向××县人民法院提起诉讼，要求张选归还借款及利息。一审法院审理查明，双方当事人之间的借款合同合法有效，张选应当承担还款付息的全部责任。为此判决：①张选偿还王华借款本金 30 000 元。②张选支付王华借款利息 4500 元。借款本息应当在 2007 年 12 月 20 日之前付清。案件受理费 450 元，由张选负担。一审判决后，张选不服判决结果，向××省××市中级人民法院提起上诉。

张选上诉称，被上诉人在原审中提出的用于证明双方约定利息的录音证据，因录音未经本人同意，程序不合法，为无效证据。上诉人与被上诉人所立借条没有约定利息，一审法院判决上诉人支付 4500 元利息，没有事实和法律依据。请求二审法院依法撤销一审判决。

王华辩称，被上诉人已在一审中提供了证据，证明双方口头约定了 4500 元的借款利息，该证据合法有效，上诉人认为证据无效，没有事实依据。请求驳回上诉人的上诉请求。

二审法院认为，双方当事人对于 30 000 元借款的事实均无争议。本案争议的焦点有二：一是双方是否约定了借款利息？二是双方约定的利息数额是否合法？关于第一个争议焦点，王华主张双方约定了 4500 元利息，应由其承担举证责任。王华在原审期间提供了与张选谈话的录音，同时提供了与其一同前往张选家中、谈话时在场的李仁亮、胡大德的证人证言，均证实王华与张选确实商定了 4500 元借款利息的事实。虽然该录音资料的形成未经张选同意，但张选在原审、二审期间均未否认该录音资料内容的真实性。而且张选对证人证言未提出异议。因此，该录音资料以及证人证言的内容真实，与争议焦点有关联，可以认定双方已经达成了由张选支付 4500 元借款利息的意思表示。关于第二个争议焦点，按照《最高人民法院关于审理民间借贷案件适用法律若干问题的规定》第 25 条第 1 款规定："借贷双方没有约定利息，出借人主张支付借期内利息的，人民法院不予支持。"第 26 条规定："借贷双方约定的利率未超过年利率 24%，出借人请求借款人按照约定的利率支付利息的，人民法院应予支持。借贷双方约定的利率超过年利率 36%，超过部分的利息约定无效。借款人请求出借人返还已支付的超过年利率 36% 部分的利息的，人民法院应予支持。"王华与张选之间确定的 4500 元借款利息未超过此限度，应当予以保护。因此，二审法院认为，原判决认定事实清楚，适用法律正确，判决并无不当，张选上诉的理由不成立。

本案由审判员廖明、张强、代理审判员程士林组成合议庭，廖明担任审判长，夏莉莉担任书记员。公开开庭审理了本案。第二审法院依据《中华人民共和国民事诉讼法》第 170 条的规定，作出驳回上诉，维持原判的判决。本案一、二审诉讼费用共计 900 元，由张选负担。本判决为终审判决。

附：

1. 《中华人民共和国合同法》第 10 条规定："当事人订立合同，有书面形式、口头形式和其他形式。法律、行政法规规定采用书面形式的，应当采用书面形式。当事人约定采用书面形式的，应当采用书面形式。"

2. 《中华人民共和国民事诉讼法》第 170 条规定："第二审人民法院对上诉案件，经过审理，按照下列情形，分别处理：①原判决、裁定认定事实清楚，适用法律正确的，以判决、裁定方式驳回上诉，维持原判决、裁定；②原判决、裁定认定事实错误或者适用法律错误的，以判决、裁定方式依法改判、撤销或者变更；③原判决认定基本事实不清的，裁定撤销原判决，发回原审人民法院重审，或者查清事实后改判；④原判决遗漏当事人或者违法缺席判决等严重违反法定程序的，裁定撤销原判决，发回原审人民法院重审。原审人民法院对发回重审的案件作出判决后，当事人提起上诉的，第二审人民法院不得再次发回重审。"

第四节 再审民事判决书

案例导入

一、案件基本情况

2007年9月，原告王××向××法院起诉，要求被告××市燃气公司履行安装煤气管道至户内的合同，承担违约损害赔偿金5000元。经××法院审查，原告居住的××法院街自11排往后的煤气管道由附近用气户兑钱开挖，原告未兑钱。该法院一审判决："驳回原告王××的诉讼请求。案件受理费100元，由原告负担。"

王××不服一审判决，向××市人民法院提起上诉，二审法院作出"驳回上诉，维持原判。二审诉讼费100元，由王××负担"的判决。王××仍不服判决，申请再审。

二、案例提示

上述案件是一起常见的民事纠纷引起的案件，案件经过一审、二审的审理，双方的矛盾依然没有解决。其中的分歧是造成合同没有履行的责任由谁承担以及《合同法》有关格式合同条款的认识问题。

教学内容

一、再审民事判决书的概念、法律依据和作用

（一）概念

再审民事判决书，是人民法院依照民事诉讼法规定的审判监督程序，对已经发生法律效力的判决书、裁定书或调解书发现确有错误，就实体问题再审后作出的书面处理决定。

（二）法律依据

《民事诉讼法》第198条规定："各级人民法院院长对本院已经发生法律效力的判决、裁定、调解书，发现确有错误，认为需要再审的，应当提交审判委员会讨论决定。最高人民法院对地方各级人民法院已经发生法律效力的判决、裁定、调解书，上级人民法院对下级人民法院已经发生法律效力的判决、裁定、调解书，发现确有错误的，有权提审或者指令下级人民法院再审。"

《民事诉讼法》第199条规定："当事人对已经发生法律效力的判决、裁定，

认为有错误的，可以向上一级人民法院申请再审；当事人一方人数众多或者当事人双方为公民的案件，也可以向原审人民法院申请再审。当事人申请再审的，不停止判决、裁定的执行。"

《民事诉讼法》第200条规定："当事人的申请符合下列情形之一的，人民法院应当再审：①有新的证据，足以推翻原判决、裁定的；②原判决、裁定认定的基本事实缺乏证据证明的；③原判决、裁定认定事实的主要证据是伪造的；④原判决、裁定认定事实的主要证据未经质证的；⑤对审理案件需要的主要证据，当事人因客观原因不能自行收集，书面申请人民法院调查收集，人民法院未调查收集的；⑥原判决、裁定适用法律确有错误的；⑦审判组织的组成不合法或者依法应当回避的审判人员没有回避的；⑧无诉讼行为能力人未经法定代理人代为诉讼或者应当参加诉讼的当事人，因不能归责于本人或者其诉讼代理人的事由，未参加诉讼的；⑨违反法律规定，剥夺当事人辩论权利的；⑩未经传票传唤，缺席判决的；原判决、裁定遗漏或者超出诉讼请求的；据以作出原判决、裁定的法律文书被撤销或者变更的；审判人员审理该案件时有贪污受贿，徇私舞弊，枉法裁判行为的。"

《民事诉讼法》第201条规定："当事人对已经发生法律效力的调解书，提出证据证明调解违反自愿原则或者调解协议的内容违反法律的，可以申请再审。经人民法院审查属实的，应当再审。"

（三）作用

再审民事判决书是审判监督程序的民事判决书。《民事诉讼法》对审判监督程序作出了专门规定，该判决书产生的原因和依据是已发生法律效力的裁定、判决和调解协议确有错误，经原审法院决定，或上级法院指令或提审，或当事人申请，或人民检察院抗诉而再审。再审的目的在于纠正已经审判生效但确有错误的案件，保护国家、集体和公民的合法权益，维护国家法制的统一。再审民事判决书是再审目的的要求和反映，体现社会主义法治原则。

二、结构、内容和写作方法

再审民事判决书在结构上，与一审、二审民事判决书相同。由首部、正文和尾部组成。

（一）首部

1. 标题。标题分两行写明法院名称和文书种类，标题不需写审级。

2. 编号。编号的书写位置在标题的右下方，注明"（年度）×民再×字第××××号"。

（1）因检察机关抗诉提起再审的案件，判决书首部首先应列明抗诉机关，再列明申诉人，和被申诉人。

（2）本院决定再审、上级法院指令再审及上级法院提审的，应当依次列写"原审原告""原审被告""原审第三人"或者依次列写"原审上诉人""原审被上诉人""原审第三人"。

（3）因当事人申请再审进入再审程序的案件，判决书首部首先要列明申请再审人，再列明被申请人，最后列明其他当事人。

3. 案由、再审来源、再审的提起及审判方法。

（1）本院决定再审的，应表述为："……（内容同上）本院以（××××）×民监字第××号民事裁定决定对本案进行再审。"

（2）上级法院提审的，应表述为："……一案，……人民法院于……作出……民事判决（或调解协议），已发生法律效力。××××年×月×日，本院以（××××）×民监字第××号民事裁定决定对本案提审。"

（3）上级法院指令再审的，其写法是："……（内容同提审）××××年×月×日，××××人民法院以（××××）×民监字第××号民事裁定指定本院对本案再审。"

（4）当事人申请再审的，判决书中应表述为"……（写明原审当事人姓名或名称和案由）一案，本院于××××年×月×日作出（××××）×民×字第××号民事判决（或裁定、调解协议），已经发生法律效力。××××年×月×日，原审×告（或原审第三人或原审上诉或原审被上诉人）××××向本院申请再审，经审查，该申请符合法律规定的再审条件。本院提起再审后，……"

（5）因抗诉而再审的，应写为："……（内容与当事人申请再审相同）××××人民检察院于××××年×月×日对本案提出抗诉。本院决定对本案进行再审，……"

（二）正文

再审民事判决书的正文由事实、判决理由和判决结果三部分组成。

1. 事实。再审民事判决书的事实部分，在内容与写法上与二审民事判决书类似。首先，应当概括叙述原生效判决认定的主要事实、理由和判决结果，其中，当事人在再审中的主张和请求要简写；其次，重点写明再审认定的事实和证据，这部分内容可参照二审民事判决书事实部分的写作方法进行操作。

2. 判决理由。再审民事判决书的理由包括两项内容：一是根据再审查明的事实，论述原审生效判决定性处理是否正确，如有申请再审、申诉或抗诉的，要针对其申诉、申请再审、抗诉的观点能否成立来应予改判、如何改判或者应当维持原判的理由。二是写明再审判决依据的法律条文，即"依照……（判决依据的法律）的规定，判决如下：……"论述再审判决的理由要抓准关键，亮明观点，论述充分，合法有据。

3. 判决结果。再审民事判定书的判决结果分为维持原判、全部改判、部分改判和增加新判决四类。具体写法如下：

（1）如系维持原判的写：

驳回申诉（或再审申请或抗诉），维持原判。

（2）如系全部改判的写：

"一、撤销×××人民法院（年度）×字第×号民事判决书［或本院（年度）×字第×号民事判决书］。

二、（改判的内容）"

（3）如系部分改判的写：

"一、维持×××人民法院（或本院）（年度）×字第×号民事判决书第×项；

二、撤销×××人民法院（或本院）（年度）×字第×号民事判决书第×项；

三、（改判的内容）"

（4）如系加判的写：

"一、维持×××人民法院（或本院）（年度）×字第×号民事判决书。

二、（加判的内容）"

另外，属于上级人民法院提审、指令再审或本院决定再审的，可写："原判正确，予以维持。"

如需驳回其他之诉的，在判决项目之后应另列一行，写明："驳回申诉人（或申请人）×××（姓名）其他诉讼请求。"

（三）尾部

由于再审的案件，有按第一审程序再审的，也有按第二审程序再审的，因而尾部应分别参照第一审或第二审民事判决书的尾部写法书写。

（四）再审民事判决书的格式（本院决定再审的案件用）

××人民法院
民事判决书

（××××）×民再×字第××号

原审原告（或原审上诉人）……（写明姓名或名称等基本情况）

原审被告（或原审被上诉人）……（写明姓名或名称等基本情况）

原审第三人……（写明姓名或名称等基本情况）

（当事人及其他诉讼参加人的列项和基本情况的写法，除当事人的称谓外，与一审民事判决书样式相同。）

……（写明原审当事人的姓名或名称和案由）一案，本院于××××年×
×月××日作出（××××）×民×字第××号民事判决（或裁定），已经发生
法律效力。××××年××月××日，本院以（××××）×民监字第××号
民事裁定，决定对本案进行再审。本院依法另行组成合议庭，公开（或不公开）
开庭审理了本案。……（写明参加再审的当事人及其诉讼代理人等）到庭参加
诉讼。本案现已审理终结。（未开庭的写："本院依法另行组成合议庭审理了本
案，现已审理终结。"）

……（概括写明原审生效判决认定的主要事实、理由和判决结果，简述当
事人提出的主要意见及其理由和请求。）

经再审查明，……（写明再审认定的事实和证据）

本院认为，……（根据再审查明的事实，着重论述原审生效判决定性处理
是否正确，阐明应予改判、如何改判或者应当维持原判的理由）依照……（写
明判决所依据的法律条款项）的规定，判决如下：

……（写明判决结果）

……（写明诉讼费用的负担。维持原判的，此项不写。）

……（按第一审程序再审的，写："如不服本判决，可在判决书送达之日起
15 日内，向本院递交上诉状，并按对方当事人的人数提出副本，上诉于×××
×人民法院。"按第二审程序再审的，写："本判决为终审判决。"）

审判长×××

审判员×××

审判员×××

××××年××月××日

（院印）

本件与原本核对无异

书记员×××

制作实训

一、再审民事判决书实例

××省××市中级人民法院

民事判决书

（　）×再终字第　　号

申请再审人（一审原告、二审上诉人）王××，男，1963 年 12 月 13 日生。

被申请人（一审被告、二审被上诉人）××市燃气公司。

法定代表人陈××，职务：总经理。

委托代理人孙××，河南××律师事务所律师。

申请再审人王××与被申请人××市燃气公司供气合同纠纷一案，××市人民法院于2008年10月14日作出（2008）×民初字第445号民事判决。王××不服，提出上诉。本院于2009年2月10日作出（2009）×民终三字第140号民事判决，已经发生法律效力。王××向××省高级人民法院申请再审，××省高级人民法院于2010年8月4日作出（2010）××民申字第511号民事裁定，指令本院对本案再审。本院于2010年11月30日受理后，依法另行组成合议庭，公开开庭审理了本案。申请再审人王××、被申请人××市燃气公司委托代理人孙××到庭参加诉讼。本案现已审理终结。

××市人民法院一审查明，2007年8月9日，原告王××向被告××市燃气公司缴纳煤气安装费1450元，当天被告给原告出具了××省建筑安装业统一发票，并向原告发放了使用管道煤气许可证，后被告××市燃气公司在给原告安装煤气过程中，遭到附近住户的阻拦，2007年9月份被告为迫使康宁街的住户同意为原告安装煤气，未给康宁街14排已安装上煤气的用户及时供气，用户将此事反映给市长热线电话，经协调处理，2007年9月26日××市燃气公司开始为××街的煤气用户供气。但原告的煤气管道一直未予安装，现原告诉至本院，要求被告履行合同（安装煤气管道至户内），承担违约损害赔偿金5000元。另查明：原告居住的××街自11排往后的煤气管道由附近用气户兑钱开挖，原告未兑钱。

××市人民法院一审认为，依法成立的合同受法律保护。本案原告于2007年8月9日向被告××市燃气公司缴纳燃气安装费1450元，被告给原告出具了发票及使用管道煤气许可证，双方于当日签订了供用气协议。后被告给原告安装煤气装置时，遭到原告附近住户的阻拦，原、被告签订的《供用气协议》第3条约定：用气人按规定办理安装手续后，供气人根据安装计划，尽早安排施工，施工中如遇到地方干涉、阻挠等问题由用气人负责协调处理。××街的住户阻挡被告××市燃气公司为原告安装煤气装置应由用气人即本案原告负责协调处理，由于原告协调处理未果，才导致被告至今未能为原告安装煤气装置，被告并无过错或违约，考虑到被告××市燃气公司属企业性质，并非行政单位，也无行政执法权，且被告也曾为给原告安装煤气的事协调处理过。造成原告至今未装上煤气的责任在于原告，故原告所诉理由不足，本院不予支持。××市人民法院一审判决："驳回原告王××的诉讼请求。案件受理费100元，由原告负担。"

王××不服一审判决，向本院提起上诉称，2007 年 8 月 9 日，其向××市燃气公司缴纳煤气安装费 1450 元，多次找××市燃气公司要求尽快安装煤气，但其以种种理由不履行合同，一审判决认定事实不清，请求二审撤销原判。

××市燃气公司辩称：2007 年 8 月 9 日，王××向其公司缴纳煤气安装费 1450 元。同时双方签订了供用气协议，《供用气协议》第 3 条明确约定，施工方如遇到地方干涉、阻挠等问题由用气人负责协调处理，王××居住的××街自 11 排往后的煤气管道由附近用气用户兑钱开挖，王××不兑钱，所以其公司安装煤气时遇到阻止，并经多次协调无果，其并无违约，请求二审维持原判。

本院二审查明的事实与一审认定的基本事实相同。

本院二审认为，上诉人王××向××市燃气公司缴纳安装费后，双方签订了《供用气协议》。××市燃气公司在给王××安装煤气时，遭到其附近住户的阻拦。双方所签订的《供用气协议》第 3 条约定："用气人按规定办理安装手续后，供气人根据安装计划，尽早安排施工，施工中如遇到地方干涉、阻挠等问题由用气人负责协调处理。"王××与邻居协商处理未果，才导致××市燃气公司至今未能为其安装煤气装置。为此，根据该协议的约定，××市燃气公司并无过错和违约，其不应当承担民事赔偿责任。原审法院判决事实清楚，适用法律正确。上诉人王××的上诉理由不足，本院不予支持。依照《中华人民共和国民事诉讼法》第一百七十条第一款第一项的规定判决："驳回上诉，维持原判。二审诉讼费 100 元，由王××负担。"

申请人王××申请再审称，××市燃气公司并未提供充足证据证明不能履行合同是由于居民阻拦，原一、二审认定其邻居阻拦××市燃气公司施工的事实不存在；法院针对格式合同适用法律不当，申请人与××市燃气公司签订的是格式合同，法院采用该《供用气协议》第 3 条规定的"施工中如遇地方干涉、阻挠等问题由用气人负责协调处理"予以判决的行为不当；原一审程序违法，原一、二审判决驳回其诉讼请求错误。要求撤销原判，发回重审。

被申请人汝州市燃气公司辩称，因王××所住××街 14 排的煤气管道沟槽由附近居民兑钱开挖。王××未兑钱，××市燃气公司去安装时遭其邻居阻拦。如果王××能给邻居做好工作不再阻拦，××市燃气公司可以为其安装。原一、二审事实清楚，适用法律正确，程序合法，应予维持。

在再审过程中，申请再审人王××增加诉讼请求，要求××市燃气公司赔偿其损失 40 000 元。被申请人××市燃气公司提出解除合同的要求。

本院再审查明的事实与原一、二审查明事实一致。

本院再审认为，申请再审人王××与被申请人××市燃气公司签订的《供用气协议》，是双方当事人的真实意思表示，该协议系有效协议。《供用气协议》

第 3 条约定："用气人按规定办理安装手续后，供气人根据安装计划，尽早安排施工，施工中如遇到地方干涉、阻挠等问题由用气人负责协调处理。"由于××市燃气公司与王××系平等的合同主体，××市燃气公司不是行政执法单位，不具有强制安装燃气的权利，王××作为用气人有配合燃气公司顺利安装燃气的义务。由于申请再审人王××居住的××街自 11 排往后的煤气管道沟槽由附近用气户兑钱开挖，王××家位于××街 14 排，其未兑钱，××市燃气公司在给王××安装煤气时，遭到其附近住户阻拦，王××未能协助配合××市燃气公司继续履行合同，才导致××市燃气公司至今未能为其安装煤气装置，××市燃气公司不存在违约。原判决认定事实清楚，适用法律正确，原审程序合法，王××申请再审理由不成立，本院不予支持。在再审过程中，王××增加损失赔偿数额及××市燃气公司提出解除合同的请求，根据《最高人民法院关于适用〈中华人民共和国民事诉讼法〉审判监督程序若干问题的解释》第三十三条之规定，不属于再审审理范围。依照《中华人民共和国民事诉讼法》第二百零七条第一款、第一百七十条第一款第一项的规定，判决如下：

维持本院（2009）×民终三字第 140 号民事判决。

本判决为终审判决。

审判长　张××

审判员　杨××

代理审判员　程××

2011 年 4 月 13 日

（院印）

本件与原件核对无异

书记员　张×

二、实例评析

1. 上述再审法院民事判决书格式正确、事项齐全，形式上符合再审民事判决书制作的基本要求。

2. 在事实部分，简明扼要地分别叙述了一审、二审和再审查明的事实，同时也简要地叙述了一审、二审的判决理由，最后，结合案件事实，阐述了再审判决的理由，并对当事人在再审过程中增加的诉讼请求，依据有关司法解释进行了说明。

技能拓展

简述再审民事判决书的特点。

第五节 民事调解书

案例导入

一、案件基本情况

（一）当事人及代理人基本情况

原告××株式会社。

法定代表人吉×××，该社董事长兼总裁。

委托代理人张×，男。

委托代理人翟×，女。

被告温州市××对外贸易有限公司。

法定代表人孙××，该公司董事长。

委托代理人金××，男，该公司员工。

委托代理人张×，上海市××律师事务所律师。

（二）基本案情

原告××株式会社诉称，原告系享有世界拉链业领导者地位的制造商，成立至今已有七十多年的历史，在世界七十多个国家和地区有自己的事业，其拥有的××商标（商标注册号为1190591.97042号）于2005年6月被中国商标局认定为驰名商标，并在中国海关总署进行了相关知识产权备案。2008年1月22日，上海海关函告原告，其在被告于2008年1月18日申报出口的货物中查获5号拉链头60箱和与之配套的5号拉链带100箱，涉嫌侵犯原告在海关总署备案的商标权。经原告确认该批货物为侵权产品后，上海海关应原告请求将该批货物扣留并认定为侵权产品，作出没收该批侵权产品并处人民币3万元罚款的行政处罚。

二、案例提示

上述案件是一起涉外侵犯商标专用权纠纷案件，该案事实清楚，证据充分，双方基本没有争议，这为调解结案提供了前提条件。

教学内容

一、人民法院民事调解书的概念、法律依据和意义

（一）概念

民事调解书，是指人民法院在审理民事案件的过程中，根据自愿和合法的

原则，在查清事实、分清是非的基础上，通过调解促使当事人达成协议而制作的法律文书。

（二）法律依据

《民事诉讼法》第93条规定："人民法院审理民事案件，根据当事人自愿的原则，在事实清楚的基础上，分清是非，进行调解。"第96条规定："调解达成协议，必须双方自愿，不得强迫。调解协议的内容不得违反法律规定。"第97条规定："调解达成协议，人民法院应当制作调解书。调解书应当写明诉讼请求、案件的事实和调解结果。调解书由审判人员、书记员署名，加盖人民法院印章，送达双方当事人。调解书经双方当事人签收后，即具有法律效力。"因此，民事调解书也是具有法律效力的民事裁判文书之一种，其法律效力与民事判决书是相同的。

（三）意义

民事调解书是人民法院常用的重要的司法应用文之一，具有法律效力。它既是当事人协商结果的记录，又是人民法院予以批准的证明，也是当事人遵照执行的根据。因此，制作好调解书，对于及时解决人民内部矛盾，促进安定团结，宣传社会主义法治，预防和减少纠纷，都有重要意义。

二、人民法院调解的原则

人民法院调解民事案件，应当坚持以下原则：

（一）自愿原则

是否采用调解方式，是否能够达成调解协议以及调解协议的内容，均应反映当事人的真实意思表示，审判人员不得以任何方式强制或欺骗当事人进行调解或达成调解协议。

（二）合法原则

调解的过程及调解协议的内容在程序和实体上必须符合法律规定，不得违背社会公德、不得损害国家、集体、社会公共利益或第三人利益。

（三）效率原则

调解的民事案件应当尽快结案，久调不成的，应当及时判决，不准拖延。

三、民事调解书结构、内容和写作要求

民事调解书可分为一审、二审、再审民事调解书，写法除个别项目略有不同外，其余大致相同。其结构可由首部、正文、尾部三部分组成。

（一）首部

1. 标题。标题分两行写明法院名称和文种。

2. 编号。写在标题右下方的位置，写明"（年度）×民×字第××号"。

3. 当事人情况。如系一审的调解书，应按顺序分别写明原告、被告、第三人的自然情况。如系二审的调解书，按上诉人、被上诉人、第三人的顺序写。

如系再审的调解书，按原审原告、原审被告、原审第三人的顺序写。具体写法与一审、二审、再审判决书相同，可分别参照。

4. 案由。即写明案件的性质。按照最高人民法院文书样式的规定，第一审民事调解书只写明案由，第二审民事调解书则应当在写明案由后，另起一段写明案件来源。

（二）正文

1. 当事人的诉讼请求和案件事实。如系二审或再审调解书，在其之前还应写上诉人提起上诉的情况和再审的提起情况。案件的事实可写法院确认的事实。如果案件是在法院受理后尚未开庭情况下，经审查认为法律关系明确和事实清楚，并经双方同意而调解达成协议的，案件的事实可写当事人争议的事实。无论是哪种情况，事实都应当写得简明扼要，不必像判决书那样写得过细。

2. 写明调解达成协议的内容。协议内容是指在当事人自愿、合法的原则下达成的解决纠纷的一致意见，它是调解书的核心内容。在事实写完之后，应另起一段，写明如下一段文字："本案在审理过程中，经本院主持调解，双方当事人自愿达成如下协议：……"然后用分条分项式写明协议的具体内容。最后写明诉讼费用的负担。

当事人达成调解协议后调解书送达前，如有一部分已执行，在本协议内容中，应将已执行的那一部分也写入调解书协议内容中，并加括号注明"已执行"。

（三）尾部

首先写明法院对协议内容予以确认的态度及调解书的效力："上述协议，符合有关法律规定，本院予以确认。本调解书经双方当事人签收后，即具有法律效力。"之后由审判庭人员署名，注明制作日期，加盖院印，书记员署名，左方打出"本件与原本核对无异"校对戳。

（四）基本格式（一审民事案件用）

××××人民法院
民事调解书

（××××）×民初字第××号

原告……（写明姓名或名称等基本情况）

被告……（写明姓名或名称等基本情况）

第三人……（写明姓名或名称等基本情况）

（当事人及其他诉讼参加人的列项和基本情况的写法，与一审民事判决书样式相同。）

案由：……

……（写明当事人的诉讼请求和案件的事实）

本案在审理过程中，经本院主持调解，双方当事人自愿达成如下协议：

……（写明协议的内容）

……（写明诉讼费用的负担）

上述协议，符合有关法律规定，本院予以确认。

本调解书经双方当事人签收后即具有法律效力。

审判长×××

审判员×××

审判员×××

××××年××月××日

（院印）

本件与原本核对无异

书记员×××

制作实训

一、民事调解书实例

中华人民共和国

上海市浦东新区人民法院

民事调解书

（2009）浦民三（知）初字第 332 号

原告××株式会社。

法定代表人吉××，该社董事长兼总裁。

委托代理人张×，男。

委托代理人翟×，女。

被告温州市××对外贸易有限公司。

法定代表人孙××，该公司董事长。

委托代理人金××，男，该公司员工。

委托代理人张×，上海市××律师事务所律师。

案由：侵犯商标专用权纠纷。

原告××株式会社诉称，原告系享有世界拉链业领导者地位的制造商，成立至今已有七十多年的历史，在世界七十多个国家和地区有自己的事业，其拥有的××商标（商标注册号为 1190591.97042 号）于 2005 年 6 月被中国商标局认定为驰名商标，并在中国海关总署进行了相关知识产权备案。2008 年 1 月 22 日，上海海关函告原告，其在被告于 2008 年 1 月 18 日申报出口的货物中查获 5 号拉链头 60 箱和与之配套的 5 号拉链带 100 箱涉嫌侵犯原告在海关总署备案的××商标权。经原告确认该批货物为侵权产品后，上海海关应原告请求将该批货物扣留并认定为侵权产品，作出没收该批侵权产品并处人民币 3 万元罚款的行政处罚。现原告认为被告的上述行为已侵犯了原告××注册商标专用权，应承担相应的侵权责任，故起诉至法院要求：①判令被告立即停止制造和销售标有××株式会社的"××"商标的拉头和拉链带；②判令被告赔偿因其侵权行为而给原告造成的损失人民币 131 564.40 元；③判令被告赔偿原告因本案所支付的调查费、制止和消除侵权行为等所支出的实际费用人民币 113 418 元，其中包括海关仓储和销毁费 10 328 元、诉讼代理费 50 000 元、工商检索费 1080 元、海关调查期间的诉讼代理费 21 140 元、为本案诉讼需要支出的差旅费 30 870 元（立案、开庭所需发生的交通费、食宿费）；④判令被告就其侵权行为在《中国工商报》《中国知识产权报》《中国鞋都》上刊登致歉声明，公开消除影响；⑤本案诉讼费用由被告承担。

本案在审理过程中，经本院主持调解，双方当事人自愿达成如下协议：

一、被告温州市××对外贸易有限公司于 2010 年 1 月 15 日前以书面致歉函形式向原告××株式会社赔礼道歉（书面道歉内容以本院审核为准，如被告逾期履行本项义务，则原告有权将本院审核的道歉内容刊登于《中国商报》，所需费用由被告承担）；

二、被告温州市××对外贸易有限公司于 2010 年 1 月 15 日前向原告××株式会社赔偿人民币 50 000 元；

三、案件受理费人民币 4974 元，减半收取计 2487 元，由被告温州市××对外贸易有限公司负担。

上述协议，符合有关法律规定，本院予以确认。

本调解书经双方当事人签收后即具有法律效力。

审判长　倪××

代理审判员　朱×

人民陪审员　沈×

二○一○年一月八日

（院印）

本件与原本核对无异

书记员　钱××

二、实例评析

1. 上述一审民事调解书格式正确、事项齐全，形式上符合第一审民事调解书制作的基本要求。

2. 上述第一审调解协议的内容没有违反有关法律和损害国家、集体和他人合法权益。

3. 上述第一审民事调解书的亮点在于在叙述事实时，并未机械地一定分清是非，确定责任，而是重在达成一致处理意见。

4. 上述第一审民事调解书的内容明确具体，有利于当事人的履行。

技能拓展

1. 第二审民事调解书的格式和实例。

（1）格式。

××××人民法院
民事调解书

（××××）×民终字第××号

上诉人（原审××）……（写明姓名或名称等基本情况）

被上诉人（原审××）……（写明姓名或名称等基本情况）

第三人……（写明姓名或名称等基本情况）

（当事人及其他诉讼参加人的列项和基本情况的写法，与二审维持原判或者改判用的民事判决书样式相同。）

案由：……

上诉人×××不服××××人民法院（××××）×民初字第××号民事判决，向本院提起上诉，请求……（写明上诉请求）

……（写明案件的事实）

本案在审理过程中，经本院主持调解，双方当事人自愿达成如下协议：

……（写明协议内容）

……（写明诉讼费用的负担）

上述协议，符合有关法律规定，本院予以确认。

本调解书经双方当事人签收后，即具有法律效力。

审判长×××

审判员×××

审判员×××

××××年××月××日

（院印）

本件与原本核对无异

书记员×××

（2）实例。

中华人民共和国最高人民法院
民事调解书

（2006）高民终字第 239 号

上诉人（原审被告）北京卓越××工程技术顾问有限公司，住所地中华人民共和国北京市朝阳区广渠门外大街 8 号优士阁 A 座 1912 室。

法定代表人黎××，总经理。

委托代理人聂×，北京市××律师事务所律师。

被上诉人（原审原告）××工程技术（北京）有限公司，住所地中华人民共和国北京市东城区崇文门外大街 114 号 404~405 室。

法定代表人梁××，董事长。

被上诉人（原审原告）××（亚洲）有限公司，住所地中华人民共和国香港特别行政区北角电器道 183 号友邦广场 23 楼。

法定代表人谢××，董事。

二被上诉人共同委托代理人陈××，北京市××律师事务所律师。

案由：侵犯商标权及不正当竞争纠纷。

上诉人北京卓越××工程技术顾问有限公司（简称卓越××公司）不服中华人民共和国北京市第二中级人民法院（2005）二中民初字第 05528 号民事判决，向本院提起上诉，请求二审法院依法撤销一审判决。

本案在审理过程中，经本院主持调解，各方当事人自愿达成如下和解协议：

一、卓越××技术工程顾问有限公司可以无条件地使用"卓越"文字组合；

二、卓越××技术工程顾问有限公司在企业名称中和经营活动中不使用"××"的中文文字组合或标志，不使用"PB""Pb""ParsonsBrinckerhoff"的组合或标志，或者类似组合；

三、卓越××技术工程顾问有限公司与××工程技术（北京）有限公司、××（亚洲）有限公司相互不进行任何形式的经济赔偿或补偿；

四、卓越××技术工程顾问有限公司与××工程技术（北京）有限公司、××（亚洲）有限公司均不得利用本案一审判决书和二审调解书对媒体或对客户进行任何形式的宣传；

五、本案一、二审案件受理费共计 26 620 元，均由卓越××技术工程顾问有限公司负担。

上述协议，符合有关法律规定，本院予以确认。

本调解书经各方当事人签收后即具有法律效力。

审判长　张×

审判员　魏××

代理审判员　李××

二〇〇六年四月四日

（院印）

本件与原本核对无异

书记员　迟××

2. 根据下列案情拟写一份民事调解书。

原告李×与被告陈×离婚一案，在审理过程中，经××市××区人民法院主持调解（审判员韩××，书记员王××），双方当事人于2007年×月×日自愿达成如下协议：①原告李×与被告陈×自愿离婚，经人民法院批准；②双方婚生男孩陈××随被告陈×共同生活，原告自2007年8月份起按月承担抚育费人民币400元，至陈××18周岁为止；③现在各人处的财物归各人所有，被告陈×一次性付给原告李×财物折价款人民币1.5万元。

原、被告于1990年5月经人介绍恋爱，1993年12月30日登记结婚，1995年6月生育一子，姓名为陈××，原、被告双方常为生活琐事相互争吵，2004年6月，双方又因生活琐事发生激烈的争执，原告一气之下，即离家居住他处至今。分居期间，双方关系未能得到改善，致使夫妻感情彻底破裂，因而，原告诉至法院，要求与被告离婚。

原告李×，女，1968年10月10日出生，汉族，××市××公司会计，住××市××区××街道×号。被告陈×，男，1966年7月20日生，汉族，××市××，公司职员，住××市××区××路×号×楼×单元×号。诉讼费用人民币200元，由原告李×与被告陈×各承坦一半，即各付100元，双方当事人的协议内容经法院确认符合有关法律规定，根据法律规定，调解书经双方当事人签收后即具有法律效力。

第六节　民事裁定书

案例导入

一、案件基本情况

2018年1月7日，起诉人张××的丈夫石××收到一条手机短信，内容是：

"我行已成功从您的卡中扣除年费 1200 元，咨询电话：88049735《工行客服中心》。"因石××有事在身，所以就打电话给起诉人并转发了该条信息。起诉人即打电话联系，在对方的几条电话的提示语言的接转中，起诉人被告知自己所有的卡都装入报警系统，对方让起诉人马上汇款，且不能与任何人说话。于是起诉人就边接听电话边去银行汇款，汇到陆××的卡中（卡号 622848083072742 ××××），汇款金额为人民币 49 989 元。起诉人汇款后发觉受骗，即于同日向××市公安局报警，该局于同日作出"×公立字〔2018〕0120 号立案决定书"，此案至今未侦破。起诉人被骗后，精神极度沮丧，为了维护自身合法权益，特提起诉讼，请求法院判令被起诉人陆××返还起诉人不当得利 49 989 元。

二、案例提示

上述案例是一起由刑事案件引发的财产损失。起诉人在刑事案件尚未侦破时，急于挽回经济损失，欲通过民事诉讼途径解决，法院立案审查认为该案不属于人民法院受理民事诉讼的范围。

教学内容

一、人民法院民事裁定书的概念、适用范围

（一）概念

民事裁定书，即人民法院在审理民事案件和执行民事判决的过程中，为保障诉讼的顺利进行，就程序问题作出的书面处理决定。民事裁定书是法律文书中常见的一种文体。

（二）适用范围

《民事诉讼法》第 154 条规定："裁定适用于下列范围：①不予受理；②对管辖权有异议的；③驳回起诉；④保全和先予执行；⑤准许或者不准许撤诉；⑥中止或者终结诉讼；⑦补正判决书中的笔误；⑧中止或者终结执行；⑨撤销或者不予执行仲裁裁决；⑩不予执行公证机关赋予强制执行效力的债权文书；其他需要裁定解决的事项。对前款第 1 项至 3 项裁定，可以上诉。裁定书应当写明裁定结果和作出该裁定的理由。裁定书由审判人员、书记员署名，加盖人民法院印章。口头裁定的，记入笔录。"

二、人民法院民事裁定书的结构、内容和写作要求

民事裁定书由首部、正文、尾部三部分组成。

（一）首部

1. 标题。标题分两行写明法院名称和文书种类。

2. 编号。在标题的右下方，注明"（年度）×民×字第×号"。

3. 当事人身份概况。写法与一、二、再审民事判决书相同，可参照。

（二）正文

由案由、事实、理由和裁定结果四项内容组成。根据《人民法院民事裁判文书制作规范》《法院民事诉讼文书样式》的规定，对于不同内容的一审裁定，格式写法有所不同，下面介绍几种常用的裁定写作格式。

1. 不予受理起诉民事裁定书写为：

×××年×月×日，本院收到×××起诉状（或口头起诉），……（写明起诉理由）

经审查，本院认为，……（写明不符合起诉条件而不予受理的理由）依照《中华人民共和国民事诉讼法》第一百二十三条的规定，裁定如下：

对×××的起诉，本院不予受理。

2. 管辖权异议民事裁定书写为：

本院受理……（写明当事人姓名或名称和案由）一案后，被告×××在提交答辩状期间对管辖权提出异议，认为……（写明异议的内容与理由）

经审查，本院认为，……（写明异议成立或不成立的根据与理由）依照《中华人民共和国民事诉讼法》第××条的规定，裁定如下：

被告×××对管辖权提出的异议成立，本案移送××××人民法院处理（若异议不成立的则写：驳回被告×××对本案管辖权提出的异议）。

3. 诉讼财产保全民事裁定书写为：

本院在审理……（写明当事人名称或姓名和案由）一案中，×告×××于××××年×月×日向本院提出财产保全申请，要求……（写明请求具体内容）并已提供担保（未提供担保的不写此句）。（法院依职要采取保全的，不写×告×××……一段，接写需要采取财产保全的事实依据。）

本院认为，×告×××的申请符合法律规定［法院依职权保全的，则写本院为了……（写明需采取财产保全面的理由）］。依照……（写明采取财产保全的具体内容。）

4. 准许或不准许撤诉民事裁定书写为：

本院在审理……（当事人姓名或名称和案由）一案中，原告×××于××××年×月×日向本院提出撤诉申请。

本院认为，……（准许或不准许撤诉的理由）依照……（裁定所依据的法律条款）的规定，裁定如下：

准许原告×××撤回起诉（或不准许原告×××撤回起诉，本案继续审理）。

5. 中止或终结诉讼民事裁定书写为：

本院在审理……（当事人姓名或名称和案由）一案中，……（中止或终结诉讼的事实根据）依照……（裁定所依据的法律条款）的规定，裁定如下：

本案中止诉讼（或本案终结诉讼）。

（三）尾部

1. 交代有关事项。《民事诉讼法》第108条规定：“当事人对保全或者先予执行的裁定不服的，可以申请复议一次。复议期间不停止裁定的执行。”因此，对上述裁定，在尾部应写明：“本裁定书送达后，可以向本院申请复议一次，复议期间不停止裁定的执行。”

《民事诉讼法》第164条第2款规定：“当事人不服地方人民法院第一审裁定的，有权在裁定书送达之日起10日内向上一级人民法院提起上诉。”因此，对于不予受理的裁定、管辖权提出异议的裁定和驳回起诉的裁定，在尾部应写明：“如不服本裁定，可在裁定书送达之日起10日内向本院递交上诉状，上诉于××人民法院。”

不予执行仲裁裁决的裁定和不予执行公证债权文书的裁定，依照《民事诉讼法》的规定，由于实行的是一审终审制，故上述裁定书的尾部应写明：“本裁定为终审裁定。”

准许或不准许撤诉、中止或终结诉讼、补正裁判文书笔误的裁定，不存在有关事项的交代，故准予撤诉或终结诉讼的，只需写明诉讼费用的负担即可。

2. 署名、日期与用印。审判人员署名、书记员署名、日期、用印等与民事判决书相同。

（四）基本格式（准许或不准撤诉用）

×××××人民法院
民事裁定书

（××××）×民初字第××号

原告……（写明姓名或名称等基本情况）

被告……（写明姓名或名称等基本情况）

（当事人及其他诉讼参加人的列项和基本情况的写法，与一审民事判决书样式相同。）

本院在审理……（写明当事人姓名或名称和案由）一案中，原告×××于××××年××月××日向本院提出撤诉申请。

本院认为，……（写明准许或不准许撤诉的理由）依照……（写明裁定所依据的法律条款项）的规定，裁定如下：

……［写明裁定结果。分两种情况：

第一，准许撤诉的，写："准许原告×××撤回起诉。……（写明诉讼费用的负担）。"

第二，不准撤诉的，写："不准原告×××撤回起诉，本案继续审理。"]

审判长×××

审判员×××

审判员×××

××××年××月××日

（院印）

本件与原本核对无异

书记员×××

制作实训

一、民事裁定书实例

××市××县人民法院
民事裁定书

（2018）武受初字第7号

起诉人张××。

2018年6月8日，本院收到张××的起诉状，其诉称：2018年1月7日，起诉人的丈夫石××收到一条手机短信，内容是："我行已成功从您的卡中扣除年费1200元，咨询电话：88049735《工行客服中心》。"因石××有事在身，所以就打电话给起诉人并转发了该条信息。起诉人即打电话联系，在对方的几条电话的提示语言的接转中，起诉人被告知自己所有的卡都装入报警系统，对方让起诉人马上汇款，且不能与任何人说话。于是起诉人就边接听电话边去银行汇款，汇到户名为陆××的卡（卡号为6228480830727422115）中，汇款金额为人民币49 989元。起诉人汇款后发觉受骗，即于同日向××市公安局报警，该局于同日作出"×公立字〔2018〕0120号"立案决定书，此案至今未侦破。起诉人被骗后，精神极度沮丧，为了维护自身合法权益，特提起诉讼，请求法院判令被起诉人陆××返还起诉人不当得利49 989元。

经审查，本院认为，起诉人认为被他人以电话方式诈骗人民币49 989元，并已向公安机关报案，公安机关亦已以诈骗案立案侦查，且该案目前正在侦查当中。起诉人的起诉不属于人民法院受理民事诉讼的范围。依照《中华人民共和国民事诉讼法》第一百二十三条的规定，裁定如下：

对张××的起诉，本院不予受理。

如不服本裁定，可在裁定书送达之日起 10 日内，向本院递交上诉状，上诉于××市中级人民法院。

审判长　×××

审判员　×××

审判员　×××

二〇一八年六月九日

（院印）

本件与原本核对无异

书记员　陆××

二、实例评析

1. 上述法院第一审民事裁定书格式正确，形式上符合第一审民事裁定书制作的基本要求。

2. 在裁定理由部分，针对性强，说理清楚，适用法律准确。

技能拓展

1. 第二审民事裁定书的写作方法和范例。

【写作方法】

第二审民事裁定书的首部和尾部与第二审民事判决书基本相同，主要是正文部分的书写不同。

第一，发回重审的，写为：

"本院认为：……（概括写明发回重审的理由，如原判决认定事实错误或者认定事实不清、证据不足，或者违反法定程序可能影响案件正确判决等）依照《中华人民共和国民事诉讼法》第××条第×款第×项的规定，裁定如下：

一、撤销×××人民法院（××××）×民初字第××号民事判决；

二、发回×××人民法院重审。"

第二，对原审不予受理的上诉，写为：

"上诉人×××不服×××人民法院（××××）×民×字第××号不予受理起诉的民事裁定，向本院提出上诉。上诉人×××称，……（简述上诉理由和请求）

本院经审查认为，……（简要写明驳回上诉或者撤销原裁定的理由）依照《中华人民共和国民事诉讼法》第××条第×款第×项的规定，裁定如下：

……"

[维持原裁定的，写为："驳回上诉，维持原裁定。"撤销原裁定的，写为："①撤销×××人民法院（××××）×民初字第××号民事裁定；②本案由×××人民法院立案受理。"]

第三，对管辖权有异议的上诉，写为：

"上诉人×××不服×××人民法院（××××）×民初字第××号民事裁定向本院提出上诉。……（写明上诉请求与理由、被上诉人的答辩）

本院经审查认为，……（简要写明二审驳回上诉或者撤销原裁定的事实根据和理由）依照《中华人民共和国民事诉讼法》第××条第×款第×项的规定，裁定如下：

……"

[维持原裁定的，写为："驳回上诉，维持原裁定。"撤销原裁定的，写为："①撤销×××人民法院（××××）×民初字第××号民事裁定；②本案由×××人民法院管辖（在本辖区外的，写：本案移送×××人民法院处理）。"]

对原审驳回起诉、上诉的民事裁定书和准许或不准许撤回上诉的民事裁定书等可参见《法院民事诉讼文书样式》的固定格式。

【实例】

××市第二中级人民法院
民事裁定书

（2019）二中民终字第 8140 号

上诉人（原审原告）吴×，女，1974 年 1 月 5 日出生，汉族，内蒙古呼和浩特市×报社编辑，住呼和浩特市北街 16 号院 4 号楼 2 单元 1 号。

委托代理人：吴××（吴×父亲），1946 年 12 月 14 日出生，无业，住址同吴×。

被上诉人（原审被告）王×，男，1972 年 3 月 8 日出生，汉族，住黑龙江省哈尔滨市××区××路 18 号。

委托代理人：褚××，北京市××律师事务所律师。

上诉人因财产损害赔偿纠纷一案，不服北京市顺义区人民法院（2018）顺民初字第××号民事裁定书，向本院提起上诉。本院在审理本案过程中，上诉人吴×于 2019 年 3 月 26 日申请撤回上诉。

本院认为，上诉人吴×撤回上诉不违反有关规定。依照《中华人民共和国民事诉讼法》第一百七十三条的规定，裁定如下：

准许上诉人吴×撤回上诉，双方按原裁定执行。

本裁定为终审裁定。

审判长：李××

代理审判员：薛×

代理审判员：曹×

二〇一九年三月二十六日

（院印）

本件与原本核对无异

书记员：何×

2. 简述民事裁定书与民事判决书的异同点。

3. 根据下列案情拟写一份民事裁定书。

高××（男，37 岁）与李××（女，35 岁）经人介绍于 1996 年 7 月相识恋爱，并于 1997 年 9 月登记结婚，婚后无子女。2018 年 12 月，高××以夫妻感情不和为由，向××区人民法院起诉离婚，经法院调解和好。2019 年 4 月，高××以相同的起诉理由再次向人民法院提起诉讼。人民法院受理案件后，经过审查，发现高××的起诉不符合受理的条件，决定不予受理。

高××，男，37 岁，××贸易中心保安部职工，住×区×条×号。李××，女，35 岁，无业，住×区×胡同×号。我国《民事诉讼法》第 124 条第 7 项规定，判决不准离婚和调解和好的离婚案件，判决、调解维持收养关系的案件，没有新情况、新理由，原告在 6 个月内又起诉的，不予受理。《最高人民法院关于适用〈中华人民共和国民事诉讼法〉的解释》第 208 条第 3 款规定，立案后发现不符合起诉条件或者属于《民事诉讼法》第 124 条规定情形的，裁定驳回起诉。

第七章

人民法院常用行政裁判文书

学习目标

1. 了解人民法院常用行政裁判文书的概念、特征和主要种类。

2. 了解并区分各类行政判决书在制作上的异同点。

3. 掌握第一审行政判决书根据不同情况，分别作出的不同处理结果的写法。

4. 能够正确地选择适格的被诉行政主体。

5. 熟练掌握人民法院常用行政裁判文书的格式、内容、写法，能根据文书制作要求写出合格的《行政判决书》《行政裁定书》。

第一节　行政判决书概述

教学内容

一、概念和种类

行政判决书是指人民法院受理行政案件后，按照行政诉讼法的规定程序审理终结后，依照法律和行政法规、地方性法规，参照行政规章，就案件实体问题作出的书面处理决定。

依据审判程序进行分类，行政判决书可以分为第一审程序行政判决书、第二审行政程序判决书和审判监督程序行政判决书。

二、行政判决书的适用范围

《行政诉讼法》第 12 条规定："人民法院受理公民、法人或者其他组织提起的下列诉讼：①对行政拘留、暂扣或者吊销许可证和执照、责令停产停业、没收违法所得、没收非法财物、罚款、警告等行政处罚不服的；②对限制人身自由或者对财产的查封、扣押、冻结等行政强制措施和行政强制执行不服的；③申请行政许可，行政机关拒绝或者在法定期限内不予答复，或者对行政机关作出的有关行政许可的其他决定不服的；④对行政机关作出的关于确认土地、矿藏、水流、森林、山岭、草原、荒地、滩涂、海域等自然资源的所有权或者使用权的决定不服的；⑤对征收、征用决定及其补偿决定不服的；⑥申请行政机关履行保护人身权、财产权等合法权益的法定职责，行政机关拒绝履行或者不予答复的；⑦认为行政机关侵犯其经营自主权或者农村土地承包经营权、农村土地经营权的；⑧认为行政机关滥用行政权力排除或者限制竞争的；⑨认为行政机关违法集资、摊派费用或者违法要求履行其他义务的；⑩认为行政机关没有依法支付抚恤金、最低生活保障待遇或者社会保险待遇的；⑪认为行政机关不依法履行、未按照约定履行或者违法变更、解除政府特许经营协议、土地房屋征收补偿协议等协议的；⑫认为行政机关侵犯其他人身权、财产权等合法权益的。除前款规定外，人民法院受理法律、法规规定可以提起诉讼的其他行政案件。"根据上述规定，我国法院行政判决书主要适用于因具体行政行为引起的行政案件。

第二节　第一审行政判决书

案例导入

一、案件基本情况

2011 年 5 月 24 日，被告××市公安局交通警察支队第五大队对原告张××作出编号为××号公安交通管理简易程序处罚决定书，以原告在 2011 年 5 月 19 日 16 时 59 分在××市农业路违反规定停放机动车为由，对原告罚款 200 元。原告不服，提起行政诉讼。

二、案例提示

上述案件是由公安交通管理部门因对机动车驾驶员违章停车而作出处罚后，机动车驾驶员认为公安交通管理部门的处罚没有事实和法律依据，通过行政诉讼寻求救济。法院受理后，经依法审理，作出书面判决。

教学内容

一、第一审行政判决书的概念、法律依据

1. 概念。第一审行政判决书是指第一审人民法院受理行政案件后，按照行政诉讼法的规定程序审理终结后，依照法律和行政法规、地方性法规，参照行

政规章，就案件实体问题作出的书面处理决定。

2. 法律依据。《行政诉讼法》第 69、70、71、72、73、74、75、76、77、78、79 条规定根据不同情形，分别可以作出以下的判决结果：①判决驳回原告的诉讼请求；②判决撤销或者部分撤销，并可以判决被告重新作出行政行为；③判决被告在一定期限内履行法定职责；④判决被告履行给付义务；⑤判决确认违法，但不撤销行政行为；⑥经原告申请，判决确认行政行为无效；⑦判决责令被告采取补救措施；给原告造成损失的，依法判决被告承担赔偿责任；⑧判决变更行政处罚数额；⑨判决被告承担继续履行、采取补救措施或者赔偿损失等责任；⑩判决被告给予补偿。

二、结构、内容和写作方法

第一审行政判决书由首部、事实、理由、判决结果和尾部五部分组成。

（一）首部

1. 标题。应当写明制作的人民法院名称和文书名称。

2. 文书编号。由年度号、法院代字、案件性质、审判程序代字、顺序号几部分组成。如石家庄市中级人民法院 2012 年制作的第 1 号一审行政判决书，其编号可表述为"（2012）冀石法行初字第 1 号"。

3. 诉讼参加人基本情况。

（1）原告的基本情况的写法。原告是自然人的，应当列写其姓名、性别、年龄、民族、籍贯、职业或工作单位及职务、住址等；原告是法人、其他组织的，第一行写其名称和所在地址，第二行写其法定代表人或代表人的姓名、职务。

（2）被告的基本情况的写法。首先写明被告行政机关或授权组织的名称和地址，然后在下一行写其法定代表人或代表人的姓名、职务；涉及第三人的，应在被告之后列写。

（3）诉讼代理人的基本情况的写法。写明是法定代理人还是指定代理人、委托代理人；是法定代理人、指定代理人的，写明姓名、性别、职业或工作单位及职务、住址，并注明其与被代理人的关系。委托代理人如果是律师的，写明其姓名、所在律师事务所；非律师的，写明其姓名、性别、工作单位和职务、住址。

4. 案由。案由部分应当写明案件由来、审判组织、审判方式和审理经过。具体可以表述为："原告×××不服××××（行政机关名称）××××年××月××日（××××）×××字第××号×××处罚决定（或复议决定、其他具体行政行为），向本院提起诉讼。本院受理后，依法组成合议庭，公开（或不公开）开庭审理了本案。……（写明到庭的当事人、代理人等）到庭参加诉讼。本案现已审理终结。"如果有被告经两次合法传唤而未到庭的，应当在"本案现已审理终结"之前写明"被告经本院两次合法传唤，无正当理由拒不到庭"。

（二）事实

1. 概括写明被告所作的具体行政行为的主要内容及其事实与根据，以及原告不服的主要意见、理由和请求等。如有第三人的，应当简要写明第三人的意见。

2. 写明法院认定的事实和证据。以"经审理查明"开头，将行政争议发生的时间、地点、内容、情节和因果关系等交代清楚。认定事实的证据，应当强调被告的举证责任。

（三）理由

理由部分应当根据查明的事实和有关法律的规定，就行政机关所作的具体行政行为是否合法以及原告的诉讼请求是否有理进行分析论述。以"本院认为"开头。行政判决的法律依据应当以法律、行政法规、地方性法规为依据，参照部门规章和地方性规章。涉及规章的，应当表述为"根据《中华人民共和国行政诉讼法》第××条，参照《××规章》第××条第××款第××项的规定"。

（四）常见的判决结果

第一审行政判决书判决结果分为九种情况：

1. 维持被诉具体行政行为的，具体表示为：

维持（行政主体名称）××××年×月×日作出的（××××）×字第×××号……（具体行政行为名称）

2. 撤销被诉具体行政行为的，具体表示为：

一、撤销（行政主体名称）××××年×月×日作出的（××××）×字第×××号……（具体行政行为名称）

二、责令（行政主体名称）在×日内重新作出具体行政行为（不需要重作的，此项不写；不宜限定期限的，期限不写）。

3. 部分撤销被诉具体行政行为的，具体表示为：

一、维持（行政主体名称）××××年×月×日作出的（××××）×字第×××号……（具体行政行为名称）的第×项，即……（写明维持的具体内容）

二、撤销（行政主体名称）××××年×月×日（××××）×字第×××号……（具体行政行为名称）的第×项，即……（写明撤销的具体内容）

三、责令（行政主体名称）在×日内重新作出具体行政行为（不需要重作的，此项不写；不宜限定期限的，期限不写）。

4. 判决变更行政处罚的，具体表示为：

变更（行政主体名称）×××年×月×日作出的（××××）×字第×号行政处罚决定（或行政复议决定，或属行政处罚等性质的其他具体行政行为），改为……（写明变更内容）

5. 驳回原告诉讼请求的，写：

驳回原告要求撤销（或变更、确认违法等）×××（行政主体名称）×××年×月×日作出的（××××）×字第×××号……（具体行政行为名称）的诉讼请求。

6. 确认被诉具体行政行为合法或有效的，具体表示为：

确认×××（行政主体名称）×××年×月×日作出的（××××）×字第×号……（具体行政行为名称）合法（或有效）。

7. 确认被诉具体行政行为违法（或无效）的，具体表示为：

一、确认×××（行政主体名称）×××年×月×日作出的（××××）×字第×号……（具体行政行为名称）违法（或无效）。

二、责令×××在……（限定的期限）内，……（写明采取的补救措施。不需要采取补救措施的，此项不写）

8. 驳回原告赔偿请求的，具体表示为：

驳回原告×××关于……（赔偿请求事项）的赔偿请求。

9. 判决被告予以赔偿的，具体表示为：

×××（行政主体名称）于本判决生效之日起×日内赔偿原告×××……（写明赔偿的金额）

（五）尾部

1. 写明诉讼费用的负担。

2. 交代上诉权、方法、期限和上诉审法院。

3. 写明合议庭组成人员署名。

4. 写明判决日期。

5. "本件与原本核对无异"的戳记。

6. 书记员署名。

（六）基本格式（一审作为类行政案件用）

××××人民法院
行政判决书

（×××）×行初字第×××号

原告……（写明姓名或名称等基本情况）

法定代表人……（写明姓名、性别和职务）

委托代理人（或指定代理人、法定代理人）……（写明姓名等基本情况）

被告……（写明行政主体名称和所在地址）

法定代表人……（写明姓名、性别和职务）

委托代理人……（写明姓名等基本情况）

第三人……（写明姓名或名称等基本情况）

法定代表人……（写明姓名、性别和职务）

委托代理人（或指定代理人、法定代理人）……（写明姓名等基本情况）

原告×××不服×××（行政主体名称）×××（具体行政行为），于××××年×月×日向本院提起行政诉讼。本院于××××年×月×日受理后，于××××年×月×日向被告送达了起诉状副本及应诉通知书。本院依法组成合议庭，于××××年×月×日公开（或不公开）开庭审理了本案。……（写明到庭参加庭审活动的当事人、诉讼代理人、证人、鉴定人、勘验人和翻译人员等）到庭参加诉讼。……（写明发生的其他重要程序活动，如被批准延长本案审理期限等情况）本案现已审理终结。

被告×××（行政主体名称）×××（写明作出具体行政行为的行政程序）于××××年×月×日对原告作出×××号×××决定（或其他名称），……（详细写明被诉具体行政行为认定的事实、适用的法律规范和处理的内容）被告于××××年×月×日向本院提供了作出被诉具体行政行为的证据、依据（若有经法院批准延期提供证据的情况，应当予以说明）：①……（证据的名称及内容等）证明……（写明证据的证明目的。可以按被告举证顺序，归类概括证明目的）②……（可以根据案情，从法定职权、执法程序、认定事实、适用法律等方面，分类列举有关证据和依据；或者综合列举证据，略写无争议部分）

原告×××诉称，……（概括写明原告的诉讼请求及理由，原告提供的证据）

被告×××辩称，……（概括写明被告答辩的主要理由和要求）

第三人×××述称，……（概括写明第三人的主要意见，第三人提供的证据）

本院依法（或依原告、第三人的申请）调取了以下证据：……

经庭审质证（或交换证据），本院对以下证据作如下确认：……

经审理查明，……（经审理查明的案件事实内容）

本院认为，……（运用行政实体及程序法律规范，对具体行政行为合法性进行分析论证，对各方当事人的诉讼理由逐一分析，论证是否成立，表明是否予以支持或采纳，并说明理由）依照……（写明判决依据的行政诉讼法以及相关司法解释的条、款、项、目）之规定，判决如下：

……［写明判决结果，分以下9种情况：

第一，维持被诉具体行政行为的，写：

"维持×××（行政主体名称）××××年×月×日作出的（××××）×字第×××号……（具体行政行为名称）"

第二，撤销被诉具体行政行为的，写：

"一、撤销×××（行政主体名称）××××年×月×日作出的（××××）×字第×××号……（具体行政行为名称）

二、责令×××（行政主体名称）在×日内重新作出具体行政行为（不需要重作的，此项不写；不宜限定期限的，期限不写）。"

第三，部分撤销被诉具体行政行为的，写：

"一、维持×××（行政主体名称）××××年×月×日作出的（××××）×字第×××号……（具体行政行为名称）的第×项，即……（写明维持的具体内容）

二、撤销×××（行政主体名称）××××年×月×日（××××）×字第×××号……（具体行政行为名称）的第×项，即……（写明撤销的具体内容）

三、责令×××（行政主体名称）在×日内重新作出具体行政行为（不需要重作的，此项不写；不宜限定期限的，期限不写）。"

第四，判决变更行政处罚的，写：

"变更×××（行政主体名称）××××年×月×日作出的（××××）×字第×号行政处罚决定（或行政复议决定，或属行政处罚等性质的其他具体行政行为），改为……（写明变更内容）"

第五，驳回原告诉讼请求的，写：

"驳回原告要求撤销（或变更、确认违法等）×××（行政主体名称）××××年×月×日作出的（××××）×字第×××号……（具体行政行为名称）的诉讼请求。"

第六，确认被诉具体行政行为合法或有效的，写：

"确认×××（行政主体名称）××××年×月×日作出的（××××）×字第×号……（具体行政行为名称）合法（或有效）。"

第七，确认被诉具体行政行为违法（或无效）的，写：

"一、确认×××（行政主体名称）××××年×月×日作出的（××××）×字第×号……（具体行政行为名称）违法（或无效）。

二、责令×××在……（限定的期限）内，……（写明采取的补救措施。

不需要采取补救措施的，此项不写）"

第八，驳回原告赔偿请求的，写：

"驳回原告×××关于……（赔偿请求事项）的赔偿请求。"

第九，判决被告予以赔偿的，写：

"×××（行政主体名称）于本判决生效之日起×日内赔偿原告×××……（写明赔偿的金额）"]

……（写明诉讼费用的负担。）

如不服本判决，可在判决书送达之日起十五日内提起上诉，向本院递交上诉状，并按对方当事人的人数递交上诉状副本，上诉于×××人民法院。

审判长×××

审判员×××

审判员×××

年 月 日

（院印）

本件与原本核对无异

书记员×××

制作实训

一、第一审行政判决书实例

××省××市××区人民法院
行政判决书

（2011）金行初字第×××号

原告张××，男，1976年9月16日生，公司职员，住××市××区××路26号。

委托代理人杨××、高×，河南××律师事务所律师。

被告××市公安局交通警察支队第五大队，住所地：××市××路中段。

法定代表人王××，大队长。

委托代理人姚×，该队工作人员。

原告张××诉被告××市公安局交通警察支队第五大队公安交通行政处罚一案，原告于2011年5月31日向本院提起行政诉讼，本院受理后依法组成合议庭，于2011年7月8日公开开庭进行了审理。原告委托代理人杨××、被告的委托代理人姚×到庭参加诉讼。本案现已审理终结。

2011 年 5 月 24 日被告对原告作出编号为×××号公安交通管理简易程序处罚决定书，以原告在 2011 年 5 月 19 日 16 时 59 分在××市××路违反规定停放机动车为由，对原告罚款 200 元。

原告不服，诉称：2011 年 5 月 19 日 16 时，原告将自己的机动车停放在××路与××路交叉口东 100 米路北的白色方块停车线内。同日 16 时 59 分，被告对该车辆作出违法停车告知单，后又对原告作出×××号处罚决定书。原告将车辆停放在指定的停车位置，被告对原告的处罚无事实及法律依据，请求法院撤销被告对原告作出的处罚决定书。原告提供的证据有：①处罚决定书；②原告停放车辆照片两张、禁停标志照片两张。

被告辩称：原告违反规定，将其机动车停放在全线禁停的农业路上。被告对其违法行为进行了拍照，并对原告出具了《违法停车告知单》，要求其到被告处接受处理。被告对其处罚事实清楚、程序合法、适用法律正确，请求驳回原告的诉讼请求。提供的证据有：①违法停车照片 1 张；②农业路与花园路交叉口东 100 米路北的路况照片 2 张；③××市交警支队通知；④××网上新闻。提供的法律依据有：①公安部《道路交通安全违法行为处理程序规定》；②《中华人民共和国道路交通安全法》。

对于各方当事人提供的证据、依据，经庭审质证和合议庭评议，本院对其效力和适用作出如下分析认定：

被告提供的路况照片、××市交警支队通知、××网上新闻，原告无异议，本院予以采信；被告提供的法律依据，原告亦无异议，本院予以适用。

原告提供的禁停标志照片，被告无异议，本院予以采信。针对原、被告对对方提供的原告车辆照片的异议，本院将在本院认为中综合评述。

上述有效证据，可以认定以下案件事实：2011 年 5 月 19 日，原告将其车牌号为"××××××"号的机动车停放在××市农业路与花园路交叉口东 100 米路北的农业路上。被告对该停放现场进行了拍照，该停放地点未显示停车泊位。2011 年 5 月 24 日，被告对原告作出编号为×××号公安交通管理简易程序处罚决定书，对原告罚款 200 元。

另查明，2009 年 5 月 26 日，××市公安局交通警察支队作出《关于加强快速公交沿线道路交通秩序管理的通告》，主要内容为加强道路交通秩序管理，确保广大交通参与者的交通安全，凡设有快速公交专用车道的农业路等路段，一律不得停放车辆；对违反规定停放车辆的机动车驾驶人依法予以处罚。经查，原告向法院提供的禁停标志照片显示，在××市农业路原停车泊位线上有禁停标志。

本院认为：《中华人民共和国道路交通安全法》第五十六条第一款规定，机动车应当在规定的地点停放；第九十三条第二款规定，对违反道路交通安全法律、法规关于机动车停放规定的，机动车驾驶人不在现场，妨碍其他车辆、行人通行的，处以 20 元以上 200 元以下罚款；公安部《道路交通安全违法行为处理程序规定》第十二条规定，交通警察对机动车驾驶人不在现场的违法停放机动车行为，应当在机动车侧门玻璃上粘贴违法停车告知单，并采取拍照或者录像方式固定相关证据。原告在未划有停车泊位且禁止停放车辆的道路上停放机动车，被告采用拍照的方式调查取证后对原告作出处罚，事实清楚、程序合法。原告称被告所拍摄原告的车辆照片与原告所拍照片不一致，因车辆在原告掌控之中，况且原告的照片不能显示其将车辆停放在停车泊位内；在原告不能提供证据证明执勤交警有需要回避或足以影响公正执法的其他法定情形的证据的情况下，本院对被告的证据予以采信。依照《中华人民共和国行政诉讼法》第六十九条的规定，判决如下：

驳回原告张××的诉讼请求。

案件受理费 50 元，由原告负担。

如不服本判决，可在判决书送达之日起十五日内向本院递交上诉状，并按对方当事人的人数递交上诉状副本，上诉于××省××市中级人民法院。

审　判　长　姚×

人民陪审员　韩×

人民陪审员　杨××

二○一一年七月二十八日

（院印）

本件与原本核对无异

书记员　文×

二、实例评析

1. 上述第一审行政判决书格式正确、事项齐全，形式上符合第一审行政判决书制作的基本要求。

2. 上述第一审行政判决书以"合法性审查"原则为核心，从被告实施的具体行政行为认定的事实、适用的法律法规和处理结果等方面作了详细叙述并一一列举被告主张被诉具体行政行为的证据。

技能拓展

1. 简述第一审民事判决书与第一审行政判决书在写作上的异同点。

2. 请根据下列材料制作一份一审行政判决书。

李××诉称于 2018 年 6 月 19 日 15 时 50 分许，骑电动车回家，××市公安局交通支队××大队许某与周某在未出示任何有效证件的情况下，强行将其电动车抢走。

2018 年 6 月 19 日，××市公安局交通支队××大队作出编号为第××号《公安交管理行政强制措施凭证》（以下简称被诉制措施），认定李××于 2018 年 6 月 19 日 15 时 57 分在××路口段实施上道路行驶的机动车未悬挂机动车号牌的违法行为。根据《中华人民共和国道路交通安全法》第九十条、第九十五条第一款，《××市实施中华人民共和国道路交通安全法办法》第九十五条第一项，决定采取扣留机动车的行政强制措施。

李××认为××市公安局交通支队××大队作为派出机构无权作出行政强制措施的决定，且未经过负责人批准。李××认为其行为无效。诉至××市××区人民法院，请求法院判令被诉强制措施无效。

××市公安局交通支队××大队辩称，2018 年 6 月 19 日 15 时 57 分丰北大队民警许某、周某在×路口段查获李××实施上道路行驶的机动车未悬挂机动车号牌的违法行为，根据《中华人民共和国道路交通安全法》第九十五条第一款作出被诉强制措施。在执法过程中，民警穿着制服，佩戴警帽、警徽、警号、执法记录仪等相关表明身份的配件进行执法，清楚表明了人民警察的身份。根据《中华人民共和国道交通安全法》第一百一十二条第一款规定，公安机关交通管理部门扣留机动车、非机动车，应当当场出具凭证，并告知当事人在规定期限内到公安机关交通管理部门接受处理。根据《道路交通安全违法行为处理程序规定》第二十二条规定，公安机关交通管理部门及其交通警察在执法过程中，依法可以采取扣留车辆的行政强制措施。根据《中华人民共和国行政强制法》第十八条规定，行政机关实施强制措施应当遵守下列规定：（二）由两名以上行政执法人员实施。因此，××市公安局交通支队××大队民警具有查获交通违法行为并扣留车辆的权利。请求法院驳回原告的诉讼请求。

××市公安局交通支队××大队在法定期限内向本院提交并在庭审中出示如下证据，证明被诉强制措施符合法律规定：①执法经过 1 份；②执法现场录像光盘；③行政执法审批说明；④被诉强制措施凭证。

法院受理后，依法组成合议庭于 2018 年 8 月 2 日公开开庭审理了本案，李××，××市公安局交通支队××大队的负责人王×、委托代理人赵×参加诉讼。本案现已审理终结。

经庭审质证，法院认为，××市公安局交通支队××大队的证据具备真实性、合法性和关联性，予以采信。

经审理查明，2018 年 6 月 19 日 15 时 57 分许，上路执法的民警在×路口将李××拦停，发现其存在涉嫌驾驶机动车未悬挂号牌的违法行为，当场告知根据《中华人民共和国道路交通安全法》第九十五条的规定采取扣留车辆的行政强制措施。李××当即提出质疑。民警听取其意见后，认为其理由不成立，向指挥室请示后作出被诉强制措施凭证，并向李××送达，其拒绝签字，后将凭证交付李××，对其驾驶的车辆予以扣留，并告知15日内到接受处理。

法院认为，根据《道路交通安全违法行为处理程序规定》第四条的规定，交通警察执法中发现的法行为由违法行为发生地的公安机关交通管理部门管辖。据此，××市公安局交通支队××大队作为涉案行政区域内的公安关交通管理部门，具有作出被诉强制措施的职权。

《中华人民共和国道路交通安全法》第九十五条及《道路交通安全违法行为处理程序规定》第二十二条、第二十三条、第二十五条、第二十八条规定，公安机关交通管理部门及其交通警察在执法过程中，对于上路行驶未悬挂机动车号牌，未随车携带机动车行驶证、驾驶证的，应当扣留机动车对扣留的车辆，当事人接受处理或者提供、补办的相关证明或者手续经核实后，公安机关交通管理部门应当依法及时退还。本案中，民警在执法过程中，发现李××存在未悬挂机动车号牌行为，遂作出扣留其车辆的行政强制措施。其执法行为符合上述规定，被告在作出行政强制措施的过程中，履行了告知、听取陈述申辩等法定程序。综上，被诉行为不违反法律规定。李××的诉讼请求缺乏事实和法律依据，不予支持，依据《中华人民共和国行政诉讼法》第六十九条之规定，2018年8月22日作出驳回原告黎子舟的诉讼请求的判决。案件受理五十元，由李××负担。

李××，男，1986年10月4日出生，汉族，户籍所在地××省××市××县。

××市公安局交通支队××大队，住所地××市××区××路6号。法定代表人陈××，大队长。

合议庭组成人员审判长严××，人民陪审员华××、何××，法官助理胡××，书记员姜××。

第三节　第二审行政判决书

案例导入

一、案件基本情况
（一）案件当事人及代理人基本情况

上诉人（原审原告）霍某甲，男，1971年8月9日出生，农民，住×县×

大街 20 号。

委托代理人朱律师，×县××律师事务所律师。

被上诉人（原审被告）×县公安局。

法定代表人高××，局长。

委托代理人武×、白×，×县公安局民警。

被上诉人（原审第三人）霍某乙，农民，住×县××乡××村。

委托代理人王×，×县××律师事务所律师。

（二）案件基本情况

原审判决认定，×县公安局以霍某甲伙同他人合伙购买棉花轧花机，安装在××院内，任意占用院内房屋等财物至今，于 2010 年 2 月 11 日作出×公（×）决字（2010）第×号公安行政处罚决定，给予霍某甲行政拘留 10 日的处罚决定。2010 年 2 月 11 日，霍某甲申请暂缓执行该处罚决定，同日，×县公安局作出×公（×）行拘缓字（2010）第×号暂缓执行行政拘留决定。霍某甲于 2010 年 3 月 9 日向××市公安局申请行政复议，××市公安局于 2010 年 5 月 5 日作出邮公复字（2010）第××号行政复议决定：维持对霍某甲行政拘留 10 日的处罚决定。霍某甲不服，提起行政诉讼。

原审判决认为，×县公安局对霍某甲作出的×公（×）决字（2010）第×号公安行政处罚决定，事实清楚，证据充分，适用法律正确，程序合法，本院予以维持。原告的诉讼请求理由不足，不予支持。依照《中华人民共和国行政诉讼法》第 54 条第 1 项之规定，判决维持×县公安局 2010 年 2 月 11 日作出的×公（×）决字（2010）第×号公安行政处罚决定。

霍某甲不服一审判决，向本院上诉提出：①上诉人依据霍某甲与村委会签订的租地合同、村委会证明、转租合同、×县农机公司的证明等证据在××院内与他人合伙经营棉花轧花是合法行为，并未侵犯他人的合法权益，更非"任意占用"他人财物；霍某乙并非该处罚决定书中所称的受害人，从而谈不上存在上诉人"任意"占用其房屋等财物的事实。②处罚决定书认定上诉人任意占用××院内房屋等财物，没有合法有效证据予以证实。

被上诉人×县公安局和被上诉人霍某乙分别作了答辩。

经二审审理查明的事实与一审判决认定的事实一致。

二、案例提示

上述案例经过行政处罚、行政复议、第一审行政诉讼和第二审行政诉讼，当事人在被行政处罚后，运用各种法律规定的救济途径来维护自己权益。第二审法院在审理后，将依据《行政诉讼法》的规定作出判决。

教学内容

一、第二审行政判决书概念及作用

（一）概念

第二审行政判决书，是指第二审人民法院按照《行政诉讼法》规定的程序，对于一审判决提出上诉的案件，经审理终结后，依照法律和行政法规、地方性法规，参照行政规章，就案件的实体问题作出终结处理的书面决定。

（二）作用

人民法院通过第二审审理并以二审行政判决书结案，可以切实纠正第一审行政判决书可能发生的错误，维护当事人的合法权益，避免错案、错判情况的发生，也体现了上级人民法院对下级人民法院行政审判工作的正确指导和监督，有利于帮助下级人民法院提高行政审判工作质量，公正执法。

二、结构、内容和写作方法

第二审行政判决书由首部、事实、理由、判决结果、尾部五部分内容组成。

（一）首部

1. 标题。标题分两行写明法院名称和文书种类。

2. 编号。写在标题的右下方，如"（年度）×行终字第××号"。

3. 案件当事人及其诉讼代理人的基本情况。二审案件当事人应写"上诉人""被上诉人"，并用括号注明其在原审中的诉讼地位。原审有第三人的，除提出上诉的也写"上诉人"外，仍写"第三人"。原审上诉人都出上诉的，可并列为"上诉人"，不必再写被上诉人。当事人中只有一人或部分人上诉，如果诉讼标的是可分上诉，那么未上诉的当事人在此可不列出；如果诉讼标的是不可分上诉，未上诉的当事人可列为被上诉人。

二审案件当事人及其诉讼代理人基本情况的表述，与一审行政判决的写法相同。

4. 案由、审判组织、审判方式和开庭审理过程。根据我国《行政诉讼法》的规定，人民法院审理一审行政案件，在不涉及国家机密、个人隐私和法律另有规定的情况下都应依法组成合议庭公开审理，而二审行政案件，则既可以开庭公开审理，也可以依照《行政诉讼法》第86条之规定（"人民法院对上诉案件，应当组成合议庭，开庭审理。经过阅卷、调查和询问当事人，对没有提出新的事实、证据或者理由，合议庭认为不需要开庭审理的，也可以不开庭审理。"），不开庭审理。故该项的写法应根据上述两种不同情况来决定。行文格式如下：

上诉人×××因××（案由）一案，不服××××人民法院（年度）×行初字第××号行政判决，向本院提起上诉。本院依法组成合议庭，公开（或不公开）开庭审理了本案。……（写明到庭的当事人诉讼代理人等）到庭参加诉讼。（书面审理的写"本院依法组成合议庭，对本案进行了审理，现已审理终结"。）

（二）事实

事实部分应包括上诉争议的内容以及二审法院依法查明认定的事实和证据。

二审案件所审理的对象是一审法院的判决，二审案件当事人争议的实体问题主要是通过上诉人的上诉请求和被上诉人的答辩表现出来的。这一段的表述，可先概括写明原审认定的事实和判决结果，再简述上诉人的上诉请求及其主要理由、被上诉人的主要答辩内容以及第三人的意见。

上诉争议的内容写完之后，应另起一行，写明二审认定的事实和证据。

（三）理由

要针对上诉人的上诉请求和理由，就原审判决认定的事实是否清楚，适用法律、法规是否正确，有无违反法定程序，上诉理由是否成立，上诉请求是否应予支持，以及被上诉人的答辩是否有理由，等等，进行分析论证，还应同时写明判决维持、撤销或者变更被诉具体行政行为的理由。

阐述理由的方法，基本上可以参照制作第一审行政判决书的要求，要有针对性和说服力，注重事实分析和法理分析，回答上诉争议的主要问题，引出合乎逻辑的公正结论。

二审判决所依据的法律条文，应分别引用《行政诉讼法》第89条第1款第1～3项的规定。其中，全部改判或者部分改判的，除引用《行政诉讼法》有关条款外，还应当引用改判所依据的实体法的有关条款。

（四）判决结果

根据我国《行政诉讼法》第89条的规定，人民法院审理上诉案件，按照不同的情形，有不同的判决处理结果：

1. 原判决、裁定认定事实清楚，适用法律、法规正确的，判决或者裁定驳回上诉，维持原判决、裁定。

2. 原判决、裁定认定事实错误或者适用法律、法规错误的，依法改判、撤销或者变更。

3. 原判决认定基本事实不清、证据不足的，发回原审人民法院重审，或者查清事实后改判。

上述三种用判决进行处理的不同的结果，在行文时可以分别表述为：

1. 维持原审判决的，写成：

驳回上诉，维持原判。

2. 撤销原审判决，维持行政机关的具体行为的，写为：

撤销×××（行政机关名称）××××年×月×日（××××）×××字第××号处罚决定（复议决定或其他具体行政行为）。

3. 撤销原审判决，同时撤销或变更行政机关的具体行政行为的，写为：

一、撤销×××人民法院（××××）×行初字第××号行政判决；

二、撤销（或变更）××××（行政机关名称）××××年×月×日（××××）×××字第××号处罚决定（复议决定或其他具体行政行为）；

三、……（写明二审法院改判结果的内容。如无需变更判决的，此项不写）

（五）尾部

应依次写明诉讼费用的承担、判决的效力、合议庭成员署名、判决日期、书记员署名等。

诉讼费用的承担问题，要区别情况而定：对驳回上诉，维持原判的案件，二审诉讼费用由上诉人承担；双方当事人都提出上诉的，由双方分担；对撤销原判、依法改判的案件，应同时对一、二审两审的各项诉讼费用如何承担的方式和数额作出决定，相应地变更一审法院对诉讼费用承担的决定。

尾部其他内容的具体写法与第一审行政判决书的尾部写法相同。

（六）基本格式

××××人民法院
行政判决书

（××××）×行终字第××号

上诉人（原审××）……（写明姓名或名称等基本情况）

被上诉人（原审××）……（写明姓名或名称等基本情况）

（当事人及其他诉讼参加人的列项和基本情况的写法，除当事人的称谓外，与一审行政判决书样式相同。）

上诉人×××因……（写明案由）一案，不服××××人民法院（××××）×行初字第××号行政判决，向本院提起上诉。本院依法组成合议庭，公开（或不公开）开庭审理了本案。……（写明到庭的当事人、诉讼代理人等）到庭参加诉讼。本案现已审理终结（未开庭的，写"本院依法组成合议庭，对本案进行了审理，现已审理终结"）。

……（概括写明原审认定的事实和判决结果，简述上诉人的上诉请求及其主要理由和被上诉人的主要答辩的内容。）

经审理查明，……（写明二审认定的事实和证据）

本院认为，……（针对上诉请求和理由，就原审判决认定的事实是否清楚，适用法律、法规是否正确，有无违反法定程序，上诉理由是否成立，上诉请求是否应予支持，以及被上诉人的答辩是否有理，等等，进行分析论证，阐明维持原判或者撤销原判予以改判的理由。）依照……（写明判决所依据的法律条款项）的规定，判决如下：

……〔写明判决结果。分四种情况：

第一，维持原审判决的，写：

"驳回上诉，维持原判。"

第二，对原审判决部分维持、部分撤销的，写：

"一、维持×××人民法院（××××）×行初字第××号行政判决第×项，即……（写明维持的具体内容）

二、撤销×××人民法院（××××）×行初字第××号行政判决第×项，即……（写明撤销的具体内容）

三、……（写明对撤销部分作出的改判内容。如无须作出改判的，此项不写）"

第三，撤销原审判决，维持行政机关的具体行为的，写：

"一、撤销×××人民法院（××××）×行初字第××号行政判决；

二、维持×××（行政机关名称）××××年××月××日（××××）×××字第××号处罚决定（复议决定或其他具体行政行为）。"

第四，撤销原审判决，同时撤销或变更行政机关的具体行政行为的，写：

"一、撤销×××人民法院（××××）×行初字第××号行政判决；

二、撤销（或变更）×××（行政机关名称）××××年××月××日（××××）×××字第××号处罚决定（复议决定或其他具体行政行为）；

三、……（写明二审法院改判结果的内容。如无需作出改判的，此项不写。）"〕

……（写明诉讼费用的负担）

本判决为终审判决。

审判长×××

审判员×××

审判员×××

××××年××月××日

（院印）

本件与原本核对无异

书记员×××

制作实训

一、第二审行政判决书实例
××省××市中级人民法院
行政判决书

（2010）×市行终字第×号

上诉人（原审原告）霍某甲。

委托代理人朱律师。

被上诉人（原审被告）×县公安局。

法定代表人高××。

委托代理人武×、白×。

被上诉人（原审第三人）霍某乙。

委托代理人王×。

上诉人霍某甲因治安行政处罚一案，不服×县人民法院（2010）×行初字第×号行政判决，向本院提起上诉。本院依法组成合议庭，对本案进行了审理，现已审理终结。

原审判决认定，×县公安局以霍某甲伙同他人合伙购买棉花轧花机，安装在××院内，任意占用院内房屋等财物至今，于2010年2月11日作出×公（×）决字（2010）第×号公安行政处罚决定，给予霍某甲行政拘留10日的处罚决定。2010年2月11日，霍某甲申请暂缓执行该处罚决定，同日，×县公安局作出×公（×）行拘缓字（2010）第×号暂缓执行行政拘留决定。霍某甲于2010年3月9日向××市公安局申请行政复议，××市公安局于2010年5月5日作出×公复字（2010）第××号行政复议决定：维持对霍某甲行政拘留10日的处罚决定。霍某甲不服，提起行政诉讼。

原审判决认为，×县公安局对霍某甲作出的×公（×）决字（2010）第×号公安行政处罚决定，事实清楚，证据充分，适用法律正确，程序合法，本院予以维持。原告的诉讼请求理由不足，不予支持。依照《中华人民共和国行政诉讼法》第54条第1项之规定，判决维持×县公安局2010年2月11日作出的×公（×）决字（2010）第×号公安行政处罚决定。

霍某甲不服一审判决，向本院上诉提出：①上诉人依据霍某甲与村委会签订的租地合同、村委会证明、转租合同、×县农机公司的证明等证据在××院内与他人合伙经营棉花轧花是合法行为，并未侵犯他人的合法权益，更非"任意占用"他人财物；霍某乙并非该处罚决定书中所称的受害人，从而谈不上存在上诉人"任意"占用其房屋等财物的事实。②处罚决定书认定上诉人任意占用××院内房屋等财物，没有合法有效证据予以证实。首先，该决定书所依据的受害人陈述，不能作为被上诉人×县公安局认定案件事实的证据使用。霍某乙不享有××院内房屋所有权和土地使用权，不是受害人，其陈述不能作为处罚决定的证据使用。其次，处罚决定所依据的法院的裁定书和出售协议，不能作为霍某乙享有房屋所有权的证据。最后，处罚决定所依据的证人证言、霍某乙与村委会签订的租地合同及村委会证明均不能作为霍某乙对××院内土地享有合法使用权的证据。③被上诉人×县公安局依据《治安管理处罚法》第26条第3项对上诉人作出行政拘留10日的处罚，显属适用法律错误。上诉人基于自认为合法有效的合同对争议的场地房屋占用，并非非法、任意占用，被上诉人使用上述条款作出处罚是错误的。④被上诉人×县公安局所作的处罚决定超越职权，应予撤销。上诉人与霍某乙之间的纠纷是典型的民事纠纷，被上诉人×县公安局不应作为扰乱社会治安的行为予以干涉。遂请求撤销原判，撤销被上诉人×县公安局所作的×公（×）决字（2010）第×号公安行政处罚决定。

被上诉人×县公安局答辩称：①霍某甲寻衅滋事一案事实清楚，证据充分，有受害人陈述、证人证言、法院裁定书以及出售协议书等证据证实；②霍某甲寻衅滋事一案属公安机关管辖，且处罚适当；③霍某甲寻衅滋事一案的公安行政处罚程序合法，定性准确，适用法律正确。请求维持原判。

被上诉人霍某乙答辩称：①一审判决认定事实正确。根据×县人民法院的裁定，自2001年12月28日之后，×县农业银行是×县×××小店老106国道东侧房产所有权人和院内土地使用权人。2005年9月份，×县农业银行与霍某乙签订了《出售协议》，把该房产转让给霍某乙，霍某乙便占有、管理、使用该处房屋。2007年9月份，温××和霍某甲把锁别坏，强行占用房屋收花轧花，没有任何合法理由。×县公安局所作的处罚决定事实清楚。②×县公安局对霍某甲作出的行政处罚适用法律正确。霍某甲没有任何合法依据采用堵门口、撬门别锁等手段强行占用×县农业银行转让给霍某乙的院落房屋收花轧花，扰乱了当地的社会治安秩序。×县公安局依法对其作出处罚认定事实清楚，适用法律正确。③霍某甲依据明显与生效法律文书和法律规定相抵触的材料来证明属于"民事争议"的主张不能成立。根据×县法院（2001）×执字第×××号民事裁定书，2001年12月28日后，×县农业银行是×县×××小店老106国道东侧房产合法所有权人和土地使用权人，霍某甲以2004年与×县农机公司签订的土地租赁合同主张自己合法使用无法律依据，况且该租赁合同上温××丈夫的名字"霍某甲"三个字是伪造的，原件上并无此人。综上，一审判决认定事实清楚，适用法律正确，请求二审驳回上诉，维持原判。

经二审审理查明的事实与一审判决认定的事实一致。

本院认为，上诉人霍某甲任意占用×县××院内房屋等财物的事实清楚，被上诉人×县公安局在通知其搬出无果的情况下，依法对其作出行政拘留10日的处罚并无不当。原审判决认定事实清楚，适用法律正确，依照《中华人民共和国行政诉讼法》第六十一条第一项之规定，判决如下：

驳回上诉，维持原判。

二审案件受理费50元，由上诉人霍某甲负担。

本判决为终审判决。

审判长：刘××

审判员：米××

代理审判员：李×

二〇一〇年十二月十日

（院印）

本件与原件核对无异

书记员：张××

二、实例评析

上述第二审行政判决书格式正确，内容完整，首先概括叙述了第一审行政判决书所认定的事实、判决理由和依据，然后分别介绍上诉的理由和被上诉方答辩的理由，重点叙述各方争议的焦点，为二审判决做好准备。

技能拓展

制作再审行政判决书应注意以下问题：

1. 正确列写再审案件的当事人主体，不使用申诉人和被申诉人的称谓。

2. 案件的由来和审判经过段应写明对该案提起再审的根据和进行再审的审判组织和审理过程，以说明再审程序的合法性。

3. 判决书的事实和理由两部分，要针对原审判决违反有关法律、法规规定的错误，写明再审认定的事实和证据，阐明应予改判的理由，引用有关法律、法规和参照的行政规章。

4. 判决结果部分是对该案的实体问题作出重新处理的结论。

5. 关于诉讼费用问题。根据最高人民法院有关规定，依照审判监督程序进行提审、再审的案件，免交案件受理费。

6. 再审判决可否上诉的问题。

第四节　行政裁定书

导入案例

一、案件基本情况

2018 年 12 月 30 日，起诉人宋××称被起诉人××市住房和城乡建设局于 2011 年 1 月 17 日下发的拆迁变更公告应确认无效。诉至法院要求：①依法确认××市住房和城乡建设局 2011 年 1 月 17 日下发的公告中，将××房地产开发有限公司开发建设的××华苑三期项目拆迁许可证规定的部分拆迁范围变更为道路改造项目拆迁范围无效。②依法确认起诉人与××市住房和城乡建设局所属的城建处签署的拆迁协议无效。

二、案例提示

经审查，本院认为：2011 年 1 月 17 日的拆迁变更公告到现在下达已七年之久，起诉人等一直因此事在一同上访，起诉人述称在 2018 年 5 月份才得知此公告内容有悖于常理，其提交起诉人的证据无法证实其所述，且无其他证据相与佐证。提出曾来法院要求起诉过，并无有效证据予以证实。

法院审查的依据是我国《行政诉讼法》第 51 条第 1、2 款之规定："人民法院在接到起诉状时对符合本法规定的起诉条件的，应当登记立案。对当场不能判定是否符合本法规定的起诉条件的，应当接收起诉状，出具注明收到日期的书面凭证，并在 7 日内决定是否立案。不符合起诉条件的，作出不予立案的裁定。裁定书应当载明不予立案的理由。原告对裁定不服的，可以提起上诉。"

教学内容

一、行政裁定书概述

（一）行政裁定书概念

行政裁定书是指人民法院依照《行政诉讼法》的规定，在审理行政案件的过程中，为解决有关程序问题而作出的书面处理决定。

（二）行政裁定书的分类

1. 根据诉讼程序的不同，可以分为第一审行政裁定书、第二审行政裁定书、再审行政裁定书和执行行政裁定书。

2. 根据解决具体问题的不同，可以将行政裁定书分为不予立案、驳回起诉、管辖权异议、终结诉讼、中止诉讼、移送或指定管辖、财产保全、先予执行、准予或不准予撤诉、中止或终结执行等行政裁定书。

（三）行政裁定书适用范围

《最高人民法院关于适用〈中华人民共和国行政诉讼法〉的解释》第 101 条第 1、2 款规定："裁定适用于下列范围：①不予立案；②驳回起诉；③管辖异议；④终结诉讼；⑤中止诉讼；⑥移送或者指定管辖；⑦诉讼期间停止行政行为的执行或者驳回停止执行的申请；⑧财产保全；⑨先予执行；⑩准许或者不准许撤诉；⑪补正裁判文书中的笔误；⑫中止或者终结执行；⑬提审、指令再审或者发回重审；⑭准许或者不准许执行行政机关的行政行为；⑮其他需要裁定的事项。对第一、二、三项裁定，当事人可以上诉。"

本节主要介绍第一审行政裁定书的制作内容。

二、第一审行政裁定书概念

第一审行政裁定书是指第一审人民法院依照《行政诉讼法》的规定，在审理第一审行政案件过程中，为解决诉讼程序问题而作出的书面处理决定。

三、格式、内容和写作方法

以第一审程序不予立案行政裁定书为例。

不予立案行政裁定书，是指第一审人民法院接到起诉状后，经审查认为不符合法定起诉条件，依法作出不予立案的书面决定。

本裁定书的内容和写法具体为：

（一）首部

依次写明标题、字号和起诉人的姓名或名称等基本情况。同时，由于起诉未被受理，亦未通知被告应诉，故在首部不必列写被告，而只列写起诉人的姓名或名称等基本情况。

（二）正文

1. 起诉人起诉的事由。可表述为：

×××年××月××日，本院收到×××的起诉状，……（概括写明起诉的事由）

2. 法院不予立案的理由。其行文叮表达为：

经审查，本院认为，……（写明不予受理的理由。比如，原告所诉事项不属于人民法院的受案范围等）依照……（写明引用的法律条款）的规定，裁定如下：……

3. 裁定结果。表述为：

对×××的起诉，本院不予立案。

（三）尾部

交代上述事项，写"如不服本裁定，可在裁定书送达之日起十日内，向本院递交上诉状，上诉于×××人民法院"。再由合议庭成员署名，写明裁定日期、书记员署名等。

（四）基本格式（二审准许或不准撤回上诉用）

×××人民法院

行政裁定书

（××××）×行终字第××号

上诉人（原审××）……（写明姓名或名称等基本情况）

被上诉人（原审××）……（写明姓名或名称等基本情况）

（当事人及其他诉讼参加人的列项和基本情况的写法，与二审维持原判或改判用的行政判决书样式相同。）

上诉人×××因……（写明案由）一案，不服×××人民法院（××××）×行初字第××号行政判决，向本院提起上诉。在本院审理过程中，上诉人×××又以……（简要写明申请撤回上诉的理由）为由，申请撤回上诉。经审查认为，……（写明准许撤回上诉或者不准撤回上诉的理由）现裁定如下：

……写明裁定结果。分两种情况：

第一，准许撤回上诉的，写："准许上诉人×××撤回上诉，双方当事人按原审判决执行。"

第二，不准撤回上诉的，写："不准上诉人×××撤回上诉，本案继续审理。"

……（准许撤回上诉的，写明诉讼费用的负担；不准撤回上诉的，此项不写）

本裁定为终审裁定（不准撤回上诉的，此项不写）。

审判长×××

审判员×××

审判员×××

××××年××月××日

（院印）

本件与原本核对无异

书记员×××

制作实训

一、第一审不予立案行政裁定书实例

××省××市人民法院

行政裁定书

（×××）×行初字第×号

起诉人　宋××，女，××××年×月×日出生。

2018 年 9 月 30 日，本院收到起诉人宋××起诉被起诉人××市住房和城乡建设局。起诉状称被起诉人 2011 年 1 月 17 日下发的拆迁变更公告应确认无效。诉至法院要求：依法确认××市住房和城乡建设局 2011 年 1 月 17 日下发的公告中，将××房地产开发有限公司开发建设的××华苑三期项目拆迁许可证规定的部分拆迁范围变更为道路改造项目拆迁范围无效。

经审查，本院认为：2011 年 1 月 17 日的拆迁变更公告到现在下达已七年之久，起诉人等一直因此事在一同上访，起诉人述称在 2018 年 6 月份才得知此公告内容有悖于常理，其提交的证据无法证实其所述，且无其他证据相与佐证。起诉人提出曾来法院要求起诉过，并无有效证据予以证实。据此，起诉人的起诉从知道或者应当知道具体行政行为内容之日起已超过六个月，依照《中华人民共和国行政诉讼法》第四十六条第（一）项之规定，裁定如下：

对起诉人宋××的起诉，本院不予立案。

如不服本裁定，可在裁定书送达之日起十日内，向本院递交上诉状，上诉于××市中级人民法院。

审判长　王××

审判员　吴×

审判员　石××

二〇一八年十二月三十日

本件与原件核对无异

书记员　王××

二、实例评析

1. 上述第一审法院行政裁定书格式正确、事项齐全，形式上符合一审行政裁定书制作的基本要求。

2. 法院主要围绕诉讼时效，结合相关法律进行论述，有理有据。

技能拓展

1. 行政判决书与行政裁决书在写作上有何区别？

2. 掌握维持或撤销第一审裁定行政裁定书的基本内容。

【提示要点】

（一）首部

1. 文书标题、编号和诉讼当事人基本情况。其中，不服不予受理起诉裁定的上诉案件，只列写上诉人（即原起诉人），不写被上诉人；不服驳回起诉裁定的上诉案件，则要分项列写上诉人和被上诉人。

2. 案件由来和审理经过。可表述为："上诉人×××不服××××人民法院（××××）×行×字第××号行政裁定，向本院提起上诉。本院依法组成合议庭，审理了本案。"

（二）正文

1. 裁定理由。通过对上诉人提起的行政诉讼是否符合法定条件，上诉理由是否成立，原裁定是否正确等进行分析，阐明二审法院的明确观点，为裁定结果的提出打下基础。

2. 根据裁定理由引用相关法条。

3. 裁定结果。

（1）维持原裁定的，写成："驳回上诉，维持原裁定。"

（2）撤销原裁定，应予立案受理或者发回重审的，写成："①撤销××××人民法院（××××）×行×字第××号行政裁定；②指令××××人民法院立案受理（或发回××××人民法院重新审理）。"

（三）尾部

写明"本裁定为终审裁定"。由合议庭成员署名，再写裁定日期、书记员署名等，且加盖印章。

监狱常用法律文书

学习目标

1. 了解监狱文书的概念、作用、分类和制作的法律依据。

2. 掌握监狱文书的基本制作要求和方法技巧。

3. 了解监狱文书的发展演变历程。

4. 掌握提请减刑（假释）建议书、监狱起诉意见书的结构模式和制作要点。

5. 了解并区分监狱起诉意见书与公安机关起诉意见书的异同点。掌握监狱起诉意见书的适用范围。

6. 根据所给实例素材，实际制作和使用监狱提请减刑（假释）建议书、监狱起诉意见书。

第一节 监狱常用法律文书概述

教学内容

一、监狱文书的概念

监狱文书，是监狱在执行刑罚改造罪犯的过程中，依法制作和使用的具有法律效力和法律意义的文书。

监狱文书的制作主体是监狱。按照法律赋予的职能，监狱担负着执行刑罚和改造罪犯的任务。在履行其法定职责的过程中，需制作相应的法律文书。监狱文书的内容涉及监狱在执行刑罚和改造罪犯过程中所产生和需要处理的各种法律事务。本章所讲的监狱文书是狭义的，仅指监狱在依法执行刑罚和改造罪犯过程中所使用的专用法律文书，不包括国家行政机关通用的行政文书。监狱文书与公安机关的刑事侦查文书、人民检察院的刑事检察文书及人民法院的刑事裁判文书共同构成了我国刑事法律文书的体系。

二、监狱常用法律文书制作的法律依据

《刑事诉讼法》第 264 条第 2 款规定，对于被判处死刑缓期二年执行、无期徒刑、有期徒刑的罪犯，由公安机关依法将该罪犯送交监狱执行刑罚。《监狱法》第 2 条规定，监狱是国家的刑罚执行机关。依照《刑法》和《刑事诉讼法》的规定，被判处死刑缓期二年执行、无期徒刑、有期徒刑的罪犯，在监狱内执行刑罚。《刑法》《刑事诉讼法》《监狱法》的有关规定及有关监管法规的规定，是制作监狱文书的法律依据。

三、监狱文书的作用

监狱在对罪犯执行刑罚和教育改造罪犯的过程中，从罪犯入监到罪犯被依法释放的过程中的每一个环节都需要制作和使用相应的执法文书。这些法律文书是监狱实施法律的重要工具，是监狱执法活动的忠实记录，是宣传法制、教育改造罪犯的生动教材，是规范执法活动、考核监狱和监狱人民警察执法水平和综合素质的重要尺度。

四、监狱文书的分类

中华人民共和国成立以后的几十年间，监狱法律文书的制作一度存在着格式不统一、内容混乱的情况。1982 年，公安部制定了《劳动改造机关执法文书格式》，第一次在全国范围内规范了监狱执法文书的格式和内容。随着司法改革的不断深入和法制建设的不断发展，特别是 1994 年 12 月《中华人民共和国监狱法》颁布实施和 1997 年《中华人民共和国刑事诉讼法》修订以后，原有监狱执法文书的格式和内容已经不能完全适应监狱执法活动的需要。2002 年 7 月，司法部监狱管理局在广泛调研的基础上，对原有文书进行了修改、删除和补充，颁布了《监狱执法文书格式（试行）》。该文书格式共 48 种，大致可以分为以下四类：

（一）收监类执法文书

收监类执法文书包括罪犯不予收监通知书、罪犯暂不收监通知书、罪犯入监登记表、重要罪犯登记表、外籍犯或港澳台犯登记表、罪犯入监通知书、罪犯收监身体检查表、罪犯物品保管收据等。

（二）监狱管理类执法文书

监狱管理类执法文书包括罪犯奖励审批表，罪犯奖励通知书，罪犯处罚审批表，罪犯处罚通知书，罪犯改造积极分子审批表，罪犯评审鉴定表，罪犯离监探亲审批表，罪犯离监探亲证明书，罪犯脱逃登记表，在押罪犯脱逃通知书，脱逃罪犯捕回报告表，使用戒具审批表，罪犯禁闭审批表，提请减刑建议书，提请假释建议书，罪犯减刑、假释审核表，对罪犯刑事判决提请处理意见书，暂予监外执行审批表，暂予监外执行通知书，暂予监外执行保证书，暂予监外执行证明书，暂予监外执行收监执行决定书，暂予监外执行期间不计入刑期审批表，暂予监外执行期间不计入刑期决定书，罪犯出监鉴定表，假释证明书，释放证明书，刑满释放人员通知书，等等。

（三）狱内侦查类执法文书

狱内侦查类执法文书包括建立耳目审批表、撤销耳目报告表、狱内案件立案表、狱内案件结/销案表、监狱起诉意见书等。

（四）其他类执法文书

其他类执法文书包括罪犯死因鉴定书、罪犯病危通知书、罪犯死亡通知书、罪犯病残鉴定表、罪犯材料转递函、消除隐患通知书、纠正违规通知书等。

除上述 48 种文书以外，像各种笔录、帮教协议书、狱情反映及调查报告等监狱公文，虽然未收录在《监狱执法文书格式（试行）》，也属广义的监狱执法文书。

技能拓展

简述监狱文书的概念及作用。

第二节　提请减刑、假释建议书

案例导入

一、案件基本情况

2004 年 11 月 28 日，××省××市中级人民法院以（2004）×市刑初字第 182 号刑事判决认定褚××犯故意杀人罪，判处无期徒刑，附加剥夺政治权利终身，于 2005 年 1 月 14 日送××监狱服刑。2007 年 10 月 16 日，经××省高级人民法院裁定减为 18 年有期徒刑，附加剥夺政治权利 10 年。执行刑期自 2007 年 10 月 16 日至 2025 年 10 月 15 日止。2011 年 3 月 25 日，经××市中级人民法院裁定减刑 1 年 6 个月。罪犯褚××，男，1982 年 2 月 16 日出生，汉族，原户籍所在地××省××县××镇××村，罪犯褚××自上次减刑以后，能够认真学习《罪犯改造行为规范》，两年多来没有任何违反监规纪律的行为。罪犯褚××在担任施工员期间，能够积极协助管理人员组织生产事宜，向本监区新入监的罪犯传授生产操作技能，起到了带头改造的作用。罪犯褚××利用工余时间，进行技术革新和修旧利废，为监狱节约大量资金。为此，××监狱建议对褚××予以减刑1年8个月。

二、案例提示

被判处无期徒刑的犯罪分子，在执行期间，如果认真遵守监视，接受教育改造，确有悔改表现的，或者有立功表现的，可以减刑。罪犯褚××因故意杀人罪被判处无期徒刑，附加剥夺政治权利终身，服刑期间，确有悔改表现，减为有期徒刑。减刑以后，罪犯确有悔改表现、立功表现或重大立功表现，有一定时间间隔后，仍可多次予以减刑，但判处无期徒刑的，减刑以后实际执行的刑期不能少于13年。罪犯褚××上次减刑以后已间隔2年，近期又有悔改和立功表现，××监狱建议对褚××予以减刑1年8个月，符合法律规定。

三、制作提请减刑建议书前的准备工作

被判处管制、拘役、有期徒刑或者无期徒刑的罪犯，在执行期间确有悔改或者立功表现，应当依法予以减刑、假释的时候，由执行机关提出建议书，报请人民法院审核裁定。执行机关提出建议书之前，先应准备随文附送的罪犯服刑的档案卷宗材料。罪犯服刑的档案卷宗材料包括：原人民法院的终审判决书、裁定书；罪犯评审鉴定表、奖惩审批表；历次减刑裁定书及罪犯悔改、立功表现等证明材料。提请减刑建议书制作时应该以这些材料反映的客观事实为依据，对照法律规定，提出合理合法的建议。

教学内容

一、提请减刑、假释建议书概述

（一）提请减刑、假释建议书的概念

提请减刑、假释建议书，是指监狱对符合法定的减刑、假释条件的罪犯，依照法定的程序，提请人民法院对罪犯予以减刑或假释时所制作的文书。提请减刑、假释建议书是监狱文书中的重要类别。提请减刑、假释建议书包括提请减刑建议书和提请假释建议书两种，旧版的监狱文书格式称之为提请减刑意见书和提请假释意见书。

（二）制作法律依据

《刑法》第50条规定，判处死刑缓期执行的，在死刑缓期执行期间，如果没有故意犯罪，2年期满以后，减为无期徒刑；如果确有重大立功表现，2年期满以后，减为25年有期徒刑；如果故意犯罪，查证属实的，由最高人民法院核准，执行死刑。对被判处死刑缓期执行的累犯以及因故意杀人、强奸、抢劫、绑架、火、爆炸、投放危险物质或者有组织的暴力性犯罪被判处死刑缓期执行的犯罪分子，人民法院根据犯罪情节等情况可以同时决定对其限制减刑。

《刑法》第 78 条第 1 款规定，被判处管制、拘役、有期徒刑、无期徒刑的犯罪分子，在执行期间，如果认真遵守监视，接受教育改造，确有悔改表现的，或者有立功表现的，可以减刑；有下列重大立功表现之一的，应当减刑：①阻止他人重大犯罪活动的；②检举监狱内外重大犯罪活动，经查证属实的；③有发明创造或者重大技术革新的；④在日常生产、生活中舍己救人的；⑤在抗御自然灾害或排除重大事故中有突出表现的；⑥对国家和社会有其他重大贡献的。

《刑法》第 78 条第 2 款规定，减刑以后实际执行的刑期不能少于下列期限：①判处管制、拘役、有期徒刑的，不能少于原判刑期的 1/2；②判处无期徒刑的，不能少于 13 年；③人民法院依照《刑法》第 50 条第 2 款规定限制减刑的死刑缓期执行的犯罪分子，缓期执行期满后依法减为无期徒刑的，不能少于 25 年，缓期执行期满后依法减为 25 年有期徒刑的，不能少于 20 年。

《刑法》第 81 条规定，被判处有期徒刑的犯罪分子，执行原判刑期 1/2 以上，被判处无期徒刑的犯罪分子，实际执行 13 年以上，如果认真遵守监规，接受教育改造，确有悔改表现，没有再犯罪的危险的，可以假释。如果有特殊情况，经最高人民法院核准，可以不受上述执行刑期的限制。对累犯以及因故意杀人、强奸、抢劫、绑架、放火、爆炸、投放危险物质或者有组织的暴力性犯罪被判处 10 年以上有期徒刑、无期徒刑的犯罪分子，不得假释。对犯罪分子决定假释时，应当考虑其假释后对所居住社区的影响。

《监狱法》第 29 条规定，被判处无期徒刑、有期徒刑的罪犯，在服刑期间确有悔改或者立功表现的，根据监狱考核的结果，可以减刑。有下列重大立功表现之一的，应当减刑：①阻止他人重大犯罪活动的；②检举监狱内外重大犯罪活动，经查证属实的；③有发明创造或者重大技术革新的；④在日常生产、生活中舍己救人的；⑤在抗御自然灾害或者排除重大事故中，有突出表现的；⑥对国家和社会有其他重大贡献的。

《监狱法》第 30 条规定，减刑建议由监狱向人民法院提出，人民法院应当自收到减刑建议书之日起 1 个月内予以审核裁定；案情复杂或者情况特殊的，可以延长 1 个月。减刑裁定的副本应当抄送人民检察院。

《监狱法》第 31 条规定，被判处死刑缓期 2 年执行的罪犯，在死刑缓期执行期间，符合法律规定的减为无期徒刑、有期徒刑条件的，2 年期满时，所在监狱应当及时提出减刑建议，报经省、自治区、直辖市监狱管理机关审核后，提请高级人民法院裁定。

《监狱法》第 32 条规定，被判处无期徒刑、有期徒刑的罪犯，符合法律规定的假释条件的，由监狱根据考核结果向人民法院提出假释建议，人民法院应当自收到假释建议书之日起1个月内予以审核裁定；案情复杂或者情况特殊的，可以延长1个月。假释裁定的副本应当抄送人民检察院。

《监狱法》第33条规定，人民法院裁定假释的，监狱应当按期假释并发给假释证明书。对被假释的罪犯，依法实行社区矫正，由社区矫正机构负责执行。被假释的罪犯，在假释考验期限内有违反法律、行政法规或者国务院有关部门关于假释的监督管理规定的行为，尚未构成新的犯罪的，社区矫正机构应当向人民法院提出撤销假释的建议，人民法院应当自收到撤销假释建议书之日起1个月内予以审核裁定。人民法院裁定撤销假释的，由公安机关将罪犯送交监狱收监。

《监狱法》第34条规定，对不符合法律规定的减刑、假释条件的罪犯，不得以任何理由将其减刑、假释。人民检察院认为人民法院减刑、假释的裁定不当，应当依照刑事诉讼法规定的期间向人民法院提出书面纠正意见。对于人民检察院提出书面纠正意见的案件，人民法院应当重新审理。

《刑事诉讼法》第261条第2款规定，被判处死刑缓期二年执行的罪犯，在死刑缓期执行期间，如果没有故意犯罪，死刑缓期执行期满，应当予以减刑，由执行机关提出书面意见，报请高级人民法院裁定。

《刑事诉讼法》第273条第2款规定，被判处管制、拘役、有期徒刑或者无期徒刑的罪犯，在执行期间确有悔改或者立功表现，应当依法予以减刑、假释的时候，由执行机关提出建议书，报请人民法院审核裁定，并将建议书副本抄送人民检察院。人民检察院可以向人民法院提出书面意见。

（三）制作条件

提请减刑、假释建议书的制作条件，实际上就是减刑和假释的条件，这一点在上述法律依据中已经明确表达，实际制作时，必须严格把握法律规定的期限，掌握法律法规所规定的确有悔改表现、立功表现和重大立功表现的具体规定。

（四）作用

减刑、假释是我国刑法"惩办与教育相结合"原则的具体体现，制作减刑、假释建议书，提请人民法院审核裁定，也同样体现了分工负责、互相配合、互相制约的原则。提请减刑、假释建议书也是人民法院裁定减刑、假释的基础和依据。

二、结构、内容和写法

提请减刑建议书与提请假释建议书的结构模式基本相同，均可以分为首部、正文、尾部三个部分，故这里合并介绍。

（一）首部

首部包括标题、文书编号、罪犯的基本情况和案由四个部分。

1. 标题。包括机关名称和文书名称，分两行居中书写。上行写明机关名称，如"××监狱"，下行写文书名称，如"提请减刑建议书"或"提请假释建议书"。司法部监狱管理局《监狱执法文书格式（试行）》中的该文书格式标题未加制作机关名称，但由于该文书系对外使用，司法实践中，实际制作该文书时，标题应加上制作机关名称，以符合文书制作一般规范。

2. 文书编号。包括年度、机关代字、文种代字和顺序号，如"（2013）×监减字第××号"或"（2013）×监假释字第××号"。

3. 罪犯的基本情况。包括姓名、性别、出生年月日、民族、原户籍所在地、原判罪名、原判法院名称、原判日期、判决书编号、判处刑罚的种类、刑期及刑期起止日期、交付执行的日期等。如果本次提请减刑或假释前刑期有变动情况或服刑场所变动情况的，也应写明具体变动情况。

4. 案由。案由部分属过渡性的程式化用语，可表述为："该犯近期有××（确有悔改表现、确有悔改和立功表现、重大立功表现等）表现，具体事实如下：……"

（二）正文

正文包括事实和证据、理由和建议。

1. 事实和证据。事实和证据部分是文书的重点，主要写明罪犯确有悔改表现、立功表现或重大立功表现的具体事实和相应的证据。观点和材料要做到有机结合，用具体事实和证据来全面反映罪犯改造的实际情况。根据《刑法》第78条、《监狱法》第29条和《最高人民法院关于办理减刑、假释案件具体应用法律若干问题的规定》等有关法律法规的规定，"确有悔改表现"是指同时具备以下几方面情形：①认罪服法；②认真遵守监规，接受教育改造；③积极参加政治、文化、技术学习；④积极参加劳动，完成生产任务。"立功表现"是指具有下列情形之一：①检举、揭发监内外犯罪活动，或者提供重要的破案线索，经过查证属实的；②阻止他人犯罪活动的；③在生产、科研中进行技术革新，成绩突出的；④在抢险救灾或者排除重大事故中表现积极的；⑤其他有利于国家和社会的突出事迹的。"重大立功表现"是指具有下列六种情形之一：①阻止他人重大犯罪活动的；②检举监狱内外重大犯罪活动，经查证属实的；③有发明创造或者重大技术革新的；④在日常生产、生活中舍己救人的；⑤在抗御自然灾害或排除重大事故中有突出表现的；⑥对国家和社会有其他重大贡献的。

对除《刑法》第81条第2款规定的情形之外，有悔罪表现、丧失作案能力或者生活不能自理，且假释后生活确有着落的老年罪犯和身体有残疾（不含自伤自残）的罪犯，予以假释的，应写明具体事实。对犯罪分子决定假释时，还应当考虑其假释后对所居住社区的影响。对罪犯减刑、假释部分的事实部分，应认真依据上述法律规定制作，叙事应依法选择材料，做到条理清晰，并附相关证据，不得无中生有或添枝加叶，不得突破上述规定对罪犯予以假释或减刑。

2. 理由和建议。这一部分应紧扣相关法律规定，概括罪犯的事实表现，并引用《刑法》《刑事诉讼法》《监狱法》的法条，提出具体的减刑或假释的建议，其中提出减刑建议的，应明确提出减去刑期××年××月的建议（年、月时间用小写汉字）。

（三）尾部

尾部包括文书致送机关、署名、日期、用印、附项。

1. 文书致送机关。根据《最高人民法院关于适用〈中华人民共和国刑事诉讼法〉的解释》第449条的相关规定，对于被判处有期徒刑的罪犯的减刑或假释，由监狱提出建议报请罪犯服刑地的中级人民法院裁定；对被判处无期徒刑和死刑缓期执行的罪犯的减刑或假释，由监狱提出建议，报请监狱所在地的省（直辖市、自治区）监狱管理机关审核后，报请罪犯服刑地的高级人民法院裁定。一般可写"此致""××××人民法院"。

2. 署名、日期和用印。实际制作时只需写明日期、加盖监狱公章即可。

3. 附项。附项写明随文附送罪犯服刑的档案卷宗材料的册数和页数。罪犯服刑的档案卷宗材料包括：原人民法院的终审判决书、裁定书，罪犯评审鉴定表、奖惩审批表，历次减刑裁定书及罪犯悔改、立功表现等证明材料。

（四）提请减刑、假释建议书的基本格式

1. 提请减刑建议书的基本格式。

××××监狱
提请减刑建议书

（　　）　　　字第　　号

罪犯＿＿＿＿＿＿＿＿，男（女），＿＿＿＿年＿＿月＿＿日出生，＿＿＿＿族，原户籍所在地＿＿＿＿＿＿＿＿＿＿，因＿＿＿＿＿罪经＿＿＿＿＿＿人民法院于＿＿＿＿＿年＿＿＿＿月＿＿＿＿日以（　）＿＿＿字第＿＿号刑事判决书判处＿＿＿＿＿，附加＿＿＿＿＿＿，刑期自＿＿＿＿年＿＿月＿＿日至＿＿＿年＿＿月＿＿日止，于＿＿＿＿＿年＿＿月＿＿日送××监狱服刑改造。服刑期间执行刑期变动情况：＿＿＿＿＿＿＿＿＿＿＿＿＿＿。

该犯在近期确有＿＿＿＿＿＿＿＿＿表现，具体事实如下：

＿＿＿＿＿＿＿＿＿＿＿＿＿＿＿＿＿＿＿＿＿＿＿＿＿＿＿＿＿＿＿＿＿＿＿＿

＿＿＿＿＿＿＿＿＿＿＿＿＿＿＿＿＿＿＿＿＿＿＿＿＿＿＿＿＿＿＿＿＿＿＿＿

＿＿＿＿＿＿＿＿＿＿＿＿＿＿＿＿＿＿＿＿＿＿＿＿＿＿＿＿＿＿＿＿＿＿＿＿

_____

_____

_____

_____

_____

_____

　　为此，根据《中华人民共和国监狱法》第_____条、《中华人民共和国刑法》第_____条_____款、《中华人民共和国刑事诉讼法》第_____条_____款的规定，建议对罪犯予以减刑_____。特提请裁定。

　　此致

_____人民法院

（公章）

××××年××月××日

　　附：罪犯卷宗材料共____卷____册____页。

　　2. 提请假释建议书的基本格式。

××××监狱
提请假释建议书

（　）　字第　号

　　罪犯_____，男（女），_____年____月____日出生，_____族，原户籍所在地_____，因_____罪经_____人民法院于_____年_____月_____日以（ ）_____字第____号刑事判决书判处_____，附加_____，刑期自_____年____月_____日至_____年_____月_____日止，于_____年____月_____日送××监狱服刑改造。服刑期间执行刑期变动情况：_____。

　　该犯在近期确有_____表现，具体事实如下：

_____

_____

_____

_____

_____

　　为此，根据《中华人民共和国监狱法》第_____条、《中华人民共和

国刑法》第_____条_____款、《中华人民共和国刑事诉讼法》第
_____条_____款的规定，建议对罪犯予以假释。特提请裁定。

　　此致
_____人民法院

（公章）

××××年××月××日

　　附：罪犯卷宗材料共____卷____册____页。

制作实训

一、提请减刑、假释建议书实例

（一）提请减刑建议书实例

××××监狱
提请减刑建议书

（2013）×监减字第 136 号

　　罪犯褚××，男，1982 年 2 月 16 日出生，汉族，原户籍所在地××省××县××镇××村，因故意杀人罪经××省××市中级人民法院于 2004 年 11 月 28 日以（2004）×市刑初字第 182 号刑事判决判处无期徒刑，附加剥夺政治权利终身，于 2005 年 1 月 14 日送××监狱服刑。

　　服刑期间执行刑期变动情况：2007 年 10 月 16 日，经××省高级人民法院裁定减为 18 年有期徒刑，附加剥夺政治权利 10 年。执行刑期自 2007 年 10 月 16 日至 2025 年 10 月 15 日止。2011 年 3 月 25 日，经××市中级人民法院裁定减刑 1 年 6 个月。

　　罪犯褚××近期确有悔改和立功表现，具体事实如下：

　　罪犯褚××自上次减刑以后，能够认真学习《罪犯改造行为规范》，两年多来没有任何违反监规纪律的行为。罪犯褚××还能够同其他罪犯的违反监规纪律的行为作斗争，如在 2003 年 10 月间，罪犯钱××与吴××打架斗殴，罪犯褚××主动上前制止，并及时向管教人员汇报。罪犯褚××能够按照监狱的要求参加政治、文化和技术学习，认真听课并作笔记，按时完成各项作业。在 2012 年度组织的政治、文化和技术课的考试中，罪犯褚××取得平均 92 分的较好成绩。罪犯褚××在劳动中积极肯干，能够保质保量完成任务，在担任施工员期间，能够积极协助管理人员组织生产事宜。罪犯褚××先后向本监区新入监的罪犯刘××、徐××、刘××和赵××等人传授数控机床操作技能，起到了带头改造的作用。罪犯褚××还利用工余时间，进行技术革新和修旧利废，为监

狱节约资金 30 000 余元。2012 年 11 月受到记功奖励。

综上所述，罪犯褚××认罪服法，遵守监规，积极参加政治、文化和技术学习，积极参加劳动，完成生产任务，确有悔改和立功表现。为此，根据《中华人民共和国监狱法》第二十九条、《中华人民共和国刑法》第七十八条第一款、《中华人民共和国刑事诉讼法》第二百六十二条第二款的规定[1]，建议对罪犯褚××予以减刑一年八个月。特提请裁定。

此致
××市中级人民法院

（公章）

2013 年 6 月 4 日

附：罪犯褚××卷宗材料共 1 卷 1 册 84 页。

（二）提请假释建议书实例

××××监狱
提请假释建议书

（2013）×监假释字第 149 号

罪犯范××，男，1968 年 5 月 11 日出生，汉族，原户籍所在地××省××县××镇××村，因盗窃罪经××省××市中级人民法院于 2006 年 11 月 12 日以（2006）×刑终字第 0275 号刑事判决判处有期徒刑 9 年。刑期自 2006 年 4 月 25 日至 2015 年 4 月 24 日止。2006 年 12 月 11 日送××监狱服刑改造。2009 年 3 月 21 日经××市中级人民法院裁定减刑 1 年。

罪犯范××服刑改造期间，确有悔改和重大立功表现，具体事实如下：

罪犯范××入监初期，认为量刑过重，缺乏改造信心。经教育，逐步端正了改造态度，对自己的犯罪有一定的认识。从此，罪犯范××积极参加政治、文化、技术学习，在学习讨论中联系自己，积极发言，学习技术刻苦认真，考试成绩优良，××××年以来，连续两年被评为学习积极分子。罪犯范××不仅自己遵守监规，而且能积极维持监规，能及时地制止和汇报其他罪犯的不轨言行。罪犯刘××与李××有矛盾，××××年××月的一天，罪犯刘××从车间带回一根角钢，准备回监后殴打罪犯李××，罪犯范××得知后，及时向管教干部汇报，之后从罪犯刘××的床铺下搜出角钢，消除了隐患，避免了一次殴斗事件。生产劳动中，罪犯范××服从分配，积极肯干，连续多年均能超

---

[1]　该条款引自当时有效的 2012 年《刑事诉讼法》，2018 年 10 月 26 日之后的此类案件，应援引 2018 年修订的《刑事诉讼法》第 273 条第 2 款。

额完成任务。2010年调任质检工作，其检验产品认真负责，未发生任何质量事故。2012年10月12日下午4时左右，罪犯范××和罪犯姚××在车间收拾产品原料时，隔壁仓库失火，罪犯范××发现后，急速跑到现场，及时切断电源，并用自己的工作服扑打火焰。因火势太猛，眼看火势蔓延，罪犯范××又立即去相邻车间拿来灭火器灭火。这时火已到房顶，十分危急。罪犯范××不顾个人安危，冒着浓烟冲进仓库，在干部的带领下，和其他罪犯把易燃物品抢出仓库外，再用灭火器械将火扑灭。在这次救火中，罪犯范××表现突出，受到了监区记大功一次和物质奖励。罪犯范××因盗窃被判刑9年，曾被减刑1年，现实际已服刑6年9个月，所余刑期不足1年3个月。

综上所述，罪犯范××在服刑改造期间，认罪服法，积极改造，积极参加政治文化学习，遵守监规，年年完成生产任务，在火灾事故面前，不怕危险，勇于抢救国家财产，确有悔改和重大立功表现。为此，根据《中华人民共和国监狱法》第三十二条，《中华人民共和国刑法》第七十八条第二款第一项、第八十一条、《中华人民共和国刑事诉讼法》第二百六十二条第二款的规定[1]，建议对罪犯范××予以假释，特提请裁定。

此致

××市中级人民法院

（公章）

2013年2月18日

附：罪犯范××卷宗材料共1卷116页。

二、实例评析

1. 上述两案例中，罪犯在刑罚执行期间均确有悔改表现、立功表现或重大立功表现，罪犯褚××上次减刑以后已间隔2年，近期又有悔改和立功表现，××监狱建议对褚××予以减刑1年8个月；罪犯范××因盗窃被判刑9年，在服刑改造期间，曾减刑1年，现实际已服刑6年9个月，所余刑期不足1年3个月。××监狱建议对罪犯褚××、罪犯范××分别建议减刑、假释，符合法律规定。

2. 上述提请减刑建议书、提请假释建议书叙事清楚明白，要素完备，理由部分说理充分，符合提请减刑建议书、提请假释建议书制作的基本要求。

3. 上述提请假释建议书理由部分引用了《中华人民共和国刑法》第78条第2款第1项之规定（减刑以后实际执行的刑期不能少于下列期限：判处管制、拘

---

[1]　该条款引自当时有效的2012年《刑事诉讼法》，2018年10月26日之后的此类案件，应援引2018年修订的《刑事诉讼法》第273条第2款。

役、有期徒刑的，不能少于原判刑期的 1/2），体现了法律文书中引用法律明确、具体、完整的要求。

三、提请减刑、假释建议书应注意的问题

（一）事实叙述要清楚

事实部分是对罪犯提出减刑、假释建议的客观依据，主要写明罪犯确有悔改表现、立功表现或重大立功表现的具体事实，事实叙述一定要清楚。

（二）理由论述要充分

提请减刑、假释建议书的理由部分文字不多，但在发挥文书作用方面却举足轻重。这一部分首先应紧扣法律规定对罪犯表现进行概括，然后有针对性地引用具体法条，充分论证减刑或假释的理由，以体现减刑、假释的合理性、合法性。

（三）语言表述要简洁

监狱法律文书属叙议类文书，其语言表述要求简明扼要、突出要点，切忌语言啰嗦。

技能拓展

1. 简述提请减刑、假释建议书的概念及作用。
2. 减刑、假释的条件中"悔改表现"包括哪些内容？
3. 减刑、假释的条件中"立功表现"包括哪些内容？
4. 减刑、假释的条件中"重大立功表现"包括哪些内容？
5. 提请减刑、假释建议书的附项应包括哪些材料？
6. 根据下列材料，制作一份提请减刑建议书。

【案情简介】

罪犯秦××因职务侵占罪、挪用单位资金罪，2008 年被××市××区人民法院数罪并罚，判处有期徒刑 12 年，现已经服刑 5 年。2011 年 1 月 12 日曾被××省××市中级人民法院以（2011）×刑减字第 0328 号刑事裁定减刑 1 年 3 个月，现因确有悔改并有立功表现，准备再报请人民法院裁定减刑 1 年 8 个月。罪犯秦××自上次减刑以后，在学习和生产劳动中一直表现突出。政治上学习认真，经常学习报刊文章，并结合自己找差距，主动和管教干部谈心、汇报思想情况。在监狱报刊和墙报上发表了三篇学习心得。在生产劳动中积极肯干，不仅能保质保量完成任务，还能够指导他人工作。2012 年被评为改造积极分子，2011 年至 2013 年 6 月曾三次受到表扬和奖励。2012 年 2 月 20 日，××监狱××车间因电线短路失火。罪犯秦××当时正在宿舍休息，听到救火命令后，罪犯秦××赶到车间，率先冲入车间，拉断电源，并用自己的棉衣浸水后扑火。

消防队员赶到以后，罪犯秦××又冒着浓烟，帮助消防队员接通水源。罪犯秦××在此次救火中表现突出，受到记功奖励。罪犯秦××，男，1971年3月26日生，××省××市人。2008年3月28日被××市××区人民法院以（2008）×刑初字第0237号刑事判决数罪并罚，判处有期徒刑12年。2008年4月12日被送往××监狱服刑。监狱认为，罪犯秦××在服刑期间，能认罪服法，积极参加学习，能完成生产任务，表现突出，确有悔改表现。在火灾面前不怕危险，抢救国家财产，有立功表现，符合法律规定的减刑条件，应予以减刑。

【写作要求及提示】

（1）罪犯秦××服刑期间确有悔改并有立功表现，上次减刑至今已间隔2年6个月，符合法律规定的减刑条件。

（2）制作提请减刑建议书要符合基本格式的要求，项目要齐全，对于案情简介中的要素叙述不符合规范要求的，制作时要规范有序，对于未齐备项目可以合理设定。

（3）制作提请减刑建议书提出减刑建议，应明确提出减去刑期××年××月，年、月时间用小写汉字书写。

（4）制作提请减刑建议书应正确援引实体法、程序法的法律条款。

第三节　监狱起诉意见书

案例导入

一、案件基本情况

罪犯魏××在2010年12月因强奸罪被××县人民法院判处有期徒刑12年，于2010年12月29日交付××监狱执行。在服刑期间，罪犯魏××于2011年9月30日从××监狱逃跑，至2013年2月25日在××省××市被抓捕归案。罪犯魏××脱逃期间，先后流窜到安徽省芜湖市、马鞍山市，江苏省南京市、苏州市，浙江省宁波市等地进行盗窃、诈骗等犯罪活动，盗窃现金及物品计价值约59 000元。其间，又冒充武警某部警官，以谈恋爱为名，先后骗取女青年刘××、姜××、洪××现金及物品价值人民币27 200元；罪犯魏××被抓获时在其租房处搜得存折一张（存款人民币27 600元）、手机1部、港币680元，其余盗窃、诈骗来的赃款均已被其挥霍。

罪犯魏××，男，1981年8月14日出生，汉族，原户籍所在地××省××县××镇××村。

二、案例提示

《刑事诉讼法》规定，罪犯在监狱内犯罪的案件由监狱进行侦查，监狱对罪犯在狱内服刑期间又犯新罪或者发现了判决时没有发现的漏罪，经监狱侦查终结后，依法向人民检察院提出起诉意见。罪犯魏××在服刑期间脱逃，脱逃期间，先后流窜到各地进行盗窃、诈骗等犯罪活动，被抓捕归案后，监狱侦查终结，向人民检察院提出起诉意见，符合法律规定。

三、制作监狱起诉意见书前的准备工作

监狱制作起诉意见书前，应认真审查罪犯服刑期间脱逃情况及脱逃期间涉嫌的犯罪事实是否清楚，证据是否确实、充分，犯罪性质和涉嫌的犯罪的罪名认定是否正确，依法是否应当追究其刑事责任，检查法律手续是否完备，同时准备罪犯服刑的档案卷宗材料和罪犯涉嫌犯有新罪罪行的侦查宗卷材料，以便写出起诉意见书后连同这些案卷材料及案件相关证据一并移送人民检察院审查处理。

教学内容

一、监狱起诉意见书概述

（一）监狱起诉意见书的概念

监狱起诉意见书，是监狱对罪犯在狱内服刑期间又犯新罪或者发现了判决时没有发现的漏罪，经监狱侦查终结后，依法向人民检察院提出起诉意见时所制作的文书。

（二）法律依据

《刑事诉讼法》第273条第1款规定，罪犯在服刑期间又犯罪的，或者发现了判决的时候所没有发现的罪行，由执行机关移送人民检察院处理。

《刑事诉讼法》第308条第3、4款规定，对罪犯在监狱内犯罪的案件由监狱进行侦查……监狱办理刑事案件，适用本法的有关规定。

《监狱法》第60条规定，对罪犯在监狱内犯罪的案件，由监狱进行侦查。侦查终结后，写出起诉意见书，连同案卷材料、证据一并移送人民检察院。

（三）制作条件

制作监狱起诉意见书以案件已经侦查终结为前提，具体应当符合以下条件：

1. 罪犯在服刑期间又犯罪或者发现判决的时候没有发现的罪行。
2. 犯罪事实清楚。
3. 证据确实、充分。
4. 法律手续完备。
5. 依法应当追究刑事责任。

以上关于监狱起诉意见书的制作条件除"罪犯在服刑期间又犯罪或者发现判决的时候没有发现的罪行"是制作监狱起诉意见书特有的、反映管辖合法的条件以外，其余4项条件与公安机关起诉意见书基本相同，可互相参照。

（四）作用

监狱起诉意见书是监狱对狱内案件侦查工作的总结，对于揭露犯罪、打击犯罪、促使罪犯认罪服法，维护、稳定监管改造秩序具有重要作用。监狱起诉意见书是监狱向人民检察院对罪犯提起公诉的书面意见，是人民检察院审查起诉的基础和依据，是人民法院审理案件的重要参考资料。

二、结构、内容和写法

监狱起诉意见书与公安机关起诉意见书的写法大致相同，也可以分为首部、正文和尾部三个部分。

（一）首部

1. 标题。包括机关名称和文书名称两部分，分两行居中排列。如"×××
×监狱""起诉意见书"。司法部监狱管理局《监狱执法文书格式（试行）》中的该文书格式标题未加制作机关名称，但由于该文书系对外使用，司法实践中实际制作该文书标题时应加上制作机关名称，以符合文书制作一般规范。

2. 文书编号。包括年度、机关代字、文书代字和顺序号，如"（2019）×监诉字第××号"。

3. 罪犯基本情况。包括罪犯的姓名、性别、出生年月日、民族、原户籍所在地、原判罪名、原判人民法院名称、判决书或裁定书编号、判决的刑种、刑期、交付执行的日期、服刑场所等内容。服刑期间刑期有变化的，也应一并写明。对于一案涉及多名罪犯的，可以按照各罪犯在共同犯罪中的地位、作用，从重到轻依次排列。对罪犯与其他犯罪嫌疑人共同犯罪的，应另案处理，不宜一并使用本文书。

4. 案由。案由是一段程式化的用语，可表述为："现经侦查，罪犯×××在服刑期间涉嫌××罪，主要事实如下：……"对发现罪犯有在判决时没有发现的罪行的，可表述为："现经侦查，发现罪犯×××在判决前另涉嫌犯有×××罪，主要事实如下：……"

（二）正文

正文包括犯罪事实和证据、移送审查起诉的理由和起诉建议。

1. 犯罪事实和证据。犯罪事实和证据是监狱起诉意见书的重点内容，是提出起诉意见的基础。制作方法上与公安机关起诉意见书基本相同。应围绕犯罪构成，写清犯罪的时间、地点、动机、目的、手段、情节、后果等事实要素。对犯罪涉及的人、事、物均应交代清楚。如果罪犯既有原判决时没有发现的罪行，又在服刑期间有新的犯罪，应当分别叙述。犯罪事实叙述完毕后，应另起一行，写明犯罪的证据。犯罪证据的写法可参照公安机关起诉意见书的写法，另起一段以"认定上述事实的证据如下"开头，逐一分别列举证据。证据的列举虽不需分析，但也不应过于笼统抽象。证据列举以后，可另起一行，写明"上述犯罪事实清楚，证据确实、充分，足以认定"。证据之后，可根据案件具体情况，写明罪犯是否具有自首、立功或属于累犯等影响量刑的从轻、减轻或从重处罚的情节。如不具备上述情节，也可以不写此项内容。

2. 移送审查起诉的理由和起诉建议。实践中，这一部分分为两个段落：第一段用"综上所述"开头，根据犯罪构成理论，概括总结罪犯的犯罪事实，说明其犯罪行为涉嫌的罪名。第二段是程式化的用语，以"为此"开头，写明移送起诉所依据的程序法和实体法的法律条文并提出移送起诉的意见。这里的程序法是指《监狱法》第60条以及《刑事诉讼法》第273条第1款的规定。实体法包括罪犯犯罪行为所触犯的《刑法》分则有关条款和影响定罪量刑的《刑法》总则条文，还包括全国人大决定等其他刑事法律规范。

（三）尾部

尾部包括致送机关，署名、日期及用印和附项三个部分。

1. 致送机关。致送机关一般是监狱所在地的基层人民检察院，也可以是设区的市的人民检察院。

2. 署名、日期及用印。实践中，一般无需署名，写明移送时间，加盖监狱印章即可。

3. 附项。包括罪犯服刑的档案卷宗材料和罪犯涉嫌犯有新罪或判决时没有发现的罪行的侦查宗卷材料。如附：①罪犯×××服刑档案共××卷××页。②罪犯××涉嫌又犯罪侦查卷宗材料××卷××页。③其他。

（四）监狱起诉意见书的基本格式

×　×　×　×监狱
起诉意见书

（　　）　　字第　　号

罪犯_____，男（女），_____年____月____日出生，____族，原户籍所在地_____，因_____罪经_____人民法院于_____年　月_____日以（　）_____字第_____号刑事判决书判处_____，附加_____，于_____年____月____日交付执行，现押_____。

现经侦查，罪犯_____在服刑期间涉嫌_____。主要事实如下：

_____

_____

_____

_____

_____

_____

    为此，根据《中华人民共和国监狱法》第_____条____款、《中华人民共和国刑法》第_____条和《中华人民共和国刑事诉讼法》第二百七十三条第二款，特请你院审查处理。

    此致

_____人民检察院

（公章）

××××年××月××日

    附：1. 罪犯档案共____卷____册。

        2. 罪犯涉嫌又犯罪的案卷材料共_____卷____册。

制作实训

一、监狱起诉意见书实例

××××监狱

起诉意见书

（2013）×监刑诉字第××号

    罪犯魏××，男，1981年8月14日出生，汉族，原户籍所在地××省××县××镇××村，因强奸罪经××县人民法院于××××年××月××日以（××××）×刑初字第×号刑事判决判处有期徒刑12年，刑期自××××年××月××日至××××年××月××日止，于2010年12月29日交付执行。刑期无变化。

    现经侦查，罪犯魏××在服刑期间涉嫌脱逃罪、盗窃罪、诈骗罪。主要事实如下：

    罪犯魏××于2011年9月30日13时许，趁午休时间，使用事先在劳动中盗取的加力钳剪断警戒线铁丝网，从××监狱逃跑，至2013年2月25日在××省××市被抓捕归案。脱逃期间，罪犯魏××先后流窜到安徽省芜湖市、马鞍山市，江苏省南京市、苏州市，浙江省宁波市等地进行犯罪活动。利用撬门别锁等手段，盗窃政府机关、学校办公电脑主机6台，笔记本电脑5台，打字机4

台，价值 42 500 元；现金人民币 8450 元、港币 680 元；电动自行车 2 辆，价值人民币 8400 元。与此同时，罪犯魏××还冒充武警某部警官，以谈恋爱为名，先后骗取女青年刘××手机、玉器价值人民币 5600 余元、现金人民币 6400 元、姜××现金人民币 2800 元，洪××现金人民币 12 400 元。罪犯魏××被抓获时在其租房处搜得手机 1 部、港币 680 元、存折 1 张（存款人民币 27 600 元），其余盗窃、诈骗来的赃款均已被挥霍。

认定上述事实的证据如下：

被害人报案记录证明被盗窃、被诈骗财物数额及被盗窃、被诈骗情况；被害人证人的辨认笔录可以证明罪犯魏××作案；证人证言、现场勘查笔录及部分现场监控录像证明罪犯魏××作案经过；部分赃款赃物、价格事务所估价单证明被盗窃、被诈骗物品价值、罪犯魏××供述与上述证据相互吻合。

上述犯罪事实清楚，证据确实充分，足以认定。

综上所述，罪犯魏××在服刑改造期间，不认罪服法，抗拒改造，脱逃后继续进行盗窃诈骗活动。其行为已触犯《中华人民共和国刑法》第二百六十四条、第二百六十六条、第三百一十六条第一款之规定，涉嫌脱逃罪、盗窃罪、诈骗罪。为此，根据《中华人民共和国监狱法》第六十条、《中华人民共和国刑事诉讼法》第二百六十二条第一款之规定[1]，特提请你院审查处理。

此致
××××人民检察院

（公章）
2013 年 6 月 20 日

附项：

1. 罪犯魏××档案共 1 卷 1 册。

2. 罪犯魏××涉嫌又犯罪的案卷材料共 3 卷 3 册。

二、实例评析

1. 上述案例中，罪犯魏××在服刑改造期间脱逃后继续进行犯罪活动，经监狱侦查终结后，依法向人民检察院提出起诉意见，符合法律规定。

2. 上述监狱起诉意见书中，罪犯魏××脱逃期间，先后流窜到安徽省芜湖市、马鞍山巾，江苏省南京市、苏州市，浙江省宁波市等地进行犯罪活动，时间、地域跨度较大，监狱起诉意见书中对其犯罪事实采用综合归纳的方法，文字简明扼要，叙事清楚，要素齐全，基本符合制作要求。

---

〔1〕 该条款引自当时有效的 2012 年《刑事诉讼法》，2018 年 10 月 26 日之后的此类案件，应援引 2018 年修订的《刑事诉讼法》第 273 条第 2 款。

3. 上述监狱起诉意见书叙述清楚犯罪事实后，列举证据并且说明各项证据与案件事实之间的关系，体现了监狱起诉意见书制作事实清楚，证据确实、充分的要求，整篇文书既符合监狱起诉意见书格式规范，又吸纳了公安机关起诉意见书格式规范要求，特色突出。

三、制作监狱起诉意见书应注意的问题

监狱起诉意见书的制作使用，应注意以下几个方面的问题：

（一）紧扣犯罪构成要件叙述犯罪事实

犯罪构成反映了构成某种犯罪的本质特征，包括犯罪的主体、犯罪的客体、犯罪的主观方面、犯罪的客观方面。关于罪犯在判决时未发现的罪行及罪犯在狱中的犯罪行为，在叙写犯罪事实时，应紧扣犯罪构成要件，与公安机关起诉意见书在写法上并无什么不同，但要注意监狱起诉意见书的适用范围。监狱起诉意见书起诉的犯罪，其主体均应是正在服刑的罪犯。破坏监管秩序罪、脱逃罪、组织越狱罪、暴动越狱罪等狱内犯罪在犯罪构成上均具有明显的特殊性。上述几种罪行，其犯罪主体只能是依照法定程序和条件被关押的罪犯，其犯罪客体是司法机关的正常秩序。有些也可能是复杂客体，如暴动越狱罪也可能侵犯监管人员和警卫人员的人身权利和监管场所的财产权利。监狱内犯罪绝大多数主观上只能是故意，但也不能排除罪犯出于过失实施某些犯罪，如失火罪、过失伤害罪等。在客观方面，不同的犯罪有不同的特点，但狱内的某些犯罪也同样具有特殊性，如脱逃罪、组织越狱罪的客观方面可以表现为采用暴力形式和非暴力形式两种情况，而暴动越狱罪在客观方面必须是罪犯采取暴力手段逃跑的行为。叙写犯罪事实时，必须紧扣不同犯罪的犯罪构成，才能条理清楚，言之有据，反映案件的个性特征。

（二）叙写犯罪事实时必须划清罪与非罪的界限

监狱起诉意见书中所写事实，必须区分罪与非罪的界限，对于罪犯在服刑期间抗拒改造、违反监规的一般错误行为事实，不能作为犯罪事实写进起诉意见书，以避免以错代罪。对于罪犯已经处理过的历史罪行材料或者已过了诉讼时效的犯罪事实，也不应写进监狱起诉意见书中。

（三）注意与公安机关起诉意见书的区别

监狱起诉意见书与公安机关起诉意见书的性质、作用基本相同，内容和写法上也颇为相似，但两种文书也有不同之处，制作时尤需注意。

1. 二者制作的法律依据不同。监狱起诉意见书制作的法律依据上文已列明，公安机关起诉意见书的依据主要是《刑事诉讼法》第162条之规定。

2. 文书适用的范围不同。监狱起诉意见书只适用于罪犯在服刑期间又犯新罪或者发现了判决时没有发现的罪行，依法应当追究刑事责任的案件，其要求

起诉的对象是正在服刑的罪犯。公安机关起诉意见书适用的范围更为广泛，社会上发生的属公安机关立案管辖的案件均可适用，其要求起诉的对象是一般犯罪嫌疑人。

3. 制作的主体不同。监狱起诉意见书的制作主体是监狱，公安机关起诉意见书的制作主体是公安机关。

技能拓展

1. 简述监狱起诉意见书的概念及制作条件。
2. 试比较监狱起诉意见书与公安机关起诉意见书的异同。
3. 根据下列所给材料，制作一份监狱起诉意见书。

【案情简介】

罪犯唐××，1987 年 10 月 24 日生，男，25 岁，××省××市人，汉族，原系××市××厂工人。住××市××路××号。罪犯唐××服刑档案 1 卷共 127 页，新罪行形成的侦查卷材料 2 卷 186 页。罪犯唐××因抢劫罪，2008 年 1 月 20 日被××市中级人民法院以（2008）×刑终字第 0074 号刑事判决判处有期徒刑 14 年，刑期自 2007 年 6 月 20 日至 2021 年 6 月 19 日止。2008 年 2 月 15 日送××监狱服刑。2010 年 8 月 20 日被减刑 1 年。罪犯唐××入监以后，尚能认罪服法，接受改造。2010 年监狱以其确有悔改表现为其减刑 1 年。但罪犯唐××认为减刑 1 年太少，一直耿耿于怀，自减刑以后，就一直表现不好，不认真参加政治学习和文化学习，不能完成生产任务，抗拒改造。2012 年 12 月 25 日，服刑罪犯均在车间劳动，但罪犯唐××却坐在那里和别人闲扯不干活。下午 5 时许，其劳动班组组长罪犯刘××见唐××未能完成当天生产任务，就批评了唐××几句，唐××恼羞成怒，从车间地上拿起一模具盒向刘××砸去，当场将刘××鼻子砸破流血，后经治疗，确认刘××鼻骨骨折伴有明显移位，经法医鉴定为轻伤。监狱侦查中取得了下列证据：刘××在监狱局医院治疗病历、××公安局刑事科学技术鉴定书、刘××控告材料，同车间罪犯赵××、马××、文××、宗××的证言，唐××对自己打伤刘××的事实也都承认。侦查人员也提取了唐××砸人用的模具盆，并对打人现场作了现场勘查笔录。监狱领导认为，罪犯刘××敢于同不良行为作斗争。唐××服刑期间，不思悔改，抵抗改造，不好好学习，不能完成生产任务，不接受别人批评，更不能容忍的是在监狱里还行凶伤人，应予严惩。其行为触犯《中华人民共和国刑法》第 234 条第 1 款的规定，应以故意伤害罪追究其刑事责任。监狱领导决定将罪犯唐××依法移送人民检察院审查处理。

【写作要求及提示】

（1）监狱起诉意见书起诉的犯罪，其主体均应是正在服刑的罪犯。罪犯唐××因抢劫罪被判处有期徒刑14年，服刑期间，故意殴打他人，致人轻伤，应以故意伤害罪追究其刑事责任，××监狱制作监狱起诉意见书移送人民检察院审查处理的行为，符合法律规定。

（2）制作监狱起诉意见书时要围绕犯罪构成要件叙写犯罪事实的基本要素，注意证据与罪犯唐××犯罪事实之间的相互关联。

（3）制作监狱起诉意见书时要求符合基本格式，项目要齐全，援引法律条款要明确、具体、完整，案例中未尽事宜可以根据具体情况合理设定。

（4）关于制作监狱起诉意见书时格式要求，除首部、尾部以外，对于正文中的犯罪事实和证据、移送审查起诉的理由和起诉部分，建议参照公安机关起诉意见书的制作要求。

第九章

公证常用法律文书

学习目标

1. 明确公证机构的业务范围，了解公证程序，了解公证书的种类及制作要求。

2. 掌握定式公证书与要素式公证书适用的范围，选择正确的格式制作。

3. 正确掌握要素式公证书中必备要素和选择要素的内容。

4. 通过公证法律文书的制作实训，掌握《遗嘱公证书》《合同公证书》《具有强制执行效力的债权文书公证书》三种常用公证文书的制作，提高学生办理公证业务的实践能力，培养学生从事公证工作的基本职业素养。

第一节　公证常用法律文书概述

教学内容

一、公证文书的概念

公证文书是指国家公证机关在公证活动中依照法定程序和法律规定制作的各类文书的总称，它是由自然人、法人或其他组织提出申请，国家公证机关依法出具的能够证明法律行为、法律事实或有法律意义的文书的真实性、合法性和有效性的证明文件。

公证文书是一个属概念，包括公证书、公证申请书、各种笔录、审批表、送达回证在内的一系列有关公证的文书，公证书是其中最重要，也是最具有代表性的文书。

二、公证文书的种类

从目前我国公证工作的实际运行情况看，公证法律文书主要有以下几种：

1. 根据公证文书的性质，可分为民事公证文书、经济公证文书、涉外公证文书等三类。

2. 根据公证文书的制作主体，可分为公证申请书和公证书两类。

3. 根据公证机关的业务范围，可分为证明法律行为的公证文书，证明有法律意义事实的公证文书，证明有法律意义文书的公证文书，赋予债权文书强制执行效力的公证文书，证据保全、提存及其他与公证有关的法律事务的公证文书等五类。

4. 根据公证书的格式，可分为定式公证书和要素式公证书两类。定式公证书格式主要适用于涉外、涉港澳台的公证事项，也用于国内的一些公证事项。要素式公证书与定式公证书相比，较为复杂，不宜掌握，目前全国通用的要素式公证书有三种：保全证据类公证书、现场监督类公证书、合同（协议）类公证书；试点的有两种：继承权公证书、强制执行类公证书。

5. 根据公证书的内容，可分为公证书、公证决定书、公证通知书、辅助性公证文书等四类。

三、公证文书的法律效力

公证文书以书面形式反映公证活动的全过程，是对证明对象进行调查和证明结果的一种特殊的书面证明，在法律上具有特殊的效能和约束力。公证法律文书具有三个基本法律效力，即证据效力、强制执行效力和法律要件效力。

（一）证据上的效力

公证文书的证据效力，是指公证文书作为一种可靠的证据，具有证明公证对象真实、合法的证明力，可直接作为认定事实的根据。《公证法》第36条规定，经公证的民事法律行为、有法律意义的事实和文书，应当作为认定事实的根据，但有相反证据足以推翻该项公证的除外。《民事诉讼法》第69条规定，经过法定程序公证证明的法律事实和文书，人民法院应当作为认定事实的根据，但有相反证据足以推翻公证证明的除外。

（二）执行上的效力

公证法律文书的强制执行效力，是指债务人不履行或不适当履行债务时，债权人可以依据公证机构赋予强制执行效力的债权文书，直接向有管辖权的人民法院申请强制执行，而不再经过诉讼程序。《公证法》第37条第1款规定，对经公证的以给付为内容并载明债务人愿意接受强制执行承诺的债权文书，债权人不履行或者履行不适当的，债权人可以依法向有管辖权的人民法院申请执行。《民事诉讼法》第238条规定，对公证机关依法赋予强制执行效力的债权文书，一方当事人不履行的，对方当事人可以向有管辖权的人民法院申请执行，受申请的人民法院应当执行。公证债权文书确有错误的，人民法院裁定不予执行，并将裁定书送达双方当事人和公证机关。

（三）法律行为成立要件上的效力

法律行为成立要件上的效力，是指依照法律、法规、规章的规定或国际惯例或当事人的约定，特定的法律行为必须经过公证证明后才能成立，并产生法律效力；未履行公证程序，则该项法律行为就不能成立，不具有法律效力。《公证法》第38条规定："法律、行政法规规定未经公证的事项不具有法律效力的，依照其规定。"

公证文书的证据效力是公证文书的最基本效力，任何公证法律文书都具有证据效力，而强制执行效力和法律要件效力则不是普遍的，只有特定的公证法律文书或在特定的条件下才能产生。公证法律文书不仅在国内具有法律效力，还具有域外法律效力。

四、公证文书的写作主体与写作依据

（一）写作主体

公证文书的写作主体是依法设立的公证机构。公证机构是依法设立，不以营利为目的，依法独立行使公证职能、承担民事责任的证明机构。

（二）写作依据

公证文书的写作依据主要是《公证法》及其配套规章和文件，如《公证程序规则》《公证书格式》《公证服务收费管理办法》等。根据公证事项的具体情况，公证文书的写作还须依照有关法律的规定，诸如《民法总则》《继承法》《民事诉讼法》《合同法》《公司法》等。

第二节 定式公证书

案例导入

一、案件基本情况

张××，男，1938年5月28日出生，张××考虑到自己年事已高、体弱多病等实际情况，立下遗嘱，并申请办理公证。

二、案例提示

定式公证书分为民事法律行为类、有法律意义的事实类、有法律意义的文书类。立遗嘱系一种民事法律行为，其要素固定，没有太大的灵活性，一般采用定式公证书的格式写作。

三、制作遗嘱公证书前的准备工作

根据《中华人民共和国继承法》《中华人民共和国公证法》《遗嘱继承细

则》等法律法规规定，制作遗嘱公证，遗嘱人应当填写公证申请表，并提交下列证件和材料：居民身份证或者其他身份证件；遗嘱涉及的不动产、交通工具或者其他有产权凭证的财产的产权证明；公证人员认为应当提交的其他材料。遗嘱人填写申请表确有困难的，可由公证人员代为填写，遗嘱人应当在申请表上签名。

教学内容

一、定式公证书的概念

定式公证书是指按照规定的格式和固定的格式语言，填充其中的变量来撰写的公证书。

二、定式公证书的结构、内容和写作方法

（一）首部

1. 标题。居中写明"××公证书"。

2. 文书编号。标题右下角写明年度全称、公证处简称、公证事项简称及序号，如"（2019）京证外民字第 234 号"。

3. 公证事项。

（二）正文

可表述为："兹证明……"

如为遗嘱公证，表述为：

兹证明立遗嘱人（男/女，××××年××月××日出生，现住××省××市××街××号）于××××年××月××日来到我处，在本公证员面前，在前面的遗嘱上签名（盖章），并表示知悉遗嘱的法律意义和法律后果。

×××（申请人）的遗嘱行为符合《中华人民共和国民法总则》第一百四十三条和《中华人民共和国继承法》第十七条第一款的规定。

如为出生公证，表述为：

兹证明×××（申请人）于××××年××月××日在××省××市出生。×××（申请人）的父亲是××（身份证号码×××××××××××××××××××），×××（申请人）的母亲是×××（身份证号码×××××××××××××××）。

如为证书（执照）公证，表述为：

兹证明×××（单位全称）于××××年××月××日颁发（或者发给×××的）《（证照全称）》的原件与前面的复印件相符，原件属实。

如为文书上的签名（印鉴）公证，表述为：

兹证明×××（申请人）于××××年××月××日来到我处，在本公证员的面前，在前面的××××（文件名称）上签名。

如为文本相符公证，表述为：

兹证明前面的副本（影印本）与×××（申请人）出示给本公证员的××××（文件名称）的原本相符。

（三）尾部

1. 公证处全称。

2. 公证员签名或盖签名章。

3. 出证日期。

4. 公证处印章。

（四）部分定式公证书格式

1. 遗嘱公证书的样式：

遗嘱公证书

（　）××字第××号

兹证明遗嘱人×××，男（女），××××年××月××日出生，现住××省××市××区××路××号。遗嘱人于××××年××月××日在自己家中（或××公证处），在我和×××（可以是其他公证员，也可以是见证人）的面前，立下了前面的遗嘱，并在遗嘱上签名（或盖章）。

经查，×××的行为和遗嘱的内容符合《中华人民共和国继承法》第十六条的规定，是合法有效的。

中华人民共和国××市（县）公证处（盖章）

公证员：（签名）

×××××××年××月××日

2. 出生公证书样本：

出生公证书

（　）××字第××号

根据×××（写明调查的材料，包括档案记载、知情人证明等），兹证明×××，男（或者女），于×年×月×日出生。×××的父亲（或者养父）是×××，母亲（或者养母）是×××（如果是养父母关系应注明收养登记证或者收养公证书的编号）。

中华人民共和国××市（县）公证处（盖章）

公证员：×××（签名）

××××年××月××日

制作实训

一、遗嘱公证书实例

遗嘱公证书

（2019）合×字第××号

兹证明张××（男，1938年5月28日出生，现住安徽省合肥市××街×号）于2019年4月1日来到我处，在我和公证员王××的面前，立下了前面的遗嘱，并在遗嘱上签名。遗嘱人的行为符合《民法总则》第一百四十三条和《中华人民共和国继承法》第十六条的规定。

中华人民共和国市（县）公证处（盖章）

2019年4月2日

公证员：×××（签名）

2019年4月2日

二、实例评析

1. 此份遗嘱公证书采用定式公证书格式，格式正确。

2. 公证处对立遗嘱人的自书的遗嘱的真实性、合法性进行审查后，出具了公证书。

三、制作定式公证书准备工作及注意事项

（一）制作定式公证书前的准备工作

1. 严格审查当事人的身份，审查当事人是否具有民事行为能力及民事权利能力。

2. 严格审查当事人提供的所有材料，甄别真伪。

（二）制作定式公证书注意事项

1. 制作定式公证书应根据具体使用范围适用相应的格式写作，如出生公证书应分别根据当事人被收养情况下的公证书、一般情况下适用的公证书以及当事人自幼被遗弃、生父母无法寻找情况下的公证书等选择规定的格式写作。

2. 把握写作特色。定式公证书的写作特色主要为填写式公证书，在具体写作时，应按照文书的要求填写清楚相关内容。

3. 办理遗嘱公证不能代理，必须由立遗嘱人亲自到公证处办理。遗嘱人亲自到公证处办理确有困难的，可由公证处派公证员到遗嘱人处所办理，办证地点据实表述。

4. 遗嘱公证书应由公证处作为秘卷单独保存，同时应为当事人保密，在遗嘱生效前，遗嘱公证书不得借阅。

5. 遗嘱公证应由两名公证员共同办理，其中一名公证员在公证书上签名。特殊情况下，也可由一名公证员办理，但应有一名见证人在场，见证人也应在遗嘱和笔录上签名。

第三节　要素式公证书

案例导入

一、案件基本情况

2012 年 5 月 18 日，合肥××典当与六安××有限责任公司签订了借款合同，六安××有限责任公司拟向合肥××典当借款 500 万元，并以其公司的林权质押担保，双方在经过协商后签订了借款合同，为保证借款合同的履行，双方自愿到合肥××公证处办理了具有强制执行效力的公证。

二、案例提示

办理具有强制执行效力的公证书，填空式的定式公证书显然是满足不了其基本要求的，只能办理要素式的公证书。

教学内容

一、要素式公证书概念

（一）要素式公证书的含义及适用范围

1. 含义。要素式公证书是指文书内容由规定的要素构成，行文结构、文字表述等则由公证员酌情撰写的公证文书。公证书要素即构成公证书主文（证词）的必要内容。公证书主文（证词）内容包括必备要素和选择要素两部分。"必备要素"为公证书证词中必须具备的内容。"选择要素"为根据公证证明的实际需要或当事人的要求，酌情在公证书主文（证词）中写明的内容。

2. 适用范围。要素式公证文书适用于保全证据类公证文书、现场监督类公证文书、合同（协议）类公证文书、继承类公证文书、强制执行类公证文书、法律意见书。

（二）要素式公证书的制作要求

制作要素式公证书总的要求是：内容真实、合法，符合办证程序，文字简明、准确、易懂，用词规范，语句通顺流畅，对事实表述要清楚，注意相关内容的时间顺序和逻辑关系，适用法律要正确。切忌冗长累赘或使用虚拟、夸张等文学写法，要认真审查校对，严防出现错句、病句或错别字。

二、要素式公证书结构、内容

（一）首部

要素式公证书的首部由公证书名称、编号、当事人的基本情况和公证事项组成。

1. 公证书名称。要素式公证书名称统一使用"公证书"三字，不再写具体名称，如"××公证书"。

2. 公证书编号。在公证书名称的右下方，由年度编码、公证处及公证类别代码和公证书序号编码组成，年度编号和序号编号使用阿拉伯数字。如"（2019）合证外民字第××号"。公证类代码分为国内民事、国内经济、涉外民事、涉外经济、涉港澳、涉台等，办证量较少的公证处可以不用公证类代码，对某些数量较大的公证事项可以采用专门代码，例如，"京证融字"表示北京公证处办理的金融公证，"沪证房字"表示上海市公证处办理的房产公证，等等。序号编码应当以年度为单位编排，同一公证处在同一年度办理的同类公证的序号编码必须按照出证的时间连续下去，不得间断。同一公证处的公证书编号不得出现重号。

3. 当事人的基本情况。当事人的基本情况为申请人、关系人及代理人的基本情况，包括当事人的姓名（名称）、性别、出生日期、住址等内容。

4. 公证事项。公证事项为新增加的内容，应单列一行，简要地写明公证证明对象的名称或类别。

（二）正文（证词内容）

证词内容是公证书最重要的部分，也是公证书格式改革的主要内容。它由必备要素和选择要素组成。证词内容应当根据证明事项及公证机构的工作情况来撰写。

证词内容包括：申请人申请情况，公证证明的对象、范围和内容，证明过程，证明所依据的事实和法律，公证结论，等等。公证证明的对象、范围不同，公证的条件、内容和适用的法律也不同，这些都要在证词中有所反映。公证证词所涉及的组织名称，第一次出现时必须使用全称。所涉及的日期要采用公历，需涉及农历时应采用括号注明。

（三）尾部

要素式公证书的尾部由制作文书的公证处的名称、承办公证员的签名或签名章、出证日期、公证处印章及钢印等组成。具体要求与定式公证书格式相同。

（四）部分要素式公证文书格式

1. 通用合同公证书样式：

公证书

（××××）××字第×号

甲方（自然人姓名、性别、出生日期、身份证号码或法人及社会组织的名称、法定代表人姓名和职务）。

乙方（自然人姓名、性别、出生日期、身份证号码或法人及社会组织的名称、法定代表人姓名和职务）。

公证事项

证词内容

公证结论

中华人民共和国××市公证处（盖章）
公证员（签名）：×××××
××年××月××日

2. 拍卖公证书格式：[1]

公证书

（××××）××字第×号

申请人：甲（基本情况）。[2]

公证事项：××拍卖。[3]

证词内容：

一、必备要素

1. 申请人全称或姓名[4]、申请日期及申请事项。

2. 对委托人、拍卖人、拍卖师及竞买人资格的审查情况。[5]

---

[1] 本格式适用于公证机构对拍卖现场进行现场监督的公证。拍卖现场公证词应根据现场情况参考本格式的证词要素撰写，语言要流畅，易于宣读，要与拍卖现场的气氛相吻合，并要有"对本次拍卖过程及拍卖结果的合法有效性，本公证处日后将以书面形式予以确认"的内容。

[2] 申请人通常为拍卖人或委托人。基本情况包括：①法人或非法人组织要写明全称、住所地、法定代表人或代理人的姓名、性别、出牛日期；②自然人应写明姓名、性别、出生日期、住址，外国人应写明国籍。申请人有数人时，应一并列明。有代理人的应当写明代理人的基本情况。身份证号码或营业执照编号可酌情写。

[3] 拍卖活动的名称或类别，如文物拍卖、土地使用权拍卖、小型企业拍卖、罚没物资拍卖等。

[4] 法人或非法人组织写全称，并要写明法定代表人或代理人姓名；自然人写姓名，有代理人的还要写代理人姓名。

[5] 委托人、拍卖人、拍卖师的资格应符合《中华人民共和国拍卖法》第三章的规定，竞买人的资格应符合拍卖公告的规定。

3. 拍卖标的的基本情况及对其所有权或处分权的审查结果。

4. 拍卖公告及拍卖标的的展示情况。

5. 对拍卖规则内容的审查结果。

6. 拍卖活动是否得到有关部门的批准或许可。[1]

（1）与拍卖有关的主管部门（如文物管理部门、国有资产管理机构、房地产管理部门等）。

（2）拍卖标的的监管部门（如海关、人民法院、破产清算小组等）。

（3）其他权利人（如抵押权人、拍卖标的的共有人、委托人的股东会、董事会）。

7. 承办公证机构名称、承办公证人员及公证的法律依据。[2]

8. 拍卖的时间、地点及拍卖过程（含拍卖方式、竞价形式）是否符合拍卖规则。[3]

9. 拍卖结果及公证结论。应包括以下内容：

（1）当事人的资格是否合法，意思表示是否真实。

（2）拍卖程序是否真实、合法。

（3）对拍卖结果的确认，包括买受人姓名、拍卖成交价格、成交标的物名称、成交时间等。

二、选择要素

1. 申请人提供的主要证据材料的真实性、合法性。

2. 拍卖人对拍卖标的的来源、瑕疵及相关责任的说明。

3. 如有调查取证情节，可据查证时间对查证认定的事实在公证书中逐项列出。

4. 拍卖活动有见证人的，应将其民事主体资格状况连同"见证人×××，×××在场见证"字样一并在公证书中加以描述。

5. 公证员认为需要认定的其他事实或情节。[4]

6. 公证生效日期。[5]

----

〔1〕 不需要经批准或许可的拍卖活动，不写此内容。

〔2〕 法律依据是《公证法》《公证程序规则》《中华人民共和国拍卖法》及有关法规等。

〔3〕 拍卖方式是指拍卖标的有无保留价，是往上拍还是往下拍；竞价形式是指采用何种方式报价（如举牌报价、口头报价、电话报价、按键报价等）、竞价单位和币种（如最低竞价单位为100元人民币或50美元等）。

〔4〕 一般性、事务性工作可记入谈话笔录，但不写入公证书证词。

〔5〕 公证生效日期为公证员在拍卖现场宣读公证词的日期。

7. 附件。[1]

中华人民共和国××省××市（县）××公证处（盖章）

公证员：（签名或签名章）

××××年××月××日

制作实训

一、具有强制执行效力公证书实例

具有强制执行效力的债权文书
公证书

（2006）××证字第×××号

申请人：甲方（债权人）：××机械设备厂

住所：××市××街×号

法定代表人：××

申请人：乙方（债务人）：××县选矿厂

经营场所：××省××市××县××乡

经营者姓名：××（男，1954年×月30日出生，身份证号码：×××）

公证事项：还款协议

甲乙双方当事人于2006年1月11日向本处申请办理前面的《还款协议》公证，并申请对还款协议赋予强制执行效力。

经查，甲乙双方当事人经协商一致签订了前面的《还款协议》。在签订协议时，甲是依法登记设立的从事矿山机械及配件生产、加工、销售的企业法人，是该协议关系中的债权人；乙方是依法登记注册从事铅锌矿石洗选、销售的个体工商户，是该协议关系中的债务人。

甲方即债权人向本处提交了如下证明材料：①企业法人营业执照复印件；②法定代表人身份证明书及居民身份证复印件；③法人授权委托书及代理人吴某的律师执业证复印件；④《订货合同》及《工矿产品购销合同》各1份。

乙方即债务人向本处提交了如下证明材料：①个体工商户营业执照、组织机构代码证、税务登记证复印件；②经营者吴某居民身份证复印件等。

经本公证员对双方当事人进行询问，确认如下事实：①甲乙双方当事人于

---

[1] 有附件时，附件的名称、顺序号应在公证词中列明。附件包括成交确认书、中买通知书、拍卖现场取得的重要证据材料等。

2004 年 5 月 13 日签订《订货合同》1 份 1 页，债务人向债权人订购 150T 选矿设备一批计 25 台套及非标准件制作安装，合计金额为人民币 593 700 元。2004年 6 月 20 日发货，2004 年 7 月 25 日试机。②甲乙双方于 2005 年 2 月 3 日签订《工矿产品购销合同》1 份 1 页，债务人向债权人购买 BST-6 陶瓷过滤机 1 台，9M 浓缩机 1 台，摆式给矿机 1 台，10 台 SF-2.8 浮选机，合计金额人民币 609 500 元。③债务人确认债权人已按上述两份合同的约定完全履行了合同义务，并承认未支付过任何货款。④甲乙双方于 2006 年 1 月 11 日在本处签订《还款协议》一份 2 页，在协议中双方约定：双方确认至 2006 年 1 月 11 日止，乙方共欠甲方设备款金额为人民币 1 203 200 元；乙方承诺：2006 年 1 月 30 日前归还603 200 元，余款 30 万元在 2006 年 2 月 28 日前付清；乙方若未付清其中任何一笔款项，甲方有权就所有未付款向法院申请强制执行。如不能按协议约定履行付款义务，乙方承诺愿意接受法院依法强制执行。甲乙双方共同申请本公证处对此还款协议赋予强制执行效力。

依据以上事实，兹证明甲方××设备修造厂法定代表人××与乙方××县选矿厂的经营者××于 2006 年 1 月 11 日在××市公证处签订了前面的《还款协议》。上述当事人的签约行为符合《中华人民共和国民法通则》第 55 条的规定，合同内容符合《中华人民共和国合同法》的规定，合同及《授权委托书》上当事人的签名、印章均属实。

根据《中华人民共和国民事诉讼法》《中华人民共和国公证法》《最高人民法院、司法部关于公证机关赋予强制执行效力的债权文书执行有关问题的联合通知》的规定，本公证书具有强制执行效力，当债务人不按合同约定履行义务时，债权人可持本公证书向本公证处申请签发执行证书，并持本公证书及执行证书向人民法院申请强制执行。

中华人民共和国安徽省××市公证处（盖章）

公证员胡××

2006 年×月×日

二、实例评析

1. 该份公证书格式正确，符合司法部要素式公证书格式。

2. 文字简明、准确、易懂，用词规范，语句通顺流畅，对事实表述较清楚。

3. 时间有序，逻辑严密，适用法律正确。

三、制作要素式公证书还应注意的事项

（一）及时草拟公证文书，保证出证效率

要素式公证书格式的推行，增强了公证文书的证明效力，充分体现了公证的价值，同时也大大增加了公证人员的工作量。公证文书的制作要求公证人员

具备相当高的法律素质、业务水平和文书写作能力，调查取证后，应及时起草证稿，保证出证效率。《公证程序规则》第 35 条规定，公证机构经审查，认为申请公证的事项符合《公证法》及有关办证规则规定的，应当自受理之日起 15 个工作日内向当事人出具公证书。

（二）严格遵循文书格式，保证制作质量

公证文书的制作是需要十分严肃、认真对待的工作，必须按照司法部制定的定式公证书格式或要素式公证书格式的要求，不能草率行事，随心所欲。公证文书从草拟、审批、编号、打印、校对、装订到送达，都要符合格式要求和技术规范要求，从而保证文书制作的质量。

（三）把握要素式格式的使用范围，不厚此薄彼

要素式公证书格式是一种全新的公证书格式。发往域外使用的涉外，涉港、澳、台公证书及其他国内公证书，仍使用现行公证书格式。公证人员在制作公证书时，不要随意扩大要素式公证的适用范围，不能厚此薄彼而排斥定式公证书格式。

技能拓展

1. 如何理解公证文书的效力？
2. 现场监督公证的特点有哪些？
3. 撰写保全证据公证书需要注意哪些主要事项？
4. 根据下列所给材料，制作一份保全证据公证书。

【案情简介】

近一年来，张女士发现丈夫经常借口工作忙加班晚归，对张女士也很疏远，在经济上，对家庭也越来越计较，张女士尽管怀疑但苦于无线索而没有对策。2018 年 6 月 12 日上午，张女士无意间发现其丈夫李××手机中有大量与龚××（女）暧昧短信及亲密照片。张女士立即到公证处申请，对手机中暧昧短信及亲密照片予以保全公证。

【写作要求及提示】

（1）要注意保全的证据类别。
（2）写作前首先要确定一条主线，即以什么来贯穿全文。

第十章

仲裁常用法律文书

学习目标

　　1. 明确仲裁程序，熟悉仲裁法律知识，掌握仲裁文书的概念、分类、功能、结构和基本写作要求。

　　2. 掌握仲裁代理工作过程中常用的仲裁文书的制作方法和制作要求，能独立制作仲裁协议书、仲裁申请书、仲裁答辩书等仲裁文书。

　　3. 通过仲裁法律文书的制作实训，掌握仲裁协议书、仲裁申请书、仲裁答辩书、仲裁调解书、仲裁裁决书的制作，提高学生仲裁代理综合实践能力，培养学生从事仲裁代理工作的基本职业素养。

第一节　仲裁常用法律文书概述

教学内容

一、仲裁及仲裁法律文书的概念

　　仲裁是平等主体的公民、法人和其他组织之间发生合同纠纷和其他财产权益纠纷，根据当事人间的仲裁协议自愿向仲裁机构提出申请，并由仲裁机构根据法定程序和仲裁规则作出裁决的法律活动。

　　仲裁文书是仲裁法律关系主体在仲裁活动中，为解决合同纠纷和其他财产权益纠纷，依照仲裁法和仲裁规则所写作的具有法律效力或者法律意义的各种文书的总称。

　　仲裁文书是仲裁活动的真实记录，从当事人提出仲裁申请开始，到仲裁庭的组成，再到开庭仲裁，直至仲裁裁决的执行，每一个环节都必须有相应的文书。它既是对本阶段活动的忠实记录，又是进行下一阶段活动的文字依据和前提条件。仲裁文书对于促进仲裁程序顺利、有效地进行，保证纠纷的公正、及时解决，保护当事人的合法权益等，具有重要作用。

二、仲裁文书的特点

（一）仲裁文书的写作主体是仲裁机构和仲裁当事人

仲裁机构是指依法设立的、具有民间性质的仲裁委员会，包括中国国际经济贸易仲裁委员会、中国海事仲裁委员会，以及在各直辖市和省、自治区人民政府所在的市以及其他设区的市设立的仲裁委员会。仲裁当事人即仲裁申请人和被申请人，他们在仲裁活动中为了维护自己的合法权益而写作和使用的文书也是仲裁文书。

（二）仲裁文书具有一定的法律效力或法律意义

不同主体制作的仲裁文书均具有特定的法律效力或法律意义，对当事人具有法定的约束力。尤其是仲裁机构制作的仲裁裁决书、仲裁调解书，依法生效后，还具有强制执行的法律效力，当事人应当自觉履行，否则主张权利的一方当事人可申请法院强制执行。生效的仲裁文书具有稳定性，非经法定程序，任何人不得随意变更或者撤销。当事人制作的仲裁文书，如仲裁协议书、仲裁申请书、仲裁答辩书等，一般不具有上述法律效力，但却是进行仲裁活动必不可少的重要环节，并能引起一定的法律后果，具有法律意义。

（三）仲裁文书必须依法写作

仲裁文书具有法律效力或法律意义，必须依法制作。《仲裁法》第22条规定，当事人申请仲裁，应当向仲裁委员会递交仲裁协议、仲裁申请书及副本。《仲裁法》第16条、第23条分别对仲裁协议和仲裁申请书的内容作了明确规定，当事人应当严格遵守法律规定，在仲裁协议和仲裁申请书中载明法定事项。仲裁机构和仲裁当事人需依据仲裁法和仲裁规则所赋予的职权或者权利制作和使用仲裁文书。仲裁法或仲裁规则如果对仲裁文书的格式、内容有明确要求的，应当按照相应的要求制作仲裁文书。此外，仲裁文书的写作和使用还必须在仲裁法和仲裁规则规定的期限内进行，超过法定期限，仲裁文书将不产生法律效力。

（四）仲裁文书格式的特定性

仲裁文书大多有着特定的行文格式，仲裁机构根据相关法律规定和具体案情的需要，应当严格遵照一定的写作格式，把规定的内容和特定项目有条理地表达出来。这有利于仲裁文书的书写、审阅、处理和执行，使人一目了然，同时也有利于保证仲裁文书的完整、正确和有效。

三、仲裁法律文书的分类

仲裁法律文书可以根据不同的标准划分为不同的类型。

1. 依据制作主体的不同，可将仲裁法律文书分为仲裁机构制作的仲裁法律文书和当事人制作的仲裁法律文书。仲裁机构制作的仲裁法律文书包括仲裁裁决书、仲裁调解书等；当事人制作的仲裁法律文书包括仲裁协议书、仲裁申请书、仲裁答辩书、仲裁反申请书等。

2. 依据仲裁的案件是否有涉外因素，可将仲裁法律文书分为国内仲裁文书和涉外仲裁文书。国内仲裁文书是指仲裁机构和当事人在国内纠纷案件的仲裁过程中，按照国内仲裁程序制作的法律文书；涉外仲裁文书是指仲裁机构和当事人在涉外经济贸易、运输和海事纠纷案件的仲裁过程中，按照涉外仲裁程序制作的法律文书。

3. 依文书制作的时间不同，可将仲裁法律文书分为仲裁程序开始前的文书和仲裁程序开始后的文书。前者包括仲裁协议书和仲裁申请书；后者包括受理或不受理仲裁申请通知书、仲裁答辩书、仲裁反申请书、仲裁决定书、仲裁调解书和仲裁决定书等。

第二节　仲裁协议书

案例导入

一、案件基本情况

2019 年 3 月，安徽××建设公司与合肥××区拖欠其工程款一事经协商，就纠纷的解决方式达成一致意见，交由合肥仲裁委员会裁决。

二、案例提示

目前，在我国纠纷解决体系中，诉讼和仲裁是最主要的两种方式。当事人选择仲裁方式解决纠纷，应当双方自愿。当事人双方自愿的意思表示必须是书面的。《仲裁法》第 16 条第 1 款规定，仲裁协议包括合同中订立的仲裁条款和以其他书面方式在纠纷发生前或者纠纷发生后达成的请求仲裁的协议。

教学内容

一、仲裁协议概述

（一）仲裁协议的概念

仲裁协议是指当事人在纠纷发生前或发生后，经过相互协商所达成的同意将他们之间可能发生或者已经发生的特定民商事争议提交仲裁解决的书面协议。

（二）仲裁协议的形式及作用

1. 仲裁协议的形式。《仲裁法》第 16 条第 1 款规定，仲裁协议包括合同中订立的仲裁条款和以其他书面方式在纠纷发生前或者纠纷发生后达成的请求仲裁的协议。据此，仲裁协议包括两种形式，即合同中订立的仲裁条款和单独的仲裁协议书。

2. 仲裁协议的作用。仲裁协议是仲裁的前提，没有仲裁协议，就不存在有效的仲裁。

二、仲裁协议书的结构、内容、写作方法

仲裁协议书由首部、正文和尾部三部分构成。

（一）首部

1. 标题。写明文书标题，即"仲裁协议书"。

2. 写明各方当事人的基本情况。具体包括姓名、性别、年龄、职业、通讯方式、工作单位和住所。当事人是法人或其他组织的，写明法人或者其他组织的名称、住所地和法定代表人或者主要负责人的姓名、职务。如果当事人委托律师或者其他人员作为代理人的，还应写明代理人的基本情况。

（二）正文

正文部分应当写明当事人达成仲裁协议的具体内容，表明当事人各方有共同的提请仲裁的意愿。它是仲裁协议书的核心部分，直接关系到仲裁机构对争议有无管辖权，以及争议能否通过仲裁方式予以解决。为保证仲裁协议的内容有效，清楚地反映当事人的仲裁意愿，根据《仲裁法》第 16 条第 2 款的规定，仲裁协议须具有下列内容：

1. 请求仲裁的意思表示。即各方当事人一致同意将他们之间已经发生或者将来可能发生的争议提交仲裁解决的明确的意思表示。实践中一般表述为："甲乙双方一致同意提请×××仲裁委员会依照《中华人民共和国仲裁法》的规定仲裁如下争议"，或者"甲乙双方就××××（仲裁的事由）达成仲裁协议如下"。

2. 请求仲裁的事项。即各方当事人提请仲裁解决的争议事项。根据规定，当事人提请仲裁的事项以及仲裁委员会裁决的事项，都不得超出仲裁协议所约定的仲裁事项的范围，否则，超出部分无效。因此，仲裁事项应尽可能宽泛，以便于纠纷彻底解决。切忌仲裁事项过窄，否则可能使同一案件通过仲裁和诉讼两种方式审理，增加诉累和扯皮。另外，在写作仲裁协议书时，还需注意争议事项的可仲裁性。常见的写法如："当事人双方自愿提请北京仲裁委员会按照其仲裁规则，仲裁如下事项：……"

3. 选定的仲裁委员会。当事人在签订仲裁协议时，必须约定有权解决争议事项的仲裁委员会，而且，选定的仲裁委员会的名称要写准确、清楚，并具有排他性。既不能同时选定两个仲裁委员会，也不能在选定仲裁委员会的同时又选择诉讼解决。不要随意添减字，如不能写为"合肥市仲裁委""芜湖市仲裁委"。仲裁协议对仲裁委员会没有约定或者约定不明确的，当事人可以补充协议；达不成补充协议的，仲裁协议无效。

对于上述内容，可合写为：

甲乙双方于×××年××月××日签订了《证券营业部转让合同》，并于×××年××月××日签订了《补充协议》。凡因执行上述合同以及补充协议而产生的一切争议，双方一致同意提请××仲裁委员会依照《中华人民共和国仲裁法》的规定进行仲裁，其仲裁裁决对双方有约束力。

4. 其他内容。如果争议具有涉外性质，仲裁协议还应明确下列内容：

（1）仲裁地点。在合同或仲裁协议没有适用的法律时，仲裁地点是仲裁庭考虑适用法律的重要因素，在哪个国家仲裁，就适用该国法律。适用不同国家的法律将引起不同的裁决结果。对当事人而言，仲裁地点最好选择本国境内。仲裁地点也涉及仲裁成本。

（2）仲裁程序。一般来讲，仲裁协议约定在哪个机构仲裁，就适用该机构的仲裁规则。但是，有的仲裁机构允许当事人选择其他的仲裁规则。当事人要想排除适用其他仲裁机构的仲裁规则，最好写明适用的仲裁规则。

（3）仲裁的效力。仲裁效力是指裁决是否具有终局性，对双方有无约束力。我国法律规定仲裁是一裁终局，但有的国家规定如果仲裁协议没有约定仲裁具有终局性，当事人可以上诉。为避免这种麻烦，尽量写明仲裁的终局性质。

（三）尾部

在仲裁协议书上，由当事人签字并加盖公章，并写明仲裁协议书签订的日期和签订地点。

（四）仲裁协议书基本格式

仲裁协议书

甲方：

乙方：

根据《中华人民共和国仲裁法》，我们经过协商，愿就×××年××月××日签订的××合同第×条约定的仲裁事项，达成如下补充协议：

凡因执行本合同或与本合同有关的一切争议，可申请××仲裁委员会仲裁，并适用《××仲裁委员会仲裁规则》。××仲裁委员会的裁决是终局的，对双方都有约束力。

当事人：	当事人：
签名（盖章）：	签名（盖章）：
日期：	日期：

制作实训

一、仲裁协议实例

仲裁协议书

甲方：安徽省××有限公司

地址：安徽省合肥市××路××号

法定代表人：方××　职务：经理

乙方：安徽省××经贸公司

地址：安徽省芜湖市××路××号

法定代表人：杨××　职务：经理

当事人双方愿意提请××仲裁委员会按照《中华人民共和国仲裁法》规定，仲裁如下争议：

双方于××××年××月××日签订××合同。合同履行中，因买方对卖方提供的××的质量等级提出异议，导致双方发生争议，经协商未成。现双方一致同意选择××仲裁委员会依据《中华人民共和国仲裁法》及该会仲裁规则，对双方合同中所涉××的质量等级和双方如何继续履行合同作出裁断。

甲方：	乙方：
（盖章）	（盖章）
法定代表人：方××	法定代表人：杨××
日期：	日期：

二、实例分析

1. 上述实例中，协议书中的语言表述清楚，意思表示明确具体、肯定，指向单一。

2. 仲裁书约定的事项符合《仲裁法》规定的仲裁范围，且与当事人之间特定的法律关系相关联。仲裁事项明白、具体。

3. 仲裁委的选择正确。

三、制作仲裁协议还应注意的问题

1. 仲裁事项应有可仲裁性，属于仲裁的范围。我国《仲裁法》第2条规定了仲裁的范围："平等主体的公民、法人和其他组织之间发生的合同纠纷和其他财产权益纠纷，可以仲裁。"也就是：发生纠纷的双方当事人必须是民事主体，包括国内外法人、自然人和其他合法的具有独立主体资格的组织；仲裁的争议事项应当是当事人有权处分的；仲裁范围必须是合同纠纷和其他财产权益纠纷。

根据《仲裁法》的规定，有两类纠纷不能仲裁：①婚姻、收养、监护、扶养、继承纠纷不能仲裁，这类纠纷虽然属于民事纠纷，也不同程度涉及财产权益争议，但这类纠纷往往涉及当事人本人不能自由处分的身份关系，需要法院作出判决或由政府机关作出决定，不属仲裁机构的管辖范围。②行政争议不能裁决。《仲裁法》第 77 条规定："劳动争议和农业集体经济组织内部的农业承包合同纠纷的仲裁，另行规定。"也就是说，解决这类纠纷不适用《仲裁法》。

2. 仲裁协议不能违反国家、社会公共利益或者法律强制性规定。在实际拟定的仲裁协议中要避免各种瑕疵，严格遵守仲裁协议的成立要件和生效要件。

第三节　仲裁申请书

案例导入

一、案件基本情况

2009 年金××与合肥×××房地产开发公司签订合同，购得该开发公司开发的商品房 1 套，合同约定 2012 年 1 月交房，可是该公司逾期至 2012 年 10 月才交房。金××与该公司就逾期交房的违约金事宜多次沟通无果。金××无奈，于 2013 年 1 月依据双方签订的商品房买卖合同中的仲裁条款，请求合肥仲裁委员会就该公司是否违约、应否承担违约责任及如何承担违约责任予以裁决。

二、案例提示

提出仲裁申请，必须有仲裁协议书或仲裁条款。本案中，双方当事人在签订的商品房买卖合同中就包含了仲裁条款。因此，金××可以依据该仲裁条款向仲裁机构提出申请。

教学内容

一、仲裁申请书概述

（一）含义

仲裁申请书是指平等主体的自然人、法人或者其他组织之间发生了合同纠纷或者其他财产权益纠纷，一方当事人根据双方自愿达成的仲裁协议，向仲裁协议中所选定的仲裁委员会提出仲裁申请，请求该仲裁委员会通过仲裁解决纠纷的文书。

（二）制作仲裁申请书的法律依据

《仲裁法》是制作仲裁申请书的法律依据。《仲裁法》第 21 条规定："当事人申请仲裁应当符合下列条件：①有仲裁协议；②有具体的仲裁请求和事实、理由；③属于仲裁委员会的受理范围。"第 22 条规定："当事人申请仲裁，应当向仲裁委员会递交仲裁协议、仲裁申请书及副本。"

（三）作用

仲裁申请书是申请仲裁必不可少的法律文书，同时也是仲裁委员会受理争议案件、开展仲裁活动的书面依据和前提条件，是启动仲裁程序的必要环节。

二、仲裁申请书的结构、内容、写作方法

仲裁申请书的内容、结构与民事起诉状基本相同，在结构上由首部、正文和尾部三部分组成，在内容上，要根据《仲裁法》第 23 条的规定制作。

（一）首部

1. 标题。写明文书标题，即"仲裁申请书"，不能简单写为"申请书"。

2. 写明申请人和被申请人的基本情况。具体包括姓名、性别、年龄、职业、通讯方式、工作单位和住所；当事人如是法人或其他组织的，写明法人或者其他组织的名称、住所和法定代表人或者主要负责人的姓名、职务。如果当事人委托律师或者其他代理人进行仲裁活动的，还应写明委托代理人的上述基本情况。

3. 仲裁案由。仲裁案由即案件的性质。

（二）正文

正文部分应分别写明申请仲裁的依据、仲裁请求、所根据的事实和理由、证据和证据来源四个方面的内容。

1. 申请仲裁的依据。此处应引述当事人达成的仲裁协议的主要内容。

2. 仲裁请求。这一内容，应简明扼要地写明请求仲裁委员会解决的具体争议及要达到的目的和要求，是要求仲裁机构确认某种法律关系、变更某种法律关系，还是请求裁决被申请人履行某种义务。

3. 所根据的事实、理由。所根据的事实、理由是仲裁申请书的核心内容，也是仲裁庭审理的对象和依据，是申请人所提出的仲裁请求能否获得仲裁庭支持的关键。内容主要包括：当事人之间的法律关系；纠纷发生发展过程；争议的焦点和主要内容；对方应承担的责任。

4. 证据和证据来源、证人姓名和住所。仲裁与民事诉讼一样，实行"谁主张，谁举证"。当事人申请仲裁所提出的案件事实是否存在，仲裁请求能否得到支持，需要依靠证据来证明。因此，申请人在仲裁申请书中应当尽量提供能够证明自己这一方事实主张成立的各种证据及其来源。提供证人的，应当写明证人的姓名和住所。

（三）尾部

1. 写明致送的仲裁委员会名称。该仲裁委员会应当是当事人在书面仲裁协议中所选定的仲裁机构，其他的仲裁机构对该纠纷无权仲裁。

2. 申请人署名并注明申请日期。申请人如是法人或其他组织，还要加盖单位公章。

3. 附项。注明仲裁申请书副本的份数（原则上按照对方当事人的人数提交申请书副本），以及提交证据的名称、份数，并按编号顺序附于申请书后。

（四）仲裁申请书基本格式

仲裁申请书

申请人：（基本情况，如是法人或其他组织的，写明名称、地址、法定代表人、职务、电话。）

委托代理人：　　　　性别：　　　　年龄：

工作单位：　　　　职务：

住址：　　　　电话：

被申请人：（基本情况，如是法人或其他组织的，写明名称、地址、法定代表人、职务、电话。）

案由：

仲裁请求：

事实与理由：

_____

_____

_____

_____

为此，特向你会申请仲裁。

此致

××仲裁委员会

申请人：（盖章）

法定代表人：（签章）

年　月　日

附：1. 本申请书副本×份。

2. 合同副本×份。

3. 仲裁协议书×份。

4. 其他有关文件×份。

制作实训

一、仲裁申请书实例

仲裁申请书

申请人：安徽××建设集团有限责任公司

法定表人：杨×× 职务：董事长

住所地：合肥市长江路××号。统一信用代码。联系电话：×××××× ×××××

被申请人：合肥××区建设投资有限公司

法定代表人：陈×× 职务：董事长

住所地：合肥市胜利路××号。统一信用代码。联系电话：×××××× ×××××

仲裁请求：

1. 裁决被申请人立即支付剩余的工程款 80 万元及利息 1 492 578 元（按银行同期贷款利率自 2009 年 6 月 18 日至 2012 年 3 月 13 日，利随本清）。

2. 裁决仲裁费用由被申请人承担。

事实与理由：

2008 年 6 月 23 日，申请人与被申请人同时签订了合肥××工业园三里山路道排工程、高北东路道排工程两份建设施工合同。申请人在约定的工期内，如期按质完成了工程施工，并于 2009 年 6 月 18 日办理了工程竣工验收手续交付使用，在质保期满 1 年后的 2010 年 6 月，及时办理了竣工移交手续。

可直至今日，被申请人支付给申请人工程款 964 万元，尚欠 80 万元至今未付。后经申请人多次催要，被申请人均置之不理。为维护申请人的合法权益，特申请于贵委，请贵委依法作出公正裁决。

此致

合肥仲裁委员会

申请人：安徽××建设集团有限责任公司

2011 年 12 月 23 日

二、实例分析

1. 此份仲裁申请书格式正确。

2. 仲裁请求围绕合同进行，所提出的仲裁请求有相应的合同依据。

3. 此份仲裁申请书关于事实与理由的写法基本符合要求，如果能将具体的法律依据列出，效果会更好。

三、制作仲裁申请书注意事项

1. 仲裁请求事项要言简意赅，不能模棱两可，也不能有所疏漏。仲裁请求赔偿的金额要适当。

2. 事实部分应当做到叙述事实清楚，言之有据，逻辑严谨。在叙述事实时，除应写清楚纠纷事实发生的时间、地点、原因、纠纷的具体内容、纠纷过程和造成的后果外，还应重点说明纠纷的性质和过错的责任，为理由的写作打好基础。

3. 阐述理由时，需要紧扣仲裁请求事项，分析仲裁请求的合理性、合法性。具体来说，在事实陈述清楚后，应概括分析纠纷的性质、危害、结果及责任，同时提出仲裁请求所依据的法律条款。

第四节　仲裁答辩书

案例导入

一、案件基本情况

合肥×××房地产开发有限公司近期接到合肥仲裁委员会送达的仲裁申请书等材料，一业主因其逾期交房将其告上仲裁庭。

二、案例提示

合肥×××房地产开发有限公司收到仲裁申请书副本、证据目录、证据等相关材料后，应抓紧研究分析这些材料，积极应对，如期提交仲裁答辩状等材料。

教学内容

一、仲裁答辩书概述

（一）概念

仲裁答辩书是指仲裁案件的被申请人为了维护自己的权益，针对申请人提出的仲裁请求及其所依据的事实和理由进行答复与辩驳的法律文书。

仲裁答辩书是被申请人申诉自己的观点、态度和主张，争取维护自身合法权益的一种有效工具。它有助于仲裁机构全面了解案情，掌握双方当事人争议的焦点，分清是非，从而作出公正裁决。

（二）法律依据

《仲裁法》第25条第2款规定，被申请人收到仲裁申请书副本后，应当在仲裁规则规定的期限内向仲裁委员会提交答辩书。因此，被申请人如要进行书面答辩，应当在法定期限内制作并提交仲裁答辩书。

二、仲裁答辩书的结构、内容和写作方法

仲裁答辩书的内容及写法与民事诉讼案件的答辩状相似，在结构上也可分为首部、正文和尾部三部分。

（一）首部

1. 文书标题。即"仲裁答辩书"，不能简写为"答辩书"。

2. 写明答辩人（即被申请人）的基本情况。具体要求与仲裁申请书相同。

（二）正文

1. 写明案件由来。简要写明答辩人收到仲裁机构转来的申请人提交仲裁申请书的时间、案由及进行答辩的意见。如"答辩人就贵会受理的（　）仲案字第×号答辩人与被答辩人××合同争议一案，提出答辩如下：……"

2. 写明答辩的具体内容即答辩的理由与答辩意见。这部分是仲裁答辩书的核心部分。答辩人应当从事实和法律两方面，针对申请人的仲裁请求及其所依据的事实理由逐项给予明确答复，清楚地表明自己的态度，提出自己对案件的主张和理由。对于仲裁申请书中的事实是否符合实际，进行答辩时一般分两个层次写明：①就仲裁申请书中的事实表明意见。如果认为申请人在仲裁申请书中列举的事实有误或者证据不实的，一般应先予以否定，全部不符合实际就全部否定，部分不符合实际就部分否定。②进行辩驳。举出相反证据，阐明申请书中所述的事实不成立，对其仲裁请求及理由进行反驳，并对于仲裁申请书中适用法律是否有误进行答辩。应根据实际情况，有针对性地进行反驳。如果申请书中的事实已被否定，则必然引起适用法律的改变，论证理由可从简；如果申请书中的事实正确，只是法律适用有误，则应据理反驳；如果申请书违反《仲裁法》的有关规定或与双方所签订的仲裁协议内容不符，不具备引起仲裁程序的条件，则可依《仲裁法》及仲裁协议的有关内容进行反驳；等等。无论采用哪种方法，都必须注意言之成理，不能歪曲事实，无理强辩。

（三）尾部

1. 写明致送的仲裁委员会名称。

2. 答辩人署名，注明答辩日期，并加盖印章。

3. 附项。注明仲裁答辩书副本的份数，以及提交证据的名称份数，并按编号顺序附于答辩书后。

（四）仲裁答辩书基本格式

仲裁答辩书

答辩人：（自然人）

答辩人名称：（法人和其他组织）

地址：_____

法定代表人：_____

职务：_____

住址：_____

电话：_____

委托代理人：_____ 性别：_____ 年龄：_____ 工作单位：____

_____ 职务：_____ 住址：_____

_____ 电话：_____

被答辩人：（同上）

被答辩人_____申请仲裁_____

_____一案，我方现提出答辩意见如下：

_____

_____

_____

_____

此致

_____仲裁委员会

附：1. 答辩书副本_____份；

2. 其他证明材料_____件。

答辩人：_____（盖章）

法定代表人：_____（签章）

年　月　日

制作实训

一、仲裁答辩书实例

仲裁答辩书

答辩人：合肥××房地产开发有限公司，住所地合肥市黄山路××号，统
一信用代码

法定代表人：林××

被答辩人：黄××，男，年籍等祥卷。

答辩人就贵会受理的答辩人与被答辩人购房合同纠纷一案，提出如下答辩意见：

1. 答辩人与被答辩人签订《购房协议》有效，双方已实际履行。

2010年5月，答辩人与被答辩人签订《购房协议》，协议约定被答辩人购买答辩人位于合肥市××路××幢××××号房屋一套，双方对该房价款、交付时间等做了具体规定。合同签订后，答辩人按约履行了义务，被答辩人也已履行了合同义务。

2. 被答辩人的仲裁请求没有事实和法律依据。

在双方合同义务都履行完毕的今天，被答辩人突出房屋质量问题，显然是没有依据的。答辩人在交付标的物时，特地聘请了验房师、公证员对整个交房、验房过程进行了公证，被答辩人对此也是认可的，并且也在文件上签了名。

综上，答辩人认为被答辩人提出的仲裁请求没有事实和法律依据，提请仲裁庭驳回被答辩人人的仲裁请求。

此致

合肥仲裁委员会

答辩人：合肥××房地产开发有限公司

二〇一一年六月二十四日

二、实例评析

1. 这份仲裁答辩书格式基本正确，但没有写明案件的由来，即答辩人收到仲裁机构转来的申请人提交仲裁申请书的时间、案由。

2. 答辩人能够针对申请人的请求作出仲裁答辩书，做到有的放矢。

3. 简述答辩意见，条理清楚，指出答辩人与申请人所签订的合同合法有效，且双方已实际履行了合同内容，有力地驳斥了对方的请求。

三、制作仲裁答辩书还应注意的事项

1. 如果被申请人认为仲裁协议无效或者受案的仲裁委员会不是约定的仲裁委员会，不应答辩。

2. 答辩要围绕申请人的仲裁请求及双方签订的合同进行。一方面，答辩书的事实及理由应当紧紧围绕申请人的仲裁请求进行，证明申请人的仲裁请求哪些是不成立的，哪些是没有事实依据的，哪些是缺乏法律依据的。另一方面，还要针对合同进行答辩。被申请人应对照合同，看对方指责己方如何违反合同，违反的是什么条款，再结合实际作出答辩。

第五节　仲裁调解书

案例导入

一、案件基本情况

杜××从合肥×××房地产开发有限责任公司处购得商住房一套，合同约定 2011 年 12 月交房，可是合肥×××房地产开发有限责任公司到 2012 年 10 月才交房。双方自行协商未果，杜××到合肥仲裁委员会申请仲裁，合肥仲裁委员开庭庭审后，查明了案件事实，通过多次工作，双方达成一致意见。

二、案例提示

这种比较简单的案件，仲裁庭在作出裁决前一般是着重进行调解的。

教学内容

一、仲裁调解书概述

（一）含义

仲裁调解书是指仲裁机构通过调解方式，根据当事人双方自愿就申请仲裁的争议事项达成的协议制作的法律文书。

（二）制作依据

我国《仲裁法》第51条规定，仲裁庭在作出裁决前，可先行调解。当事人自愿调解的，仲裁庭应当调解。调解达成协议的，仲裁庭应当制作调解书。这是制作仲裁调解书的法律依据。

调解不是仲裁的必经程序，仲裁庭应当在查明事实、分清是非的基础上，以自愿、合法为原则，进行调解。调解书经双方当事人签收后，即发生法律效力。如果一方当事人不履行调解书，另一方当事人可以据此向有关的人民法院申请强制执行。

二、制作要点

1. 调解书写作必须实事求是。调解协议既可以依法达成，也可以依照一定的社会情理达成。

2. 调解书的内容应与事实相符，并且要合乎法律的规定，不得损害国家、集体和第三人利益。

3. 调解书的内容必须完备，具有可操作性。双方权利、义务要具体明确，不能含糊不清，以便义务人认真遵照执行。

三、仲裁调解书的结构、内容和写作方法

仲裁调解书的内容和写作方法与民事调解书大体相同。

（一）首部

1. 标题。写明文书标题，包括仲裁机构名称、文书名称，如"××仲裁委员会仲裁调解书"。

2. 文书编号。在右下方标明文书的编号，如"〔××××〕×仲调字第×号"。

3. 基本情况。写明申请人和被申请人以及法定代表人或主要负责人、委托代理人的基本情况。

4. 案由。写明仲裁委员会受理案件的依据、仲裁庭的产生方式和组成情况，以及仲裁庭对案件的审理情况。这一部分的写法与仲裁裁决书的要求相同。

（二）正文

1. 写明双方当事人争议的事实和仲裁请求。当事人争议的事实以及仲裁庭查明的事实可以简写。仲裁请求事项应书写清楚、完整。

2. 调解经过。具体表述为："开庭后，在查明事实、分清责任的基础上，征得双方当事人的同意（或当事人自愿申请调解），仲裁庭主持了调解。双方自愿达成如下协议。"

3. 协议内容。写明双方对争议问题所达成协议的具体内容，这是仲裁调解书的核心内容。仲裁庭应当对双方当事人达成协议的具体内容进行审查，确认其与事实相符，没有自相矛盾，并且不违反法律的禁止性规定，不损害他人的合法权益。协议内容较多的，应当分项列明。

（三）尾部

1. 写明仲裁费用的负担情况。

2. 写明仲裁调解书的效力，即"本调解书与仲裁裁决书具有同等法律效力，自双方当事人签收之日起生效"。

3. 仲裁员、书记员签名，加盖仲裁委员会印章，注明调解书的作出日期。

（四）仲裁调解书基本格式

××仲裁委员会
调解书

〔××××〕×仲调字第×号

申请人：×××，住所地：×××，统一社会信用代码×××××××××

法定代表人：×××　　职务：×××

委托代理人：×××　　　职务：×××

被申请人：××　　　　　地址：××

法定代表人：×××　　　职务：×××

委托代理人：×××　　　职务：×××

申请人×××因与被申请人××＿＿＿＿＿＿＿＿＿一案于××××年××月×日向本仲裁委员会提出仲裁申请。（写明仲裁庭的组成、形式、开庭审理经过，当事人及其他仲裁参与人到庭的情况），现查明：

案件事实：××××××

本案在审理过程中，经本庭主持调解，双方当事人自愿达成如下协议：

××××××（写明协议的内容）。

××××××（写明仲裁费用的分担）。

本调解书与裁决书具有同等法律效力，自双方当事人签收之日起生效。

首席仲裁员：×××

仲裁员：×××

仲裁员：×××

××××年××月×日

办案秘书：许××

制作实训

一、仲裁调解书实例

××仲裁委员会

仲裁调解书

［××××］×仲调字第×号

申请人杜××，男，1965年9月23日出生，身份证号码：×××××××××××××××××××，汉族，安徽淮南人，自由职业，住合肥市怀宁路×号。

委托代理人：刘×佰，安徽××律师事务所律师。

被申请人：合肥××房地产开发公司，地所地合肥市黄山路××号，统一社会信用代码×××××××

法定代表人：林××

委托代理人：董××，安徽××律师事务所律师。

申请人××与被申请×××之间的商品房买卖合同纠纷一案，本会受理后依法由龙××、王××、陈××组成仲裁庭，对本案进行了开庭审理。申请人

×××及其委托代理人刘×佰，被申请人的委托代理人董××，出庭参加了仲裁，本案现已审理终结。

现查明：申请人与被申请人于 2007 年 9 月签订购房合同，申请人购买被申请人位于×××小区住房一套，价格为 525 000 元，交房时间为 2008 年 6 月前，逾期交付房屋 90 日内按照已交购房款日 1.5‰支付违约金，超过 90 天内按照交购房款日 2‰支付违约金。逾期办理房屋产权登记手续，按照已交购房款的 0.5%支付违约金。合同签订后申请人如约支付了购房款，被申请人逾期 50 天交房，产权证至今没办理。

在仲裁庭的主持下，申请人与被申请人在平等自愿的基础上，本着互谅互让的原则，经友好协商，达成调解协议如下：

一、被申请人合肥××房地产开发公司给付申请人杜××逾期交付房屋违约金和逾期办理产权手续违约金 35 000 元。

二、仲裁费用 7600 元，由合肥××房地产开发公司承担 3800 元，由申请人杜××承担 3800 元。

上述款项由被申请人合肥××房地产开发公司自本调解书下发后一个月内给付申请人杜××。

本调解书自双方当事人签收之日起即发生法律效力。

首席仲裁员：龙××

仲裁员：王××

仲裁员：陈××

二〇一一年六月二十四日

二、实例分析

1. 该份仲裁调解书体现了当事人自愿原则。尤其是协议内容，是在双方自愿、相互协商、互谅互让的基础之上达成的，因此不宜使用任何强迫性语言。

2. 该份仲裁调解书协议的内容明确、具体，方便执行。

第六节　仲裁裁决书

案例导入

一、案件基本情况

安徽××建设集团有限责任公司与合肥××建设投资有限公司于 2008 年 6 月 23 日签订了合肥××工业园区××路道排工程建设施工合同。安徽××建设集团有限责任公司按约履行了合同义务，合肥××建设投资有限公司却托辞拒付部分工程款。为此，安徽××建设集团有限责任公司向合肥仲裁委员会提出申请，请求合肥××建设投资有限公司立即支付剩余工程款及利息。合肥仲裁委员会经过审理后，多次进行调解，未能成功，仲裁庭经过合议，对该案进行了裁决。

二、案例提示

《仲裁法》第51条规定，仲裁庭在作出裁决前，可以先行调解。当事人自愿调解的，仲裁庭应当调解。调解不成的，应当及时作出裁决。本案在仲裁庭主持下进行了多次调解，因种种原因未能调解成功。根据《仲裁法》之规定，应当及时裁决。

教学内容

一、仲裁裁决书概述

（一）含义

仲裁裁决书是指仲裁庭对当事人申请仲裁的纠纷争议依照法律进行审理后，根据查明的事实和认定的证据，适用有关法律，就实体问题所作的书面处理决定。

根据我国《仲裁法》的规定，仲裁实行一裁终局制，仲裁裁决书作出后，任何一方当事人不得向人民法院起诉，也不得向任何其他机构，包括仲裁机构提出变更仲裁裁决的请求。一方逾期不履行义务的，对方当事人可以申请人民法院强制执行。

（二）制作依据

《仲裁法》第54条规定："裁决书应当写明仲裁请求、争议事实、裁决理由、裁决结果、仲裁费用的负担和裁决日期。当事人协议不愿写明争议事实和裁决理由的，可以不写。裁决书由仲裁员签名，加盖仲裁委员会印章。对裁决持不同意见的仲裁员，可以签名，也可以不签名。"该条文是制作仲裁裁决书最直接的法律依据。

二、仲裁裁决书的结构、内容和写作方法

仲裁裁决书与民事判决书的内容和写作方法基本一致，尤其在正文部分叙述事实、进行说理论证时可参考民事判决书的写作方法。但在文书的首部和尾部则应注意仲裁裁决书与民事判决书的区别。

（一）首部

1. 标题。包括仲裁机构名称和文书名称，分两行写明"××仲裁委员会""仲裁裁决书"。

2. 文书编号。在文书标题右下方注明文书编号，如"（××××）×裁字第×号"。

3. 申请人和被申请人（包括法定代表人、委托代理人）的基本情况。

4. 案由。主要写明案件的程序事项，包括仲裁委员会受理案件所依据的仲裁协议及仲裁申请，仲裁员的选定、指定及仲裁庭的组成情况，仲裁庭对案件的审理情况等。这一部分主要是为了表明仲裁程序的合法性。

（二）正文

仲裁裁决书与民事判决书较为接近，一般包括双方当事人争议的事实、请求和理由、仲裁庭认定的事实和理由、仲裁裁决的具体结果。

1. 当事人的仲裁请求、争议的事实和理由。具体包括申请人针对具体争议提起的诉讼请求、根据的事实和理由，被申请人对申请人提出的仲裁请求所作的答辩，以及第三人陈述的主要意见。如果被申请人提出反请求的，还应将反请求的事实写在裁决书上。

2. 仲裁庭认定的事实和理由。一般以"经审理查明"作为开头语，然后根据开庭审理的情况，写明经过庭审，仲裁庭依法认定哪些事实，对哪些证据予以采纳。

仲裁庭认定的事实部分应写明以下两方面：①写明当事人之间法律关系发生的时间、地点和内容；②写明产生纠纷的原因、经过、情节和后果。

在叙述清楚仲裁庭认定的事实之后，还应当写明认定事实的证据。证据的书写主要有两种方法：一是在叙述事实过程中一并分析列举证据；二是在叙述事实之后，单独分段分析列举证据。具体选择哪一种方法写作，要依据案件的具体情况而定。

3. 裁决的理由。仲裁裁决的理由部分，应当写明裁决的事实理由和法律依据。

（1）事实理由。裁决的事实理由就是根据仲裁庭认定的事实和有关法律、法规和政策，阐明仲裁庭对纠纷的性质、当事人的责任以及解决纠纷方式方法的意见。

（2）法律依据。对事实理由分析论证后，必须写清楚判决所依据的法律。凡是有具体法律规定的，都应该准确地加以引用。特别法有明文规定的，应当引用特别法，无须再引用普通法；特别法中没有规定的，援引普通法。同时要处理好法律规定中基本原则与具体规定的关系，凡是有具体规定的，应当援引具体规定，无须援引基本原则的规定；凡是没有具体规定的，就援引基本原则的规定。援引法律条款应当按照条、款、项、目的顺序写明。适用哪一层次的规定，就应当具体引用到哪一个层次。引用法律时，遇到适用多个法律的情况的，援引的法律必须全面，不能有所遗漏。

4. 裁决结果。裁决结果是仲裁庭根据案件的事实，依照法律的有关规定，就仲裁纠纷如何解决作出的具体处理决定。它应用肯定、明确、具体的文字确认当事人之间的民事权利义务，从而解决纠纷。裁决结果的语言要准确，表述要清楚、明确，不能模棱两可；裁决的结果要具有可实施性，切忌笼统、抽象，无法执行；裁决结果的事项要完整，对争议的解决，不能只对主要问题作出处理，而忽视其他次要问题。总之，在写作裁决书的结果时，一定要反复推敲，做到精益求精。

（三）尾部

1. 写明仲裁费用的负担情况。这一部分要根据裁决的结果，准确写明仲裁费用的数额，确定是一方负担还是双方分担以及如何分担。

2. 效力。写明仲裁裁决书的效力，即"本裁决为终局裁决，自作出之日起生效"。

3. 仲裁员、书记员签名，注明日期，加盖仲裁委员会印章。根据《仲裁法》的规定，对仲裁裁决持有不同意见的仲裁员，在仲裁裁决书上可以签名，也可以不签名。

（四）仲裁裁决书基本格式

××××仲裁委员会
仲裁裁决书

（××××）×裁字第××号

申请人：×××

被申请人：×××

（当事人可以委托代理人）

案由：（写明双方争议的内容及各自陈述的意见）

现查明：……（写明仲裁庭查明的事实和认定的证据）

本会认为：……（写明裁决的理由）依照……（写明裁决所依据的法律条款项目）之规定，裁决如下：

（裁决结果分项列明）

一、……

二、……

三、本案仲裁费××元，由×××承担。

本裁决为终局裁决。

首席仲裁员：×××

仲裁员：×××

仲裁员：×××

××××年××月×日

办案秘书：×××

制作实训

一、仲裁裁决书实例

合肥仲裁委员会
仲裁裁决书

（2013）合裁字第××号

申请人：合肥××物业管理有限公司，住所地：合肥市××北路6×8号7幢103室。

法定代表人：李××，董事长。

委托代理人：林××，安徽××律师事务所律师。

被申请人：合肥××置业有限公司，住所地：合肥市××区物流大道北兴华苑×号门面房××室。

法定代表人：陈×，董事长。

委托代理人：汪××，安徽××律师事务所律师。

合肥仲裁委员会（以下简称本会）依据申请人合肥××物业管理有限公司（以下简称申请人）2013年1月6日向本会提交的仲裁申请书，以及申请人与被申请人于2010年7月6日签订的《前期物业管理委托合同》中的仲裁条款，受理了上述双方当事人之间上述合同项下的争议仲裁案。

依据本会仲裁规则，本会依法组成了由首席仲裁员龙××、仲裁员陈×、仲裁员夏××组成的仲裁庭，并于2013年4月22日不公开开庭审理了本案。申请人委托代理人林××到庭参加了仲裁活动，被申请人经本会合法通知未到庭。本案现已审理终结。

申请人申请称：2007年7月6日，申请人与被申请人签订《前期物业管理委托合同》，约定由申请人为被申请人开发的××××小区提供前期物业管理服务。合同签订后，申请人即按约定进驻该小区提供物业管理服务。申请人多次向被申请人主张物业管理服务费，但被申请人均以种种理由拒绝支付。申请人为维护其合法权益，向本会申请仲裁，其仲裁请求为：①依法裁决被申请人支付商办楼物业服务费926 000元；②裁决被申请人承担本案仲裁费用。

申请人为证明其仲裁请求向本会提供以下证据：①申请人公司营业执照、收费许可证；②《前期物业管理委托合同》；③业主手册；④合肥市物价局《关于"××××"小区物业服务收费标准的批复》；⑤合肥市房产局《证明》；⑥2008～2012年催费通知及业主回访；⑦2009年7月13日给被申请人的催费通知；⑧收费单据、发票；⑨会议纪要；⑩合肥市房屋所有权登记、转让审核表7份。

本会经审理查明：×××小区系由被申请人开发建设。2007年7月6日，申请人与被申请人签订《前期物业管理委托合同》，约定由申请人为被申请人开发的×××小区提供前期物业管理服务。该合同第9条第5项约定："本合同在履行中如发生争议，双方应协商解决，协商不成时，提请物业管理主管部门调解，调解不成的，可向合肥市仲裁委员会申请仲裁解决。"2013年1月6日，申请人以被申请人商办楼101室、102室、103室、201室、301室、401室、501室、601室及车库未按约定交纳物业服务费为由，提出仲裁至本会。

以上事实，有申请人提供的《前期物业管理委托合同》、业主手册、合肥市物价局《关于×××小区物业服务收费标准的批复》、合肥市房产局《证明》和庭审笔录等在卷佐证。

本会认为：本案所涉《前期物业管理委托合同》系双方依法签订，是双方真实意思表示，内容、形式符合法律规定，应为合法有效。申请人依约提供物业管理服务，×××小区业主即物业所有人应当按照约定向被申请人支付相应的物业服务费用。被申请人作为×××小区的开发建设单位，未举证证明×××小区商办楼101室、102室、103室、201室、301室、401室、501室、601室及车库已经出售或者已经交付给物业买受人，按照《物业管理条例》第42条的规定，物业服务费用应由被申请人承担，申请人主张被申请人支付上述物业所欠缴的物业服务费用合计926 000元有事实和法律依据，本会予以支持。据此，本会根据《中华人民共和国合同法》第八条、《中华人民共和国仲裁法》第五十一条第一款之规定，裁决如下：

一、被申请人自收到本裁决书之日起10日内一次性支付给申请人物业服务费用926 000元；

二、驳回申请人的其他仲裁请求。

如被申请人未能按本裁决指定的期间履行给付金钱的义务，应当依照《中华人民共和国民事诉讼法》第二百五十三条之规定，加倍支付迟延履行期间的债务利息。

本案仲裁受理费×××元、处理费×××元，由被申请人承担（本案仲裁费用已由申请人预付，被申请人应将其承担的仲裁费用与上述第一项一并支付给申请人）。

本裁决为终局裁决。

首席仲裁员：龙××

仲裁员：陈×

仲裁员：夏××

2013年5月××日

办案秘书：×××

二、实例分析

1. 这份仲裁裁决书格式正确。

2. 裁决的结果具有可实施性。

技能拓展

1. 仲裁文书与民事诉讼文书有哪些区别？

【答案提示】

仲裁与诉讼都是解决民事纠纷的重要机制。在仲裁与民事诉讼活动中，都必须依法写作和使用相应的法律文书，有些仲裁文书与民事诉讼文书的效力基本相同，如仲裁裁决书与民事判决书均具有强制执行的效力。但仲裁文书和民事诉讼文书是两类性质不同的法律文书，二者间的区别主要体现在以下几个方面：

（1）写作主体不同。仲裁文书的写作主体是仲裁机构和仲裁当事人，而民事诉讼文书的写作主体是人民法院和诉讼当事人。仲裁机构属民间组织，不具有任何强制性权力，只能在法律规定的范围内，根据当事人的仲裁协议和仲裁申请解决部分民事纠纷，并写作有关的仲裁文书。而人民法院是国家审判机关，依照《民事诉讼法》对民事纠纷进行审理，并依法享有强制性的司法权力，例如，可以决定对有关财产或证据进行保全，对妨害民事诉讼的行为人采取强制措施，对生效法律文书予以强制执行，等等。

（2）启动条件不同。仲裁的前提是双方当事人达成仲裁协议，表明自愿将争议提交仲裁机关，否则，仲裁机构不予受理。而民事诉讼不需要双方协商，只要一方当事人的起诉符合法定条件，法院就会受理。如选择了仲裁，就意味着已放弃了诉讼的权利。仲裁相对于诉讼来讲，能够更多地体现当理人的自主性，且程序快捷、方便。

（3）适用范围不同。仲裁文书适用的案件范围只能是合同纠纷和其他财产权益纠纷，对于婚姻、收养、监护、扶养、继承等人身关系纠纷，以及行政争议等，则不能适用。而民事诉讼文书的适用范围非常广泛，不仅包括财产权益纠纷，还包括人身关系纠纷。

（4）文书种类不同。仲裁与诉讼的性质不同，有关的制度、原则、程序也不完全相同，因此，表现在文书的种类上，仲裁文书与民事诉讼文书也不相同。例如，诉讼实行两审终审，民事诉讼文书中包括上诉状。生效的判决书、裁定书或者调解书确有错误的，允许通过再审程序进行纠正，有关的诉讼文书包括当事人提出的再审申请书或申诉状、法院的再审裁定书等。而仲裁实行一审终审，仲裁文书中没有上诉或再审的文书。仲裁程序允许当事人自行选择仲裁庭的组成方式和组成人员，因此，仲裁文书中包括选定仲裁员声明书、委托指定仲裁员声明书等。但在诉讼程序中，审判组织和审判人员却不能由当事人来选择，所以，民事诉讼文书中不存在上述类别。

（5）文书中当事人的称谓不同。仲裁文书与民事诉讼文书中对当事人的称谓也不相同。例如，民事诉讼文书中，一审当事人被称为原告、被告，二审中被称为上诉人、被上诉人，执行程序中被称为申请执行人、被申请执行人。而仲裁文书中的当事人则被称为申请人、被申请人。

2. 简述仲裁申请书写作条件。

3. 仲裁申请书请求事项的写作要注意哪些问题？

4. 根据下列材料，制作一份仲裁申请书。

【案情简介】

2010 年苏××与淮南×××房地产开发公司签订合同，购得该开发公司开发的商品房 1 套，面积 152 平方米，合同约定 2012 年 1 月交房。交房后，苏××发现面积只有 142 平方米，苏××多次与该公司就逾期交房、面积短少等事宜多次沟通，该公司不予理睬。苏××无奈，于 2013 年 1 月依据双方签订的商品房买卖合同中的仲裁条款，向合肥仲裁委员会提出申请，请求合肥仲裁委员会就该公司是否违约及如何承担违约责任予以裁决。

【写作要求及提示】

（1）格式要正确。

（2）仲裁请求应围绕合同及法律进行，所提出的仲裁请求应有相应的法律及合同依据，不能主观臆断。

第十一章

律师文书与律师代书常用文书

学习目标

1. 掌握律师文书与律师代书文书的概念、特征、写作依据。

2. 能够掌握律师文书及律师代书文书的结构、内容和写法，能根据文书制作要求，写出合格的律师文书及律师常用文书。

3. 熟悉诉讼流程，熟练掌握常用诉讼法律文书的制作方法和制作要求，能够根据案件事实，运用相关法律知识和文书制作知识独立制作民事起诉状、答辩状、代理词、辩护词、上诉状等常用诉讼文书。

4. 通过文书制作实训，使学生能够得到较充分的法律思维训练和文书制作技能训练，提高学生办理刑、民事诉讼案件的法律实务能力，培养学生法律职业素养。

第一节　律师文书与律师代书文书概述

教学内容

一、律师文书与律师代书文书概述

（一）概念

律师文书是指律师在依法提供法律服务时以自己名义写作的具有法律意义的文书的总称。

律师代书文书是指律师在依法提供法律服务时以委托人名义写作的具有法律意义的文书的总称。

（二）写作主体与写作依据

律师文书与律师代书文书的写作主体是依法取得司法资格并在律师执业机构执业的律师。

《律师法》第 28 条规定，律师可以从事下列业务：①接受自然人、法人或者其他组织的委托，担任法律顾问；②接受民事案件、行政案件当事人的委托，担任代理人，参加诉讼；③接受刑事案件犯罪嫌疑人、被告人的委托或者依法接受法律援助机构的指派，担任辩护人，接受自诉案件自诉人、公诉案件被害人或者其近亲属的委托，担任代理人，参加诉讼；④接受委托，代理各类诉讼案件的申诉；⑤接受委托，参加调解、仲裁活动；⑥接受委托，提供非诉讼法律服务；⑦解答有关法律的询问、代写诉讼文书和有关法律事务的其他文书。《律师法》第28 条是律师从事业务范围的依据，也是律师写作律师文书及代书文书的法律依据。

二、律师文书与律师代书常用文书制作基本要求

（一）以事实为根据

"以事实为根据"的实质要求就是：律师书写的法律文书应有相应的证据材料来证明。

律师书写法律文书前，必须尽可能了解案情。非诉案件律师可以通过听取当事人的陈述和阅读当事人提供的材料了解，也可以接受当事人的委托自行去调查相关情况并取证；诉讼案件还可以在接受委托后去相关办案单位查阅复制材料。在对全部材料综合分析的基础上提炼主旨，紧扣所依据的材料，如实地反映客观情况，切忌主观臆断，随意拼凑。

（二）符合法律规定

律师在掌握了必要的材料和相关证据后，应当根据法律规定进行制作。首先，根据法律规定的律师的业务范围制作相应的文书，制作的文书必须符合法律规定的形式要件；其次，根据法律精神制作文书，文书的内容必须合法；最后，制作的法律文书应当准确恰当地引用法律条文，保证法律文书的严肃性。

（三）主旨鲜明，阐述精当

不论是律师文书还是律师代书文书，都必须确定鲜明的主旨，庄重严肃、结构固定，采用程式化的行文，用词造句要求准确规范，解释单一，言简意赅，通俗易懂，绝不能模棱两可，让人产生歧义。另外，律师应注意不要因为措辞不当而给对方留下把柄，也不要在法律文书中作出对本方当事人不利的陈述。如果发现了有错误存在，应当立即纠正，尽快消除不利影响和后果。

三、律师文书与律师代书常用文书应注意的问题

1. 充分领会当事人的意图和目的。

2. 制作规范。如果是手写的，应当工整、清洁；如果是打印的，应当清晰。法律文书的成稿不应有涂抹。如果确实在成稿后需要涂改、时间紧急的，应在涂改之处进行签注，并向接受文书的一方作出说明。

3. 主旨突出。在文书的表述上，要主旨突出，尽量直接、明确地表达意图；

法律逻辑要清晰，有理有据；文字表达要流畅，行文要简练。

4. 注意技术细节。很多法律文书都是要提交给政府、法院等国家机构的，这些机构对文书纸张、份数等可能有特别要求。因此，在制作文书时，应先了解特别要求再制作。

5. 避免常见错误。比如，起诉状对当事人的名称、地址表述错误或不准确的，可能会导致无法送达诉讼文书，甚至被驳回起诉。

第二节　起诉状

案例导入

一、案件基本情况

张××（男）与王××（女）原系大学同学，后自由恋爱，1998年9月28日领取结婚证自愿结婚。2000年5月25日生一女张×。1999年1月购置了85平方米的住房1套（购置价19万元），2005年购置本田轿车1辆（价值11万元），存款5万元。现因生活琐事，双方经常发生争吵，王××十分痛苦，多次与张××协商要求离婚未果，现王××来到××律师事务所请求提供法律服务，坚决要求与张××离婚。

二、案例提示

离婚纠纷要解决三个方面的问题：一是婚姻问题；二是共同财产分割问题；三是婚生子女的抚养问题。

三、制作起诉状前的准备工作

1. 了解案件事实。向王××了解双方相识相恋的时间、结婚的时间及是否自愿结婚、婚后感情、发生纠纷的时间及原因、过错情况及证据、有无和好可能、目前的状况以及子女及财产等情况。

2. 收集相关证据。根据对案件事实的了解，收集能够证明事实的相关证据。

3. 查阅相关法律、法规、司法解释等。

教学内容

一、起诉状概述

（一）含义

起诉状是指公民、法人或者其他组织认为自己的合法权益受到侵害或者与他人发生民事争议时，为维护自己的合法权益而向人民法院提交的，请求依法裁判的诉讼法律文书。

起诉是民事权利主体所享有的最重要的诉讼权利，民事起诉状更是引起民事诉讼程序的关键法律文书，经人民法院审查并受理后，将直接启动民事诉讼程序。因此，起诉状的制作对维护委托人的合法权益具有重大的意义。

起诉状包括民事起诉状和行政起诉状两大类。二者的写作方法相类似。本节主要介绍民事起诉状。

（二）法律依据

这里的"法律依据"包括制作民事起诉状的法律依据和律师代书民事起诉状的法律依据。

1. 制作起诉状的法律依据。《民事诉讼法》第120条第1款规定，起诉应当向人民法院递交起诉状，并按照被告人数提出副本。第121条规定，起诉状应当记明下列事项：①原告的姓名、性别、年龄、民族、职业、工作单位、住所、联系方式，法人或者其他组织的名称、住所和法定代表人或者主要负责人的姓名、职务、联系方式；②被告的姓名、性别、工作单位、住所等信息，法人或者其他组织的名称、住所等信息；③诉讼请求和所根据的事实与理由；④证据和证据来源，证人姓名和住所。

2. 律师代书起诉状的法律依据。《律师法》第28条第7项规定，律师有权解答有关法律的询问、代写诉讼文书和有关法律事务的其他文书。

二、起诉状的写作条件

（一）原告适格

对民事诉讼而言，原告必须是与本案有直接利害关系的公民、法人或者其他组织。所谓与本案有利害关系，是指原告必须是请求人民法院予以司法保护的民事权益的直接享有者，或是对该民事权益负有法定或约定的保护职责者。如果不是自己的合法权益受到侵犯，自己与他人就不存在民事权利义务的纠纷，就不能以原告的身份向法院提起诉讼。

对行政诉讼而言，原告必须是具体行政行为的相对人，即原告是行政机关管理的对象，是具体行政行为直接侵犯的受害者。如果公民、法人或者其他组织不是本身的合法权益受到行政机关的侵害，则不能以原告的身份提起行政诉讼；如果侵害的来源不是行政机关的具体行政行为，而是其他行为，也不能提起行政诉讼。

（二）被告明确

这里的"明确"主要指姓名或者名称的一致性，即被告的姓名与其在公安部门户籍登记的姓名一致，而被告是法人或者其他组织的，其全称必须与工商行政管理部门或者其他登记管理机构登记的名称完全一致。如果名称不一致，将使得民事起诉状中记录的被告与原告所主张的具体权利所指向的义务人不一致，因此被告不得不撤诉并另行起诉，或被人民法院以裁定的方式驳回原告的诉讼请求。

如何选择适格的被告？起诉状中所列明的被告应当是原告主张权利所对应的义务人。而选择一个正确的被告的前提就是明确诉讼案件所依据的法律关系。律师代书首先应该根据委托人所提供的案件材料综合分析，理顺其中存在的民事法律关系，并根据一定的原则来确定适格的被告：一是依据法律的规定来确定适格的被告。这是一种最普遍的情形，准确地认识案件中所蕴含的民事法律关系，其对应的义务人或者责任人也就随之确定了。二是依据现有的证据材料来确定适格的被告。一个案件中可能蕴涵着不同的法律关系，而不同的法律关系对于相应的法律事实要求均不一样，对于无法通过证据材料加以证实的法律关系显然不能作为诉讼的依据。从有利于委托人的角度出发确定适格的被告的唯一依据就是现有的证据材料以及证据材料所能证实的法律关系。

（三）诉讼请求明确、具体，事实清楚，理由充分

诉讼请求是起诉的目的，是原告所主张权利的具体表现形式，也是人民法院审理的内容和范围，这部分是起诉状的主要内容。诉讼请求必须明确、具体，事实与理由应尽量真实详尽。起诉状中要写明：原告请求通过审判程序解决的问题；对被告的权利主张；双方当事人纠纷发生、发展的事实经过，诉讼请求所根据的事实和理由；对适用法律的意见。

（四）属于人民法院受案范围和受诉人民法院管辖

原告起诉的内容必须属于人民法院受理民事案件的范围，同时属于该人民法院管辖的范围。如果原告起诉的内容不属于人民法院受理民事案件的范围，或者该法院没有管辖权，法院就会作出不予受理的裁定，或者驳回原告的起诉，或者告知原告应向有管辖权的法院起诉。

三、起诉状的结构、内容和写作方法

（一）首部

1. 标题。居中写明"民事起诉状"或"行政起诉状"。

2. 当事人的基本情况。

（1）原告的基本情况。当事人是公民个人时，应当写明其姓名、性别、年龄、民族、职业、工作单位和住所以及联系方式；当事人如系法人，应写明法人全称、住所及其法定代表人姓名、职务以及联系方式；如系其他组织，应写明全称、住所和主要负责人姓名、职务以及联系方式。有诉讼代理人的，还应写明代理人的基本情况和代理权限。

（2）被告、第三人的基本情况。《民事诉讼法》对起诉状中被告的基本情况有明确的规定。要求在起诉状中列明能够确定被告身份的信息，即被告人的姓名、性别、工作单位、住所等信息，被告人如系法人或其他组织的，应写明法人或者其他组织的名称、住所等信息。有第三人的，也应列明其姓名、性别、工作单位、住所等信息，第三人系法人或者其他组织的，也应列明其名称、住所等信息。

（二）正文

1. 诉讼请求。诉讼请求是原告所主张权利的具体表现形式，如何将原告所要求的权利具体化、合理化是制作民事起诉状的重要内容，也是诉讼过程顺利进行乃至最终胜诉的重要基础。

对于民事起诉状而言，具体是指请求人民法院确认原告与被告之间是否存在一定的法律关系，或者变更、消灭原告与被告之间的法律关系，或者请求判令被告履行一定民事义务的具体事项。对于行政起诉状而言，应针对不服被告具体行政行为的情况，分别提出不同的诉讼请求。如请求撤销具体行政行为，或者请求变更具体行政行为，或者要求法院责令行政机关在一定期限内履行职责，或者是请求行政机关损害赔偿，等等。总之，诉讼请求的书写，要求明确、具体、完善。

2. 事实与理由。事实与理由是起诉状的核心部分，是请求人民法院裁决当事人之间权益纠纷和争议的重要依据。应先叙写纠纷事实，再叙写理由。就民事起诉状而言，事实部分着重写明当事人之间的法律关系，法律关系发生的时间、地点和内容，纠纷的原因、过程和结果。理由部分应就双方发生争议的权益性质、危害后果以及被告应当承担的民事责任加以阐述和论证，说明原告提出的诉讼请求是真实、合理和合法的，并引用适当的法律依据，阐明诉讼请求的合理性和合法性。对行政起诉状而言，事实与理由要紧紧围绕诉讼请求进行阐述。对于事实部分，针对被告作出的具体行政行为，写明被告侵犯原告合法权益的时间、经过、原因及结果。这部分分为三个层次叙述：①写明原告是因何缘由引起行政机关作出具体行政行为的；②写明行政机关作出了何种具体行政行为；③写明原告对行政机关作出的具体行政行为是否申请过行政复议，申请过行政复议的，复议机关是否改变了原具体行政行为；复议机关改变了原具体行政行为的，改变后的内容是什么。理由部分应根据不同的案情有针对性地论述。对于被告侵犯原告人身权和财产权的案件，可从被告实施的具体行政行为所依据的事实不真实、适用法律不当、违反法定程序、超越职权、滥用职权、处罚决定过重、显失公平等角度加以论述。对于被告不履行法定职责或拖延履行法定职责的案件，可从原告依法享有请求权，被告应当在一定期限内履行职责的角度加以论述。

3. 证据和证据来源，证人姓名和住址。这一部分可以单独列为一项书写内容，也可以结合叙述案情事实，采取边叙事实边举证的方法，最后再加以简要归结并列出证人名单。现行的大多数做法是单独列出证据目录。

（三）尾部

尾部包括结尾和附项。结尾主要写明致送受诉法院名称、原告的签名或者盖章以及年、月、日等。附项应当写明民事起诉状的副本数、附送证据的名称及件数。

（四）民事起诉状样式

民事起诉状

原告：（写明基本情况）

被告：（写明基本情况）

案由：

诉讼请求：

事实与理由：

证人姓名和住址，其他证据名称、来源（该部分实践中由《证据清单》替代，可不写）：

此致

人民法院

    附：1. 起诉状副本×份；

       2. 证据目录。

具状人：
年 月 日

制作实训

一、起诉状实例

民事起诉状

原告：王××，女，××××年××月××出生，汉族，安徽合肥人，安徽省合肥市××房地产开发有限公司副总，住合肥市长江路××号，联系方式：×××××××××××。

被告：张××，男，××××年××月××出生，汉族，安徽合肥人，安徽省合肥市××局副局长，住址同上，联系方式：××××××××××。

诉讼请求：

1. 判令原被告离婚；

2. 婚生女张×由原告抚养，被告每月支付抚养费1800元，直至张×独立生活时止；

3. 婚后共同财产：位于长江路××号住房归原告所有，本田轿车归被告所有，存款5万元原被告平均分配；

4. 本案诉讼费用××元由被告承担。

事实与理由：

原告王××与被告张××原系大学同学，后自由恋爱。1998年9月28日领取结婚证自愿结婚。双方婚后感情很好，2000年5月25日生一女张×。1999年1月购置了85平方米的住房1套（购置价19万元），2005年购置本田轿车1辆（价值11万元），存款5万元。现因生活琐事，双方经常发生争吵，致使原告王××十分痛苦。××××年××月××日被告竟为琐事对原告大打出手，致使原告多处软组织挫伤，双方感情彻底破裂。后原告多次与被告协商要求离婚，被告不同意。为此，特向你院起诉，请为前诉请求之判决。

　　此致

合肥市××区人民法院

具状人：王××

2013年6月17日

附：证据目录及证据原件1份、复印件2份。

二、实例评析

1. 该份起诉状格式基本正确，符合法院的立案要求。

2. 内容简洁、明确、完整，诉讼请求合理合法。

三、制作起诉状还应注意的问题

1. 起诉状标题应规范，不应将"××起诉状"写为"××起诉书"。

2. 正文中对当事人的称呼，一般用"原告""被告""第三人"。杜绝当事人前后称呼不一致的情况，如不得在起诉状中前面称"我"，中间称"本人"，后面又称"原告"。

3. 对于案由，应按照最高人民法院关于案由的规定及适用规则叙写，不得变更、杜撰。

4. 诉讼请求的提出应明确具体，不应产生歧义。对于多个诉讼请求的，每个请求应分项列明；对于有关财产的请求，应分项列明财产的金额；对于有多个原告或多个被告的案件，应区分诉讼请求的项目是全体原告共同的，还是分项的。如果是分项的，每个原告应当有自己单独的诉讼请求。

5. 对于管辖问题，要注意按《民事诉讼法》及相关司法解释的规定，重点区分地域管辖的适用；对于案件金额较大的，要注意根据不同地域选择级别管辖的法院，因为不同地域级别管辖财产起点金额是不一致的。

技能拓展

1. 简述起诉状与起诉书的异同。

【答案提示】

（1）相同点：二者都属于法律文书。

（2）不同点：首先，二者制作主体不同。起诉书是指人民检察院对公安机关移送审查起诉的案件或自行侦查终结的案件进行审查，认为被告人的犯罪事实清楚，证据确实充分，依法应当追究刑事责任，作出起诉决定后，代表国家将被告人交付人民法院审判时所制作的法律文书。起诉书只能由人民检察院制作。起诉状则包括民事起诉状、行政起诉状、刑事自诉状、刑事附带民事起诉状。尽管这些法律文书的作用、性质不同，但其主要内容及格式却差别不大。起诉状的制作主体是当事人，也可以由律师或他人代书。其次，二者的作用不同。起诉书是具有法律效力的文书，起诉状是具有法律意义的文书。

2. 简述民事起诉状的概念、写作条件。

3. 起诉状诉讼请求的写作要求是什么？

4. 根据下列材料，制作一份民事起诉状。

【案情简介】

2008 年 12 月，合肥的王某与金寨的吴某、李某签订买卖合同，双方约定：王某从吴某、李某处购买木料，用于其承包的位于铁×局在蚌埠的工地用料，双方约定了木料的质量、数量、型号、送货时间、地点，以及货款的结算方式。合同生效后，吴某、李某按合同约定履行了全部义务，王某所挂靠的××劳务公司支付了 19 万元货款，尚欠货款 52 万元。虽经吴某、李某多次催要，王某均托辞拒付。

本案的证据有：双方所签的合同，吴某、李某送货时王某工地人员的签单及王某已付款凭证等书证，以及吴某、李某催款的部分声像资料。

【写作要求及提示】

（1）制作起诉状要符合基本格式的要求，项目要齐全，未尽事宜请酌设。

（2）制作时要选择适格的被告，编制证据目录，注意证据之间的关联性。

（3）诉讼请求的制作必须合理合法，内容要简要、明确、完整。

第三节　答辩状

一、案件基本情况

2012 年 4 月，王××向合肥市××人民法院提起诉讼，起诉称其2011 年 5 月至 7 月三次转给李××人民币 10 万元，经多次催要，李××均托辞拒付。故起诉至法院请求李××返还借款 10 万元及利息 2000 元，并提交了银行的转账记录。李××接到法院送达的起诉状副本后，觉得很冤枉，自己根本就没有向王××借过钱，于是找到××律师事务所，委托律师代为书写答辩状。

二、案例提示

答辩是一种针对起诉、上诉和申诉的应诉行为，是被告和被上诉人、被申请人的诉讼义务。2013 年 1 月 1 日之前，我国的审前程序中没有规定强制答辩制度，诉讼请求和答辩意见随时可以提出，致使现行审前程序难以形成案件争点。2012 年修改后的《民事诉讼法》通过立法制度的设计，要求被告在答辩期的 15 天之内提出答辩，由此可见被告应当提供答辩状，提供答辩状属于被告人的诉讼义务。

三、制作答辩状相关准备工作

1. 阅读和分析民事起诉状或上诉状、申请书副本等，抓住双方争执的焦点，在关键问题上下功夫，切中要害，针对起诉状或上诉状存在的问题进行反驳。

2. 有针对性地了解案件事实，收集相关证据。要针对双方争执的焦点，向当事人了解权益争议的时间、地点、原因、经过、情节和后果，收集能够证明事实的相关证据。

3. 查阅和收集所需资料。根据案件事实以及起诉状或上诉状的诉讼请求及其依据的事实与理由，查阅有关法律、法规、司法解释和政策，收集所需的相关资料。

一、答辩状概述

（一）含义

答辩状是指民事、行政、刑事自诉案件的被告、被上诉人、被申诉人、仲裁案件的被申请人，在收到起诉状、上诉状和申请书副本后，针对起诉、上诉或申请的事实、理由和请求，进行回答和辩解时写作的文书。

答辩状具有下列特征：①必须由民事、行政、刑事自诉案件的被告人、被上诉人、被申请人、仲裁案件的被申请人提出；②必须在法定期限内提出；③必须针对起诉状的内容进行答辩。

不同性质案件的答辩状的写法类似，本节主要介绍民事答辩状。

（二）法律依据

1. 制作民事答辩状的法律依据。《民事诉讼法》第125条规定，人民法院应当在立案之日起5日内将起诉状副本发送被告，被告应当在收到之日起15内提出答辩状。《民事诉讼法》第167条规定，原审人民法院收到上诉状，应当在5日内将上诉状副本送达对方当事人，对方当事人在收到之日起15日内提出答辩状。

2. 律师代书答辩状的法律依据。《律师法》第28条第7项规定，律师有权解答有关法律的询问、代写诉讼文书和有关法律事务的其他文书。

二、答辩状制作条件

1. 制作答辩状的主体是被告、被申请人、被上诉人等，应在制作主体被起诉、被上诉、被申诉、被申请之后制作。

2. 答辩状应具有针对性。制作答辩状是一种应诉行为，因此，答辩状的制作必须针对明确、具体的对象，有的放矢。答辩状不能"主动出击"，只能被动还击。

3. 答辩状应在法定期间内制作。我国相关法律对制作答辩状的时间有明确规定，制作的答辩状必须在法定期间内提出。

三、答辩状结构、内容和写作方法

（一）首部

1. 标题居中写明"民事答辩状"或"行政答辩状"等。

2. 当事人栏。标题之下，直接写明答辩人的基本情况。列明答辩人姓名、性别、年龄、民族、籍贯、职业、单位或住址。如答辩人系无诉讼行为能力人，应在其项后写明法定代理人的姓名、性别、出生年月日、民族、职业、工作单位和职务、住址及其与答辩人的关系。答辩人是法人或其他组织的，应写明其名称和所在地址、法定代表人的姓名和职务。如答辩人委托律师代理诉讼，应在其项目后写明代理律师的姓名及代理律师所在的律师事务所名称。答辩状不需要写明被答辩人的基本情况。

3. 案由部分，主要写明："答辩人因原告（姓名）提起（案由）诉讼一案，现答辩如下：……"或"答辩人于××××年××月××日收到你院转来的原告（姓名）提起（案由）之诉一案的起诉状副本，现提出如下答辩：……"

（二）正文

正文是答辩状的主体部分，也是关键部分。大体包括以下几个方面：

1. 答辩的理由。

（1）就事实部分进行答辩。即对原告或上诉人、申诉人或申请人在诉状、申诉、申请中所写的事实是否符合实际情况表达意见。如果所诉事实全部不能成立，就全部予以否定；部分不能成立，就部分予以否定，提出符合客观真实的事实来加以证明。就事实部分进行论证时，要着重列举证据来证明诉状或申请等所述不能成立，并且要求反证确实、充分，不能凭空否认原告诉状中所述的事实。这里所说的反面证据，一种是直接与原告所提的证据相对抗的证据，另一种是足以否定原告所述事实的证据。

（2）就适用法律方面进行答辩。如系事实有出入，就会引起适用法律上的改变，论证理由则可以从简；如系事实没有出入，但原告对实体法条文理解错误，以致提出不合法要求的，则可据理反驳；如系原告起诉违反《民事诉讼法》的规定，没有具备引起诉讼发生和进行的条件，则可就适用程序法方面进行反驳。

应当注意的是：行政一审案件中的被告负有对其作出的具体行政行为的举证责任，如果举证不能将导致败诉。刑事自诉案件的答辩内容可以单指刑事犯罪问题，也可以单指民事赔偿问题，也可以就刑事和民事两方面进行答辩。

2. 答辩请求。在提出事实、法律方面的答辩之后，引出答辩人的答辩主张，即对原告诉状中的请求是完全不接受还是部分不接受，对本案的处理依法提出自己的主张，请求人民法院予以考虑。答辩状的请求具有法定性。例如，一审民事答辩状的答辩请求主要有：①请求人民法院驳回起诉，不予受理；②请求人民法院否定原告请求单项的全部或一部分；③提出新的主张和要求，如追加第三人；④提出反诉请求；⑤请求与被告和解。如果民事答辩状中的请求事项为两项以上的，在写请求事项时应逐项写明。针对上诉状的答辩状，答辩请求一般为请求法院支持原判决或原裁定，驳回上诉人的请求。

3. 证据。答辩状中有关举证事项，应写明证据的名称、件数、来源或证据线索。有证人的，应写明证人的姓名、住址。

在正文的结尾部分应注意有总结性表述，如"综上所述……因此，请求法院驳回原告的诉讼请求"或"请求人民法院驳回原告诉讼请求的第×项"等。

（三）尾部

1. 致送人民法院的名称。

2. 附项。包括本答辩状副本份数（副本份数应按原告或上诉人的人数提交）和其他有关证据及证明材料。

3. 答辩人签名。答辩人是法人或其他组织的，应写明全称，加盖单位公章。

4. 答辩时间。写明年月日。

（四）民事答辩状的样式

民事答辩状

答辩人：基本情况（姓名、性别、出生年月日、民族、职业、工作单位和职务、住址）

答辩人因_____ 一案（或答辩人因____ 对____ 案所提上诉），提出答辩如下：

_____

_____

_____

_____

此致
_____人民法院

答辩人：
年 月 日

制作实训

一、答辩状实例

民事答辩状

答辩人：李××，男，××××年×月×日出生，汉族，××有限公司职工，住合肥市淮河路××号，联系电话：×××××××××××。

答辩人因王××诉其借款一案，提出答辩如下：

王××诉答辩人向其借款 10 万元不实，证据不足。王××向答辩人转款三次共计 10 万元是事实，但这 10 万元不是借款，而是还款。2010 年 1 月王××因公司经营需要向答辩人借款 10 万元，年利率 10%，约定 2010 年 12 月 31 日还款。借款到期后，经答辩人多次催要才于 2011 年 5 月至 7 月还款，而且没有支付利息。

王××向答辩人借款之事，有证人林××、杜××予以证明。

综上，答辩人认为王××所述不实，请你院依法驳回其起诉。

此致

合肥市××区人民法院

答辩人：

××××年×月×日

附：1. 答辩状副本 2 份。

　　2. 证人证言 2 份。

二、实例评析

1. 此份答辩状观点鲜明，针对民事起诉状的诉讼请求，找出争议的焦点，特别是抓住起诉状中关于事实和理由或者程序方面的问题进行反驳，做到了有的放矢。

2. 答辩人认为对方使用了虚假的事实，就通过再现本案事实的真实面目来推翻对方所陈述的虚假事实，从而达到了否定对方的诉讼请求的目的。

3. 正文的结尾有总结性表述，提出的答辩请求合理、合法。

4. 按原告人数提交副本。

三、制作答辩状的注意事项

1. 答辩状要在法定期间内提交。民事答辩状应当在收到起诉状或上诉状之日起 15 日内提交。

2. 答辩状是一方当事人（即被告或被上诉人、申请人等）提出，故答辩状首部的当事人基本情况中没有"被答辩人"。

3. 答辩状具有驳辩性特征，答辩理由应当观点鲜明，证据确凿充分，才能推翻对方的诉讼主张，使人民法院认可答辩人的答辩意见。

4. 答辩状正文部分的制作应与起诉状或上诉状的内容一一对应，以便审判人员通过比对，充分了解被告或被上诉人的意思表示。除此之外，答辩人可以对主体、身份一并提出答辩意见，但对于管辖异议的提出，应另行制作《管辖异议申请书》，并在答辩期内向人民法院提交，对于存在管辖异议的，不作实体答辩。答辩状正文的结尾应注意有总结性表述，如"综上所述，……因此，请求人民法院驳回原告的诉讼请求"或"请人民法院驳回原告诉讼请求的第×项"等。

5. 答辩语言要简练、得体，避免长篇大论。答辩状重在回答和辩解，应充分地摆事实讲道理，以事实、证据说话，辩驳对方观点要有针对性，切忌言语偏激，强词夺理。

技能拓展

根据下列所给材料，制作一份答辩状。

【案情简介】

广州××公司生产××品牌的卫浴，程××是该品牌卫浴××省的代理商，殷×在××市××建材大市场零售该品牌卫浴，只要客户购买该品牌卫浴，殷×即负责找人免费安装。2013 年×月×日，安装工李××在安装卫浴时，突发心脏病猝死。经协商无果，李××家人将广州××公司、程××、殷×告上法庭。现请为广州××公司制作一份答辩状。

【写作要求及提示】

（1）抓住关键性问题进行辩驳。

（2）答辩理由要充分。

第四节　上诉状

案例导入

一、案件基本情况

2006 年 4 月 21 日晚 21 时许，被告人许×到××市天河区平云路××号的商业银行自动柜员机（ATM）取款，当晚 21 时 56 分，许×在自动柜员机上无意中输入取款 1000 元的指令，柜员机随即出钞 1000 元。许×经查询，发现其银行卡中仍有 170 余元，意识到银行自动柜员机出现异常。许×于是在 21 时 57 分至 22 时 19 分、23 时 13 分至 19 分、次日 0 时 26 分至 1 时 06 分三个时间段内，持银行卡在该自动柜员机指令取款 170 次，共计取款 174 000 元。4 月 24 日下午，许×携款逃匿。××法院于 2007 年 11 月 20 日作出（2007）×中法刑二初字第 196 号刑事判决，认定许×犯盗窃罪，判处无期徒刑，剥夺政治权利终身，并处没收个人全部财产，追缴违法所得 174 000 元归还××银行。被告人许×提出上诉。

二、案例提示

一审刑事案件宣判后，被告有上诉权，可以在法定期限内向上一级人民法院提起上诉。

三、制作上诉状前的准备工作

1. 认真分析第一审人民法院的判决或裁定。上诉人要针对原审裁决的错误之处进行反驳，依法提出上诉请求。因此，制作上诉状之前须认真分析第一审人民法院的判决或裁定，找出一审裁判在认定事实和适用法律方面的错误，或者存在的违反诉讼程序的错误，以有针对性地陈述理由，予以反驳。

2. 有针对性地了解案件事实，收集相关证据。要针对一审裁判在事实上的认定错误，如某种事实根本不存在，或有重大出入，或缺乏证据等，向当事人了解案情，收集相关证据，用确凿的证据说明事实真相，以全部或部分地否定一审裁判认定的事实。

3. 查阅和收集所需资料。根据案件事实以及一审裁判所依据的法律，查阅有关法律、法规、司法解释和政策，收集所需的相关资料，以便提出本案应适用的法律并说明原因。

教学内容

一、上诉状概述

（一）含义

上诉状是指诉讼当事人或者依照法律规定有权提出上诉的公民、法人及其他组织，认为人民法院一审裁判有错误，在法定的期限内向上一级人民法院提出上诉，请求撤销或者变更原裁判的文书。上诉状包括刑事上诉状、民事上诉状和行政上诉状。

（二）法律依据

《刑事诉讼法》第 227 条第 1 款规定，被告人、自诉人及其法定代理人不服地方各级人民法院第一审的判决、裁定，有权用书状或者口头向上一级人民法院上诉。被告人的辩护人和近亲属，经被告人同意，可以提出上诉。该条第 3 款规定，对被告人的上诉权，不得以任何借口加以剥夺。《最高人民法院关于适用〈中华人民共和国刑事诉讼法〉的解释》第 299 条规定，地方各级人民法院在宣告第一审判决、裁定时，应当告知被告人、自诉人及其法定代理人不服判决、裁定的，有权在法定期限内以书面或者口头形式，通过本院或者直接向上一级人民法院提出上诉；被告人的辩护人、近亲属经被告人同意，也可以提出上诉；附带民事诉讼当事人及其法定代理人，可以对判决、裁定中的附带民事部分提出上诉。被告人、自诉人、附带民事诉讼当事人及其法定代理人是否提出上诉，以其在上诉期满前最后一次的意思表示为准。

《民事诉讼法》第 164 条规定，当事人不服地方人民法院第一审判决的，有权在判决书送达之日起 15 日内向上一级人民法院提起上诉。当事人不服地方人民法院第一审裁定的，有权在裁定书送达之日起 10 日内向上一级人民法院提起上诉。第 165 条规定，上诉应当递交上诉状。上诉状的内容应当包括当事人的姓名、法人的名称及其法定代表人的姓名或者其他组织的名称及其主要负责人的姓名，原审人民法院名称、案件的编号和案由，上诉的请求和理由。

《行政诉讼法》第 85 条规定，当事人不服人民法院第一审判决的，有权在判决书送达之日起 15 日内向上一级人民法院提起上诉。当事人不服人民法院第一审裁定的，有权在裁定书送达之日起 10 日内向上一级人民法院提起上诉。

上述规定是写作刑事、民事和行政上诉状的法律依据。上诉状是当事人启动上诉程序，请求撤销或者变更人民法院一审裁判的载体，也是二审人民法院受理案件、进行审理的依据。

二、上诉状的写作条件

（一）只有适格的上诉主体才能制作或者委托他人代为制作上诉状

只有具备法定身份的人才有权提出上诉。有权提出刑事上诉状的主体是刑事公诉案件、刑事自诉案件的被告人，经过被告人同意的近亲属和辩护人，以及刑事自诉案件的自诉人及其法定代理人。有权提出民事、行政上诉状的主体是一审案件当事人、有独立请求权的第三人及其法定代理人。

（二）只能针对法律允许上诉的裁判提出上诉，制作上诉状

根据我国法律规定，可以提出上诉的人民法院判决，只能是未发生法律效力的基层人民法院、中级人民法院和高级人民法院按照第一审普通程序、简易程序审理后所作的判决，按照审判监督程序由一审法院作出的再审判决，以及二审法院发回一审法院重新审理所作出的判决。可以提出上诉的人民法院的裁定，只能是一审法院作出的不予受理的裁定、驳回管辖权异议的裁定和驳回起诉的裁定。

（三）上诉状需在法定的上诉期限内制作

当事人必须在法定期限内提出上诉，才能引起第二审程序的发生。当事人提出刑事上诉状的法定期限分别是：不服判决的上诉期限是 10 日，不服裁定的上诉期限是 5 日；当事人提出民事或行政上诉状的法定期限分别是：不服判决的上诉期限是 15 日，不服裁定的上诉期限是 10 日，均从当事人收到判决书、裁定书的次日起计算。

三、上诉状的结构、内容和写作方法

（一）首部

1. 标题。居中书写"刑事上诉状""民事上诉状""行政上诉状"。

2. 当事人的基本情况。上诉状当事人的基本内容和顺序与刑事自诉状、民事或行政起诉状基本相同，可参照写作。但应注意当事人称谓的变化，一审诉状中的"原告""被告""自诉人""被告人""第三人"等，应根据不同情况

分别改为"上诉人""被上诉人""原审原告""原审被告""原审第三人"等，还要把当事人在一审中所处的诉讼地位（即"原审原告""原审被告""原审第三人"等）用括号加以注明。公诉案件不得把检察机关、被害人作为被上诉人。

（二）正文

1. 上诉请求。对于刑事上诉状，首先用高度概括的语言综合说明案情。其次，详细叙述原审裁判主文，说明对原审裁判主文是全部不服还是部分不服，并指出不服的具体内容。最后，写明请求二审人民法院对原审裁判作部分变更，还是撤销原判，全部改判。例如，"请二审人民法院撤销原判，宣告上诉人无罪"。民事、行政上诉状，应针对第一审人民法院的裁判主文，写明上诉人请求二审人民法院依法撤销或者变更原审裁判，以及如何解决争议的具体请求。

2. 上诉理由。应针对原审判决、裁定在认定事实、适用法律及诉讼程序等方面的不当之处提出其不服的理由，以支持其上诉请求。具体论述时，可针对其中一个或几个方面，运用充分的事实、证据和有关的法律依据加以论证，以说明上诉请求是合理合法的。例如，在写作刑事上诉状的上诉理由时，如果原审裁判认定事实有错误、有出入，要具体指出其错误之所在，并提出确凿、充分的证据予以证明，对原审裁判认定事实错误进行论证；如果原审裁判认定事实的证据不足，应重点指出；如果原审裁判适用实体法错误，对法律条文作了错误的解释，裁判出现偏差，则应据实予以提出对原审裁判适用实体法不当的论证；原审在审理活动中违反了《刑事诉讼法》的规定，因而导致处理不当，影响到案件公正裁决的，应提出对原审违反程序导致案件处理不当的论证。

（三）尾部

尾部为例行的送达用语"此致""×××人民法院"。附本内容为上诉状副本×份，文末为上诉人（单位名称）签署及日期。

（四）上诉状基本格式

1. 民事上诉状（公民个人）格式：

民事上诉状

上诉人（原审原/被告）：基本情况

法定代理人：

被上诉人（原审原/被告）：基本情况

法定代理人：

上诉人因＿＿＿一案，于＿年＿月＿日收到＿人民法院＿年＿月＿日（　　）＿字第＿号民事判决书（或）裁定书，现因不服该判决（或裁定）提出上诉。

上诉请求：＿＿＿＿＿＿＿＿＿＿＿＿＿＿＿＿＿＿＿＿＿＿＿＿＿＿

上诉理由：_____

_____

此致

_____人民法院

上诉人：

年　月　日

2. 刑事上诉状（公诉）格式：

刑事上诉状

上诉人：基本情况

上诉人因_____一案，于____年__月__日收到____人民法院____年__月__日（　）字第__号刑事判决书（或裁定书），现因不服该判决（或裁定）提出上诉。

上诉请求：_____

_____

上诉理由：_____

_____

_____

此致

_____人民法院

上诉人：

年　月　日

附：1. 本诉状副本×份；

　　2. ……

制作实训

一、上诉状实例

民事上诉状

上诉人（原审被告、反诉原告）：××市××房地产开发有限责任公司，住所地：安徽省××市××南路 10 幢 503 号。组织机构代码：×××××××××。

法定代表人：黄××，该公司董事长。

被上诉人（原审原告、反诉被告）：××矿区建筑安装工程处，组织机构代码：×××××××××。

法定代表人：周××，该工程处总经理。

上诉人因不服安徽省××市中级人民法院（2012）×民一初字第00030号民事判决提起上诉，认为该判决认定事实错误，请求你院依法撤销该判决，支持上诉人在一审的反诉请求。

事实与理由：

一、关于上诉人××开发公司应否支付矿区建安处工程款402万元

该判决认为因上诉人与被上诉人于2008年3月9日达成的工程款支付协议并未约定上诉人享有先履行抗辩权，所以在被上诉人未按协议约定履行交付相关资料的义务的情况下，不能成为上诉人拒付工程款的理由。

上诉人认为该认定违背了本案事实，违反了我国法律规定。本案事实是上诉人与被上诉人于2008年3月9日达成的工程款支付协议中明确约定了工程款的支付方式和支付条件，明确约定"余款的30%甲方（上诉人）以现金方式支付乙方（被上诉人），条件为总产权证办好，3个月内付"，"余款的70%甲方（上诉人）以惠民路五号工程2号楼由东向西的门面房或商业网点用房抵扣结清"。同时约定乙方（被上诉人）将两项工程竣工验收合格证20日内提交给甲方（上诉人）。由此可见，双方协议中义务的履行有明确的先后顺序。《合同法》第67条规定，当事人互负债务，有先后履行顺序，先履行一方未履行的，后履行一方有权拒绝其履行要求。先履行一方履行债务不符合约定的，后履行一方有权拒绝其相应的履行要求。本案即属于典型的有先后履行顺序的情形，依据法律规定，上诉人在被上诉人未按协议约定履行交付相关资料的义务的情况下，拒绝履行支付工程款的义务，符合《合同法》规定的先履行抗辩权的情形。

二、该判决认定上诉人应该承担违约责任错误

该判决认为，上诉人未按照约定以××路五号工程2号楼房屋抵扣结清剩余工程款的70%，系违约行为，应承担违约责任。

上诉人与被上诉人双方于2008年3月9日达成的工程款支付协议中明确约定乙方将两项工程竣工验收合格证在20日内提交给甲方（上诉人），这不仅是双方的约定，更是我国法律的规定，《合同法》第279条第1款规定："建设工程竣工后，发包人应当根据施工图纸及说明书、国家颁发的施工验收规范和质量检验标准及时进行验收。验收合格的，发包人应当按照约定支付价款，并接受该建设工程。"根据该规定，工程竣工验收合格是发包人支付工程价款、工程交付使用的前提。原判不顾双方于2008年3月9日达成的协议所约定的先后履

行顺序，掐头去尾地仅仅拎出来上诉人未按照约定以××路五号工程 2 号楼房屋抵扣结清剩余工程款的 70%，即认定上诉人违约，这样的判决不仅认定事实错误，更是严重违反了法律的规定。

三、该判决认为上诉人在反诉时仅以被上诉人未履行 2008 年 3 月 9 日的协议约定为由，要求被上诉人支付违约金并赔偿经济损失的抗辩不属于本案的审查范围，故而不予处理是错误的

1. 上诉人、被上诉人是否违约，是否应该承担违约责任的问题，是在本诉中就该审查的问题。对于该问题，本案本诉已经审查，并且该判决在归纳争议的问题中第一个问题就已经予以认定：被上诉人未按照协议约定在 20 日内将两项工程的竣工合格证提交给上诉人，应承担违约责任。

2. 上诉人关于被上诉人支付违约金并赔偿经济损失的主张是反诉请求不是抗辩。

3. 该判决前后矛盾，在同一段中，前面说"由于双方违约责任的大小及计算标准相同，双方应承担的违约金数额一致，该债务可以相互抵销"，后面却说"不属于本案审查范围"，不予处理。

因此，原判托辞上诉人请求被上诉人承担违约责任的反诉请求不属本案查范围而不予处理是回避矛盾，是错误的。

综上，请你院在查清本案事实后，撤销一审判决，改判支持上诉人在一审的反诉请求。

此致
安徽省高级人民法院

上诉人：××市××房地产开发有限责任公司（印）
20××年 10 月 10 日

二、实例评析

1. 此份民事上诉状格式规范。在列明上诉人和被上诉人基本情况时注意用括号注明其在原审中的诉讼地位。

2. 依法提出上诉请求。

3. 上诉理由能够运用充分的事实证据和有关的法律依据，明确提出原审裁判在认定事实方面存在的错误或不当之处，说明上诉请求的合理性和合法性。

4. 在法律规定的上诉期限内向法律规定的法院提起上诉。

三、制作上诉状的相关准备工作

制作上诉状前，要查阅相关法律、法规、司法解释等，解读一审判决书。

上诉的目的是要求改判，这就要求必须证明或论证一审裁判存在错误。因此，制作上诉状首要的工作是解读一审判决书。解读一审判决书通常从以下几

方面入手：

1. 从结构上解读一审判决书。如一审民事判决书由首部、正文、尾部组成，分析判决书在结构上有没有做到"五对应"，即当事人、诉讼请求、认定的事实、说理、判决主文是否对应。比如，原告向法院起诉要求被告返还 2 万元欠款，但没有提出要求被告返还 2 万元的利息。如果法院在判决返还 2 万元的同时，判决被告返还 2 万元的利息，这就是诉讼请求与判决主文不相对应。

2. 细致分析一审判决书认定的事实。如果对判决书认定的事实没有争议，应当尽量找出判决书应当认定又未被认定的对委托人有利的事实。对于争议的事实，要细致地分析判决认定事实的证据：一要对证据进行具体分析论证，要从客观性、合法性、关联性对证据进行分析判断，在此基础上分析判决书对证据采信的理由和由证据推演出事实的认识过程。二要看认定的案件事实与判决书采信的证据的紧密性，看认定事实与采信证据是否一致，既不能离开证据谈事实，也不能离开事实谈证据。对于争议的事实，要细致分析判决认定事实的证据。

3. 解读一审判决书适用的法律。判决书适用的法律是否正确，直接影响判决的理由是否正确。适用法律正确包括以下几层含义：①针对性适用法律，要针对当事人争议的焦点问题；②要全面，不能对整个案件的法律适用只引用一部分，而另一部分不引用；③法律适用条件范围要正确，不能超出法律的适用范围。

四、制作上诉状的注意事项

1. 上诉请求部分要明确、具体、详尽，不能含糊其辞。

2. 上诉理由必须具有鲜明的针对性，要针对一审裁判存在的主要问题提出恰当的要求。

3. 上诉理由必须据实依法说理反驳。

4. 上诉理由要恰如其分，力戒言过其实，无限上纲。

技能拓展

1. 应从哪几个方面撰写刑事上诉理由？

【答案提示】

（1）从原审裁判认定案件事实有误方面提出上诉理由。在书写上诉状时，首先应审查原审法院认定的事实是否属实，把原审法院认定的案件事实作为切入点，找出能证明其有不当之处的证据材料。

对于原审裁判所认定的事实，如果认为完全缺乏证据，或者认为原审裁判所依托的证据存在瑕疵和不实或者张冠李戴或者无中生有，应以此作为靶子，进行全面分析论述，依据充分有力的事实、证据和法律，请求上级法院撤销原审裁判，宣告被告人无罪；如果认为原审裁判在认定事实上属于歪曲事实或夸大事实等情况，应先叙述本案的事实原貌，并用证据加以证实，请求上级法院对上诉人作出从轻判决；如果认为原审裁判认定事实不清、证据不足，可以请求对本案重新审理。在具体反驳时应注意，所用的事实与证据应当确实、充分、有力，才能经得起二审人民法院的审理、审查，实现上诉目的。

（2）从原审裁判定性有误方面提出上诉理由。定性是否准确，直接影响到对被告人的量刑问题。写作上诉状时以此作为突破口，运用法律条文、法学理论，论证罪与非罪的区别或是此罪与彼罪的区别，指出原审裁判定性有误之处，并分析因此导致对被告人作出不正确判决的后果。同时还要提出该案应当从轻、减轻、免刑或是无罪的请求。论证要有破有立，立论驳论兼而使用，全面阐述上诉意见。

（3）从原审裁判适用法律不当方面提出上诉理由。对原审裁判适用法律不当的，在上诉理由中，应提出正确适用法律的意见，反驳错误适用法律的观点。在反驳时，所提出的法律依据应当准确、恰当、有力，以备二审人民法院审查。

（4）从违反审判程序方面提出上诉理由。如果一审人民法院的审判活动有违反《刑事诉讼法》的规定之处的，应提出上诉理由。例如，办案人员应当回避而未回避的，必须有辩护人辩护的案件而无辩护人的，应当公开审理的案件而未公开的，审判组织不合法的，等等，都可以作为上诉理由提出。

上述四个方面，应当从实际出发，若存在一处错误，就驳一处；若全部错误，就一一驳斥。注意灵活运用。

2. 有权提出刑事上诉状的主体是哪些？

3. 根据本节"案例导入"的材料，制作一份刑事上诉状。

第五节　代理词

案例导入

一、案件基本情况

原告张×与被告林××于2010年7月27日在××市××区民政局协议离婚。离婚时，被告按照原告要求签订离婚协议。离婚后，原被告按照该协议履行了离婚协议内容。2年后，原告提起诉讼，要求分割离婚后财产。请为被告林

××撰写一份代理词。

二、案例提示

民事案件代理词是司法实践中比较常用的法律文书。在民事诉讼中，原、被告的诉讼地位是一样的。不仅原告的诉讼代理人有权在民事诉讼中，依据事实和法律，代表原告材料、处理意见及要求进行系统发言，被告的诉讼代理人也应当维护当事人的合法权益，协助人民法院对案件作出公正处理。在实践中，很多当事人缺乏专业法律知识和诉讼能力，仅以其自己的能力往往难以最大限度地获得诉讼利益，为维护自身的合法权益，需要委托诉讼代理人。

三、制作代理词前的准备工作

代理词根据委托人的不同而有所区别，例如，一审原告和二审上诉人的代理人，其代理词主要是阐述起诉或上诉的理由；一审被告和二审被上诉人的代理人，其代理词主要是针对原告的起诉和上诉人的上诉意见进行反驳。但总体而言，制作民事案件代理词应做好如下准备工作：

1. 了解案件事实，调查收集证据。我国《民事诉讼法》第 61 条规定："代理诉讼的律师和其他诉讼代理人有权调查收集证据，可以查阅本案有关材料。查阅本案有关材料的范围和办法由最高人民法院规定。"因此，代理人应向当事人了解民事权益争议发生的时间、地点、原因、经过、情节和后果，及时查阅本案有关材料，调查收集相关证据。

2. 在起诉、证据交换、阅卷后对诉讼请求和证据等方面进行再梳理，分析双方诉讼请求的优势和劣势，同时确定和预备对方可能出现的诉讼策略以及我方应采取的应对办法。同时，应透过对方当事人的证据和答辩状，预估其诉讼策略，注意对方举证与本方举证是否冲突、对方证据之间是否冲突及举证是否符合法定要求。

3. 根据案件事实查阅有关法律、法规、司法解释，了解相关政策，收集所需相关资料。

教学内容

一、代理词的概述

（一）概念

代理词是指律师在民事诉讼、行政诉讼、刑事附带民事诉讼、仲裁等法庭辩论阶段代表委托人全面阐述代理意见的综合性发言稿，又称代理意见书。

（二）种类

依据委托人的不同，代理词可以分为原告代理词、被告代理词和第三人代理词；依据诉讼的审级不同，代理词可分为一审代理词、二审代理词及再审代理词；按照案件性质的不同，代理词可分为刑事案件代理词、民事案件代理词、行政案件代理词；按照是否诉讼，代理词可分为诉讼案件代理词及仲裁案件代理词。

在民事诉讼、行政诉讼和刑事附带民事诉讼中，双方当事人都可以委托诉讼代理人发表代理词，维护自身的合法权益。刑事自诉案件自诉人、公诉案件被害人委托诉讼代理人发表的代理词和辩护词是对立的，履行的是控诉职能。

民事案件代理词是司法实践中比较常用的法律文书。本节主要介绍民事案件代理词。

二、代理词的结构、内容和写作方法

代理词无法定格式，司法实践中提倡写个性化的代理词，在法庭辩论阶段需要根据庭审情况的变化及时将事先准备好的代理大纲作相应调整。代理词作为一种法庭演说词，跟一般的叙议类文书一样，分为首部、正文、尾部。

（一）首部

1. 标题。居中写明"代理词"或"为××一案××代理词"。

2. 称呼语。开头为"审判长、审判员"或"审判长、人民陪审员"。

3. 引言。

（1）说明代理人出庭的法律依据及当事人的授权与委托。

（2）简述开庭前的准备情况。

（3）承启下文，一般表述为"现就本案的……提出如下代理意见，供法庭参考"。

（二）正文

正文部分主要由说理和结论两部分组成。

1. 说理部分。说理部分即代理理由。首先，提出代理总论点，即提出对全案总的看法和意见；接着，具体阐述代理理由，针对案件事实进行说理分析，针对案件的证据材料进行说理分析，针对案件的性质及责任的划分进行说理分析，针对法律适用进行说理分析，针对人情事理进行说理分析。法律适用意见包括实体法和程序法的适用意见。

2. 结论部分。结论部分即归纳说理内容，提出结论性意见。主要是代理人在上述发言的基础上，对发言做系统的概括，提出对本案的处理要求和建议，起到总结和首尾相呼应的效果。一般可表述为："综上所述，代理人认为……请求法庭……以上代理意见望法庭予以采纳。"

（三）尾部

1. 署名。在代理词全文的右下方署代理人姓名，如代理人是律师，一般要注明律师事务所名称和承办律师的姓名。

2. 日期。在署名的下一行注明年月日。

（四）代理词基本格式

代理词

审判长、审判员/人民陪审员：

根据《中华人民共和国××诉讼法》××条之规定，安徽××律师事务所接受本案××委托，指派我担任其一审（或二审）代理人，征得其同意，参与本案的诉讼活动。

开庭前，本代理人听取了被代理人的陈述，查阅了本案案卷材料，进行了调查取证工作，刚才又听取了法庭调查。现就本案的……提出如下代理意见，供法庭参考。

……

综上所述，本代理人认为……请求法庭……

以上代理意见望法庭予以采纳。

代理人：××律师事务所律师××
××××年×月×日

制作实训

一、代理词实例

代理词

尊敬的审判长、审判员：

受上诉人高×的委托及安徽××律师事务所的指派，我作为他的代理人，依法参与本案二审的诉讼活动，现就本案的事实和应适用的法律提出如下代理意见，供合议庭参考。

一、一审法院认定的案由错误，本案不属于相邻权纠纷，应属侵权纠纷

合肥××区人民法院（200×）合×民一初字第××号民事判决将上诉人与被上诉人之间的纠纷定性为相邻关系属于定性错误。

相邻关系是指不动产相邻各方因行使所有权而发生的权利义务关系。按照《物权法》第84条的规定，不动产的相邻权利人应当按照有利生产、方便生活、团结互助、公平合理的原则，正确处理相邻关系。本案的上诉人与被上诉人管××之间并没有发生基于各自对房产的所有权而产生相邻权冲突——不论是积极的还是消极的。被上诉人管××在其自有房屋的居住过程中没有要求上诉人

基于相邻关系给予方便，上诉人也没有违反《物权法》第 86 条关于不动产权利人在排水方面给予必要便利的规定。本案纠纷形成的原因与相邻关系没有任何的联系，因此，一审法院将本案定性为相邻关系纠纷就属错误，因为对本案定性错误，导致一审法院适用法律错误，最终出现错误的判决。

本案应定性为侵权纠纷。从本案发生的事实看，是因大雨将被上诉人卫生间屋顶的杂物冲进地漏，导致该雨水管的顶部漏斗造成堵塞，继而雨水倒灌，而从被上诉人卫生间穿过的雨水管被用砖封了起来，形成密闭的空间，顶部漏斗堵塞后溢出的雨水无法直接流入卫生间的地漏，造成雨水在砖墙中四处游走，继而发生卫生间以外的部分地面被浸泡的结果，导致这一结果发生的原因有以下几个方面：①雨水管从室内经过，这是严重违反建筑设计规范的行为；②将从室内经过的雨水管封闭，造成雨水管溢出的雨水无法排入地漏，如果没有将雨水管封闭，则溢出的雨水就直接排入卫生间的地漏，也不会发生浸泡卫生间以外房间地面的结果；③被上诉人的屋顶久未清扫，导致垃圾堆积，在大雨的冲刷下，从屋顶的地漏进入雨水管室内部分的漏斗并将漏斗堵塞。

将雨水管设计从室内经过并封闭才是本案损害事实发生的根本原因，该错误设计违背了国家的强制规范，给业主造成了极大的隐患，在条件成就时就会变成损害业主财产的罪魁祸首。对业主来说，这就是开发商的错误，因该种过错引发的损害属于侵权的范畴，所谓侵权，是一种行为人实施的过错行为。《侵权责任法》第 6 条规定，行为人因过错侵害他人民事权益，应当承担侵权责任。因此，本案应定性为侵权纠纷。

二、一审判决认定上诉人有"对 804 室的主卫生间下水道入口处的露天阳台进行必要的管理责任"没有依据

被上诉人卫生间的屋顶既不在 804 室的房产证划定的范围，也非开发商明确赠送给 804 室业主使用，上诉人依据什么对此照管？依据《物权法》之规定，上诉人对房屋行使区分所有权的部分包括房产证上确认的专有部分和依据《商品房买卖合同》由开发商明示赠送给上诉人的物业部分，这部分是上诉人行使权利、承担义务的地方，而被上诉人管××的卫生间屋顶部分虽然就在上诉人的门口，并且只有通过 804 室的客厅门才能到达，但这并不表示 804 室的业主对此享有法律上的义务。法庭调查查明，被上诉人管××和××公司都证实卫生间屋顶部分既不能出售也不能赠送给上诉人，属于公共部分，按照《物权法》的规定，业主共有的部位，应由物业公司行使管理义务。事实上，小区物业完全可以要求上诉人提供方便，开门让物业对此进行打扫，如果上诉人拒绝，上诉人则应承担由此引发的后果。因此，代理人认为，一审法院的这一认定显然不能成立。

三、被上诉人即合肥××房地产开发有限公司应对被上诉人管××遭受的损害结果承担赔偿责任

作为出售房屋的开发商，理应出售符合国家强制规范标准的商品房给每一个购房户。《城市房地产开发经营管理条例》第16条第1款规定，房地产开发企业开发建设的房地产项目，应当符合有关法律、法规的规定和建筑工程质量、安全标准、建筑工程勘察、设计、施工的技术规范以及合同的约定。国家GB50368-2005《住宅建筑规范》8.1规定，给水总立管、雨水管、消防立管、采暖供回水总立管和电器、电信干管不应布置在套内。被上诉人合肥××房地产开发有限公司将不宜及不应设计、建在室内的雨水管设计并建在室内，而且建成封闭状，与被上诉人管××的损失具有因果关系，是造成该损害事实发生的直接原因，应对此承担责任。

综上所述，本代理人认为，造成被上诉人管××物业受损的直接原因是被上诉人合肥××房地产开发有限公司开发的商品房存在先天性的设计缺陷，在特定条件下发生了必然的损害后果，设计错误与损害结果之间存在必然的因果关系。上诉人持有的物业虽然与被上诉人管××的卫生间屋顶比邻，但这种状态不能推导出上诉人对被上诉人的屋顶负有管理清洁的法定义务，况且亦没有证据证明堵塞被上诉人卫生间雨水管的垃圾系上诉人故意或过失所为，因此，一审法院判决上诉人承担责任完全是错误的，请求二审法院查明事实，依法改判上诉人不承担责任。

此致
××市中级人民法院

代理人：林××
20××年8月5日

二、实例评析

1. 这份代理词的引言中说明了代理人出庭的法律依据及当事人的授权与委托；简述了开庭前的准备情况。

2. 在正文的说理部分，叙述事实清楚，引用法律法规正确。陈述纠纷事实时注意说明原判定性错误，应为侵权纠纷而不是相邻关系纠纷，并予以分析说明。

3. 在正文的结论部分，提出对本案的处理要求和建议，即被上诉人合肥××房地产开发有限公司应对被上诉人管××遭遇的损害结果承担赔偿责任。

三、制作代理词应注意的问题

1. 代理词作为法庭上适用的演说词，虽然没有统一的标准格式和表达要求，

但应遵循约定俗成的格式。

2. 针对对方的诉讼请求及观点制定应对策略，应围绕诉讼请求和证据等案情提出可行的主张和意见，不要漫无边际，更不要牵强附会。

3. 法律文书写作的基本要求是语言庄重朴实，但代理词作为一种即兴演说词，在表达时可以适当修饰，以达到法庭辩论中根据庭审所需的气氛。

4. 代理词只能在代理人代理权限范围内发表代理意见，不能超越代理权限。

5. 代理词要尊重事实、忠于法律，对纠纷事实和证据进行透彻的分析论证。不能歪曲事实和法律，强词夺理，向法庭提出无理要求。代理词所提意见要切合实际，要以理服人，措辞恳切，语气平和，这样才能为对方当事人和法庭所接受。

技能拓展

1. 民事案件中，根据委托人和审级的不同，代理人说理的侧重点有哪些不同？

【答案提示】

（1）一审原告代理词的内容要求：围绕原告起诉所依据的基本事实和证据加以论述；强调原告诉讼请求内容的合法性；针对被告答辩发表代理意见。

（2）一审被告代理词的内容要求：通常针对原告起诉状中的事实、理由和诉讼请求进行反驳和辩解，同时表明被告对双方争议焦点问题的态度、观点。

（3）二审上诉人代理词的内容要求：围绕一审判决认定事实的证据存在的问题，以及一审判决在适用法律上存在的问题发表代理意见。

（4）二审被上诉人代理词的内容要求：若上诉人未提出新的证据，被上诉人代理词应强调原审判决认定事实和适用法律的正确性；若上诉人提出了新的证据，代理人应给予充分重视，并将此作为重点。

2. 制作一审原告代理词与制作一审被告代理词有什么不同？

3. 制作刑事附带民事诉讼代理词要注意哪些方面？

4. 根据下列所给材料，制作一份民事代理词。

【案情简介】

2013 年 8 月 17 日，高××向梁×借款 200 万元整，约定 3 个月归还，利率为 10%，叶××为高××担保。2013 年 8 月 18 日，梁×通过银行往高××指定的账号转入 200 万元整。借款到期后，高××未按期还款，虽经梁×多次催要，高××均托辞拒还。梁×起诉至××法院。作为叶××代理人，请为叶××制作一份代理词。

【写作要求及提示】

（1）要搞清楚本案中的法律关系、叶××的诉讼地位及应承担的责任。

（2）查阅并熟悉担保法等相关的法律法规是如何规定的。

第六节　辩护词

案例导入

一、案件基本情况

2006 年 4 月 21 日晚 21 时许，被告人许×到××市天河区黄埔大道西平云路××号的商业银行自动柜员机（ATM）取款。许×持自己不具备透支功能、余额为 176.97 元的银行卡准备取款 100 元。许×在自动柜员机上无意中输入取款 1000 元的指令，柜员机随即出钞 1000 元。许×经查询，发现其银行卡中仍有 170 余元，意识到银行自动柜员机出现异常，能够超出账户余额取款，且不能如实扣账。许×于是继续持该卡在该自动柜员机指令取款 170 次，共计取款 174 000 元。次日下午，许×携款逃匿。××检察院于 2007 年 10 月以许×犯盗窃罪向××人民法院提起公诉，××人民法院即将开庭审理本案，被告人许×委托××律师事务所××律师出庭予以辩护。

二、案情提示

《刑事诉讼法》第 33 条规定，犯罪嫌疑人、被告人除自己行使辩护权以外，还可以委托 1~2 人作为辩护人。辩护人的辩护主要体现在检察院的审查起诉阶段和法院审判阶段。本节所称的辩护词主要是指辩护人在法庭上发表的针对指控或裁判提出证明被告人无罪、罪轻或减轻、免除刑事责任的法庭演说词。

三、制作前的准备工作

1. 制作之前仔细查阅案卷材料，会见被告人。

2. 进行必要的调查。

3. 草拟辩护提纲。

教学内容

一、辩护词概述

（一）含义

辩护词是指在刑事诉讼中，辩护人接受刑事案件被告人的委托或人民法院的指定，在法庭辩论阶段，依据事实和法律，针对指控或裁判提出证明被告人无罪、罪轻或者减轻、免除刑事责任的法庭演说词。

辩护词是辩护人履行辩护职责的一种重要方式，律师在确立了辩护观点后，应将辩护意见系统化和书面化，这项工作的书面形式就是辩护词。辩护词是律师在法庭上针对指控或裁判所发表的辩解性演说词。

（二）法律依据

辩护人的辩护词是说明犯罪嫌疑人、被告人无罪、罪轻或者减轻、免除其刑事责任的发言或者书面意见，其制作依据是法定的。

我国《宪法》第 130 条规定，"被告人有权获得辩护"。《刑事诉讼法》第 33 条规定："犯罪嫌疑人，被告人除自己行使辩护权以外，还可委托 1～2 人作为辩护人……"第 37 条规定："辩护人的责任是根据事实和法律，提出证明犯罪嫌疑人、被告人无罪、罪轻或者减轻、免除其刑事责任的材料和意见，维护犯罪嫌疑人、被告人的诉讼权利和其他合法权益。"

《律师法》确定了律师写作辩护词的范围、任务、目的。《律师法》第 31 条规定，律师担任刑事辩护人的，应当根据事实和法律，提出犯罪嫌疑人、被告人无罪、罪轻或者减轻、免除其刑事责任的材料和意见，维护犯罪嫌疑人、被告人的诉讼权利和其他合法权益。

（三）分类

按照适用诉讼程序的不同，辩护词可以分为一审辩护词、二审辩护词和再审辩护词；按照辩护内容的不同，辩护词可以分为无罪辩护和罪轻辩护；按照辩护策略的不同，辩护词可以分为案件事实辩护、证据不足辩护和法律适用辩护。

1. 案件事实辩护是我国律师进行刑事辩护的主要方法，是律师在辩护中正面讲述一个和公诉机关指控的犯罪事实不一样的案件事实，以削弱甚至化解指控的事实基础，从而使法院作出对被告人有利的事实认定，并进而作出对被告人有利的判决。案件事实辩护又分为：①不符合犯罪构成要件的辩护；②阻却违法性事由辩护，包括被告人未达到刑事责任年龄，被告人因其他原因不具备刑事责任能力，被告人有正当防卫、紧急避险或意外事件等情形；③情节辩护。

2. 证据不足辩护，有以下几种：①"孤证"不能定案；②排除不合法、不真实及与案件无关联的证据；③证据不能构成证据链不能定案；④证据不充分不能定案。

3. 法律适用辩护是律师对控方提出的事实认定不持异议，但就该事实是否构成犯罪、构成何种犯罪、犯罪性质、定罪量刑等提出与公诉机关不同的抗辩意见。该辩护又分为三种：①非罪辩护。即律师根据罪刑法定原则，提出被告人的行为并不符合公诉机关指控罪名的具体法律规定，被告人的行为不构成犯罪。②彼罪辩护。即辩护人根据罪刑法定原则，提出被告人的行为不符合公诉机关指控罪名的具体法律规定，但可能符合另一个刑事责任较轻的罪名的规定，被告人的行为涉嫌刑事责任较轻的犯罪。③定罪量刑辩护。

（四）作用

辩护词对于维护被告人的合法权益，保证刑事案件的审判质量，促进我国法制建设具有重要作用。一个国家法律制度是否健全和完善，重点在于犯罪嫌疑人、被告人的合法权益能否得到维护。

二、辩护词的结构、内容和写作方法

（一）首部

1. 标题。居中写明"辩护词"，也有的表述为"×××（姓名）（案件性质）一案的辩护词"。

2. 称谓。即写明该辩护词的听取人，如"审判长、审判员/人民陪审员"。

3. 出庭的根据、开庭前的工作概况以及对案件的认识和提请法庭注意的事项，表明自己的身份合法，或出庭依据及此前所进行的工作。一般表述为"根据《中华人民共和国刑事诉讼法》第 33 条第 1 款及《中华人民共和国律师法》第 28 条第 3 款的规定，××律师事务所接受×××（被告人的姓名）××（案由）一案被告人×××（或被告人×××家属）的委托，指派我担任他的一审辩护人，征得其本人同意，今天出庭为他进行辩护"。或者写为"根据《中华人民共和国刑事诉讼法》第 35 条第×款的规定，我经×××法律援助中心指派，并征得本案被告人×××的同意，担任他的辩护人，出庭为他辩护"。在说明自己的合法身份和任务后，接着写明此前所做的主要工作，如"在开庭以前，我×次会见了被告人，查阅了案卷材料，走访了有关证人等"。

（二）辩护理由

辩护理由是辩护词的核心部分。辩护理由是律师在查阅案卷、会见被告人和调查取证等工作的基础上，围绕公诉人所指控的罪名，从事实、证据、法律等不同方面进行分析，找出并论证控诉方在事实认定、证据效力、适用法律等方面的错误、漏洞或疑点，反驳其指控，从而得出关于被告人是否有罪、罪轻罪重以及有无从轻、减轻或免除其刑事责任的情节等情况的综合性意见。

1. 提出辩护总论点。在辩护理由的开头，用简洁的文字表达对本案总的看法。这一部分应针对指控的犯罪事实作出概括性的评论，说明与控方意见的主要分歧。辩护律师应当区别情况，抓住重点，有针对性地提出辩护总论点。如可以直接写出"本案被告人的行为不构成犯罪"。

2. 具体论述辩护理由。

（1）无罪辩护的辩护理由，要求律师运用事实、法律和证据，证明控诉方对被告人的指控全部不能成立，说服审判人员接受辩护人关于被告人无罪的观点。主要采用以下两种方法写作：①摆事实讲道理。这种辩护方式主要适用于被告人实际上没有参与犯罪，却被错认为犯罪人的案件。针对这类案件，律师应当通过调查，运用证据，弄清案件事实，在辩护词中，充分说明案件的事实和证据，为被告人作无罪辩护。②事实写作与法律分析并重。这种方式主要适用于被告人实施了一定的行为，但辩护人认为被告人的行为不构成犯罪的案件，如正当防卫、紧急避险等。针对这类案件，律师在写辩护词时，首先应当注意运用调查中获得的证据，阐明案件事实，然后引用法律的相关规定，论述被告人的行为是合法的。

（2）从轻、减轻、免除刑事责任的辩护，该辩护是以被告人的行为已经构成犯罪为前提的。辩护人通过对事实的分析和对适用法律的论证，找出从轻、减轻、免除刑事责任的情节，以维护被告人的合法权益。根据有关法律规定和司法实践，在辩护理由中，律师通常从以下几个方面提出辩护意见：

第一，从认定事实方面进行辩护。辩护人首先应当对起诉书中的有关事实、证据部分进行认真的分析研究，如果发现对方在认定事实上有误，就应当予以辩驳。

第二，从适用法律方面进行辩护。在适用法律方面，辩护词主要是针对起诉书内容，从定罪和量刑两个问题上进行辩驳和说理。这两个问题的辩驳，需要以被告人的行为事实为基础，用法律的尺度予以衡量。

第三，从程序方面进行辩护。如果在案件审理过程中有违反程序的事实，并且可能影响案件公正的裁决，在辩护词中就应当写明据法辩驳的理由。

第四，从人情事理方面进行辩护。辩护词除应从事实、法律和程序等方面提出辩护意见，进行充分论证和反驳外，还应当从人情事理方面进行辩驳。例如，被告人一贯表现良好，初次犯罪，或者被告人本无作案的动机、目的，因受到被害人的羞辱，一时气愤而实施犯罪，等等。虽然上述情况不是法定从轻处罚的情节和条件，但是，从人情事理方面进行辩护，可以充实辩护理由的内容，只要言之有理，就能够起到从情感上影响法官，进而减轻被告人刑事责任的作用。

3. 结论。结论是辩护人对整个辩护工作意见的总结，要求辩护人对自己的辩护观点进行归纳、总结，并向法庭提出对被告人的处理建议。

（三）尾部

1. 署名。签署辩护人的姓名及所执业的律师事务所的名称。

2. 日期。注明辩护词写作完成的日期。

（四）辩护词基本格式

辩护词

审判长、审判员/人民陪审员：

根据《中华人民共和国刑事诉讼法》第××条之规定，××律师事务所接受本案被告人（或其近亲属）的委托，指派我担任其×审辩护人，征得其本人同意，今天依法出庭予以辩护。

接受委托后，本辩护人认真查阅了本案案卷材料，会见了被告人×××，刚才又听取了法庭调查、公诉人发表的公诉意见，对本案有了全面了解。现发表如下辩护意见：

……………

综上所述，……请求/建议法庭……

辩护人：××律师事务所

律师：×××

年　月　日

制作实训

一、辩护词实例

辩护词

审判长、审判员、人民陪审员：

受被告人方××的近亲属的委托及安徽××律师事务所的指派，征得被告人方××同意，今天依法出庭予以辩护。

接受委托后，我们查阅了本案案卷材料，4次会见了被告人方××，今天又参加了法庭调查，听取了公诉人发表的公诉意见，我们认为本案被告方××不构成犯罪。具体辩护意见如下：

辩护人认为，合肥市庐阳区人民检察院庐检刑诉（201×）×号起诉书指控方××的行为构成《刑法》第二百七十一条第一款规定的职务侵占罪的指控事实不清、证据不足，依法不能成立。

《刑法》第二百七十一条规定的职务侵占罪的犯罪主体要件是，行为人必须是单位员工，是特殊主体。而是否为本单位员工，要看其与该单位之间的关系是否属于劳动法规定的劳动关系。为了明确这一事实，辩护人将从以下几个方面进行剖析。

一、起诉书指控方××为安徽××公司的员工事实不清、证据不足

劳动法意义上的劳动关系是指符合法律规定的劳动就业主体与用人单位之间形成具备劳动内容、报酬、工作时间、服务期限、社会保险待遇等主要事实的情形。按照《劳动法》第十六条的规定，劳动合同是劳动者与用人单位确立劳动关系、明确双方权利义务的协议。建立劳动关系应当订立劳动合同。第十九条对劳动合同的主要条款作了明确的规定，而以法律的规定来衡量本案中的方××与安徽××公司之间的关系，没有一点符合劳动法意义上的劳动关系。

公诉人认定方××为安徽××公司员工的主要证据就是方××的口供、安徽××公司的工资表、许××和余××的证言、方××领取工资的说明和借款单以及任命书。辩护人对上述证据作如下辩驳：

1. 被告人的口供只是被告人自己对行为关系的认识，并非代表法律上对该行为本质的最终认识，虽然被告人在×××领域有所建树，但其对法律的认识却是一片空白，如果他确实属于安徽××公司的员工，那么在××开发生产×××的全部费用应由安徽××公司承担，方××拖欠××公司和×××公司的欠款也应全部由安徽××公司承担。从辩护人向法庭出示的证据看，方××在佛山招聘员工、租赁房屋、装修、采购办公设备等无一不是以自己或××的名义进行的，伴随这些行为所发生的费用也均是由他个人和公司承担的，安徽××公司并没有为他分担丝毫费用。请求法庭能认真考虑这一点。

2. 公诉人出示的安徽××公司的工资表、任命书根本不具备证据的形式要件，这样的打印件在任何时候都可以做出，我们无法去判断这是三天前还是三年前的文件，而证据的真实性是关系到能否作为认定事实的依据的重要条件之一，因此，这些打印件不能作为证据。

3. 许××、余××和徐××的证词的效力分析。对照一下两人的证言就可以发现，他们俩的证言几乎一样，这样的笔录很难让人相信证人是在对事实进行客观描述而不是被指导作证。因为许××、余××目前和安徽××公司的利害关系，他们的证言也不应被采信。

不仅如此，黄××、杜×、扈×等人的证词中有关方××身份的部分均因与安徽××公司的利害关系而不能作为认定事实的依据。

4. 对公诉人出示的安徽××公司的2006～2007年的工资表的分析。这些工资表无一例外的全部都是打印件，名单上任何一个人都没有在这张工资表签字，这张工资表的真实性在哪儿？这张工资表说明，要么方××根本不是什么开发部负责新产品研发和技术储备的总经理、总工程师，要么这张工资表就是假的，是为了达到某种目的而虚列的名单。

5. 安徽××公司关于"合作协议等同劳动合同"的说法不成立。审查本案

中出现的两种版本的合作协议，无论怎样看，都无法将合作协议与劳动合同联系起来，合作协议中没有任何劳动合同的内容，劳动的内容、工作的时间、报酬、福利、保险等劳动合同主要条款一概没有，有的是销售、提成、半年一结算、解决疑难，这更像是经销协议。辩护人看不出合作协议比劳动合同更能刺激劳动者的积极性在哪儿，只看出根本没有劳动合同的内容，面对许××和余××这种言不由衷的说谎，公诉人竟然说现在星巴克咖啡馆中的老板和员工也都不签劳动合同，都是伙伴关系，辩护人不禁要发出这样的疑问，伙伴关系能替代劳动关系吗？黄××能和伙伴一起分红吗？

二、方××与安徽××公司之间是平等的民事主体关系

辩护人在法庭调查阶段出示的大量证据证实，方××与安徽××公司之间的关系本质属于典型的加工承揽关系，考察方××和安徽××公司之间签订的合作协议、入股协议，他们之间的关系更符合平等主体之间的合作。查看2005年10月17日的合作协议，方××是在为安徽××公司定向开发×××技术，方××提供技术，安徽××公司提供资金，双方合作开发×××产品，并共同分享利益。《入股协议》第2条第7款也体现出这一含义，其原文是："×××汽车防盗高新技术"的产品订货，每月10号前由甲方（安徽××公司）以书面形式传真通知乙方（方××）安排生产产品的品种和数量（特殊情况另定），乙方必须在接到甲方的订单后24小时内把产品报价清单（报价细化到所有电子元件）传真到甲方，甲方接到报价后24小时即可汇款，乙方在15天内完成全部生产任务，如因技术原因或者生产原因导致推迟发货、断货、缺货所造成的损失由乙方承担，如因资金问题而影响产品生产，所造成的损失由甲方承担。如果方××是安徽××公司的员工，则不存在员工向公司报价、公司付钱生产的情形，因为在劳动关系下，员工的劳动内容由合同预先设定，并且由公司安排，也不存在公司将产品的定价权交给员工，以及向员工付款购买产品的情形。虽然《入股协议》并没有实施，但协议的生产模式却已经在实施，方××按照安徽××公司的要求开发生产×××并向安徽××公司报价，安徽××公司汇款购买，方××接到货款就安排生产、发货，这种形式完全符合《合同法》规定加工承揽合同的定义，即承揽人按照定作人的要求完成工作，交付工作成果，定作人给付报酬。证明这一关系有以下事实：

1. 方××成立××数字公司的证据。方××为了生产、开发的需要，成立了××数字公司，并以××数字公司名义继续与安徽××公司进行经济往来，在双方的合作后期，以××数字公司的名义将在佛山市电信局托管的安徽××公司的服务器移交给安徽××公司。

2. 2005年10月17日的合作协议，2007年以××数字公司为主体和安徽×

×公司签订的委托开发合同，为了开发×××技术而向深圳市××互动科技有限公司购买×××源代码的合同，以及委托×××塑胶五金模具制品厂开发×××零部件模具的合同。此外，为了生产×××产品，方××以自己的名义向上游零部件供应商采购零部件，上游零部件供应商均把方××或××数字公司视为独立的民事主体，并没有将其当作安徽××公司的员工对待，在上游零部件供应商的眼中，其债务人是方××而不是安徽××公司。

3. 安徽××公司的工商登记档案中保管的2008年度会计报表附注，以及安徽××公司的负责人发给方××的邮件表明，安徽××公司一直把方××作为债权人对待。虽然安徽××公司向公安机关控告方××系本公司的员工，侵占本公司的财产，但其却没有想到其向工商登记机关提交的2008年度会计报表却无意中推翻了自己的指控，该会计报表反映出，截至2008年12月31日，安徽××公司在应付账款一项：欠方××42 740元，该会计报表是第三方独立审计作出的结果，不是方××知道将来自己与安徽××公司之间必有一战而去影响会计师事务所作出的。一方面是安徽××公司在2007年7月11日汇款15.7万元，另一方面2009年5月26日会计师事务所独立审计的结果是安徽××公司倒过来欠方××的钱，面对如此截然相反的证据，我们该相信谁？《最高人民法院关于民事诉讼证据的若干规定》第七十七条规定："人民法院就数个证据对同一事实的证明力，可以依照下列原则认定：……②物证、档案、鉴定结论、勘验笔录或者经过公证、登记的书证，其证明力一般大于其他书证、视听资料和证人证言……"没有证据表明会计师作出的会计报表受到了不正常的干扰，而且该报表在作出后首先提交给安徽××公司，安徽××公司确认无误后才提交给工商登记机关，并已经成为工商机关保管的企业档案，其客观公正的效力是毫无疑问的。

此外，安徽××公司黄××2008年5月20日发给方××的邮件也证明，方××是安徽××公司的债权人。该QQ邮箱属于黄××，黄××不仅在邮件中说明了安徽××公司的债务情况，同时确认欠方××44万元。这恰恰与2007年12月12日的×××产品各型号欠货与账目表和2008年度会计报表相印证，如果说一封邮件说明不了什么问题，2008年1月3日黄××发给方××的邮件证明，该QQ邮箱属于黄××或者安徽××公司是不容置疑的，2008年1月3日这封邮件中采用数码照相的方法将安徽××公司的《人民币资金借款合同》《财务顾问协议书》《保证合同》全部拍照发给了方××，此时的方××与安徽××公司的合作已经到了后期，方××常年在佛山，不在合肥，怎么可能会有安徽××公司的《借款合同》《财务顾问合同》《保证合同》，这些都是企业的商业秘密，即使方××仍然作为安徽××公司开发部负责新产品研发和技术储备的总经理、总工程师，也不可能接触到安徽××公司的财务资料，安徽××公司发送该资料给方××的目的只有一个可能，就是安徽××公司当时欠方××的钱，发送这些资料无非是表明企业资金困难，让方××知道企业的困难，不要催太紧。

三、公诉人指控方××侵占安徽××公司15.7万元的事实不成立

起诉书对方××侵占安徽××公司15.7万元的指控是建立在安徽××公司的三位管理人员的证言的基础上的，除此之外没有任何客观公正的银行转账凭证或收条能证明此事。而今天公诉人出示的证据前后自相矛盾，前面说是转账的——不仅黄××自己说，而且他作为公司高管的妻子杜×也是这么说的，公司的财务扈×也证明是转账的，说是2007年7月11日转到方××的农行卡上，并且连卡号都有，但在2010年6月27日，黄××又改变证词说是当面给的，到底是怎么给的？这样的证词也能让公诉人相信？杜×和扈×是不是也改变说法变成当面给的？有收条吗？有什么证据证明方××那天在合肥？辩护人认为黄××的证词和杜×、扈×的证词都不可信。

按照黄××最初的证词和扈×、杜×的证词，15.7万元是通过方××的银行卡转账的，有时间、有卡号，提交的书证是黄××的批示以及记账凭证，但证明该款被黎××领取的银行转账的凭证这一重要证据却没有，辩护人出示了方××名下两张农行卡的交易明细，根本没有2007年7月11日转入15.7万元的记录，这说明公诉人指控不实。按照最高人民法院的解释，银行的交易明细的效力显然要高于三位证人的证言效力，因为三位证人的证言并没有银行的交易记录来佐证，即使被告人承认收到也不能就此认定，因为通过银行转账的记录是可以查询到的，公安机关也应该能够依法查证属实，因此，这一指控不能成立。至于黄××最后的证词，辩护人认为，公诉人出示该证据严重违反《刑事诉讼法》的规定，按照《刑事诉讼法》的规定，公诉人出示证据目录以外的证据应当经过法庭的同意，公诉人的举证违反《刑事诉讼法》的规定，依法不应采信：①黄××2010年6月27日的笔录在本案的审查起诉阶段从未出示过，其对方××所作的笔录也不在举证目录的范围；②黄××的笔录前后矛盾；③既然当面给现金，为什么不要方××出具收条，安徽××公司支付方××6000元都要他出具收条，支付15.7万元巨款反而不要任何条子，这样的谎话怎么可信？

四、公诉人指控方××私自出售49台×××给王×明、谭×阳事实不清，证据不足

王×明和方××并非同处佛山，其交易必定会在银行、物流留下记录，但公诉人并没有出示任何王×明付款的凭证，因此，该指控缺乏证据。谭×阳付款购买×××是在2008年，不是在2007年，按照起诉书的指控，2008年时，

方××已经不在安徽××公司了，该犯罪行为的基础条件不存在了，显然不能作为犯罪处理。此外，即使方××出售了×××，也不应当按侵占处理，因为方××与安徽××公司之间是加工承揽关系，按照《合同法》的规定，定作人没有按照约定付款的，承揽人享有留置权，有权处置定制物品，以抵偿定作人拖欠的定作费用。

五、关于本案证据的几点意见

《刑事诉讼法》第六十二条第一款规定，凡是知道案件情况的人，都有作证的义务。知道案件情况有多种情形，包括亲历、亲眼所见、保管相应资料等，证人张×本来就与方××是男女朋友关系，在工作上是合作关系，作为公司的负责人掌管公司的资料是再正常不过的事，其将自己保管的能证明方××无罪的资料提供给辩护人违反了哪一条法律规定？是否向银行调取自己的交易资料也违反法律？调取男友的银行资料来证明男友的清白也是非法的吗？通过男友的QQ向安徽××公司的员工了解签订劳动合同的事怎么就违法了？我国《刑事诉讼法》从未禁止证人持有证明案件事实的材料，也从未禁止证人通过合法的方式向他人取证，判断证据是否能作为认定事实的依据要看取得的手段是否非法，是否具备关联性，也许张×不应该去调取方××的银行记录，但这是她和方××之间的事，如果这份银行记录是真实的，能够证明方××无罪，能否因为张×不应该去调取这份证据就否定该证据的证明效力呢？如果是这样的话，《刑事诉讼法》规定的保障无罪的人不受追究的原则又体现在哪里？明明是对被告人有利的证据，公安机关不去调取，证人调取的又不被认可，是否就非要放着对方××有利的证据不用才合法呢？按照最高人民法院的司法解释，对电子证据有疑问的，应当进行鉴定，公诉人仅仅认为张×不能向苗×等通过QQ聊天形式取证，却提不出该证据与本案事实不相符合的任何之处，又不申请鉴定，公诉人不关心事件的真相，却在证据的取得形式上反复纠缠，已经背离了《刑事诉讼法》赋予公诉人的职责，因此，公诉人所提出的质证理由于法无据，依法不能成立。

综上所述，辩护人认为，本案原为一起正常的经济纠纷，但却被演化为一起刑事案件，公诉人出示的证据与客观事实之间存在多处严重的矛盾，根本不能达到最高人民法院司法解释规定的刑事案件证据审查判断标准，即每一个定案的证据均已经法定程序查证属实，证据与证据之间、证据与案件事实之间不存在矛盾或者矛盾得以合理排除，因此，辩护人认为，公诉人对方××的指控不能成立，请求法庭依据《刑事诉讼法》的规定，宣告方××无罪。

以上辩护意见，供合议庭参考。

辩护人：安徽××律师事务所

律师：×××

20××年6月××日

二、实例评析

1. 上述辩护词采取了无罪辩护的主张，一方面确立自己的主张，另一方面进行辩驳。

2. 法理分析透彻，语言精确。

三、制作辩护词应注意的事项

1. 立论要实事求是。辩护词的说服对象是法庭，不是法庭旁听人员，不是为讨好被告人及其家人而制作。

2. 正确分析案情，有理有据地辩护。

3. 抓住要点，论点突出，论据充分，层次分明，符合逻辑。

4. 辩护词的语言要使用法言法语，用语准确、简洁。论证有说服力，要综合法律、政策的有关规定，不可使用讽刺、挖苦语言，不可对对方进行人身攻击。

技能拓展

1. 简述辩护理由的写作思路。
2. 辩护词主要应就什么问题展开说理论辩？
3. 根据本节导入案例制作一份辩护词。

【写作要求及提示】

（1）辩护主张只能是唯一的。辩护观点要么是无罪辩护，要么是罪轻或从轻、减轻辩护，两种观点不能融为一体，不能违背逻辑规则。

（2）辩护词结构要严谨。当有多个辩护依据时，要根据需要编排、注明标题序号，突出在结构上的层次感，增强辩护的气势。如充分的、证据确凿的、法定的情节和理由应放在首位；较充分的、酌定的情节和理由排在其次。由强到弱，先声夺人。反之，由弱到强，步步紧逼。各个辩护理由之间要相互照应和呼应。辩护词中的照应，通常是指二审辩护词与一审辩护词的衔接和对照。

（3）辩护词用语要精确。首先，辩护语言应当精练、适当。其次，正确使用消极修辞，恰当使用积极修辞，既是辩护语言修辞的基本原则，又是辩护语言精确性的体现。

第十二章

笔录类常用法律文书

学习目标

1. 了解司法机关常用笔录的概念、特征和主要种类。
2. 熟练掌握司法机关常用笔录的制作方法。
3. 了解笔录类文书在处理各种案件中所起到的证明作用。
4. 掌握制作笔录的法律依据及基本要求。
5. 掌握讯问笔录与询问笔录的主要区别。
6. 学会制作现场勘验笔录、讯问笔录、询问笔录、法庭审理笔录和合议庭评议笔录。

第一节　笔录类常用法律文书概述

教学内容

一、笔录的概念和功能

笔录，指用笔记录。作为文书的笔录，是指记录下来的书面材料。作为法律文书的笔录，是指司法机关工作人员及律师、公证、仲裁等其他法律工作者在办理诉讼案件和其他非诉讼案件时，依法记录法律事务活动的文书。

笔录是司法机关进行诉讼活动，处理刑事、民事、行政案件的可靠凭据，起着提供证据线索和固定、保存证据的作用。随着证据制度的不断完善，笔录的使用频率越来越高，适用范围也越来越广。它不仅记载了处理各种法律事务的完整过程，而且是认定事实、处理案件和其他法律事务的重要证据。大多数笔录具有重要的法律意义，有些笔录则具有法律上的强制效力。

二、笔录的分类

笔录的种类很多，按照不同的标准可以有不同的分类。

1. 按照制作主体来分，可分为：公安机关的立案侦查类笔录、人民检察院的审查起诉类笔录、人民法院的审判类笔录、公证机关的公证类笔录、仲裁机关的仲裁类笔录、司法行政机关的司法行政类笔录、行政机关的行政类笔录、律师的诉讼和非诉讼活动笔录等。

有些笔录是各制作主体或者部分制作主体都会使用的，如讯问笔录、询问笔录、现场勘查笔录等。本章主要介绍公安机关、检察机关常用的刑事案件现场勘查笔录、讯问笔录、询问笔录和法院的法庭审理笔录、合议庭评议笔录等。

2. 按照案件的性质来分，可分为两类，即诉讼类笔录和非诉讼类笔录。

（1）诉讼类笔录又可以分为三类：①刑事诉讼笔录，如现场勘验笔录、侦查实验笔录；②民事诉讼笔录，如受理案件笔录，调查笔录，查封、扣押财产笔录等；③行政诉讼笔录，如现场笔录等。

（2）非诉讼类笔录按其内容可分为仲裁笔录、公证笔录等。

3. 按照笔录的效力来分，可分为两大类：

（1）具有法定的证据效力笔录，如现场勘验笔录、搜查笔录、自首笔录、侦查实验笔录以及行政诉讼中的现场笔录等。

（2）具有法律意义的笔录，如检举笔录、报案笔录等。

三、笔录的特征

（一）客观性

笔录是对案件真实情况的原始记载，客观真实是其重要的特点。笔录制作者在取证时，要实事求是，客观地反映案件事实，不从主观臆断出发，不预先设定结论，不带个人偏见，排斥外界的干扰和压力，所作的材料既不夸大也不缩小客观事实。

（二）合法性

法律对笔录的制作有明确的要求，从取证的人员资格及人数、问话的方式、记录的要求到笔录的格式、程序甚至签名等都有具体规定。笔录要严格依法制作，否则不能作为定案的证据材料。

（三）及时性

记录人在制作笔录的过程中，要集中注意力，紧跟谈话人说话速度，将谈话内容完整记录。遇到记录不清的问题，应及时采取补救措施，以保持笔录的完整性。

四、制作笔录的总要求

（一）格式要正确

司法机关对在诉讼活动中制作和使用的笔录，基本上都有规定的格式、内容和制作要求。司法实践中，要严格按照这些格式及其规定的内容写作，才能发挥笔录的作用。

（二）手续完备合法

法律对各种笔录的制作均规定了相应的法律手续，这些手续必须合法、完备，才能使笔录具有法律效力或者法律意义。

（三）书写要清楚

笔录应如实记载法律事务活动的全过程，应文面整洁、文字清晰，不得随意涂改，注意保存，防止丢失。

（四）笔录要逐页编号

为了反映笔录是原始的记录和其内容的客观真实，要对笔录逐页编号。

（五）其他要求

制作笔录应使用蓝黑墨水，用钢笔、毛笔、碳素笔制作，也可以电脑打字记录，但不得使用普通圆珠笔或铅笔制作。

第二节　现场勘查笔录

案例导入

一、案件基本情况

××省××市公安局××分局于 2019 年×月×日×时×分接到××派出所的电话报案：××路与××路交口××××小区×栋××室发生一起杀人案，请派员勘查现场。接此报案后，该分局副局长×××带领分局刑事警察大队××、刑事科学技术室××、技术员××、××，侦查员××、××等人员到达现场，对现场进行勘查，并将勘查情况用笔录记录了下来。

二、案例提示

现场勘查笔录对于刑事案件来说是十分重要的取证记录，对案件是否立案有重要影响。勘查笔录要依法进行。公安机关接到报案后，按照案件管辖，要派员到现场进行认真细致地勘验、检查，将全过程用笔录的形式记载下来，并由所有参加勘验检查的侦查人员及在场人签名确认笔录的真实性。

三、制作现场勘查笔录前的准备工作

（一）保护好现场

保护案发现场是现场勘查笔录能否真实记录案件事实的重要环节。根据法律规定，任何单位和个人都有义务保护犯罪现场，并且立即通知公安机关派员勘验。

（二）侦查人员要有合法手续

侦查人员执行勘验、检查，必须持有人民检察院或者公安机关的证明文件。

（三）勘验、检查应符合法律规定的程序

《刑事诉讼法》第131条规定，对于死因不明的尸体，公安机关有权决定解剖，并且通知死者家属到场。为了确定被害人、犯罪嫌疑人的某些特征、伤害情况或者生理状态，可以对人身进行检查，可以提取指纹信息，采集血液、尿液等生物样本。犯罪嫌疑人如果拒绝检查，侦查人员认为必要的时候，可以强制检查。检查妇女的身体，应当由女工作人员或者医师进行。

教学内容

一、现场勘查笔录的概念和法律依据

（一）概念

我国的《刑事诉讼法》《民事诉讼法》《行政诉讼法》及其他有关法律法规均把现场勘查笔录作为一种重要的证据。本节主要介绍的是公安机关刑事案件现场勘查笔录。

公安机关刑事案件现场勘查笔录是公安机关侦查人员对刑事犯罪的现场、物品、人身、尸体等进行勘查检验时所作的记录。公安机关现场勘查笔录依照一定的法律程序制作，是刑事诉讼的重要证据之一，是公安机关研究案情、侦破案件、认定犯罪的重要依据。

（二）法律依据

《刑事诉讼法》对侦查机关现场勘查工作作了明确的规定。《刑事诉讼法》第128条规定，侦查人员对于与犯罪有关的场所、物品、人身、尸体应当进行勘验或者检查。在必要的时候，可以指派或者聘请具有专门知识的人，在侦查人员的主持下进行勘验、检查。第133条规定，勘验、检查的情况应当写成笔录，由参加勘验、检查的人和见证人签名或者盖章。第134条规定，人民检察院审查案件的时候，对公安机关的勘验、检查，认为需要复验、复查时，可以要求公安机关复验、复查，并且可以派检察人员参加。

二、现场勘查笔录的结构内容和写作要求

现场勘查笔录从结构上可分为首部、正文和尾部三个部分。

（一）首部

首部包括以下内容：

1. 标题应写明"现场勘查笔录"。

2. 案件发现时间或报案的时间，一般应具体到×××年×月×日×时

×分。

3. 现场保护情况。保护单位应写明单位的名称，保护人应写明姓名、职业、工作单位和住址。

4. 现场保护人到达时间，应具体到×××年×月×日×时×分。

5. 勘查时间，要写明起止时间，要求精确到×时×分。

6. 勘查地点，一般是现场位置，应尽量写明具体方位和周围环境。

7. 现场勘查人员，要写明指挥人员及其他勘验人员的姓名、工作单位和职务。

8. 见证人姓名、住址和工作单位。

9. 现场条件，包括天气温度、湿度、光线、风力等条件均应具体写明。

（二）正文

正文是现场勘查笔录的重点，主要记录勘查的过程及结果。这一部分通常应首先写明接到报案的情况及组织人员赶赴现场勘查的情况；其次，写明现场周围环境和主要特征，参加勘查人员的分工；再次，写明现场发现的有关痕迹、物品、尸体等所处的位置、种类、特征等；最后，应写明对现场的处理情况，包括提取物品和痕迹的名称、数量、标记、特征，现场拍摄的照片、录像，以及现场绘图的情况等。

（三）尾部

尾部应该由现场勘查的指挥人、勘查人、见证人和记录人分别签名。

（四）现场勘查笔录基本格式

现场勘验笔录

现场勘验单位：＿＿＿＿＿＿＿＿＿＿＿＿＿＿＿＿＿＿＿＿＿＿＿＿＿

指派/报告单位：＿＿＿＿＿＿＿＿＿＿＿　时间：＿＿＿年＿＿月＿＿日＿＿时

＿＿分＿＿＿勘验事由：＿＿＿＿＿＿＿＿＿＿＿＿＿＿＿＿＿＿＿＿＿

＿＿＿＿＿＿＿＿＿＿＿＿＿＿＿＿＿＿＿＿＿＿＿＿＿＿＿＿＿＿＿＿＿

现场勘验开始时间：＿＿＿＿＿＿＿年＿＿＿月＿＿＿日＿＿时＿＿＿分

现场勘验结束时间：＿＿＿＿＿＿＿年＿＿＿月＿＿＿日＿＿时＿＿＿分

现场地点：＿＿＿＿＿＿＿＿＿＿＿＿＿＿＿＿＿＿＿＿＿＿＿＿＿＿＿

现场保护情况：＿＿＿（空白处记载保护人、保护措施、是原始现场还是变动现场等情况）＿＿＿＿＿＿＿＿＿＿＿＿＿＿＿＿＿＿

天气：阴□/晴□/雨□/雪□/雾□，温度：＿＿＿＿＿＿＿湿度：＿＿＿＿＿＿风

向：＿＿＿＿＿＿

勘验前现场的条件：变动现场□/ 原始现场□

现场勘验利用的光线：自然光□/灯光□＿＿＿＿＿＿＿＿＿＿＿＿＿＿＿＿

现场勘验指挥人：＿＿＿＿＿＿＿单位＿＿＿＿＿＿＿职务＿＿＿＿＿＿

现场勘验情况：(空白处记载现场勘验详细情况，包括现场方位和现场概貌、中心现场位置，现场是否有变动，变动的原因，勘验过程、提取痕迹物证情况、现场周边搜索情况、现场访问情况以及其他需要说明的情况)

＿＿＿＿＿＿＿＿＿＿＿＿＿＿＿＿＿＿＿＿＿＿＿＿＿＿＿＿＿＿＿＿＿

＿＿＿＿＿＿＿＿＿＿＿＿＿＿＿＿＿＿＿＿＿＿＿＿＿＿＿＿＿＿＿＿＿

＿＿＿＿＿＿＿＿＿＿＿＿＿＿＿＿＿＿＿＿＿＿＿＿＿＿＿＿＿＿＿＿＿

＿＿＿＿＿＿＿＿＿＿＿＿＿＿＿＿＿＿＿＿＿＿＿＿＿＿＿＿＿＿＿＿＿

＿＿＿＿＿＿＿＿＿＿＿＿＿＿＿＿＿＿＿＿＿＿＿＿＿＿＿＿＿＿＿＿＿

＿＿＿＿＿＿＿＿＿＿＿＿＿＿＿＿＿＿＿＿＿＿＿＿＿＿＿＿＿＿＿＿＿

第　页　共　页

现场勘验制图＿＿＿＿张；照相＿＿＿＿张；录像＿＿＿＿分钟；录音＿＿分钟。

现场勘验记录人员：

笔录人：＿＿＿＿＿＿＿＿＿＿＿＿＿＿＿＿＿＿＿＿＿＿＿＿＿＿＿＿＿

制图人：＿＿＿＿＿＿＿＿＿＿＿＿＿＿＿＿＿＿＿＿＿＿＿＿＿＿＿＿＿

照相人：＿＿＿＿＿＿＿＿＿＿＿＿＿＿＿＿＿＿＿＿＿＿＿＿＿＿＿＿＿

录像人：＿＿＿＿＿＿＿＿＿＿＿＿＿＿＿＿＿＿＿＿＿＿＿＿＿＿＿＿＿

录音人：＿＿＿＿＿＿＿＿＿＿＿＿＿＿＿＿＿＿＿＿＿＿＿＿＿＿＿＿＿

现场勘验人员：

本人签名：＿＿＿＿＿＿＿单位＿＿＿＿＿＿＿＿＿＿职务＿＿＿＿＿＿

本人签名：＿＿＿＿＿＿＿单位＿＿＿＿＿＿＿＿＿＿职务＿＿＿＿＿＿

本人签名：＿＿＿＿＿＿＿单位＿＿＿＿＿＿＿＿＿＿职务＿＿＿＿＿＿

本人签名：＿＿＿＿＿＿＿单位＿＿＿＿＿＿＿＿＿＿职务＿＿＿＿＿＿

本人签名：＿＿＿＿＿＿＿单位＿＿＿＿＿＿＿＿＿＿职务＿＿＿＿＿＿

本人签名：＿＿＿＿＿＿＿单位＿＿＿＿＿＿＿＿＿＿职务＿＿＿＿＿＿

现场勘验见证人：

本人签名＿＿＿＿＿性别＿＿＿出生日期＿＿＿＿＿＿，住址＿＿＿＿＿＿＿＿＿

本人签名＿＿＿＿＿性别＿＿＿出生日期＿＿＿＿＿＿，住址＿＿＿＿＿＿＿＿＿

年　月　日

第　页　共　页

附件 1　提取痕迹、物证登记表

序号	名称	基本特征	数量	提取部位	提取方法	提取人	备注

见证人：

办案单位（盖章）

提取人：

年　月　日　　　　　　　　　　　　　　　　年　月　日

第　　页　共　　页

附件 2

现场勘验平面示意图

制图人：＿＿＿＿＿＿＿＿＿＿＿＿＿＿＿＿＿＿＿

制图时间：＿＿＿＿＿＿＿＿＿＿＿＿＿＿＿＿＿＿＿

附件 3

现场照片

照相人：_____

照相时间：_____

附件 4

现场勘验情况分析报告

案件编号：　　　　　　　　　　　勘查号：

现场分析 依据的资料	（包括实地勘验、调查访问和检验鉴定等资料）		
侵害目标及损失			
作案地点			
作案时段		作案进出口	
作案手段		侵入方式	
作案工具	（包括用于破坏、威胁、行凶、交通、照明的工具及其数量和特征等）		
作案动机目的			
案件性质			
作案人数			
作案过程			
作案人特点			
串并意见与根据			

续表

工作建议	（包括侦查方向与范围、痕迹物证应用与保管、侦查破案途径与措施、技术防范对策等）
现场分析人	

年　月　日

三、现场勘查笔录的制作要点

现场勘查笔录的正文是制作的重点，一般要求具体、准确、清楚地反映现场真实情况，记录应该与现场勘查的顺序相一致。如现场的方位、空间、大小、建筑布局、物体摆放、陈设情况，犯罪的工具及其他物证的具体位置、种类、分布情况及提取情况，现场物品存放、损害、变动及其他异常情况，被害人或被害人尸体情况等均应特别注意。尤需注意根据不同性质案件的特点，有针对性地展开勘查活动，有重点地予以记录。

四、现场勘查笔录的使用规定

《最高人民法院关于适用〈中华人民共和国刑事诉讼法〉的解释》第88条对勘验检查笔录应当着重审查的内容作了详细规定：

1. 勘验、检查是否依法进行，笔录的制作是否符合法律、有关规定，勘验、检查人员和见证人是否签名或者盖章。

2. 勘验检查笔录是否记录了提起勘验、检查的事由，勘验、检查的时间、地点，在场人员、现场方位、周围环境等，现场的物品、人身、尸体等的位置、特征等情况，以及勘验、检查、搜查的过程；文字记录与实物或者绘图、照片、录像是否相符；现场、物品、痕迹等是否伪造、有无破坏；人身特征、伤害情况、生理状态有无伪装或者变化等。

3. 补充进行勘验、检查的，是否说明了再次勘验、检查的缘由，前后勘验、检查的情况是否矛盾。

符合上述规定的，属于客观、真实、有效的现场勘验检查笔录，对案件的处理具有证据的作用。

制作实训

一、现场勘验检查笔录实例

现场勘验检查笔录

×公×勘〔2013〕××××××号

2013年5月30日2时10分××省××市公安局××分局刑事科学技术室

接到××派出所的电话报告：××路与××路交口×××小区×栋××室发生一起杀人案，请派员勘查现场。接到报后，××分局副局长×××带领分局刑事警察大队×××、刑事科学技术室××、技术员××、××，侦查员××、××等人员于2013年5月×日×时×分到达现场。××市公安局刑警支队刑事技术处×××、法医室法医×××等人员也随即赶赴现场。

现场已由××派出所民警×××先行保护，据×××介绍：5月×日凌晨2时许，接110指挥中心指令，称××市××区××路×××号楼××室，有人被杀死在屋里面。接到报案后，其于2013年5月×日×时×分到达现场进行查看，发现该××室门口有一"人"形包裹，立即退至门外并与110巡控民警等人设置警戒保护现场，后无其他人员进入。

勘查前，邀请××（男，×岁，××省××市×××物业管理公司）、×××（男，×岁，××市××产业园××社居委×××号）为现场勘验见证人。

现场勘验检查于2013年5月×日×时×分开始，至2013年5月×日×时×分结束。

现场地点：××省××市××路×××小区×栋××室。

天气情况：温度26℃；相对湿度：50%；风向：北；小雨。

勘验检查前现场的条件：变动现场。

现场勘验检查利用的光线：灯光　勘查灯光。

现场勘验检查指挥由××市公安局××分局刑事科学技术室主任××担任。

勘验检查情况：现场位于××省××市××区××路×××小区×栋××室。该×栋为一坐北朝南，东西走向的多层住宅，共六层，××室门朝东开，为两室一厅的复式住宅，入口门为封闭式防盗门，门完好，门锁也无明显破坏痕迹。进门为客厅，客厅地面铺设灰白色地砖，地面较为干净（打扫时间不长，可见擦拭水迹），四周及顶棚墙壁刷白色腻子粉，未见明显异常。客厅长为4.2m，宽3.4m，进门左侧一鞋柜，右侧一楼梯，通向复式二楼，在鞋柜和楼梯之间的地面上，可见一白色带小花的"人"形包裹，客厅东墙有一电视机柜，电视机柜共两层，下层摆放工具杂物，电视机柜上有一电视，在勘查灯灯光照射下，可见电视机柜下沿距地面1cm，距电视机柜北侧48cm处，有一0.1×0.1cm的血迹，拍照固定后提取（1号血），在客厅地面距南墙110cm，距东墙195cm处，地砖破碎处提取潜血血迹一处（2号血），客厅西墙有一组沙发，沙发前一茶几，在茶几东南腿东侧7×12cm范围内，距地面12cm处提取血迹一处（3号血），在客厅南墙，距次卧室门框12cm，距地面138cm处，提取血迹一处（4号血）。客厅南墙有两门，分别通向主次卧室，东南卧室为主卧室，主卧室北墙一组衣柜，衣柜上层一柜柜门呈打开状，其他柜门关闭完好，主卧室东墙摆放一张双人床，床头朝东，沿东墙东西摆放，床上床垫、被子叠好摆放整齐，未见床单，主卧室南墙一双开推拉门，通向阳台，阳台未见明显异常。西南侧为次卧室，次卧室完好，未见异常，客厅北侧为厨房，厨房完好，未见异常。客厅东北角有一储物间，储物间完好。后法医对入户门口的"人"形包裹进行检查，该包裹系白色带小花的床单对角打了四个活结，打开包裹，可见包裹里面一具中年女性尸体，尸体呈侧卧状，面朝北，尸体头朝东，脚朝西，尸体头部距入户门墙壁33cm，距入户门门口鞋柜64cm，距室内楼梯下沿第一台阶处35cm，尸体头部包裹着一黑色塑料袋，解开塑料袋，上面沾满了血液，拍照固定后提取里面的血迹（5号血），尸体上身着黑色长袖衣服，下身着黑色紧身长裤，脚着肉色短丝袜，脚上未见鞋子。后对现场外围进行搜索，在五楼到六楼的楼道拐角水表箱下的地面上发现一蓝色无纺布购物袋，对袋内物品进行检查，可见袋内有两个纸篓，一红一蓝，套在一起，纸篓里面放着两条毛巾（毛巾较潮湿，可见红色斑迹），一个拖把（拖把较潮湿，可见红色斑迹），一个"老板牌"墨水的墨水瓶（里面没有墨水），一把"奶头形"铁锤，一个黄色的塑料购物袋，内有女式白色小花长袖睡衣一套，男式蓝色条纹长袖衬衫一件，男式白色格子长袖衬衫一件，大小毛巾四条（毛巾较潮湿，可见红色斑迹），女式黑色布鞋一双，杂乱的裹在蓝色无纺布袋子里面。对蓝色无纺布袋子及袋子里面物品逐件拍照固定后，实物提取。

经仔细勘查，现场未发现其他痕迹物证，后贴封条封锁现场。

现场勘查于×时×分结束，现场提取痕迹物证见下表：

现场勘验检查提取痕迹、物品登记表

序号	名称	提取部位	提取方法	数量	提取人
1	血迹（1号血）	电视柜	直接拍照棉棒沾取	1	××、××
2	血迹（2号血）	客厅地面	直接照相棉棒沾取	1	××、××
3	血迹（3号血）	茶几	直接照相棉棒沾取	1	××、××
4	血迹（4号血）	客厅南墙	直接照相棉棒沾取	1	××、××
5	血迹（8号血）	尸体头部塑料袋	直接拍照棉棒沾取	1	××、××

序号	名称	提取部位	提取方法	数量	提取人
6	铁锤	五楼到六楼水表箱下蓝色布袋里面	拍照后原物提取	1	××、×××
7	男式蓝色条纹衬衫	五楼到六楼水表箱下蓝色布袋里面	拍照后原物提取	1	××、×××
8	女式白色小花睡衣	五楼到六楼水表箱下蓝色布袋里面	拍照后原物提取	1套	××、×××
9	毛巾	五楼到六楼水表箱下蓝色布袋里面	拍照后原物提取	1份（6条）	××、×××
10	拖把	五楼到六楼水表箱下蓝色布袋里面	拍照后原物提取	1	××、×××
11	男式格子衬衫	五楼到六楼水表箱下蓝色布袋里面	拍照后原物提取	1	××、×××
12	纸篓	五楼到六楼水表箱下蓝色布袋里面	拍照原物提取	2（1红1蓝）	××、×××
13	黄色塑料袋	五楼到六楼水表箱下蓝色布袋里面	拍照后原物提取	1	××、×××
14	蓝色无纺布购物袋	五楼到六楼水表箱下	拍照后原物提取	1	××、×××
15	黑色塑料袋	尸体头部	拍照后原物提取	1	××、×××
16	女式布鞋	五楼到六楼水表箱下蓝色布袋里面	拍照后原物提取	1双（两只）	××、×××

现场勘验检查制图3张；照相　张；

现场勘验检查记录人员：

笔录人：××　××市公安局××分局刑警大队　技术员

制图人：××　××市公安局××分局刑警大队　技术员

照相人：××　××市公安局××分局刑警大队　技术员

现场勘验检查人员：

单位：××市公安局技术处　职务：副处长　本人签名：_____

单位：××市公安局技术处　职务：法医　本人签名：_____

单位：××市公安局××分局　职务：副局长　本人签名：_____

单位：××市公安局××分局刑警大队　职务：<u>副大队长</u>　本人签名：_____

单位：××市公安局××分局刑警大队　职务：<u>主任</u>　本人签名：_____

单位：××市公安局××分局刑警大队　职务：<u>技术员</u>　本人签名：_____

单位：××市公安局××分局刑警大队　职务：<u>技术员</u>　本人签名：_____

现场勘验检查见证人：<u>×××</u> 性别：<u>男</u>，年龄：<u>××</u>岁，住址：<u>××市×</u><u>×××物业公司</u>　签名：_____

<u>×××</u>性别：<u>男</u>，年龄：<u>××</u>岁，住址：<u>××市××××物业公司</u>，签名：_____

2013 年 5 月×日

二、实例评析

本现场勘查笔录格式正确，要素齐全，对侦查人员提取的物证等作了详细记载，对现场情况有无变动作了必要的说明。笔录所反映出的勘验检查过程符合法律规定，为案件后续侦查工作提供了真实的证据材料，是一份合格的现场勘查笔录。

技能拓展

1. 现场勘查笔录的概念和制作的法律依据是什么？
2. 如何制作现场勘查笔录的正文部分？
3. 现场勘查笔录有哪些使用规定？
4. 根据下列材料制作一份现场勘查笔录。

【案情简介】

×××年 7 月 8 日 19 时 38 分，××公安局刑侦大队接到××市公安局 110 指挥中心的电话，电话中说："在××市××街 45 号发现一起盗窃案件，请速派员勘查。"××公安局接到指令后，立刻派以朱××为组长，以钱×、王××、江××和赵×为组员的勘查组前往现场［即××市（区、自治州、盟）××区县（市、区、旗）××街 45 号××市××数码器材有限公司一楼数码器材仓库］，在街道保卫干事程××、××电子市场保安姚×的见证下，于×××年 7 月 8 日 19 时 45 分开始，至×××午 7 月 8 口 21 时 30 分对现场（为此案的原始现场）进行了勘查。当时的天气情况：温度 34℃；相对湿度 45%；风向偏南；天气晴朗。现场勘验检查利用的光线为勘查灯光，所获得的现场情况真实可靠。

现场勘查的情况如下：现场位于××市××街 45 号××市××数码器材有限公司一楼数码器材仓库。该公司主要经营数码器材。仓库卷闸门成拉起状，高 0.78m，卷闸门上没有明显的撬压或其他痕迹，卷闸门锁和下面的锁扣完好。仓库里面的三排玻璃柜台玻璃上都有一个直径 0.40m 的圆形缺口，很明显为切割玻璃所致。据事主称：玻璃柜台内所有的理光相机和相关配件被盗。经仔细勘查，在圆形缺口接近柜台一角处发现 2 枚较为清晰的指纹（已经提取），在靠近柜台入口的一只硬纸板箱上发现一个比较模糊的脚印（已经提取），其余地方的脚印颇为凌乱，无法提取完整的痕迹。仓库北边有一个通风窗口，经勘查，没有发现可疑痕迹。靠近墙角有一只摔碎了的理光相机。另外扩大勘查范围，也无异常。在现场勘查的过程中，提取了痕迹和物证，并填写了现场勘验检查提取痕迹、物证登记表，登记表内容如下：理光相机 1 台、靠后窗墙脚指纹 3 枚、脚印 1 枚、现场勘验检查制图 2 张、照相 15 张、录像 10 分钟、录音 0 分钟。

在此次现场勘查结束时，完成了×公（刑）勘〔××××〕324 号现场勘验检查笔录。由笔录人赵×记录，此现场勘查人员有：制图人王××、照相人钱×、录像人刘×、录音人无、××公安局刑侦大队副大队长朱××、××公安局刑侦大队工程师王××、××公安局刑侦大队技术员钱×、××公安局刑侦大队侦查员江××。现场勘验检查见证人：××街道保卫干事程××，性别男，年龄 40 岁；××电子市场保安姚×，性别男，年龄 28 岁。此现场勘查笔录制作时间为××××年 7 月 8 日。

【制作要求及提示】

（1）按照《现场勘查笔录》要求的格式、项目撰写，未尽事宜请自行酌设。

（2）分析材料，弄清每一段的内容中包含了哪些写作项目，如首部和尾部的诸项内容掺杂在事实的叙述中，应逐一将其分辨出来，按照现场勘查笔录的要求去制作。

（3）制作《现场勘查笔录》时，应该抓住其写作重点（即现场勘查、勘验过程及勘验结果等部分）来写。叙述语言以说明性语言为主。[1]

第三节 讯问笔录

案例导入

一、案件基本情况

××省××市公安局××分局刑警队刑侦人员于 2013 年×月×日对××路

---

〔1〕 本材料来源于论文联盟 http：//www.lwlm.com/.

与××路交口××××小区×栋××室发生的一起杀人案的犯罪嫌疑人郭××进行讯问。郭××对自己杀害被害人唐××的原因、过程等供认不讳。刑侦人员对犯罪嫌疑人的供述和辩解作了详细的笔录，即讯问笔录。

二、案例提示

1. 犯罪嫌疑人的供述和辩解是刑事诉讼活动中不可或缺的证据。侦查机关应当及时讯问犯罪嫌疑人。

2. 对于羁押的犯罪嫌疑人，可以在办案单位的讯问室和看守所进行讯问。讯问时制作的笔录应当按照《公安机关刑事法律文书式样（2012 版）》对讯问笔录的制作要求叙写。

3. 公安机关侦查人员在讯问犯罪嫌疑人时，应当告知其在刑事诉讼中依法享有的权利和义务。记录人应当如实记载犯罪嫌疑人的供述和辩解的具体内容。

三、制作讯问笔录前的准备工作

1. 人民法院、人民检察院对于各自决定逮捕的人，公安机关对于经人民检察院批准逮捕的人，都必须在逮捕后的 24 小时以内进行讯问。在发现不应当逮捕的时候，必须立即释放犯罪嫌疑人，发给释放证明。

2. 讯问犯罪嫌疑人必须由人民检察院或者公安机关的侦查人员负责进行。讯问的时候，侦查人员不得少于 2 人。

3. 侦查人员在讯问犯罪嫌疑人的时候，应当先拟定讯问提纲，讯问时要告知犯罪嫌疑人对于侦查人员的提问应当如实回答，但是对与本案无关的问题，有权拒绝回答。

教学内容

一、讯问笔录的概念、功能和法律依据

（一）概念和功能

讯问笔录是侦查人员在办理刑事案件的过程中，记录对犯罪嫌疑人讯问情况的文书。讯问笔录记录了侦查人员对犯罪嫌疑人的讯问情况，记录了犯罪嫌疑人对犯罪行为的供述和辩解，反映了讯问的全部过程，可以为侦查人员分析研究案情，开展其他相关侦查取证活动提供直接的依据和线索。

讯问笔录是《刑事诉讼法》规定的证据之一，经查证属实的讯问笔录，可以作为认定犯罪嫌疑人有罪或无罪的证据，影响对案件的定性和处理。

（二）法律依据

《刑事诉讼法》第 94 条、第 118 条、第 119 条、第 120 条、第 122 条等，

对人民法院、人民检察院对各自决定逮捕的人，公安机关对经人民检察院批准逮捕的人进行讯问，并将讯问笔录交由犯罪嫌疑人核对等事项作了明确的规定。

二、讯问笔录的结构内容和写作要求

讯问笔录包括首部、正文和尾部三个部分。

（一）首部

1. 标题和次数。标题写明"讯问笔录"，标题后可注明"第×次"。

2. 讯问时间。应准确地写明起止时间，应精确到时、分，如"××××年×月×日×时×分至××××年×月×日×时×分"。

3. 讯问地点。应准确写明讯问地点。

4. 讯问人和记录人的姓名和工作单位、职务。

5. 在场人和翻译人员。如果没有可以不记。

6. 犯罪嫌疑人姓名。

（二）正文

1. 犯罪嫌疑人基本情况。第一次讯问时应问明并记录犯罪嫌疑人的姓名（别名、曾用名、绰号等）、性别、出生年月日、出生地、民族、文化程度、身份证号码、籍贯及户籍所在地、职业及工作单位、政治面貌、家庭情况及主要社会关系、社会简历（包括违法犯罪经历等情况）等。第二次及以后讯问时，如没有需要进一步核实的情况等特殊需要，上述情况一般可以不必再记。

2. 告知犯罪嫌疑人诉讼权利和义务。第一次讯问时应当记录向其送达《犯罪嫌疑人诉讼权利义务告知书》的情况，对没有阅读能力的应记明向其宣读告知的有关情况。

3. 案件事实的有关内容。第一次讯问时，应首先讯问犯罪嫌疑人是否有犯罪行为，听取他的有罪供述和无罪辩解。犯罪嫌疑人作有罪供述的，应准确清楚地记明犯罪事实的基本要素，包括犯罪的时间、地点、动机、目的、手段、情节和犯罪后果及所涉及的人、事、物等内容。犯罪嫌疑人如果作无罪辩解，要准确、完整地记录其陈述的理由和有关证据。在第二次及以后的讯问中，可根据案件侦查进展情况，有针对性地进行讯问或全面核实案情。

（三）尾部

讯问笔录应当交犯罪嫌疑人核对，对于没有阅读能力的，应当向其宣读。如果记载有遗漏或者差错，犯罪嫌疑人可以提出补充或者改正。犯罪嫌疑人承认笔录没有错误后，应当签名或者盖章，写明日期。对拒绝签名或捺指印的，应在笔录尾部注明。侦查人员也应当在笔录上签名。犯罪嫌疑人请求自行书写供述的，应当准许。必要的时候，侦查人员也可以要犯罪嫌疑人亲笔书写供词。

（四）讯问笔录基本格式（行政、刑事通用）

讯问笔录

第___次

时间_____年__月__日__时__分至____年__月__日__时__分

地点_____

讯问人（签名）_____、_____工作单位_____

记录人（签名）_____工作单位_____

被讯问人_____性别_____年龄_____出生日期_____

身份证件种类及号码_____

现住址_____联系方式_____

户籍所在地_____

（口头传唤／被扭送／自动投案的被讯问人于_____月___日___时___分

到达，__月__日__时__分离开，本人签名：_____）

问：_____

答：_____

_____

_____

_____

_____

_____

第　　页　共　　页

三、讯问笔录的制作要点

1. 制作讯问笔录时侦查人员不得少于 2 人，笔录上所列项目应填写齐全，手续应当完备。

2. 笔录制作应真实、客观，讯问过程应如实记录，不得随意取舍或更改。除言语对话以外，对犯罪嫌疑人的表情、神态、动作、心理变化等，也应根据情况用括号注明。

3. 讯问时如进行录音、录像的，也应在笔录中加以注明。对犯罪嫌疑人要求自书供述的，应当准许。

制作实训

一、讯问笔录实例

第　1　次

讯问笔录

时间 2013 年 5 月×× 日×时×× 分至 2013 年 5 月×× 日×时×× 分

地点　××市公安局××分局刑警大队讯问室

讯问人（签名）_____、_____ 工作单位　××市公安局××分局刑警大队

记录人（签名）_____ 工作单位　××市公安局××分局刑警大队

被讯问人 郭×× 性别 男 年龄 ×× 出生日期 19×× - × - ×

身份证件种类及号码 居民身份证号码：340103×××××××××××

□是□否人大代表

现住址　××省××市××家园××室　　　　联系方式　×××××× ×××××

户籍所在地　××省××市××区××路××号×幢××室

（口头传唤/被扭送/自动投案的被讯问人__月__日__时__分到达，__月__日__时__分离开，本人签名_____）

问：我们是××市公安局××分局刑警大队的民警（出示人民警察证），现依法对你进行讯问，你应当如实回答我们的提问，不得故意隐瞒事实或作伪证，否则我们将追究你的法律责任，对与案件无关的问题，你有拒绝回答的权利。你听明白了吗？

答：我听明白了。

问：在讯问中我们将采取录音录像，你是否有异议？

答：没有。

问：依照《中华人民共和国刑事诉讼法》有关规定，现将《犯罪嫌疑人诉讼权利义务告知书》给你阅读，你如果不识字，我们可以给你宣读。

答：我可以看。（看完《犯罪嫌疑人诉讼权利义务告知书》）我看清楚了，并收到了告知书。

问：说说你的个人基本情况。

答：我叫郭××，男，19××年×月××日出生，汉族，大学本科文化程度，居民身份证号码是×××××××××××××××××，户籍所在地是××省××市××区××路××号 8 幢×室，现住××省××市××家园××室，

现在××××单位，联系方式是×××××××。

问：说说你的家庭情况。

答：我的爱人叫刘××，19××年出生的，下岗工人，联系电话×××××××××。

问：说说你的个人简历。

答：我自幼读书。19××年高中毕业于××市××中学，毕业后参加考干，考到了××单位上班至今。

问：你以前是否受过刑事、行政等处罚或者被劳动教养、强制戒毒？

答：没有。

问：你是否有严重的传染性疾病或其他疾病？

答：没有。

问：你有权申请有关办案人员回避，你是否申请？

答：不申请。

问：郭××，希望你在接受公安机关讯问时能够端正态度，如实回答问题，争取从轻、减轻处理，听明白了吗？

答：听明白了。

问：你是因为何事被带至公安机关？

答：我是因为伤害人的事情。

问：你在何时何地伤害了什么人？

答：我是在 2013 年 5 月××日晚上 10 点多钟在××××××号楼××室里客厅位置与唐××发生了争执，导致她死亡。

问：你将当时的情况具体说一下。

答：2013 年 5 月××日晚上，我从××市××路的××大酒店吃完饭后回到××××，在进入小区大门 20 米左右时，我正拿着手机准备看时间，唐××突然从黑暗中窜出来一把夺下我的手机摔在地上，手机被摔成两半，摔坏后她又把手机捡了起来，说："让你打电话不接！"我没有理她，继续往×号楼方向走，她就跟着我走，走了大概五六米的时候她就掉头往回走，边走边威胁我说："马上给你老婆打电话，说说我们两个的关系。"说完她冲到我面前一把拽住我的衬衫衣领往下一拉，把我的衣服拽烂了，我一气之下把衣服脱了甩在地上光着上身往×号楼走。唐××跟着我上楼进了×号楼××室。进门关上门后她就开始骂我，还用牙咬我左手中指，还把我眼镜打掉了。我用右手去挡她，她就用两只手扳我右手，我右手被她扳肿了。我甩开她的手后就用拳头朝她面部打，两只手都打了。我把她打倒了，她倒地后拼命想起来，手还往上抓我，我就跨着坐到她胸部下面的位置把她手按着，她就说："我一定会和你老婆讲，一定让你坐牢，闹到你单位去，叫你下班。"我一气之下就从旁边电视柜上面的隔档里拿出锤子朝她头部打了四五下，之后她就没声音了，也不动了。我用右手在她的鼻子前探探，发现她没有气息了，我当时感到很害怕，赶紧用双手按她胸膛，可是没有反应。我从唐××身上起来坐到客厅的沙发上发呆。

大概过了半小时我才醒过神来，看到地上有好多血，我就赶紧从阳台上拿来拖把拖地，但血太多拖不干净，我就拿了房间楼梯边墙上挂着的睡衣开始擦，最后又从卫生间拿了四五块毛巾擦。我把床单对角扎了起来把她包在床单里，然后往门口方向拖了一点，之后我就用毛巾把余下的血迹全部擦掉了。擦完后，我从茶几下拿了一个大的白色塑料袋把擦血迹的那些东西包括锤子装了进去，之后我从茶几下拿了一个蓝色的无纺布袋子套在了塑料袋外面。大概10分钟后，我下楼顺着××路走到了靠近××花园那的一个小店买了包金皖。买完后就往回走。

走到小区×号楼前，我看到我爱人从一辆出租车下来，问我到底干了什么，我当时没有说话，就回头喊那个出租车驾驶员，让他和她一起上楼，她对我说她报警了。驾驶员就跟着上楼了当时，我和我爱人走到5楼的时候我对她说我把人打毁了，我让她赶快报警。我从我爱人手中拿她的手机准备拨打110，可是我的手不听使唤，使不上劲，我爱人就把手机拿了回去拨通了110报警。很快警察就来了，我就把手一伸让警察把我铐走，之后来了很多警察，我就被带到了这儿。

问：你和唐××是什么关系？

答：我们是情人关系，我们是在今年的×月×日认识的，当时是一个朋友叫我在××饭店吃饭，唐××当时也在，我们就认识了。在饭桌上她找我要了我的电话号码，过了几天后，她主动打电话给我，请我去××边上的汗蒸房汗蒸、聊天，我们就又进一步认识了，到了第四次见面的时候，大概是2月中旬，我们在汗蒸房的包间里发生了性关系，之后我们就发展成了情人。

问：5月×日晚你们为什么会发生争执？

答：我们刚认识的时候彼此还很好，因为我有家庭，她也没有打扰过我的家庭，可是到了今年4月底，她突然对我说她受不了了，要和我结婚。我说结婚也要等到我儿子高考完以后，她当时也同意了。可是后来她越逼越紧。我爱人在滨湖陪儿子上学，经常不回来，她威胁我要到家里、单位去闹，还以死威胁我。每天都在逼我，每天都几十个电话的打给我，影响我上班。我心真的好累，受不了了。5月×日晚上我和同事吃饭，她不停地打我电话，我实在不想和她在一起了，想慢慢脱离她，所以我就不接电话。所以她就到××花园去找我，才会发生争执的。

问：你平时住在××家园，5月×日你为什么要去××××？

答：因为她那天中午就打电话给我，让我晚上过去，我当时不愿意去，她就翻脸，不停地打我电话。到了下午5点多钟的时候，我实在没有办法，就答应她去了。晚上吃饭的时候，她打电话我没有接，以她的脾气，我怕她晚上会到××家园找我，她也认识我在××家园的房子，所以没有办法我就去了。

问：你们在房间内发生争执的时候你有无受伤？

答：唐××在房间里打我，我的左手中指被她咬破了，右手背被抓破，右手也肿了。

问：你使用的锤子是哪儿来的？什么样的？

答：这个锤子是我老早从单位带回来的，一直在家里客厅的电视柜下面的第一层放着，平时主要用来维修东西。锤子是木把的，锤头是黑色铁制的，大概一尺多长（双手比划长短和锤头的大小）。

问：你已经用拳头把唐××打倒在地，为什么还要用锤子打她？

答：当时她倒地后还是要抓我，还一直说要和我老婆讲，要到单位闹，我又想到她已经打电话给我老婆，一时气不过，再加上当天我又喝了酒，就拿锤子打她了，我当时想到她伤害我太深了，我也要给她伤害得深点。

问：你用锤子打唐××什么部位？打了几下？

答：唐××被我打倒的时候是面朝上躺着的，我跨着坐在她身上，我怕砸她面部样子会难看，所以就用锤子砸她的头部，砸了四五下。

问：你用哪只手拿锤子的？

答：我是用右手拿的。

问：你砸第几下的时候唐××不动了？

答：这我不知道，我一口气砸了四五下。

问：你砸唐××的时候是否有血流出？

答：有，但是当时不多，后来才流了很多，后来我清理现场的时候发现地上大约2米远的地方溅的都是血。

问：你是否知道用锤子击打头部会造成什么样的后果？

答：当时就是气愤，没有考虑什么后果，现在我知道轻点会受伤，重点就死亡。

问：你为何用锤子打死唐××？

答：当时我实在是气糊涂了，没想那么多，拿着锤子就往她头上连砸了四五下。

问：你用了多大力气击打？

答：我当时感觉不大但也不小。

问：你为什么要清理当时现场的血迹并用床单把尸体包起来？

答：因为地上好多血，唐××的尸体躺在那，我看了很害怕，而且我脑子也很乱，当时想过把现场清理干净，把尸体在外面藏起来，也想过一走了之，也想过死。但还是决定清理现场，所以我就把血迹清理干净，用床单把尸体包起来了。当时包完尸体以后我开始拖尸体，拖了一下后突然我想到了死，我就停了下来，就坐在沙发上抽烟。

问：你拖动尸体后尸体是什么状态？

答：基本上调了个方向，头朝东北，也就是大门的方向，离大门2米左右。

问：你仔细回忆一下你是如何清理现场的？

答：我当时先用拖把拖地，然后用我的那件烂了的浅色的格子衬衫擦地，又用挂在墙上的唐××的一套白色单睡衣擦地，又从卫生间拿了四五条毛巾擦地。我想起来了，我还用茶几下的几块饭店那种白色小毛巾擦地的，擦完后我把小毛巾扔到茶几边的纸篓里了，纸篓是两个套在一起的，外面是红色的，里面是什么颜色我想不起来了。我当时拿小毛巾的时候还把茶几下面的一个旧的墨水瓶带掉了下来，我把这所有清理的东西包括锤子都装进一个塑料袋子里，我印象中是白色的塑料袋，然后在塑料袋外面套了一个蓝色的无纺布袋。我用主卧室床上的白色带小花的床单把尸体包起来，一个对角打了两个结，总共四个结。整个过程我记得就是这样。

问：你为什么要出门到××花园那儿买香烟？

答：我当时心里很乱，身上也没有多少香烟了，就出门买香烟，我出门后心里很矛盾，外面下着雨，我带伞都没有打。其实买烟并不是主要的，我心里太乱，我一路都在考虑三个问题：一是跑不跑，二是是不是要死，三是到底要不要投案。后来往回走到××路交口的时候想到跑能跑到哪儿去，死又解决不了问题，只有投案。

问：你如果没有遇见你爱人，你会如何报案？

答：我想过借手机或者直接去公安机关自首。

问：那你为什么又回到小区？

答：我想先回到家中静静心。

问：你爱人遇见你时说她报警了是什么意思？

答：不知道，我也不知道是什么意思。

问：你回到家中后为什么把那个无纺布袋拎到五楼半？

答：因为我爱人跟着我上楼，她说她不敢进去，我就把袋子拎到了五楼半。

问：你为什么再次搬动尸体？

答：就是因为我爱人害怕，所以我想把尸体拖出去先放在外面。我拖到离门口一米左右时浑身没劲拖不动了，而且又看到地上有血，我自己也想反正已经这样了，所以就不拖了。

问：你爱人报了几次警？

答：她见到她的时候说她报警了，我不知道她报的什么警，第二次是我叫她报的这个警。

问：5 月 × 日晚上你和唐 × × 争执时唐 × × 有没有哭喊？

答：她就是喊着骂我，但声音不大，但是她没有哭过。以前她和我吵的时候哭过，最近也哭过，但具体日期想不起来了。

问：郭 × ×，自你第一次被讯问起，你有权委托律师作为辩护人，你听明白了吗？

答：明白了，我让我爱人帮助委托。

问：你还有什么需要补充的？

答：没有了。

问：以上报说是否属实？

答：属实。

二、实例评析

本案记录人对讯问人的提问作了清楚的记录，并根据提问的中心问题，全面准确地记载了犯罪嫌疑人郭 × × 对杀害被害人的犯罪事实的供述和供辩，对讯问的原过程，以及能够说明案件性质的关键情节、证据等均作了准确、清楚、细致的记录，是一篇符合要求的讯问笔录。

技能拓展

1. 制作讯问笔录的法律依据有哪些？
2. 讯问笔录的正文部分包括哪些内容？

第四节　询问笔录

案例导入

一、案件基本情况

犯罪嫌疑人郭 × × 涉嫌故意杀人一案由 × × 省 × × 市公安局立案侦查。案发后，刘 × × 应郭 × × 的要求，向公安机关报了案。刑侦人员于 2013 年 × 月 ×

日对刘××进行了询问，记录人员将对刘××询问的整个活动予以记载。

二、案例提示

本案中，刘××系犯罪嫌疑人郭××的妻子。因其第一个发现了郭××杀人后藏匿证据的事实，并了解犯罪嫌疑人与被害人的不正当关系，是本案的证人。根据《刑事诉讼法》的规定，侦查人员就与本案事实有关的内容向刘××进行了询问。因刘××与犯罪嫌疑人郭××是夫妻关系，因此，对其所作的询问笔录应当慎重使用，但经与其他证据印证的，可以作为证据采信。

三、制作询问笔录前的准备工作

询问证人应当个别进行。询问证人时，应当告知其应当如实地提供证据、证言和有意作伪证或者隐匿罪证要负的法律责任。

侦查人员询问证人，可以在现场进行，也可以到证人所在单位、住处或者证人提出的地点进行，在必要的时候，可以通知证人到人民检察院或者公安机关提供证言。在现场询问证人，应当出示工作证件，到证人所在单位、住处或者证人提出的地点询问证人，应当出示人民检察院或者公安机关的证明文件。询问被害人，适用上述规定。

教学内容

一、询问笔录的概念、功能和法律依据

（一）概念和功能

询问笔录是指侦查、审判人员、律师等进行调查活动时，为查明案情、收集证据、核实材料，依法向当事人或其他相关人员进行调查访问时所作的文字记录。询问笔录又称调查笔录、谈话笔录等。本节主要讲述的是公安机关制作的询问笔录。

公安机关询问笔录是侦查人员在办理刑事案件中，依法向被害人、证人了解案件情况时所作的文字记录。询问笔录记录了被害人、证人所反映的案件有关情况，是公安机关侦查过程中调查取证的重要手段之一。询问笔录对侦查人员分析案情、获取并核实犯罪证据具有重要作用。经审查核实的询问笔录，是处理案件的重要依据。

（二）法律依据

《刑事诉讼法》规定了侦查人员询问证人、被害人的内容和要求。询问笔录中应对法律规定的询问程序和相关内容如实记载，作为以后审核该笔录是否可以成为定案的证据材料。具体条文包括：

《刑事诉讼法》第124条规定，侦查人员询问证人，可以在现场进行，也可

以到证人所在单位、住处或者证人提出的地点进行，在必要的时候，可以通知证人到人民检察院或者公安机关提供证言。在现场询问证人，应当出示工作证件，到证人所在单位、住处或者证人提出的地点询问证人，应当出示人民检察院或者公安机关的证明文件。询问证人应当个别进行。

《刑事诉讼法》第 125 条规定，询问证人，应当告知他应当如实地提供证据、证言和有意作伪证或者隐匿罪证要负的法律责任。

《刑事诉讼法》第 126 条规定，《刑事诉讼法》第 122 条的规定，也适用于询问证人。

《刑事诉讼法》第 127 条规定，询问被害人，适用该节各条规定。

二、讯问笔录与询问笔录的主要异同点

（一）相同点

1. 讯问笔录与询问笔录均要如实、完整地记载被讯问人的供述、辩解和被询问人的陈述。

2. 两种笔录的处理办法一样，都要交给被讯问（询问）人核对，并允许其改正其中的错误。

3. 讯问、询问结束后，相关人员都应该在笔录上签名。

（二）不同点

1. 问话对象不同。讯问笔录的对象是犯罪嫌疑人或被告人，询问笔录只对证人、被害人或知情人适用。

2. 适用范围不同。讯问笔录适用于刑事案件和治安案件，询问笔录则可以适用于刑事案件、民事案件和行政案件。

3. 记录内容不同。讯问笔录主要记录被告人的供述或辩解，询问笔录主要记录证人、被害人和知情人所提供的与证明案件事实有关的证据、证言。

三、讯问笔录的结构内容和写作要求

询问笔录与讯问笔录虽然在适用的对象和适用的范围上有明显不同，但在结构模式和制作方法上却颇为相似，也是由首部、正文和尾部三部分构成。

（一）首部

1. 标题。写明"询问笔录"或"调查笔录"。

2. 时间。一般应写明××××年×月×日×时×分。

3. 地点。询问地点可以是被询问人的单位、住所或者其提出的地点，也可以是公安机关办公地点或其他合适的场所，应准确记明。

4. 侦查人员、记录人员的姓名、工作单位和职务。

5. 在场人或翻译人员的姓名、工作单位和职务。

6. 被询问人姓名、性别、年龄、职业及工作单位、住址等基本情况。

（二）正文

1. 应记明侦查人员向被询问人表明身份的情况。包括向被询问人出示证明文件或侦查人员工作证件的情况。

2. 应记明向被询问人告知《刑事诉讼法》第125条的规定，告知他应当如实地提供证据、证言和有意作伪证或者隐匿罪证要负的法律责任。

3. 应记明被询问人了解的案件有关情况。这一部分是制作重点。被询问人如了解案件全部经过的，可以就其了解的情况全面调查。如被询问人只了解某一情况或某一问题，也可以只就其了解的情况进行核实。记录人员应真实、完整地记录下整个询问经过，不得随意取舍。

（三）尾部

尾部的要求和讯问笔录基本相同。笔录应交由被询问人核对或向其宣读。如有错漏，应允许其更正或补充。经核对无误以后，应当由被询问人在笔录上逐页签名（盖章）或捺指印。笔录末页也应写明"以上笔录我已看过（或已向我宣读），和我讲的相符"，然后签名（盖章）或捺指印，写明日期。拒绝签名或捺指印的，应由侦查人员在笔录上注明。

（四）询问笔录的基本格式（行政、刑事通用）

询问笔录　　　　　　　　　　　第___次

时间_____年___月___日___时___分至_____年___月___日___时___分

地点_____

记录人（签名）_____工作单位_____

被询问人_____性别_____年龄_____出生日期_____

身份证件种类及号码_____

现住址_____联系方式_____

户籍所在地_____

（被询问人于_____月___日___时___分到达，__月__日__时__分离开，本人签名：_____）

问：_____

答：_____

_____

第　页　共　页

四、询问笔录的制作要点

1. 询问笔录应单独制作，不得对多名证人、被害人采用开座谈会方式问话，以确保客观、真实。询问时侦查人员不得少于 2 人，笔录上所列项目应填写齐全，手续应当完备。

2. 如询问证人或者其他有关人员时，笔录应写明其与当事人的关系。询问证人时，还应当告知其应如实地提供证言，如有意作伪证或者隐匿证据，要负法律责任。

3. 询问笔录应真实、客观，如实反映询问的全过程。无论是对犯罪嫌疑人有利的证言还是不利的证言，均应完整记录。对于被询问人反映的情况，应问清来源，如亲眼看到的、当场听到的、道听途说的、估计猜测的等均应记明，以便侦查人员综合判断笔录的使用价值。

五、询问笔录的使用规定

1. 询问笔录应为证人直接感知，应记录证人作证时的年龄、认知、记忆和表达能力，生理和精神状态等，作为判断是否影响作证的依据。

2. 询问笔录的制作、修改要符合法律有关规定，注明询问的起止时间和地点，首次询问时应告知证人有关作证的权利义务和法律责任，证人对询问笔录应核对确认。

3. 询问笔录要记载询问未成年证人时，是否通知其法定代理人或者有关人员到场，其法定代理人或者有关人员是否到场。

4. 询问笔录应对证人的猜测性、评论性、推断性的证言作完整的记录。

5. 证人证言的收集程序、方式有形式上的瑕疵，经补正或者作出合理解释的，可以采用；不能补正或者不能作出合理解释的，不得作为定案的根据。

制作实训

一、询问笔录实例

　　××省××市公安局刑侦人员于 2013 年×月×日×时×分至 2013 年×月×日×时×分，由 2 名侦查人员对犯罪嫌疑人郭××涉嫌故意杀人一案的证人刘××进行了询问。整个询问按下述流程进行，记录人员按照询问笔录的要求，客观详细地记载了询问人对刘××的整个询问活动。

第＿＿＿次

询问笔录

时间＿＿＿＿＿年＿月＿日＿时＿分至＿＿＿年＿月＿日＿时＿分

地点＿＿＿＿＿＿＿＿＿＿＿＿＿＿＿＿＿＿＿＿＿＿＿＿＿＿＿＿＿＿

询问人（签名＿＿＿＿＿、＿＿＿＿＿工作单位＿＿＿＿＿＿＿＿＿

记录人（签名）＿＿＿＿＿＿工作单位＿＿＿＿＿＿＿＿＿＿＿＿＿＿

被询问人＿＿＿＿＿性别＿＿＿年龄＿＿＿出生日期＿＿＿＿＿＿＿＿＿

身份证件种类及号码＿＿＿＿＿＿＿＿＿＿＿＿＿＿＿＿＿＿＿＿＿＿＿＿

现住址＿＿＿＿＿＿＿＿＿＿＿＿＿＿＿联系方式＿＿＿＿＿＿＿＿＿＿＿

户籍所在地＿＿＿＿＿＿＿＿＿＿＿＿＿＿＿＿＿＿＿＿＿＿＿＿＿＿＿＿

（被询问人于＿＿＿＿月＿＿日＿＿时＿＿＿分到达，＿月＿日＿时＿分离开，

本人签名：＿＿＿＿＿＿＿＿＿＿＿＿＿＿）

问：我们是××市公安局××分局刑警大队的民警（出示人民警察证），今天找你来，主要是证实一下郭××涉嫌杀人的情况，希望你能如实回答提问，陈述事实，不得作伪证或者隐匿罪证，否则要按照《刑事诉讼法》的规定负法律责任。对与案件无关的问题，你可以拒绝回答，听清楚了吗？

答：听清楚了，我一定如实说。

问：谈谈你的个人基本情况。

答：我叫刘××，19××年×月×日出生，汉族，高中文化程度，居民身份证号码是××××××××××××××××××，户籍所在地是××省××市××区××路××号×幢××室，住××省××市××家园××室，现下岗在家。

问：你与郭××是何关系？

答：郭××是我丈夫。

问：你是怎么知道郭××杀人的？现在实事求是地把你看到的进行陈述。

答：2013年5月××日晚上10点左右，我接到一个女人的电话，说她是我丈夫郭××的情人，他们两人现在就在××花园6楼。她说的这个地方是我另外的一处房子。我很气愤，打了一辆出租车就去了××花园，到了小区×号楼，我看见郭××在楼前，我问他到底干了什么，他没有说话，而是回头喊上出租车司机，让他和我一起上楼，驾驶员就跟着上楼了。走到5楼的时候，我又问怎么回事，郭这时跟我说，他把人打毁了。

问：他说"把人打毁了"是什么意思？

答：当时我也不清楚是什么意思，但能感觉到肯定把人打得很厉害，就逼着他问到底打成什么样了？他说把人打死了。

问：出租车车牌号是多少？司机是个什么样的人？什么时候走的？

答：车牌号我记不清了，车子是××牌的，本地车牌。司机是个男的，40岁左右，1.70米的样子，其他的记不清了，他上到六楼拿了我给的车费就走了。

问：你当时看到郭××的时候，他手上拿东西了吗？

答：有的，他拿了个袋子。开始我不知道里面是什么东西，后来他说他把人打毁了，我怀疑袋子里有我害怕看到的东西。等到了六楼家里的时候，我不

敢进去，他就把袋子拎到了五楼半。

问：你当时报警了没有？

答：报警了。

问：是你主动报警的吗？

答：是他让我赶快报警的。当时他拿我的手机准备拨打 110，可能是因为紧张吧，拨号没有成功，就叫我报警了。我拨通了 110 报警之后，很快警察就来把他带走了。

问：你以前知道郭××和唐××是什么样的关系吗？

答：以前不知道，我也不认识唐××，不知道有这个人。

问：你还有别的要说的吗？

答：没有了。

以上笔录我看过，与我说的相符。

被询问人（签名）：刘××（捺手印）

2013 年 5 月×日

第　页　共　页

二、实例评析

本案的证人刘××系第一个发现犯罪嫌疑人涉嫌故意杀人后藏匿尸体之处，并向公安机关报案之人，是本案必须要询问的证人。但刘××又系犯罪嫌疑人郭××的妻子，与犯罪嫌疑人有密切的关系，对其证言必须与其他证据相印证后方可采信。在询问笔录中，要客观地记载刘××的陈述，保持其证言的原意。

技能拓展

1. 讯问笔录与询问笔录的主要异同点有哪些？

2. 询问笔录有哪些使用规定？

3. 根据下列材料制作一份询问笔录。

【基本情况】

2013 年 7 月 20 日上午 10 点多钟，张××（女，安徽省合肥市××公司员工）去合肥商之都购买衣服，当时张××把手机放在左边的口袋里装着。当张××来到××品牌柜台看衣服时，在她后面挤过来一男青年，站了一会儿，就走了。停了几分钟，张××听见有人喊谁的手机丢了，回头看见一个高个子青年手里拿了一部手机，和自己的手机一模一样。她随手摸了摸口袋，发现手机不见了。这时高个儿青年说："我们是公安局的。"张××过去说手机是她的。

在高个子警察旁边，还有几个人抓住了一个男青年（李××，男，25岁，无业）。据张××指认，这个男青年就是刚才在她身后挤的人，上身穿一件白色长袖T恤，下身穿黑裤子，年龄大约在25岁左右。经拨打张××提供的手机号码，证实被抓的李××盗窃的手机确实是张××的。据张××称，手机是2012年10月买的，价值4800元。根据《刑事诉讼法》的规定，合肥市公安局××分局侦查人员于2013年7月20日×时×分至2013年7月20日×时×分就与本案事实有关的内容向张××进行了询问。

【制作要求及提示】

（1）按照询问笔录的格式要求制作。

（2）设计询问笔录的提纲，材料中未尽事宜请按文书制作要求酌定。

（3）询问笔录要记录询问人的问话方式，以防询问人有诱导被询问人回答问题的现象。

（4）记录人要将被询问人的回答尽可能完整地记录下来，保持笔录的真实、有效性。

第五节 法庭审理笔录

案例导入

一、案件基本情况

2019年×月×日，××市中级人民法院根据最高人民法院指定管辖决定书，依法对××市人民检察院指控被告人张××受贿罪和徇私枉法罪一案公开开庭审理。审判人员按照《刑事诉讼法》的有关规定对案件进行了全面审理，书记员对案件审理的诉讼过程，包括法庭调查、法庭辩论、被告人陈述等进行了记录。同时，相关人员在笔录上签字，对笔录的原始性和真实性予以确认。

二、案例提示

法庭审理笔录是反映法院依法审判的重要依据。笔录中记载的控辩双方对案件事实等的认定及对证据的质证结果等，将成为法院审理案件之后，综合考量案件情况，依法作出判决或裁定的依据。本案中，××市中级人民法院依法对××市人民检察院指控被告人所犯的受贿罪和徇私枉法罪进行了审理，书记员对法庭审理过程中审判人员的问话、控方的发言、辩方的供述、辩解、辩护等作了详细的庭审记录。该法庭审理笔录是案件审理之后合议庭合议的重要依据，合议庭根据案件审理情况，认为事实清楚，证据确实、充分，被告人张×

×受贿罪和徇私枉法罪的罪名成立，依法对被告人作出了判决。

三、制作法庭审理笔录前的准备工作

开庭审理前，合议庭可以拟出法庭审理提纲，提纲一般包括下列内容：

1. 合议庭成员在庭审中的分工。

2. 起诉书指控的犯罪事实的重点和认定案件性质的要点。

3. 讯问被告人时需了解的案情要点。

4. 出庭的证人、鉴定人、有专门知识的人、侦查人员的名单。

5. 控辩双方申请当庭出示的证据的目录。

6. 庭审中可能出现的问题及应对措施。

教学内容

一、法庭审理笔录的概念、功能和法律依据

（一）概念和功能

法庭审理笔录是指在人民法院开庭审理的刑事、民事和行政案件中，书记员依照法律的规定，对案件审理的全部活动所作的文字记录。法庭审理笔录也称为法庭笔录。

法庭审理笔录是将庭审活动的全貌客观如实地反映出来，把经过庭审核实的事实、证据固定下来的凭证。法庭审理笔录作为作出判决或裁定的依据，是人民法院审理案件及案卷材料不可缺少的重要组成部分。

（二）法律依据

《刑事诉讼法》第 207 条第 1 款规定，法庭审判的全部活动，应当由书记员写成笔录，经审判长审阅后，由审判长和书记员签名。

《民事诉讼法》第 147 条规定，书记员应当将法庭审理的全部活动记入笔录，由审判人员和书记员签名。法庭审理笔录应当当庭宣读，也可以告知当事人和其他诉讼参与人当庭或者在 5 日内阅读。当事人和其他诉讼参与人认为对自己的陈述记录有遗漏或者差错的，有权申请补正。如果不予补正，应当将申请记录在案。法庭笔录由当事人和其他诉讼参与人签名或者盖章。拒绝签名盖章的，记明情况附卷。

二、法庭审理笔录的结构内容和写作要求

人民法院开庭审理刑事、民事和行政案件，是依据相应的诉讼法规定的程序依次进行的。法庭审理笔录就是要将法院依法审理的过程记录下来。三种案件的庭审笔录略有不同，但也有着许多相似之处。

本节以刑事案件为例，法庭审理笔录由以下几部分组成：

（一）首部

1. 标题，即法庭审理笔录。

2. 时间（包括起止时间）、地点、是否公开审理、旁听人数。

3. 审判人员和书记员名单。

4. 当事人姓名或名称、案由。

（二）正文

1. 宣布开庭。审判长宣布开庭，传被告人到庭。

开庭审理前，书记员应当依次进行下列工作：

（1）受审判长委托，查明公诉人、当事人、证人及其他诉讼参与人是否到庭。

（2）宣读法庭规则。

（3）请公诉人及相关诉讼参与人入庭。

（4）请审判长、审判员（人民陪审员）入庭。

（5）审判人员就座后，向审判长报告开庭前的准备工作已经就绪。

2. 法庭调查。

（1）查明被告人的下列情况：姓名、出生日期、民族、出生地、文化程度、职业、住址，或者被告单位的名称、住所地、诉讼代表人的姓名、职务；是否受过法律处分及处分的种类、时间；是否被采取强制措施及强制措施的种类、时间；收到起诉书副本的日期；有附带民事诉讼的，附带民事诉讼被告人收到附带民事起诉状的日期。被告人较多的，可以在开庭前查明上述情况，但开庭时审判长应当作出说明。

（2）宣布案件的来源、起诉的案由、附带民事诉讼当事人的姓名及是否公开审理。

（3）审判长宣布合议庭组成人员、书记员、公诉人名单及辩护人、鉴定人、翻译人员等诉讼参与人的名单。

（4）审判长告知当事人及其法定代理人、辩护人、诉讼代理人在法庭审理过程中依法享有的申请回避、提出证据、申请通知新的证人到庭、被告人可以自行辩护、可以在法庭辩论终结后作最后陈述等诉讼权利。

（5）公诉人宣读起诉书，被告人、被害人就起诉书指控的犯罪事实分别陈述。控辩双方可以向被害人、附带民事诉讼原告人发问。公诉人可以提请审判长通知证人、鉴定人出庭作证或者出示证据。被告人及其法定代理人、辩护人可以提请审判长通知证人、鉴定人出庭作证或者出示证据。

这一阶段，审判长可以对证据进行审查判断，记录时应把审判人员的提问意图及目的是否达到记载清楚，作为合议庭评议时的证据认证依据。

3. 法庭辩论。在审判长的主持下，按照下列顺序进行法庭辩论：公诉人发言、被害人及其诉讼代理人发言、被告人自行辩护、辩护人辩护、控辩双方进行辩论。本阶段是控辩双方对案件事实、证据的确认及适用法律的阐释。对双方的主要观点要尽可能地记录清楚。

4. 被告人最后陈述后，要将法庭保证了被告人充分行使最后陈述的权利的情况完整地记录下来。

5. 被告人最后陈述后，审判长应当宣布休庭，由合议庭进行评议。

6. 宣告判决。合议庭根据已经查明的事实、证据和有关法律规定，在充分考虑控辩双方意见的基础上，确定被告人是否有罪、构成何罪，有无从重、从轻、减轻或者免除处罚情节，应否处以刑罚、判处何种刑罚，附带民事诉讼如何解决，查封、扣押、冻结的财物及其孳息如何处理等，并依法作出判决、裁定，并当庭宣告判决。

（三）尾部

1. 笔录经审判长审阅后，分别由审判长和书记员签名。

2. 当事人、法定代理人、辩护人、诉讼代理人确认笔录无误后，应当签名。

3. 出庭证人、鉴定人等对证言、意见部分确认笔录无误后，应当签名。

（四）法庭审理笔录的基本格式（刑事案件适用）

法庭审理笔录

时　　间：　　　　年　　月　　日　　时　　分至　　　时　　分

地　　点：

是否公开审理：　　　　　　　　旁听人数：

审判人员：

书记员：

审判长（员）宣布开庭审理　　　　　　　　　一案

记录如下：

_____

_____

_____

_____

关于本样式的说明：

1. 本样式供各级人民法院开庭审理刑事案件时使用。

2. 开庭时，审判长（员）依照《中华人民共和国刑事诉讼法》的规定，依次核对当事人是否到庭，宣布案由，宣布审判人员、书记员、公诉人、辩护人、诉讼代理人、鉴定人和翻译人员的名单，告知当事人诉讼权利和义务，是否申请回避等，均应记入笔录。

3. 法庭审判的全部活动，包括当事人和其他诉讼参与人的诉讼活动，都应如实记载。如果当庭宣布判决结果的，也应当一并记明。

4. 根据《中华人民共和国刑事诉讼法》第 207 条第 3 款和《最高人民法院关于适用〈中华人民共和国刑事诉讼法〉的解释》第 239 条的规定，法庭笔录应当在庭审后交给当事人阅读或者向其宣读。当事人认为记录有遗漏或者有差错的，可以请求补充或者改正。当事人确认无误后，应当签名或者盖章。法庭笔录中的出庭证人的证言部分，应当在庭审后交给证人阅读或者向其宣读。证人确认无误后，应当签名或者盖章。

5. 本笔录经审判长（员）审阅后，由审判长或者独任审判员和书记员签名。

三、法庭审理笔录的使用规定

1. 开庭审理的全部活动，应当由书记员制作笔录；笔录经审判长审阅后，分别由审判长和书记员签名。

2. 法庭笔录应当在庭审后交由当事人、法定代理人、辩护人、诉讼代理人阅读或者向其宣读。

3. 法庭笔录中的出庭证人、鉴定人、有专门知识的人的证言、意见部分，应当在庭审后分别交由有关人员阅读或者向其宣读。

4. 上述所列人员认为记录有遗漏或者差错的，可以请求补充或者改正；确认无误后，应当签名；拒绝签名的，应当记录在案；要求改变庭审中陈述的，不予准许。

制作实训

一、法庭审理笔录实例

法庭审理笔录

时间：20××年×月×日×时×分至×时×分

地点：第一法庭

是否公开审理：公开

旁听人数：××

审判人员：×××、×××、×××

书记员：×××

记录如下：

书记员：下面宣布法庭纪律：

1. 未经许可，不得录音、录像和摄影。

2. 不得随意走动和进入审判区。

3. 不得鼓掌、喧哗、哄闹和实施其他妨害审判活动的行为。

4. 不得发言提问。

5. 不得吸烟和随地吐痰。

6. 随身携带的移动电话、传呼机等通信工具必须关闭或调到振动位置。

7. 对法庭的审判活动有意见，可以在闭庭以后以书面或口头形式向人民法院提出。

8. 违反法庭纪律的，审判长可以当庭口头警告、训诫，也可以责令退出法庭，对于严重扰乱法庭秩序的人，将依法追究其刑事责任。

请审判长入庭，全体起立。

审判长：××区人民法院刑事审判庭现在开庭（敲法槌）。传被告人到庭。

审判长：被告人，说说你的姓名、出生日期、文化程度、家庭住址等情况。

被告人：我叫××，男，××年××月××日出生，汉族，××单位××，家住××市××区××路××号。

审判长：你是否曾受过法律处分？受过何种处分？是什么时间？因为什么？

被告人：（略）

审判长：检察机关的起诉书副本是否收到？何时收到？

被告人：收到。××年××月××日收到的。

审判长：你是否在开庭3日前收到了开庭传票？

被告人：是。

审判长：××区人民法院今天依法公开审理×××涉嫌××罪一案，本案依法适用普通程序，由本院审判长××、审判员××和审判员××审理，由书记员××担任法庭记录。

审判长：根据《中华人民共和国刑事诉讼法》第29条的规定，被告人有申请回避的权利，即如果你认为刚才宣布的合议庭组成人员、书记员、公诉人不能公正处理本案，可以举出事实和理由，要求更换其中人员。

审判长：被告人，以上诉讼权利及诉讼义务你是否听清？是否申请回避？

被告人：听清楚了，不申请回避。

审判长：当事人及其法定代理人、辩护人、诉讼代理人在法庭审理过程中依法享有下列诉讼权利：

1. 可以申请合议庭组成人员、书记员、公诉人、鉴定人和翻译人员回避。

2. 可以提出证据，申请通知新的证人到庭、调取新的证据，申请重新鉴定或者勘验、检查。

3. 被告人可以自行辩护。

4. 被告人可以在法庭辩论终结后作最后陈述。

被告人：听清了。

审判长：现在进行法庭调查，法庭调查为双方所争议的事实，双方对自己的主张应提供相应的证据加以证明，反驳对方意见，应说明具体理由。下面先由公诉方宣读起诉书。

公诉方：（宣读起诉书）

审判长：被告人对起诉书听清楚了吗？是否有异议？

被告人：听清了，没有异议。

审判长：现在开始举证、质证，双方当事人要围绕双方的诉讼焦点举证、质证，以证明自己的诉讼主张，首先由公诉方举证，被告人质证。

公诉方：（略，见证据清单）

审判长：被告人进行质证。

被告人：本人对公诉方的证据无意见。

辩护人：本人对公诉方的证据无意见。

审判长：公诉方有无其他证据？

公诉方：无。

审判员：被告人举证。

被告人：（举证内容略）

辩护人：（举证内容略）

审判长：双方对事实有无补充？

公诉方：无。

被告人：无。

审判长：现在双方没有争议的证据将作为本案定案的依据，有争议的经核实后再作为定案的依据。

审判长：法庭调查结束，下面进行法庭辩论，双方当事人要围绕本案争议的焦点阐明自己的观点和法律依据，首先由公诉方发表公诉意见。

公诉方：（发表公诉意见，论证对被告人行为已触犯《中华人民共和国刑法》第×条之规定，犯罪事实清楚，证据确实、充分，应当以××罪追究其刑事责任）

辩护人：（阐明辩护的观点和法律依据，提出对被告人从轻、减轻、免除刑事处罚或无罪的辩护意见）

公诉方和辩护人间或发表各自意见。

审判长：公诉方有无新的辩论意见。

公诉方：无。

审判长：被告人有无新的辩论意见。

辩护人：无。

审判长：法庭辩论结束，双方当事人作最后陈述，公诉方是否坚持诉讼意见？

公诉方：坚持。

审判长：被告人可以作最后的陈述。

被告人：（作最后的陈述）

审判长：现在休庭，行合议庭评议。

（法警把被告人带下去）

审判长：（敲法槌）下面继续开庭。

（法警把被告人带上法庭）

审判长：经过合议庭评议，辩护方提出的辩护意见不符合事实，不予采纳，对于被告认罪态度较好符合事实，本庭予以采纳。经过合议庭评议，下面对被告人×××（人名）××罪一案进行宣判。

书记员：全体起立。

审判长：（宣读判决书）

审判长：被告人是否听清？是否有异议？

被告人：听清。无异议。

审判长：今天的庭审到此结束，庭后公诉人、被告人及其法定代理人、辩护人应当阅看笔录，如果没有异议应当签字。

审判长：现在闭庭。

二、实例评析

制作法庭审理笔录的重点是记录人员要将法庭审理的整个过程记录完整，要能反映出人民法院遵照刑事诉讼法规定的程序审理案件的每个过程，同时要将审判人员的问话和控辩双方或当事人的表达客观完整地记录下来。从本案的法庭审理笔录来看，法庭审理符合法定程序要求，当事人充分地享受了自己的诉讼权利，笔录记录完整，符合制作要求。

技能拓展

1. 法庭审理笔录正文部分由哪几个部分组成？

2. 法庭审理笔录的使用规定有哪些？

3. 掌握民事案件法庭审理笔录正文部分内容。

【内容提示】

人民法院审理民事案件时，书记员要在庭审笔录中对以下内容作详细的记录，以作为案件判决或裁定的重要依据：

（1）开庭审理时，由审判长核对当事人，宣布案由，宣布审判人员、书记员名单，告知当事人有关的诉讼权利义务，询问当事人是否提出回避申请。

（2）法庭调查。按照下列顺序进行：当事人陈述，告知证人的权利义务，证人作证，宣读未到庭的证人证言，出示书证、物证、视听资料和电子数据，宣读鉴定意见，宣读勘验笔录。当事人在法庭上可以提出新的证据。当事人经法庭许可，可以向证人、鉴定人、勘验人发问。当事人要求重新进行调查、鉴定或者勘验的，是否准许，由人民法院决定。

（3）法庭辩论。按照下列顺序进行：原告及其诉讼代理人发言，被告及其诉讼代理人答辩，第三人及其诉讼代理人发言或者答辩，互相辩论。

（4）原告、被告、第三人先后发表各方最后意见。

（5）法庭辩论终结，依法作出判决。判决前能够调解的，还可以进行调解，调解不成的，应当及时判决。如系第一审民事案件，宣告判决时，应当告知当事人上诉权利、上诉期限和上诉的法院。宣告离婚判决，应当告知当事人在判决发生法律效力前不得另行结婚。

第六节　合议庭评议笔录

案例导入

一、案件基本情况

××食品有限公司对××防疫站作出扣押、查封其食品的行政行为不服，依法向××人民法院提起行政诉讼。××人民法院受理此案，开庭审理查清了案件事实、证据等后，合议庭召开评议会议，审判长、审判员对原告××食品有限公司诉被告××防疫站作出的行政强制措施一案的事实、证据及应当如何处理进行了评议。评议中，出现了两种不同的处理意见，审判长根据少数服从多数的原则，对案件作了最后总结。记录人员对评议过程和评议内容作了完整的记录。

二、案例提示

合议庭是人民法院的基本审判组织。合议庭全体成员平等参与案件的审理、评议和裁判，依法履行审判职责。合议庭由审判员、助理审判员或者人民陪审员随机组成。本案中，合议庭组成人员对案件应如何处理均发表了自己的意见。合议庭进行评议时，意见不统一的，依照有关规定，审判长在总结合议庭讨论意见时，按多数人的意见作出决定。同时，记录人员应将少数人的意见也记入笔录。

三、制作合议庭评议笔录前的准备工作

1. 知晓合议庭的职责。主要有以下几个方面：①根据当事人的申请或者案件的具体情况，可以作出财产保全、证据保全、先予执行等裁定；②确定案件委托评估、委托鉴定等事项；③依法开庭审理第一审、第二审和再审案件；④评议案件；⑤提请院长决定将案件提交审判委员会讨论决定；⑥按照权限对案件及其有关程序性事项作出裁判或者提出裁判意见；⑦制作裁判文书；⑧执行审判委员会决定；⑨办理有关审判的其他事项。

2. 合议庭成员在评议案件前，应熟悉经过法庭审理的案件情况，根据已经查明的事实、证据和有关法律规定，对案件的性质、当事人的行为所造成的后果等发表意见，最后综合作出对案件的裁判结果。如对刑事案件而言，合议庭成员应当在充分考虑控辩双方意见的基础上，确定被告人是否有罪、构成何罪，有无从重、从轻、减轻或者免除处罚的情节，应否科处刑罚、处何种刑罚，附带民事诉讼如何解决，查封、扣押、冻结的财物及其孳息如何处理等，在合议庭评议时充分发表自己的意见和建议，为依法作出判决、裁定打下良好的基础。

教学内容

一、合议庭评议笔录的概念、功能和法律依据

（一）概念和功能

合议庭评议笔录是指合议庭的全体成员在法庭审理终结后，就定案证据和争议事实、法律适用以及如何裁判进行评议，作出定案的裁判结果，由记录人员对其评议全过程所作的书面记录。

合议庭评议笔录是形成各类案件裁判文书的基础。在合议庭进行评议时，其组成人员对案件事实的认识达成统一共识，使最终形成的裁判更加正确。通过合议庭成员平等地行使审判权，可以防止可能出现的审判权的滥用和不当行使，从而保证法院裁判的正确性和公正性。

（二）法律依据

我国《刑事诉讼法》《民事诉讼法》《行政诉讼法》均规定了人民法院审理刑事、民事和行政案件的合议制度，这些条款即是制作合议庭评议笔录的法律

依据。

1.《刑事诉讼法》第200条规定，在被告人最后陈述后，审判长宣布休庭，合议庭进行评议，根据已经查明的事实、证据和有关的法律规定，分别作出以下判决：①案件事实清楚，证据确实、充分，依据法律认定被告人有罪的，应当作出有罪判决；②依据法律认定被告人无罪的，应当作出无罪判决；③证据不足，不能认定被告人有罪的，应当作出证据不足、指控的犯罪不能成立的无罪判决。

2.《刑事诉讼法》第184条规定，合议庭进行评议的时候，如果意见分歧，应当按多数人的意见作出决定，但是少数人的意见应当写入笔录。评议笔录由合议庭的组成人员签名。

3.《民事诉讼法》第42条规定，合议庭评议案件，实行少数服从多数的原则。评议应当制作笔录，由合议庭成员签名。评议中的不同意见，必须如实记入笔录。

4.《行政诉讼法》第6条规定，人民法院审理行政案件，依法实行合议、回避、公开审判和两审终审制度。

二、合议庭评议笔录的结构内容和写作要求

合议庭评议笔录属于人民法院内部使用的文书，在格式要求上与法院公开的法律文书有一定的区别，其在制作格式上尚无统一规定，但通常要求包括以下几个方面的内容：

（一）首部

首部包括以下内容：

1. 标题，即"合议庭评议笔录"。

2. 合议庭评议的时间、地点。合议庭评议的时间应具体到分钟，如"×年×月×日×时×分至×年×月×日×时×分"。

3. 合议庭组成人员名单。包括审判长、审判员、人民陪审员等。

4. 案件主审人。案件主审人是审判长的，该部分可以不写。

5. 记录人。记录人通常由书记员担任。

6. 案由。包括案件由来和案件性质。

（二）正文

正文部分是合议庭评议笔录的重点部分，主要包括以下内容：

1. 合议庭评议案件时，先由主审人介绍案件情况。主审人向合议庭陈述案件审理的基本情况，针对案件的诉讼主体、案由、庭审情况、当事人出庭情况，当事人主张的事实、理由、请求，对方当事人的抗辩情况，以及双方当事人的举证情况，案件事实认定、证据的采信或不采信情况等进行分析。

2. 合议庭成员针对案件的证据采信、事实认定、法律适用、裁判结果以及诉讼程序等问题充分发表意见。例如：评议刑事案件时，合议庭成员应当根据已经查明的事实、证据和有关法律规定，在充分考虑控辩双方意见的基础上，确定被告人是否有罪、构成何罪，有无从重、从轻、加重、减轻或者免除处罚的情节，应否处以刑罚、判处何种刑罚，附带民事诉讼如何解决，查封、扣押、冻结的财物及其孳息如何处理等发表意见。这些意见是合议庭依法作出判决、裁定的基础。审判长作为承办法官的，应最后发表意见。

3. 审判长根据评议情况作出合议庭评议的结论性意见。合议庭成员对案件充分评议后，由审判长作最后总结，按照少数服从多数的原则，形成合议庭一致的裁判结果。

需要注意的是：合议庭应当依照规定的权限，及时对评议意见一致或者形成多数意见的案件直接作出判决或者裁定。但是，对于下列案件，合议庭应当提请院长决定提交审判委员会讨论决定：①拟判处死刑的；②疑难、复杂、重大或者新类型的案件，合议庭认为有必要提交审判委员会讨论决定的；③合议庭在适用法律方面有重大意见分歧的；④合议庭认为需要提请审判委员会讨论决定的其他案件，或者本院审判委员会确定的应当由审判委员会讨论决定的案件。

（三）尾部

合议庭评议笔录应由合议庭全体成员以及书记员签名或者盖章。

（四）合议庭评议笔录格式（各类案件通用）

合议庭评议笔录

时间：　　　年　月　日　　　时　分至　　　年　月　日时　分。

地点：

合议庭成员：审判长×××　审判员×××　人民陪审员×××

案件主审人：

书记员：

评议　　　　　　　　　　　　　一案。

记录如下：

_____

_____

_____

_____

_____

_____

_____

_____

审判长：×××

审判员：×××

人民陪审员：×××

书记员：×××

三、制作要求

1. 合议庭评议笔录应反映出合议庭的评议模式。《最高人民法院关于进一步加强合议庭职责的若干规定》第 6 条规定，合议庭全体成员均应当参加案件评议。评议案件时，合议庭成员应当针对案件的证据采信、事实认定、法律适用、裁判结果以及诉讼程序等问题充分发表意见。必要时，合议庭成员还可提交书面评议意见。

2. 合议庭评议笔录应体现评议的程序。合议庭评议案件，通常有以下步骤：①主审人向合议庭陈述案件审理的基本情况，针对案件的诉讼主体、案由、庭审情况、当事人出庭情况，当事人主张的事实、理由、请求，对方当事人的抗辩情况，双方当事人的举证情况，案件事实认定、证据的采信或不采信情况进行分析。②合议庭每个成员分别对案件审理程序是否符合法律规定以及案件情况发表评议意见，重点评议有争议的部分。③合议庭对案件的裁判结果进行评议，对裁判理由、适用法律、裁判结果、当事人权利交代等进行评议，最后由审判长作总结，按照少数服从多数的原则，确定合议庭最终形成的裁判结果。

3. 合议庭评议笔录内容应规范。评议笔录应对合议庭成员的意见表述作全面、客观、真实的记录。合议庭成员在评议案件时，应当独立表达意见并说明理由。意见有分歧的，应当按多数意见作出决定，但少数意见应当记入笔录。

4. 合议庭评议笔录应如实记载评议过程。特别要抓住案件的事实、证据、定性、处理等重点问题，保持发言原意，力求语句通顺。评议结果一定要记录得明确具体，不得模棱两可。评议笔录由合议庭的组成人员在审阅确认无误后签名。

四、合议庭评议笔录的使用规定

1. 合议庭全体成员均应当参加案件评议。评议案件时，合议庭成员应当针对案件的证据采信、事实认定、法律适用、裁判结果以及诉讼程序等问题充分发表意见。必要时，合议庭成员还可提交书面评议意见。

2. 合议庭成员评议时发表的意见不受追究。

3. 合议庭的评议情况应当保密。

4. 除提交审判委员会讨论的案件外，合议庭对评议意见一致或者形成多数意见的案件，依法作出判决或者裁定。

下列案件可以由审判长提请院长或者庭长决定组织相关审判人员共同讨论，合议庭成员应当参加：①重大、疑难、复杂或者新类型的案件；②合议庭在事实认定或法律适用上有重大分歧的案件；③合议庭意见与本院或上级法院以往同类型案件的裁判有可能不一致的案件；④当事人反映强烈的群体性纠纷案件；⑤经审判长提请且院长或者庭长认为确有必要讨论的其他案件。上述案件的讨论意见供合议庭参考，不影响合议庭依法作出裁判。

制作实训

一、合议庭评议笔录实例

××区人民法院

合议庭评议笔录

案由：行政强制案

庭议时间：2019 年 ×月 ×日

庭议地点：××市人民法院第一庭议室

合议庭成员：审判长×××、审判员×××、审判员×××

案件主审人：×××

记录人：书记员×××

评议××市××食品有限公司诉××防疫站作出的行政强制措施一案。

记录如下：

审判长×××：本院受理的××市××食品有限公司不服××防疫站作出的扣押、查封行政行为一案，依照《最高人民法院关于人民法院合议庭工作的若干规定》，现在进行评议。下面，先由主审人对认定案件事实、证据是否确实、充分，适用法律等发表意见。

审判员×××（本案主审人）：本案的大致情况各位都清楚，我不再作过多的陈述。就我个人对此案的分析，我认为：①××市××食品有限公司诉××防疫站具体行政行为违法的事由能成立，应支持原告的主张。原因在于防疫站未能正确、灵活地因地制宜，其行为已经违反了行政法律及《食品安全法》相关方面的规定，程序违法。②对于原告提出的要求防疫站支付抽样检查的猪肉费用，我认为也应该予以支持。③对于原告提出的要求防疫站赔偿一车猪肉的损失，我认为原告要求不当，原告和被告双方都有责任，应该按照公平的原则承担。

审判员×××：我认为××市××食品有限公司诉××防疫站的部分主张不应该得到支持。原告在防疫站检查时没有拿出合格证，防疫站是为了人民的生命财产安全才作出的该行为，对于变质的猪肉也不应承担责任。

审判长×××：我认为原告××市××食品有限公司的诉求应该得到法庭的支持。对于变质猪肉的损失赔偿问题，我同意主审人的意见，损失应当由原告和被告共同承担。

审判长×××：本次评议出现两种对案件的处理意见，其中，有两人的意见一致。根据刚才的讨论，依照少数服从多数的原则，认定被告××防疫站的具体行政行为导致原告××市××食品有限公司的猪肉受损失，依法撤销该具体行政行为，防疫站支付抽样检查的二十余袋猪肉的费用，变质的猪肉由双方按照公平的原则共同承担损失。

审判长：×××

审判员：×××

审判员：×××

书记员：×××

二、实例评析

本合议庭评议笔录记录了合议庭评议案件的过程，记载了审判人员对案件处理的意见。合议庭每个成员均独立地发表了各自的意见，最后按多数人的意见形成了合议庭对案件作最终处理结果的意见。该意见是法院制作判决书或提请审判委员会评议的依据。不足之处：①案号未写明；②承办人介绍案情时不应以"本案的大致情况各位都清楚，我不再作做过多的陈述"，而应该就案件审理的情况、当事人意见的主要分歧等作介绍；③合议庭意见的处理结果中的"变质的猪肉由双方按照公平的原则共同承担损失"说法不妥，应当将变质猪肉的数量及损失数额具体确定下来，以便判决生效后的执行。

技能拓展

1. 合议庭评议笔录的主要评议内容有哪些？

2. 根据下列材料，制作一份合议庭评议笔录。

【案情简介】

×年×月×日，××人民法院在第一议事厅对赵××、李××故意杀人（未遂）一案进行合议庭评议。参加人员有审判长×××、审判员×××、人民陪审员×××，记录人（书记员）×××。

审判长×××认为：公诉机关控告赵××、李××犯故意杀人（未遂）的罪名不能成立，支持被告辩护人主张的故意伤害罪名。其原因在于公诉人提供的证据不足，事实认定不清楚。从公诉人提供的各个证据来看，不能排除合理的怀疑，与此同时，被告人提供的证据较公诉人的证据更有可信度。

审判员×××认为：公诉机关指控赵××、李××犯故意杀人罪（未遂）的证据充分、认定事实正确。本案的争议点在于两被告人到底是故意杀人还是故意伤害，当赵××拿起石头砸向被害人后试了他有无呼吸，证实他还是有气息的，继续向他拳打脚踢。其实这就证明了他主观上有想把已经受伤的被害人杀死的动机；而且，赵××明知李××患有急性应激障碍的精神病，他利用其患病作案优势来杀害被害人。以上两点完全符合故意杀人的主观构成要件，因此支持公诉机关的指控。

人民陪审员×××认为：公诉机关指控的赵××、李××犯故意杀人（未遂）的罪名不能成立。原因是其证据不足，提供的事实认定不清楚。而被告人的辩护人提供的证据证明两被告人当时是故意伤害而非故意杀人致人重伤；赵××过于自信当时会有人员救助被害人，而且事后想去医院探望伤者的病情；李××则处于间歇性精神病的发病期，当时属于限制责任能力人，主观上并没有杀人的故意。所以认为赵××、李××属于故意伤害罪更合情合法。

合议庭最后依据少数服从多数的原则，认定被告人赵××、李××犯故意伤害罪。鉴于被告人是初犯且犯罪后积极筹集医疗费来救助被害人并有自首情节，故对其所犯罪行酌情从轻处罚。公诉机关指控的罪行事实存在，但认定的罪名有误。辩护人认定的关于被告人认罪态度良好且有悔罪表现，请求从轻处罚的建议予以采纳。

【制作要求及提示】

（1）按照格式要求制作一份完整的合议庭评议笔录。

（2）记录人要将参加合议的人员意见保持原貌地记录下来，即使是对案件不正确的评价，也要如实记录。合议庭组成人员在合议庭评议中的言论不受追究。

（3）主审人是审判长的，其发言应放在最后，并且发言完之后，对合议庭评议进行总结，形成合议庭对本案的处理意见。

（4）如需报本院审判委员会讨论的，也可以在审判长最后的总结中予以说明。

参考文献

1. 宁致远主编：《法律文书写作》，北京大学出版社 2006 年版。

2. 王光祖、杨荫浒主编：《写作》，华东师范大学出版社 1989 年版。

3. 杜福奎、赵朝琴主编：《法律文书写作教程》，高等教育出版社 2006 年版。

4. 欧阳俊主编：《法律文书写作教程》，中国政法大学出版社 2005 年版。

5. 孙茂利主编：《公安机关刑事法律文书（2012 版）制作与范例》，中国人民公安大学出版社 2013 年版。

6. 《公安部关于印发〈公安机关刑事法律文书式样（2012 版）〉的通知》（公通字〔2012〕62 号）。

7. 最高人民检察院法律政策研究室编著：《检察法律文书制作与适用》，中国法制出版社 2002 年版。

8. 最高人民法院办公厅编：《法院刑事诉讼文书样式（样本）》，人民法院出版社 2003 年版。

9. 《最高人民法院关于裁判文书引用法律、法规等规范性法律文件的规定》（法释〔2009〕14 号）。